'중국어 관광통역안내사' 관련 **최신 변동 내용** (2016년 1월 기준)

- 국가 행사 거행 시기 및 횟수, 국가 지정 관광지, 유네스코 세계유산 등재 리스트 등에 관한 변동 내용을 반영했습니다.
- 다음의 최신 변동된 내용은 『중국어 관광통역안내사 한권으로 합격하기』 3쇄에 모두 반영되어 있습니다.

| 변동 내용 |

1 **종묘제례**는 '해마다 5월의 첫째 일요일에 한 번씩 거행'에서 **'해마다 5월과 11월에 거행'**으로 변동되었습니다.

2 우리나라가 보유한 **람사르습지**의 수는 '2015년 3월 총 19곳'에서 **'2016년 1월 총 21곳'**으로 변동되었습니다.

3 **유네스코 세계문화유산**은 **'백제 역사유적지구'**의 등재로 '10개'에서 **'11개'**로 변동되었습니다.

4 **유네스코 세계기록유산**은 **'유교책판'**, **'KBS 특별생방송 '이산가족을 찾습니다' 기록물'**의 등재로 '11개'에서 **'13개'**로 변동되었습니다.

5 **유네스코 세계무형문화유산**은 **'줄다리기'**의 등재로 '17개'에서 **'18개'**로 변동되었습니다.

고득점 합격을 향한 가장 빠르고 정확한 길!

全功略
전공략 新HSK 시리즈

★

新HSK 종합서의 결정판!
고득점을 위한 공략 비법서!

전공략 新HSK
두달에 급수 따기 시리즈

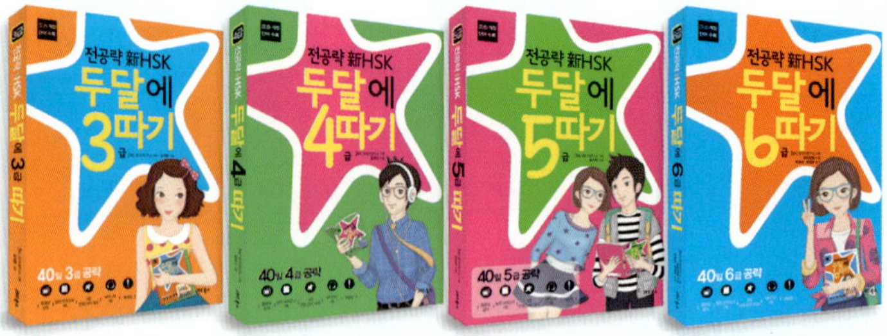

전공략 新HSK | 두달에 3급 따기 |

전공략 新HSK | 두달에 4급 따기 |

전공략 新HSK | 두달에 5급 따기 |

전공략 新HSK | 두달에 6급 따기 |

★

최신 출제 경향 반영
합격 전략 D-5, 합격 보카 수록

전공략 新HSK
원패스 합격모의고사

전공략 新HSK | 원패스 합격모의고사 4급 |

전공략 新HSK | 원패스 합격모의고사 5급 |

전공략 新HSK | 원패스 합격모의고사 6급 |

★

新HSK 고득점 합격을 위한 필독서
기출 문제 최다 수록!

전공략 新HSK
기출모의고사 시리즈

전공략 新HSK | 4급 기출모의고사 |

전공략 新HSK | 5급 기출모의고사 |

전공략 新HSK | 6급 기출모의고사 |

★

新HSK 단어 40일 완성 프로젝트

전공략 新HSK
VOCA 시리즈

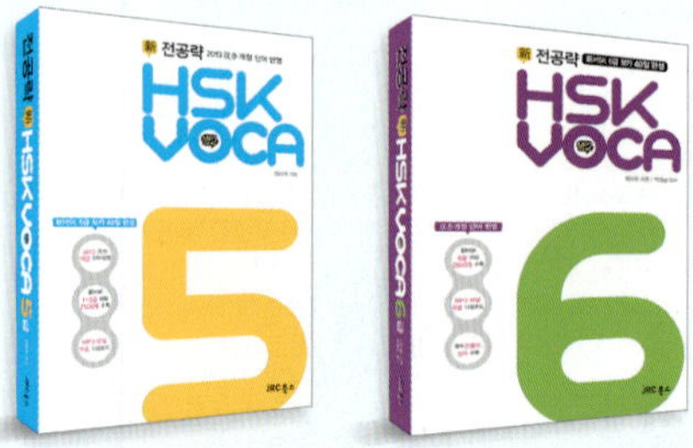

전공략 新HSK | VOCA 5급 |

전공략 新HSK | VOCA 6급 |

관광통역안내사 중국어 면접 완벽 대비서

중국어 관광통역 안내사 한권으로 합격하기

JRC 북스

중국어 관광통역안내사 한권으로 합격하기

초판 1쇄 발행 2015년 4월 15일
초판 3쇄 발행 2016년 3월 10일

저자 이은미
기획 JRC 중국어연구소
발행인 김효정
발행처 JRC 북스
등록번호 제300-2002-42호
편집 최정임 | 이소연 | 김소연
디자인 신은지 | 최여랑
제작 박선희
영업 김영한
홍보 이지연
웹마케팅 오준석 | 김희영

주소 JRC 북스 서울 강남구 테헤란로 109, 3층
전화 구입문의 02·567·3861 | 02·567·3837
내용문의 02·567·3860
팩스 02·567·2471
홈페이지 www.booksJRC.com

ISBN 978-89-98444-61-7 13720

정가 19,800원

이 도서의 국립중앙도서관 출판시도서목록(CIP)은 서지정보유통지원시스템 홈페이지(http://seoji.nl.go.kr)와 국가자료공동목록시스템(http://www.nl.go.kr/kolisnet)에서 이용하실 수 있습니다.(CIP제어번호: CIP2015008278)

머리말

/관광 산업의 성장과 중국 관광객의 증가/

최근 한국을 찾는 해외 관광객이 크게 늘면서, 관광 산업의 성장 잠재력과 고용 창출 효과가 크게 주목 받고 있습니다. 특히 한중 간 문화 교류가 증대되고 관광 산업이 성장하면서 화교권 국가의 한국 방문이 크게 늘고 있습니다. 중국 관광객만 보더라도, 지난 2009년에 비해 4.5배 이상 증가했고, 2013년부터는 중국 관광객 수가 외국인 관광객 수 1위를 차지하고 있습니다. 중국 관광객의 씀씀이도 커지고 있어서, 2009년 21억 달러였던 중국인 관광객 소비 지출액은 2013년에는 68억 달러를 기록했습니다.

/'민간 외교관' 관광통역안내사 역할이 중요한 시점/

중국 관광객의 성장세는 한국 관광 산업의 외형은 물론, 한국 경제 전반에 지대한 영향을 미치며 뜨거운 관심을 불러 모으고 있습니다. '민간 외교관'이라 불리는 관광통역안내사의 역할이 그 어느 때보다 중요합니다. 2009년 214명이던 중국어 관광통역안내사 응시 인원은 2014년에 4,693명으로 대폭 증가하면서, 중국어 관광통역안내사의 전망과 시장 수요를 방증했습니다. 최근 평균 합격률은 필기 38%이고 면접 56%이며, 필기에서 면접까지 21%의 합격률을 보입니다.

/광범위한 내용의 관광통역안내사 면접 시험을 위한 교재 출간/

관광통역안내사 면접 시험은 한국의 역사, 지리에서부터 관광지와 관광 관련 용어에 이르기까지 출제 내용이 광범위하여, 많은 응시생들이 어려움을 호소합니다. 개인적으로 시험을 준비하다 보면 자료의 방대함과 선별의 어려움으로 정작 면접을 위한 말하기 연습에는 시간을 할애하지 못하는 경우가 부지기수입니다. 특히 현장 강의자로서, 지방에 거주하는 응시자의 경우 시간적 · 공간적 상황으로 인해 자료의 습득이 제한적인 점을 항상 안타깝게 느꼈습니다. 미래의 중국어 관광통역안내사를 꿈꾸는 여러분을 위해 필자는 다년간의 강의 경험을 바탕으로 이 책을 출간하게 되었습니다. 이 책에는 실제 면접 기출 문제를 중심으로 가급적 폭넓은 내용을 싣고자 노력했습니다. 또한 개인적으로 면접을 준비하는 응시생들이 보다 편안하게 말하기 연습에 몰입할 수 있도록 관련 단어와 답안 음성 파일을 제공했습니다. 교재 내용을 끊임없이 반복하여 듣고, 따라 읽고, 문제별 꼭 필요한 핵심 단어를 정리하여 자신의 말로 연결하여 이야기하는 훈련을 통해, 전문 해설사 부럽지 않은 해설 능력을 갖출 수 있을 것이라고 확신합니다.

/미래의 '민간 외교관'의 합격을 기원하며/

모쪼록 이 책이 미래의 민간 외교관 여러분에게 큰 도움이 되는 준비서가 되길 진심으로 바랍니다. 이 책으로 자격증을 취득하는 데에만 그치지 않고, 향후 우리나라의 역사와 문화를 올바르게 전달하는 관광통역안내사로서 반드시 알아야 할 기본적인 내용을 알아갈 수 있기를 바랍니다.

이은미

차례

PART 1 개황

PART 2 역사

PART 3 전통문화

PART 4 관광명소

PART 5 조선의 궁과 성문

PART 6 세계유산

PART 7 기록유산

PART 8 무형유산

PART 9 한국음식

PART 10 특수관광

이 책의 구성과 특징

중국어 관광통역안내사 면접 시험을 체계적으로 준비하기 위해 다음의 4단계로 구성되어 있습니다.

/Step1/ 사전 탐색하기

Step1
사전 탐색하기

한국을 찾은 중국인 관광객이 가장 많이 찾는 명소를
라면 제주도를 빼놓을 수 없다. 내륙과는 다른 자연
풍습 등으로 인해 독특한 볼거리와 먹거리를 자랑하
주도는 세계에서 유일하게 유네스코 자연과학분야 3
획득하여 더욱 주목 받게 되었다. 명성에 걸맞게 다양
광명소가 출제되고 있어, 꼼꼼하게 정리해 둘 필요가

▷▶주제별 핵심 내용에 관한 간략한 소개와 함께 제시된 연상도를 통해 학습에 앞서 내용을 미리 탐색할 수 있어요.

/Step2/ 기출 따라잡기

모든 답안의 음성 파일 제공

Step2
기출 따라잡기

请介绍济州岛。
제주도를 소개하세요.

답안 济州岛是韩国最大的岛屿，位于韩国最南端。济
奇特。济州中央的汉拿山是韩国第一高峰，顶部
海的奇岩和瀑布、白沙场以及小岛等，都显示着
存着自己独特的自然环境和文化，成为韩国最热
得了联合国教科文组织自然科学领域的三冠王，
年的世界自然遗产，2010年的世界地质公园

▷▶실제 면접 시험에 출제되었던 기출문제를 풀어보며, 시험의 흐름과 유형을 파악해 보세요.

/Step3/ 관통 솔루션 파악하기

모든 답안의 음성 파일 제공

Step3
관통 솔루션 파악하기

학습목표 1 제주도의 자연환경과 풍습을 파악한다.
학습목표 2 제주도의 관광명소를 소개한다.

>>> **유비무환! 미리 준비합시다!**
제주도의 독특한 문화에 관해서도 함께 알아두세요!

济州火山岛和熔岩洞窟系

济州岛是韩国最大的岛屿，位于韩国最南端
布、悬崖和熔岩隧道吸引著世界各地的游人。
物的生长。济州总面积为1849平方公里

바로 확인
❶ 济州岛获得
2010年又被
제주도는

▷▶명쾌한 학습 목표를 제시하여 주제별로 중요한 사항만을 계획적으로 학습할 수 있어요. 본문에는 문단별 주제가 정리되어 있어, 머릿속에 요점만 정리할 수 있어요.

▷본문의 핵심 내용으로 구성된 <바로 확인> 문제를 통해, 본문의 내용을 어느 정도 파악했는지 즉시 확인할 수 있어요.

Step1 사전 탐색하기 → Step2 기출 따라잡기 → Step3 관통 솔루션 파악하기 → Step4 도전! 모의면접

/Step4/ 도전! 모의면접

Step4
도전!
모의면접

Q1 济州三大火山口是什么?

Q2 济州岛的三多三无指的是什么?

tip 〈한 걸음 더〉

西归浦地名的由来
济州的正房瀑布是
一直接流入海中
是秦始皇时代

▷▶실제 면접에 출제 가능성이 높은 문제들만 엄선하여 모의면접 문제로 구성했어요. 실전에 임하는 자세로 모의면접 문제에 도전하세요!

▷본문에서는 다루지 못한 주제와 연관된 중요 내용은 <한 걸음 더>에서 익힐 수 있어요.

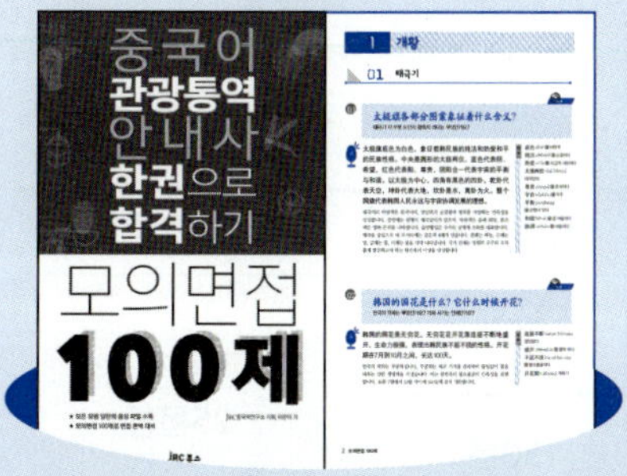

* **별책 부록으로 제공되는 <도전! 모의면접>의 답안은 음성 파일이** 수록되어 있어, 언제 어디서나 암기할 수 있어요.

/플러스 면접노트/

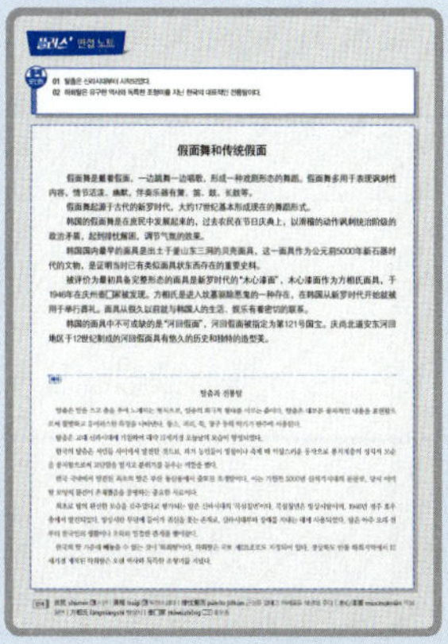

▷▶앞으로의 면접 시험에서 출제 가능성이 높은 내용을 <플러스 면접노트>에서 학습하세요. '출제 포인트'에서는 핵심 내용을 명확히 짚어 줍니다.

중국어 관광통역안내사 시험 안내

★ 관광통역안내사란?

'관광통역안내사'는 문화체육관광부에서 실시하는 통역 분야의 유일한 국가공인자격증으로, 국내를 여행하는 외국인 관광객에게 외국어를 사용하여 관광지 및 관광대상물을 설명하거나 여행을 안내하는 등 여행의 편의를 제공합니다.

---

1. 응시 자격 | 학력, 연령, 경력, 국적 제한 없음

2. 시험 구성

① **외국어 시험** | 공인외국어시험으로 대체

[공인어학시험 종류 및 기준 점수]

시험명	HSK	FLEX	BCT			CPT	TOP(TOCFL)
기준 점수	5급 이상	776점 이상	4급 이상	BCT(B) 듣기/읽기 601점 이상	BCT(B) 듣기/읽기/쓰기 181점 이상	750점 이상	고급 5급 이상 (Lv.4 이상)

* 응시 원서 접수 마감일 기준 2년 이내에 시행되고 성적 발표 및 성적표가 교부된 공인어학성적 중 기준 점수 이상이어야 함

② **제1차 필기 시험**

교시	과목 및 배점 비율	시험 시간	문항 수
1	· 국사 40% · 관광자원해설 20%	50분	각 과목 객관식 25문항
2	· 관광법규 20% · 관광학개론 20%	50분	

* 합격 기준 : 각 과목 4할 이상, 전 과목 점수가 배점 비율로 환산하여 6할 이상

❸ **제2차 면접 시험**(필기 시험 및 외국어 시험 합격자에 한함)

평가 사항	시험 시간
· 국가관, 사명감 등 정신자세 · 전문 지식과 응용 능력 · 예의, 품행 및 성실성 · 의사 발표의 정확성과 논리성	1인당 10~15분 내외

* 합격 기준 : 총점의 6할 이상

3. 원서 접수

① **인터넷 접수만 가능**

(큐넷 관광통역안내사 홈페이지(http://www.q-net.or.kr/site/interpreter)에서 접수)

② **필기 및 면접 동시 접수**(면접 시험만 응시하는 수험자도 동일 기간에 접수해야 함)

4. 시험 당일 준비물

◦ **수험표**

◦ **유효한 신분증**

주민등록증, 운전면허증, (유효 기간 내의) 여권, 공무원증, 외국인 등록증, 재외동포 국내 거소증, 주민등록 발급 신청서

* 필기 시험은 국가 기술 자격증, 복지카드(유효 기간 내 장애인등록증), 국가유공자증, 중·고등학교 학생증(사진, 생년월일 명기), 청소년증, 신분 확인 증명서도 인정합니다.

5. 수험자 유의사항

◦ 해당 수험자는 시험 일시 및 시험 장소를 정확하게 확인하여 신분증 및 수험표를 소지하고 지정된 시각까지 수험자 대기실에 입실해야 합니다.

◦ 소속 회사 근무복·군복 등 제복(유니폼)을 착용하고 시험장에 입실할 수 없습니다.

6. 합격자 발표

◦ 큐넷 관광통역안내사 홈페이지(http://www.q-net.or.kr/site/interpreter)에서 60일간 조회 가능

◦ ARS(1666-0100)로 4일간 조회 가능

시험장에 들어가기 전 꼭 명심해야 할

중국어 관광통역안내사 **면접 TIP**

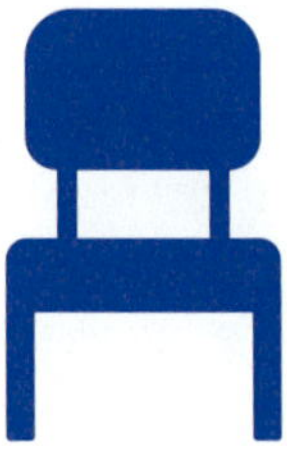

면접에서 중국어 실력 만큼이나 중요한 것이 바로 면접관에게 좋은 인상을 남기는 것이겠죠?
면접에 임하는 복장, 자세, 시선 처리, 대답 방법 등에 관한 선생님의 TIP을 꼭 명심하세요!

면접 내용은 대체로 다음과 같으며, 질문을 통해 면접자의 다양한 부분을 측정합니다.

① 과거 경력 ▹ 경력을 알아내 자질을 파악하고자 하는 질문
② 대인 관계 ▹ 가정 환경, 여가 생활, 취미·오락, 사회 활동에 관한 태도를 알아보려는 질문
③ 전문 지식 ▹ 한국과 관광에 관한 포괄적인 질문
④ 외국어 구사 능력 ▹ 중국어와 한국어로 자유롭게 의사소통이 가능한지 평가하는 질문
⑤ 가이드로서의 자질 ▹ 가이드로서 성격과 자질을 알아보려는 질문
⑥ 미래 발전 ▹ 자기 능력 개발에 관한 관심과 가능성을 알아보려는 질문

Q 첫인상에서 점수를 얻는 비법이 있나요?

A 어떤 면접이나 첫인상은 중요합니다. 은색이나 남색 계통의 단색 정장에 흰색 셔츠나 블라우스가 가장 보편적인 면접 복장입니다. 강렬한 색상의 옷차림이나 장신구 등은 피하고, 머리 스타일도 단정하게 자르거나 묶는 것이 좋은 인상을 줄 수 있습니다.

Q 시험장에서 어떤 자세를 가지는 것이 좋을까요?

A 시험장에 입장할 때와 퇴장 때에는 손을 모으고, 면접관에게 허리를 숙여 인사하는 것을 잊지 말아야 합니다. 의식적으로 양손을 무릎 위에 놓고 단정한 자세로 면접에 임하며, 은연중에 자신의 일상적인 버릇이 나오지 않도록 주의해야 합니다.

Q 시선 처리는 어떻게 해야 하나요?

A 면접 시에는 가급적 세 명의 면접관과 고루 눈을 맞추며 대답하는 것이 좋습니다. 만일 부담스럽다면 질문한 면접관을 바라보면서 대답하는 것도 괜찮습니다. 침착하면서 밝은 표정으로 예의를 지키는 것도 중요합니다.

Q 부담스러운 질문을 받으면 어떻게 하나요?

A 부담스러운 질문을 받더라도 우물거리지 말고 자신 있는 태도를 보여야 합니다. 하지만 합격하겠다는 욕망이 지나쳐 필요 이상의 말을 한다든지, 섣불리 아는 체하며 묻지도 않은 말을 하는 것은 좋지 않은 인상을 주게 됩니다.

Q 면접관이 요구하는 대답의 스타일은 무엇인가요?

A 대답 첫 부분에 면접관이 요구하는 중심 내용을 간결하게 요약하는 방식으로 말한 다음, 기회가 주어지면 부연 설명을 덧붙이는 것이 좋습니다. 핵심 요약 없이 구구절절 이어지는 설명은 면접관을 피곤하게 합니다.

Q 대답하면서 어떤 점을 염두에 두어야 하나요?

A 질문에 대답할 때에는 다음에 이어질 질문까지 염두에 두어야 합니다. 자신의 대답이 다음 질문으로 되돌아온다는 사실을 명심하고, 더욱 신중하게 대답하세요.

Q 돌발 상황이 발생하면 어떻게 해야 하나요?

A 면접 중에 어떤 돌발 상황이 발생하더라도 좌절은 절대 금물이죠. 60점만 획득하면 합격이므로 끝까지 최선을 다하는 태도가 당락을 좌우할 수 있습니다.

PART 1

개황

한 눈에 정리하는 핵심 내용

01 태극기

태극기 바탕은 흰색이며, 한민족의 단결, 결백과 평화를 사랑하는 마음을 상징한다. 가운데에는 원형의 태극문양이 있는데, 파란색은 음으로 희망을 상징하며, 붉은색은 양으로 존귀를 상징한다. 네 귀퉁이에는 4괘가 있으며, 건곤감리는 하늘, 땅, 물, 불을 상징한다.

02 정치체계

대한민국 헌법은 삼권분립의 원칙을 규정하여, 한국의 정치체계는 각각 독립된 행정부, 입법부, 사법부의 세 부분으로 나뉜다.

03 경제

한국은 1960년대부터 수출주도형 발전정책을 통해 30~40년 사이에 다른 선진국이 100년에 걸쳐 이룩한 경제성장을 실현했다. 특히 1962년부터 경제개발 5개년 계획을 실시했다.

04 종교

불교 약 4세기경 중국을 거쳐 한반도로 유입되었으며, 호국적 성격이 강하여 통치의 안정과 발전을 모색하고 국태민안을 기원했다.

개신교 한국에서 신도수가 가장 많은 종교로, 19세기 말 미국 선교사가 한국에 전파한 것이 발단이 되었다.

천주교 18세기 후반 한국에 전해져 지식인의 학술적 탐구에서 출발했으며, 전파 초기 많은 박해를 받아 수많은 순교자가 나왔다.

05 기후와 지리환경

한국은 삼면이 바다로 400여 개의 크고 작은 섬으로 둘러싸여 있으며, 독특한 지리적 위치로 인해 아시아의 중심 지역이 되었다. 한국의 기후는 온대계절풍에 속하며 사계절이 뚜렷하다.

06 세시풍속① 설

설은 우리나라 4대 명절의 하나로, 1년 중 가장 성대한 명절이다. 설 때 사람들은 고향으로 돌아가 가족과 모여 차례를 지내고 떡국을 먹는다.

07 세시풍속② 단오

단오절에는 창포물에 머리를 감고 쑥떡을 만들어 먹는다. 강릉단오제는 강원도 강릉 지역에서 단오를 축하하는 풍습이며, 한국에서 가장 잘 보존된 전통 축제 중 하나이다.

08 세시풍속③ 정월대보름

정월대보름은 1년 중 첫 번째 보름달이 뜨는 날로 반드시 오곡밥과 나물을 먹는다. 다른 사람에게 더위를 파는 풍습이나 연날리기, 쥐불놀이 등의 전통놀이가 있다.

01 태극기

Step1
사전 탐색하기

태극기는 한국의 국기로서 한국과 민족을 상징하는 가장 중요한 표지이다. 특히 흰색 바탕에 그려진 원형의 태극문양과 건곤감리의 4괘에 함축된 의미는 민족정신과도 밀접한 관계가 있어 반드시 기억해야 할 내용이다. 그 외에도 면접 시험에서는 국화와 국가에 관한 질문도 늘 출제되고 있다.

Step2
기출 따라잡기

Track 1-1

韩国的国旗是什么?
한국의 국기는 무엇인가요?

답안 韩国的国旗是太极旗。1882年，朴泳孝获得高宗的准许，首次制作了国旗。1883年开始把太极旗作为国旗。后来在大韩民国政府正式成立之后的1949年，正式公布现在的太极旗为大韩民国的国旗。太极旗底色是白色，中央有圆形太极两仪，四角有黑色的四卦，象征着和平、和谐、统一、创造、光明和无穷。

해석 한국의 국기는 태극기입니다. 1882년, 박영효가 고종의 허락을 얻어 처음 국기를 제작했고, 1883년 태극기를 국기로 사용하기 시작했습니다. 대한민국 정부가 정식으로 성립된 이후인 1949년, 오늘날의 태극기가 대한민국의 국기로 정식 공포되었습니다. 태극기의 바탕색은 흰색이며, 중앙에는 원형의 태극양의가 있고, 네 귀퉁이에 검은색 4괘가 있습니다. 이는 평화, 조화, 통일, 창조, 광명과 무궁함을 상징합니다.

단어 国旗 guóqí 명 국기 | 太极旗 tàijíqí 명 태극기 | 朴泳孝 Piáo Yǒngxiào 고유 박영효 | 获得 huòdé 동 얻다 | 准许 zhǔnxǔ 동 허가하다 | 制作 zhìzuò 동 제작하다 | 作为 zuòwéi 동 ~로 삼다 | 公布 gōngbù 동 공포하다 | 底色 dǐsè 명 바탕색 | 圆形 yuánxíng 명 원형 | 太极两仪 tàijí liǎngyí 태극양의 | 四角 sìjiǎo 명 네 귀 | 四卦 sìguà 4괘 | 象征 xiàngzhēng 동 상징하다 | 和谐 héxié 형 조화롭다 | 无穷 wúqióng 형 무궁하다

Step3
관통 솔루션 파악하기

학습목표 1 태극기의 유래를 기억한다.

학습목표 2 태극기의 각 부분 도안이 상징하는 의미를 파악한다.

›› 유비무환! 미리 준비합시다!

태극기 외에 한국을 상징하는 국화와 국가 등도 함께 알아두세요!

Track 1-2

太极旗

韩国历史上最先提到有关制定国旗问题的是1880年，但当时没有任何进展。到1882年8月，特命全权大使兼修信使朴泳孝获得了高宗的准许，在前往日本的船上首次制作了国旗。这就是今天太极旗的由来。

自1883年开始，韩国把太极旗作为国旗使用，大韩民国建国后继续延用。1949年，韩国文教部正式确定韩国国旗现在的样式。

태극기의 유래

太极旗底色为白色，象征着韩民族的纯洁和热爱和平的民族性格。中央是圆形的太极两仪，蓝色代表阴、希望，红色代表阳、尊贵，阴阳合一代表宇宙的平衡与和谐。火与水，昼与夜，黑暗与光明，建设与破坏，男与女，主动与被动，热与冷，正与负等，作为宇宙中两种伟大的力量，通过相互对立而达到和谐与平衡。

太极旗

以太极为中心，四角有黑色的四卦。乾卦代表天空，坤卦代表大地，坎卦是月亮和水，离卦为太阳和火，各个卦还象征着正义、富饶、生命力和智慧。

整个国旗代表韩国人民永远与宇宙协调发展的理想。

태극기 도안의 함축적 의미

해석

태극기

한국 역사상 가장 먼저 국기 제정에 관한 문제가 거론된 것은 1880년의 일이다. 그러나 당시에는 아무런 진전도 없었다. 1882년 8월, 특명전권대사 겸 수신사 박영효는 고종의 허락을 얻어 일본으로 가는 배에서 처음 국기를 제작했다. 이것이 바로 오늘날 태극기의 유래가 되었다.

1883년부터 한국은 태극기를 국기로 사용하기 시작했고, 대한민국 건국 후에도 계속해서 쓰게 되었다. 1949년, 한국 문교부가 정식으로 오늘날 국기의 모양을 확정했다.

태극기의 바탕색은 흰색이며, 이는 한민족의 순결과 평화를 사랑하는 민족성을 상징한다. 가운데에는 원형의 태극양의가 있다. 파란색은 음과 희망을, 붉은색은 양과 존귀를 나타내며, 음양이 합일을 이룬 모양은 우주의 균형과 조화를 대표한다. 불과 물, 낮과 밤, 어둠과 밝음, 건설과 파괴, 남과 여, 적극성과 피동성, 뜨거움과 차가움, 정과 부 등 우주의 두 가지 위대한 힘이 서로 대립하면서 조화와 균형에 도달한다.

태극을 중심으로 네 귀퉁이에 검은색 4괘가 있다. 건괘는 하늘, 곤괘는 땅, 감괘는 달과 물, 리괘는 태양과 불을 각각 대표하며, 각 괘는 정의, 풍요, 생명력과 지혜를 상징한다.

국기 전체의 모양은 영원히 우주와 조화롭게 발전하려는 한민족의 이상을 대표한다.

단어

太极旗 tàijíqí 명 태극기 | 历史 lìshǐ 명 역사 | 提到 tídào 동 언급하다 | 有关 yǒuguān 동 관계가 있다 | 制定 zhìdìng 동 제정하다 | 任何 rènhé 대 어떠한 | 进展 jìnzhǎn 명 진전 | 特命全权大使 tèmìng quánquán dàshǐ 특명전권대사 | 兼 jiān 동 겸하다 | 修信使 xiūxìnshǐ 명 수신사 | 朴泳孝 Piáo Yǒngxiào 고유 박영효 |

获得 huòdé [동] 얻다 | 准许 zhǔnxǔ [동] 허가하다 | 前往 qiánwǎng [동] 앞으로 가다 | 制作 zhìzuò [동] 제작하다 | 由来 yóulái [명] 유래 | 继续 jìxù [동] 계속하다 | 延用 yányòng [동] 연용하다 | 文教部 wénjiàobù 문교부 | 正式 zhèngshì [형] 정식의 | 确定 quèdìng [동] 확정하다 | 样式 yàngshì [명] 형식, 양식 | 底色 dǐsè [명] 바탕색 | 纯洁 chúnjié [형] 순결하다 | 热爱 rè'ài [동] 뜨겁게 사랑하다 | 民族性格 mínzú xìnggé 민족성 | 太极两仪 tàijí liǎngyí 태극양의 | 希望 xīwàng [동] 희망하다 | 尊贵 zūnguì [형] 존귀하다 | 阴阳合一 yīnyáng héyī 음양합일 | 宇宙 yǔzhòu [명] 우주 | 平衡 pínghéng [형] 균형이 맞다 | 和谐 héxié [형] 조화롭다 | 昼夜 zhòuyè [명] 낮과 밤 | 黑暗 hēi'àn [명] 어둠 | 建设 jiànshè [동] 건설하다 | 破坏 pòhuài [동] 파괴하다 | 正负 zhèngfù [명] 플러스 마이너스 | 伟大 wěidà [형] 위대하다 | 对立 duìlì [동] 대립하다 | 达到 dádào [동] 달성하다 | 四角 sìjiǎo [명] 네 귀 | 四卦 sìguà 4괘 | 乾卦 qiánguà [명] 건괘 | 天空 tiānkōng [명] 하늘 | 坤卦 kūnguà [명] 곤괘 | 大地 dàdì [명] 대지 | 坎卦 kǎnguà [명] 감괘 | 离卦 líguà [명] 이괘 | 象征 xiàngzhēng [동] 상징하다 | 正义 zhèngyì [명] 정의 | 富饶 fùráo [형] 풍요롭다 | 协调 xiétiáo [형] 어울리다

Track 1-3

国花和国歌

无穷花

无穷花自古以来就是代表韩民族情绪的象征。无穷花花开花落连接不断地盛开，生命力极强，表现出韩民族不屈不挠的性格。开花期在7月到10月之间，长达100天，花色多样，色彩艳丽。 — 국화

韩国的国歌是爱国歌。作曲家安益泰于1936年为国歌谱曲，而歌词由谁创作，已经无法得知。有人认为是尹致昊、安昌浩和闵泳焕等人。 — 국가

해석

국화와 국가

무궁화는 예로부터 한민족 정서를 대변하는 상징이다. 무궁화는 끊임없이 꽃이 피고 지는 강인한 생명력을 지녔으며, 한민족 불굴의 민족성을 표현한다. 7월부터 10월 사이에 100일 간 꽃을 피우며 다양한 색으로 화려하게 핀다.

한국의 국가는 애국가이다. 작곡가 안익태가 1936년 작곡했으며, 작사가는 정확하게 알려지지 않는다. 윤치호, 안창호, 민영환 등의 인물이라는 설이 있다.

단어

无穷花 wúqiónghuā [명] 무궁화 | 自古以来 zìgǔ yǐlái 예로부터 | 情绪 qíngxù [명] 정서 | 象征 xiàngzhēng [동] 상징하다 | 连接不断 liánjiē búduàn 연달아 끊임없다 | 盛开 shèngkāi [동] 활짝 피다 | 不屈不挠 bù qū bù náo [성] 불요불굴하다 | 开花期 kāihuāqī 개화기 | 色彩 sècǎi [명] 색채 | 艳丽 yànlì [형] 아름답고 곱다 | 国歌 guógē [명] 국가 | 安益泰 Ān Yìtài [고유] 안익태 | 谱曲 pǔqǔ [동] 가사에 곡을 붙이다 | 歌词 gēcí [명] 가사 | 创作 chuàngzuò [동] 창작하다 | 无法 wúfǎ [동] 방법이 없다 | 得知 dézhī [동] 알게 되다 | 尹致昊 Yǐn Zhìhào [고유] 윤치호 | 安昌浩 Ān Chānghào [고유] 안창호 | 闵泳焕 Mǐn Yǒnghuàn [고유] 민영환

바로 확인

❶ 太极旗旗面是________，象征着________________。中间有圆形的太极两仪，下边的蓝色代表________，上边的红色代表________。太极旗的四角是四卦，乾坤坎离分别代表着________。

태극기의 바탕은 흰색이며, 한민족의 단결, 결백과 평화를 사랑하는 민족성을 상징한다. 가운데에는 원형의 태극양의가 있는데, 아래 파란색은 음, 희망을 상징하며, 위의 붉은색은 양, 존귀를 상징한다. 태극기의 네 귀에는 4괘가 있으며, 건곤감리는 각각 하늘, 땅, 물, 불을 상징한다.

❷ 无穷花____________，表现出________的韩民族性格。

무궁화는 생명력이 대단히 강하며, 이는 굴하지 않는 한민족의 민족성을 나타낸다.

(정답) ❶ 白色 / 韩民族的团结、洁白和热爱和平的民族性格 / 阴、希望 / 阳、尊贵 / 天、地、水、火 ❷ 生命力极强 / 不屈不挠

Step4
도전! 모의면접

Q1 太极旗各部分图案象征着什么含义?

Q2 韩国的国花是什么? 它什么时候开花?

tip **〈한 걸음 더〉**

五星红旗

五星红旗是中华人民共和国国旗。底色为红色，象征革命。红旗的左上角有五颗金色五角星，其中的四个小星环绕着一棵大星。一颗大星指的是中国共产党，四颗小星指的是广大人民。广大人民群众包括四个阶级，工人阶级、农民阶级、小资产阶级、资产阶级。1949年，中国政治协商会议筹备会发出了征集国旗图案的通告，最后普通公民曾联松设计的五星红旗被定为中国国旗。

해석 오성홍기

오성홍기는 중화인민공화국 국기이다. 붉은 바탕색은 혁명을 상징한다. 홍기 좌측 상단의 금색 오각별 다섯 개 가운데 네 개의 작은 별이 큰 하나의 별을 에워싸고 있다. 하나의 큰 별은 중국 공산당을, 네 개의 작은 별은 인민을 가리킨다. 인민이란 노동자, 농민, 소자산 계급과 민족 자산계급의 네 부류를 포함한다. 1949년 중국 정치협상회의 준비위원회에서 제기한 국기 도안 공모에서 시민 쩡롄쑹이 디자인한 오성홍기가 중국 국기로 채택되었다.

02 정치체계

Step1
사전 탐색하기

정치에 관한 질문은 면접 응시자들이 가장 어렵다고 생각하는 부분 중 하나이다. 하지만 삼권분립과 선거의 특징만 잘 이해하고 있어도 비교적 용이하게 대처할 수 있으니, 기출문제를 중심으로 간단히 정리하도록 한다.

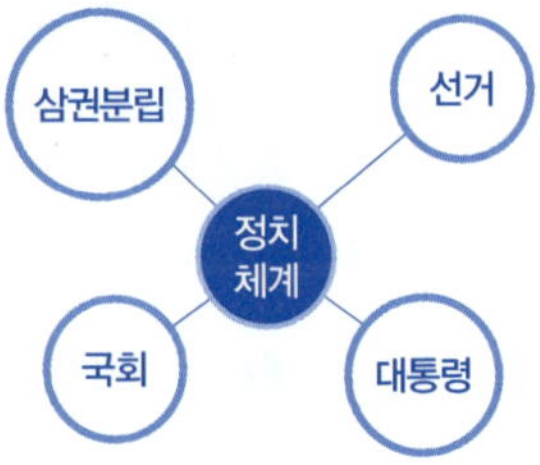

Step2
기출 따라잡기

Track 1-4

请介绍韩国的政治体系。

한국의 정치체계를 소개하세요.

답안 韩国的政治体系分为各自独立的行政部、立法部、司法部三个部分。行政部以总统为首脑，内阁由15~30名国务委员组成，由国务总理辅佐总统。国会是立法机构，可修改宪法、批准条约、制定法律，由300名国会议员组成。司法部由各级法院组成。

해석 한국의 정치체계는 행정부, 입법부, 사법부의 각각 독립된 세 부분으로 나뉩니다. 행정부는 대통령을 수반으로 하며, 15~30명의 국무위원으로 내각을 이루고 국무총리가 대통령을 보필합니다. 국회는 입법기구로서, 헌법 개정, 조약 비준, 법률 제정 등의 기능을 하며, 현재 300명의 국회의원으로 구성되어 있습니다. 사법부는 각급 법원으로 이루어져 있습니다.

단어 政治 zhèngzhì 명 정치 | 体系 tǐxì 명 체계 | 分为 fēnwéi 동 나누다 | 独立 dúlì 동 홀로 서다 | 行政部 xíngzhèngbù 행정부 | 立法部 lìfǎbù 입법부 | 司法部 sīfǎbù 사법부 | 首脑 shǒunǎo 명 수뇌, 지도자 | 内阁 nèigé 명 내각 | 国务委员 guówù wěiyuán 명 국무위원 | 总理 zǒnglǐ 명 총리 | 辅佐 fǔzuǒ 동 보좌하다 | 立法机构 lìfǎ jīgòu 입법기구 | 修改 xiūgǎi 동 고치다 | 宪法 xiànfǎ 명 헌법 | 批准 pīzhǔn 동 비준하다 | 条约 tiáoyuē 명 조약 | 制定 zhìdìng 동 제정하다 | 法律 fǎlǜ 명 법률 | 国会议员 guóhuì yìyuán 국회의원 | 法院 fǎyuàn 명 법원

Step3
관통 솔루션 파악하기

학습목표 1 한국의 정치체계를 설명한다.

학습목표 2 대통령 선출과정을 설명한다.

》》 **유비무환! 미리 준비합시다!**

역대 대통령을 순서대로 기억하세요!

Track 1-5

韩国的政治体系

大韩民国宪法规定三权分立的原则。按照这原则，韩国的政治体系分为各自独立的立法部、行政部、司法部三个部分。

한국의 정치체계

总统由国民直接选举产生，是行政部的首脑。总统的任期为五年，不得连任。内阁由15~30名国务委员组成，由国务总理辅佐总统。总理统辖各种政策并出席国会。监察院、国情院、广播通信委员会等是由总统直接管理的组织。

행정부

现在国会以300名国会议员构成，有国会议长和2名副议长。任期为四年，通过地区选举和比例代表选出。国会可修改宪法、批准条约、制定法律。国会可以通过国家预算案的审议、确定权和国情监察来监视行政部。国会内的交涉团体由20名以上的国会议员组成。

입법부

由法官构成的司法部有司法权。司法部由大法院、高等法院、地方法院、专利法院、家庭法院、行政法院构成。所有的公民有权利获得公正、迅速的审判，审判一般是三审制。

사법부

해석

한국의 정치체계

대한민국 헌법은 삼권분립의 원칙을 규정하고 있다. 이 원칙에 따라, 한국의 정치체계는 각각 독립된 입법부, 행정부, 사법부의 세 부분으로 나뉜다.

대통령은 국민이 직접선거로 선출하며, 행정부의 수반이다. 대통령의 임기는 5년이며 연임이 불가하다. 내각은 15~30명의 국무위원으로 구성되며, 국무총리가 대통령을 보좌한다. 총리는 각종 정책을 총괄하며 국회에 출석한다. 감사원, 국정원, 방송통신위원회 등은 대통령이 직접 관리하는 조직이다.

현재 국회는 300명의 국회의원으로 구성되어 있으며, 국회의장과 2명의 부의장을 둔다. 국회의원의 임기는 4년이며, 지방선거와 비례대표로 선출한다. 국회는 헌법을 수정하고, 조약을 체결하며, 법률을 제정한다. 국회는 국가 예산안의 심의, 확정권, 국정감찰을 통해 행정부를 감시한다. 국회 내의 교섭단체는 20명 이상의 국회의원으로 이루어진다.

법관으로 구성된 사법부는 사법권을 지닌다. 사법부는 대법원, 고등법원, 지방법원, 특허법원, 가정법원, 행정법원으로 이루어진다. 모든 국민은 공정하고 신속한 재판을 받을 권리가 있으며, 재판은 3심제로 진행된다.

단어

大韩民国 Dà Hán Mínguó 고유 대한민국 | 宪法 xiànfǎ 명 헌법 | 规定 guīdìng 동 규정하다 | 三权分立 sānquánfēnlì 명 삼권분립 | 原则 yuánzé 명 원칙 | 独立 dúlì 동 홀로 서다 | 行政部 xíngzhèngbù 행정부 | 立法部 lìfǎbù 입법부 | 司法部 sīfǎbù 사법부 | 选举 xuǎnjǔ 동 선거하다 | 首脑 shǒunǎo 명 수뇌, 지도자 | 任期 rènqī 명 임기 | 不得 bùdé 동 ~할 수 없다 | 连任 liánrèn 동 연임하다 | 辅佐 fǔzuǒ 동 보좌하다 | 统辖 tǒngxiá 동 통괄하다 | 政策 zhèngcè 명 정책 | 出席 chūxí 동 참석하다 | 监察院 jiāncháyuàn 감사원 | 国情院 guóqíngyuàn 국정원 | 广播通信委员会 guǎngbō tōngxìn wěiyuánhuì 방송통신위원회 | 构成 gòuchéng 동 구성하다 | 副议长 fùyìzhǎng 명 부의장 | 比例代表 bǐlì dàibiǎo 비례대표 | 选出 xuǎnchū 동 선출하다 | 修改 xiūgǎi 동 고치다 | 批准 pīzhǔn 동 비준하다 | 条约 tiáoyuē 명 조약 | 法律 fǎlǜ 명 법률 | 预算

案 yùsuàn'àn 예산안 | 审议 shěnyì 동 심의하다 | 监视 jiānshì 동 감시하다 | 交涉团体 jiāoshè tuántǐ 교섭단체 | 法院 fǎyuàn 명 법원 | 专利 zhuānlì 명 특허 | 权利 quánlì 명 권리 | 获得 huòdé 동 얻다 | 迅速 xùnsù 형 신속하다 | 审判 shěnpàn 동 심판하다 | 三审制 sānshěnzhì 3심제

Track 1-6

韩国总统

根据大韩民国宪法，大韩民国的总统拥有国家元首和行政部首脑地位。宪法上明文规定总统的选举程序和任期。大韩民国宪法第67条规定“总统由国民以普通、平等、直接、秘密选举选出”。

대통령 선출

到目前(2015年)为止，韩国历代总统共有11位。第一到第三任总统是李承晚。他因3.15选举舞弊之后的4.19运动被迫中途卸任。第4任总统尹潽善的任期为1960年8月到1962年3月。尹潽善政权因1961年5月16日朴正熙的政变结束了短暂的命运。朴正熙从1962年3月到1979年10月26日连任了5届(第5任~第9任)，是大韩民国历史上任期最长的总统。朴前总统逝世后，当时的国务总理崔圭夏于1979年10月当选为第10任总统。崔前总统因全斗焕将军的军事政变于1980年8月下台，成为韩国有史以来任期最短的总统。全斗焕连任2届。此后，卢泰愚、金泳三、金大中、卢武铉和李明博分别担任了第13~17任总统。第18任总统朴瑾惠2013年上任，是韩国第一位女性总统。

대한민국 역대 대통령

해석

한국 대통령

대한민국 헌법에 따르면, 대한민국의 대통령은 국가원수와 행정부 수반의 지위를 지닌다. 헌법에 대통령의 선거 절차와 임기가 명문화되어 있다. 대한민국 헌법 제67조는 “대통령은 국민이 보통, 평등, 직접, 비밀 선거로 선출한다”고 규정하고 있다.

현재(2015년)까지 한국의 역대 대통령은 총 11명이다. 1~3대 대통령은 이승만이다. 그는 3·15 부정선거 후의 4·19운동으로 중도에 하야했다. 4대 대통령 윤보선의 임기는 1960년 8월부터 1962년 3월까지이다. 윤보선 정권은 1961년 5월 16일에 일어난 박정희의 군사정변으로 말미암아 짧은 운명을 마쳤다. 박정희는 1962년 3월부터 1979년 10월 26일까지 5대를 역임하며, 대한민국 역사상 최장의 임기를 지낸 대통령이 되었다. 박 전(前)대통령 서거 후, 당시 국무총리 최규하는 1979년 10월 제10대 대통령에 당선되었다. 최 전(前)대통령은 전두환 장군의 군사정변으로 1980년 8월 하야했으며, 한국 역사상 임기가 가장 짧은 대통령으로 기록되었다. 전두환은 2대에 걸쳐 연임했다. 그 후, 노태우, 김영삼, 김대중, 노무현과 이명박이 각각 13~17대 대통령을 역임했다. 제18대 박근혜 대통령은 2013년에 취임한 대한민국 최초의 여성 대통령이다.

단어

总统 zǒngtǒng 명 대통령 | 宪法 xiànfǎ 명 헌법 | 拥有 yōngyǒu 동 보유하다 | 元首 yuánshǒu 명 원수 | 规定 guīdìng 동 규정하다 | 程序 chéngxù 명 절차 | 任期 rènqī 명 임기 | 普通 pǔtōng 형 보통이다 | 平等 píngděng 명 평등 | 直接 zhíjiē 명 직접 | 秘密 mìmì 명 비밀 | 选举 xuǎnjǔ 명 선거, 선출 | 连任 liánrèn 동 연임하다 | 李承晚 Lǐ Chéngwǎn 고유 이승만 | 舞弊 wǔbì 동 부정 행위를 하다 | 被迫 bèipò 동 외부의 핍박을 받

다 | 中途 zhōngtú 명 중도 | 卸任 xièrèn 동 사임하다 | 尹潽善 Yǐn Pūshàn 고유 윤보선 | 政权 zhèngquán 명 정권 | 朴正熙 Piáo Zhèngxī 고유 박정희 | 政变 zhèngbiàn 명 정변, 쿠데타 | 命运 mìngyùn 명 운명 | 逝世 shìshì 동 서거하다 | 崔圭夏 Cuī Guīxià 고유 최규하 | 全斗焕 Quán Dǒuhuàn 고유 전두환 | 军事政变 jūnshì zhèngbiàn 군사정변 | 下台 xiàtái 동 하야하다, 권력을 이양하다 | 有史以来 yǒu shǐ yǐ lái 성 유사 이래 | 卢泰愚 Lú Tàiyú 고유 노태우 | 金泳三 Jīn Yǒngsān 고유 김영삼 | 金大中 Jīn Dàzhōng 고유 김대중 | 卢武铉 Lú Wǔxuàn 고유 노무현 | 李明博 Lǐ Míngbó 고유 이명박 | 朴瑾惠 Piáo Jǐnhuì 고유 박근혜

바로 확인

❶ 大韩民国宪法规定________的原则。按照此原则，韩国的政治体系分为各自独立的____________三个部分。

대한민국 헌법은 삼권분립의 원칙을 규정한다. 이 원칙에 따라, 한국의 정치체계는 각각 독립된 행정부, 입법부, 사법부의 세 부분으로 나뉜다.

❷ 韩国总统由国民以____________选出。

한국 대통령은 국민이 보통, 평등, 직접, 비밀 선거를 통해 선출한다.

정답 ❶ 三权分立 / 行政部、立法部和司法部 ❷ 普通、平等、直接和秘密选举

Step4
도전! 모의면접

Q1 韩国的历代总统都有哪几位?

Q2 韩国总统是如何选出的?

03 경제

Step1
사전 탐색하기

한국 경제의 발전은 한국전쟁이 끝나고 맞이한 1960년대부터 시작되었다. 한강의 기적으로 불리는 고속성장을 거쳐 오늘날 아시아의 대표적인 경제강국으로 성장하기까지의 발전역사는 오늘날의 한국을 이해하는 데 무엇보다 중요한 부분이다. 따라서 전체적인 흐름을 이해하면서 대표적인 정책을 정리하도록 한다.

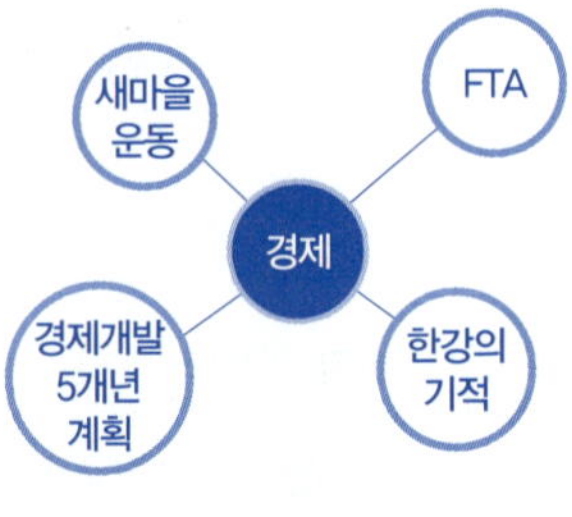

Step2
기출 따라잡기

Track 1-7

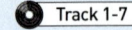

请介绍韩国经济的发展历史。
한국 경제의 발전 역사를 소개하세요.

답안 韩国从上世纪60年代开始，通过出口主导型发展计划，促进了经济增长。60年代的产业以轻工业产品为主。到了70年代，主要生产和出口重工业产品。韩国在短短的30~40年之间，实现了其他发达国家100年才实现的经济发展，这也被誉为“汉江奇迹”。80年代，致力于提高科技水平，培养高级研发人才。90年代末，受到亚洲金融危机的冲击，但韩国政府采取果断的措施，迅速恢复经济。如今韩国经济成长为世界第15大经济体。韩国作为世界经济的一个成员，将积极与发展中国家分享国家经济发展方面的经验，为世界经济的均衡发展做出一定的贡献。

해석 한국은 지난 세기 60년대부터 수출주도형 발전계획을 통해 경제성장을 촉진했습니다. 60년대의 산업은 경공업제품 중심이었습니다. 70년대에 이르러 주로 중공업제품을 생산 수출하였습니다. 한국은 짧은 30~40년 사이에, 다른 선진국이 100년에 걸쳐 이룩한 경제성장을 실현했으며, 이를 '한강의 기적'이라 부릅니다. 80년대에는 과학기술 수준을 향상시키고 고급 연구개발 인력 육성에 힘썼습니다. 90년대 말, 아시아 금융위기의 충격을 받았지만, 한국 정부는 과감한 조치를 취해 경제를 빠르게 회복했습니다. 오늘날 한국 경제는 세계 제15대 경제체로 성장했습니다. 한국은 세계 경제의 일원으로서, 개발도상국과 국가경제발전 분야의 경험을 적극 공유함으로써 세계 경제의 균형 발전에 기여할 것입니다.

단어 出口主导型发展计划 chūkǒu zhǔdǎoxíng fāzhǎn jìhuà 수출주도형 발전계획 | 促进 cùjìn 동 촉진하다 | 轻工业 qīnggōngyè 명 경공업 | 重工业 zhònggōngyè 명 중공업 | 誉为 yùwéi 동 ~라고 칭송하여 부르다 | 汉江奇迹 Hànjiāng qíjì 한강의 기적 | 致力于 zhìlì yú 애쓰다 | 培养 péiyǎng 동 배양하다 | 研发 yánfā 동 연구개발하다 | 金融危机 jīnróng wēijī 금융위기 | 冲击 chōngjī 명 충격 | 果断 guǒduàn 형 결단성이 있다 | 措施 cuòshī 명 조치 | 迅速 xùnsù 형 신속하다 | 恢复 huīfù 동 회복하다 | 积极 jījí 형 긍정적이다, 적극적이다 | 发展中国家 fāzhǎnzhōng guójiā 명 개발도상국 | 分享 fēnxiǎng 동 공유하다, 함께 나누다 | 均衡 jūnhéng 명 균형, 평형 | 贡献 gòngxiàn 동 공헌하다

Step3
관통 솔루션 파악하기

학습목표 1 한국 경제의 발전 역사를 파악한다.

학습목표 2 한국 경제 발전의 원동력이 무엇인지 이해한다.

Track 1-8

韩国的经济发展

从上世纪60年代，韩国开始通过出口导向型发展模式促进经济增长。60年代以假发和纤维等轻工业产品为主要出口对象。尤其是，从1962年开始实施经济开发5个年计划。70年代以后，根据重工业发展政策，主要生产和出口金属、船舶、汽车等重工业产品。韩国在短短的这30~40年之间，实现了其他发达国家100年才实现的经济发展。韩国从战争的废墟中快速崛起的经济也被称为“汉江奇迹”。“汉江奇迹”这一称呼是海外媒体从“莱茵河奇迹”借鉴而来的，“莱茵河奇迹”用于比喻二战后西德所取得的经济重建成果。海外媒体将韩国的经济重建成果誉为“汉江奇迹”，是因为汉江贯穿首尔市，是韩半岛的主要河流之一，这与德国的母亲河莱茵河十分相似。

60~70년대 한국 경제의 발전

到了20世纪80年代进行了产业重组，促进中小型企业发展。而且以引进外国技术为主的韩国科技政策就转到了策划和实施国家的研究与发展项目，以提高韩国的科技水平，培养高级研发人才。20世纪90年代，韩国经济飞速发展，韩国和台湾、香港、新加坡一起被称为“亚洲四小龙”，受到全世界的瞩目。当时，市场开放和市场自由化成为重要课题。1997年受到亚洲金融危机袭击后，韩国采取果断措施，顺利地走出危机，迅速恢复经济。韩国企业采取行动提高透明度，向世界标准靠拢。自2000年以来，韩国为了激活国家的经济增长，促进产业结构的先进化，致力于改革创新。韩国已经与一些国家成功签订了自由贸易协定(free trade agreement，FTA)，并希望与其他贸易对象国也可以签订此类的互惠贸易协定。

80~90년대 한국 경제의 발전

自由贸易协定是指两个以上的国家或地区为了开展自由贸易活动，通过消除关税和非关税壁垒等措施，创造经济圈的协定。缔结自由贸易协定已经成为国际贸易谈判的主流趋势。作为世界经济的一个成员，韩国要加入这一潮流，这样才能真正与世界经济形成一体。

자유무역협정(FTA)

如今，韩国已经发展成为世界上经济增长最快的国家。1961年成立经济合作与发展组织以来，韩国是第一个从受援国成为捐赠国的国家。今后，韩国将积极与发展中国家分享国家经济发展方面的经验，为世界经济的均衡发展做出一定的贡献。

오늘날의 한국 경제

해석

한국의 경제발전

60년대부터 한국은 수출주도형 발전모델을 통해 경제성장을 추진했다. 60년대에는 가발과 섬유 등 경공업제품이 주요 수출대상이었다. 특히 1962년부터 경제개발 5개년 계획을 실시하기 시작했다. 70년대 이후, 중공업 발전정책에 근거하여 주로 금속, 선박, 자동차 등 중공업제품을 생산 수출했다. 한국은 짧은 30~40년 사이, 다른 선진국이 100년에 걸쳐 이룩한 경제성장을 실현했다. 전쟁의 폐허에서 빠르게 일어난 한국의 경제를 두고 '한강의 기적'이라고도 부른다. '한강의 기적'이란 해외 언론이 '라인강의 기적'에서 따온 말이다. '라인강의 기적'은 제2차 세계대전 후 서독이 이룩한 경제 재건 성과를 비유적으로 이르는 말이다. 해외 언론이 한국의 경제 재건 성과를 '한강의 기적'이라고 부르는 것은, 한강이 서울을 관통해 지나는 한반도의 주요 수계이며, 이러한 점에서 독일의 젖줄이라는 라인강과 매우 흡사하기 때문이다.

80년대에 이르러 산업재편이 진행되며 중소기업의 발전을 추진했다. 또한 외국기술을 도입하는 것을 주로 하던 한국 과학기술 정책이 국가 차원에서 연구 개발을 계획하고 실시하는 단계로 발전했다. 이로써 한국의 과학기술 수준을 향상시키고, 고급 연구개발 인력을 양성하였다. 90년대 한국 경제는 빠르게 성장하며 타이완, 홍콩, 싱가포르 등과 함께 '아시아 네 마리의 용'으로 불렸다. 당시 시장개방과 시장자유화가 중요 과제가 되었다. 1997년 아시아 금융위기의 충격을 받은 후, 한국은 과감한 조치를 통해 순조롭게 위기를 극복하고 빠르게 경제를 회복했다. 한국 기업은 일련의 조치를 통해 투명성을 높이고, 세계 기준에 한발 더 다가갔다. 2000년 이래, 한국은 국가 경제를 활성화하기 위해 산업구조의 선진화를 촉진하고 개혁과 혁신에 힘썼다. 한국은 여러 나라와 이미 자유무역협정(FTA)을 체결했으며, 다른 무역 대상국과도 이러한 호혜적인 무역협정을 체결하기를 희망하고 있다.

자유무역협정이란 두 개 이상의 국가나 지역이 자유무역활동을 전개하기 위해, 관세 및 비관세 장벽을 철폐하는 등 조치를 통해 경제권을 형성하는 협정을 말한다. 자유무역협정 체결은 이미 국제 무역 협상의 주요 흐름이 되었다. 세계 경제의 일원으로서, 한국은 이러한 흐름에 참가해야만 세계 경제와 진정으로 하나가 될 수 있다.

오늘날 한국은 세계에서 경제 성장이 가장 빠른 국가가 되었다. 1961년 경제협력개발기구(OECD)가 설립된 이래, 한국은 원조를 받던 나라에서 원조를 주는 나라로 성장한 최초의 국가가 되었다. 앞으로 한국은 개발도상국과 국가경제발전 분야의 경험을 적극 공유하여 세계 경제의 균형 발전에 기여해 나갈 것이다.

단어

假发 jiǎfà 명 가발 | 纤维 xiānwéi 명 섬유 | 轻工业 qīnggōngyè 명 경공업 | 实施 shíshī 동 실시하다 | 经济开发5个年计划 jīngjì kāifā wǔ ge nián jìhuà 경제개발 5개년 계획 | 重工业 zhònggōngyè 명 중공업 | 政策 zhèngcè 명 정책 | 金属 jīnshǔ 명 금속 | 船舶 chuánbó 명 배 | 发达国家 fādá guójiā 명 선진국 | 战争 zhànzhēng 명 전쟁 | 废墟 fèixū 명 폐허 | 快速 kuàisù 형 신속하다 | 崛起 juéqǐ 동 우뚝 솟다 | 称呼 chēnghu 동 ~라고 부르다 | 媒体 méitǐ 명 대중매체 | 莱茵河 Láiyīnhé 고유 라인강 | 借鉴 jièjiàn 동 참고로 하다 | 比喻 bǐyù 동 비유하다 | 二战 èrzhàn 제2차 세계대전 | 重建 chóngjiàn 동 재건하다 | 誉为 yùwéi 동 ~라고 칭송하여 부르다 | 贯穿 guànchuān 동 관통하다 | 首尔 Shǒu'ěr 고유 서울 | 河流 héliú 명 강 | 母亲河 mǔqīnhé 명 젖줄 | 相似 xiāngsì 형 닮다 | 产业重组 chǎnyè chóngzǔ 산업 재편 | 促进 cùjìn 동 촉진시키다 | 引进 yǐnjìn 동 도입하다 | 科技 kējì 명 과학 기술 | 政策 zhèngcè 명 정책 | 策划 cèhuà 동 기획하다 | 实施 shíshī 동 실시하다 | 培养 péiyǎng 동 배양하다 | 研发 yánfā 동 연구 개발하다 | 飞速 fēisù 형 매우 빠르다 | 台湾 Táiwān 고유 타이완 | 香港 Xiānggǎng 고유 홍콩 | 新加坡 Xīnjiāpō 명 싱가포르 | 亚洲四小龙 Yàzhōu sìxiǎolóng 명 아시아 네 마리의 용 | 瞩目 zhǔmù 동 눈여겨보다 | 课题 kètí 명 과제 | 金融危机 jīnróng wēijī 금융위기 | 袭击 xíjī 동 기습하다 | 采取 cǎiqǔ 동 취하다 | 果断 guǒduàn 형 결단성이 있다 | 措施 cuòshī 명 조치 | 顺利 shùnlì 형 순조롭다 | 恢复 huīfù 동 회복하다 | 靠拢 kàolǒng 동 좁히다 | 激活 jīhuó 동 활성화하다 | 致力于 zhìlì yú 애쓰다 | 改革 gǎigé 명 개혁 | 创新 chuàngxīn 명 혁신, 창의 | 签订 qiāndìng 동 조인하다 | 自由贸易协定 zìyóu màoyì xiédìng 자유무역협정(FTA) | 互惠 hùhuì 동 서로 혜택을 주고받다 | 贸易 màoyì 명 무역 | 协定 xiédìng 명 협정 | 消除 xiāochú 동 없애다 | 关税壁垒 guānshuì bìlěi 명 관세장벽 | 经济圈 jīngjìquān 경제권 | 缔结 dìjié 동 체결하다 | 谈判 tánpàn 동 담판하다, 협상하다 | 趋势 qūshì 명 추세 | 潮流 cháoliú 명 조류 | 经济合作与发展组织 jīngjì hézuò yǔ fāzhǎn zǔzhī 경제협력개발기구(OECD) | 受援国 shòuyuánguó 원조를 받는 나라 | 捐赠

国 juānzèngguó 원조를 주는 나라 | 分享 fēnxiǎng 동 함께 나누다, 공유하다 | 均衡 jūnhéng 형 고르다 | 贡献 gòngxiàn 동 공헌하다

Track 1-9

新村运动

60年代末，韩国的工业经济进入高速发展期。但农村经济却停滞不前，农业生产落后，城乡贫富差距拉大，产业结构失衡。1970年代，韩国政府决定展开一场彻底改变农村面貌的农村建设运动，以带动和促进农业和农村经济的发展，这一政策就叫做“新村运动”。

새마을운동의 배경과 정의

“新村运动”，首先以农业、农村、农民为中心展开农村全面改进运动，后来逐渐扩展到全国城乡各方面。主要内容就是全面改善农村基础设施，兴修道路、水电和民生设施，加强教育，提高农民素质等。新村运动通过在全国范围内推广勤勉工作、自力更生、团结合作的精神，进一步加快国家的发展。

새마을운동의 내용

해석

새마을운동

60년대 말, 한국의 산업경제는 고속성장기에 들어섰다. 그러나 농촌경제는 정체되고 농업생산이 낙후되면서, 도시와 농촌 간 빈부차가 커지고 산업구조는 불균형을 이루었다. 이에 1970년, 한국 정부는 농촌의 면모를 개선하고자 농촌건설운동을 펼침으로써 농업과 농촌경제의 발전을 꾀하고자 했다. 이 정책을 '새마을운동'이라 부른다.

'새마을운동'은 우선 농업, 농촌, 농민을 중심으로 농촌의 전면적인 개혁운동을 전개하고, 점차 전국 곳곳으로 확대해 나갔다. 주로 농촌 인프라를 전면 개선하고, 도로, 수력발전소와 민생시설을 확충하며, 교육을 강화하고 농민의 자질을 제고하는 등의 내용이 포함되었다. 새마을운동은 전국적으로 근면, 자립, 단결의 정신을 보급하며 국가발전을 한층 더 가속화시켰다.

단어

新村运动 xīncūn yùndòng 새마을운동 | 停滞不前 tíng zhì bù qián 성 정체되어 앞으로 나아가지 않다 | 落后 luòhòu 동 낙후하다 | 城乡 chéngxiāng 명 도시와 농촌 | 贫富差距 pínfù chājù 빈부 격차 | 拉大 lādà 커지다 | 结构 jiégòu 명 구조 | 失衡 shīhéng 동 평형을 잃다 | 彻底 chèdǐ 형 철저하다 | 改变 gǎibiàn 동 고치다 | 面貌 miànmào 명 면모 | 建设 jiànshè 동 건설하다 | 带动 dàidòng 동 움직이게 하다 | 促进 cùjìn 동 촉진시키다 | 扩展 kuòzhǎn 동 확장하다 | 基础设施 jīchǔ shèshī 기초 시설, 인프라 시설 | 兴修 xīngxiū 동 짓다, 건설하다 | 水电 shuǐdiàn 명 수도와 전기, 수력 발전 | 推广 tuīguǎng 동 널리 보급하다 | 勤勉 qínmiǎn 형 근면하다 | 自力更生 zì lì gēng shēng 성 자력으로 떨쳐 일어나다 | 加快 jiākuài 동 가속화하다

바로 확인

❶ 韩国从________开始，通过________政策，实现了快速的经济增长。

한국은 60년대부터 수출주도형 발전정책을 통해 빠른 경제성장을 실현했다.

❷ 新村运动是指________韩国政府为了________而推动的农村建设运动。

새마을운동이란 70년대 초 한국 정부가 농촌경제의 발전을 촉진하기 위해 추진한 농촌건설운동이다.

정답 ❶ 上世纪60年代 / 出口导向型 ❷ 上世纪70年代初 / 促进农村经济的发展

Step4 도전! 모의면접

Q1 新村运动是什么?

Q2 FTA是什么? 你对此怎么看?

04 종교

Step1
사전 탐색하기

한국은 다양한 종교가 존재하며, 종교의 자유를 보장한다. 불교, 개신교, 천주교가 3대 종교를 이루는데, 특히 불교는 민족문화 형성에 지대한 영향을 미쳐왔다. 면접 시험에서는 각 종교의 특징과 역사를 중심으로 다양한 문제가 출제되고 있다.

Step2
기출 따라잡기

Track 1-10

韩国佛教的特点是什么?

한국 불교의 특징은 무엇인가요?

답안 韩国佛教从传入之初就带有强烈的护国特色。而且这个护国性并没有停留在精神层面，而是积极地转化为社会实践。比如，高丽末为了祈求击退蒙古，把佛经的内容刻在木板上，制作了八万大藏经；朝鲜时代爆发壬辰倭乱时，不少僧人手拿刀枪直接参战，为了国家的安全而击败了倭寇。这些都说明韩国佛教浓厚的护国特色。
韩国的佛教对统治者来说，也是最强有力的统治工具。古代韩国的统治者通过佛教谋求统治的稳定和发展，同时安慰百姓的心灵、祈求国泰民安。

해석 한국 불교는 전래 초기부터 강한 호국적 특성을 띠었습니다. 또한 이러한 호국성이 정신적 차원에만 그치지 않고, 사회적 실천으로 적극 전환되었습니다. 예컨대 고려말에는 몽골의 격퇴를 기원하는 뜻으로 불경의 내용을 목판에 새겨 팔만대장경을 제작했습니다. 조선시대에 임진왜란이 일어났을 때에는, 많은 승려가 창과 칼을 들고 직접 전쟁에 뛰어 들어 국가의 안전을 위해 왜구를 격파했습니다. 이러한 모습이 모두 한국 불교의 짙은 호국성을 설명해줍니다.
한국 불교는 통치계층에게 있어서는 강력한 통치수단이기도 했습니다. 고대 한국의 통치자는 불교를 통해 통치의 안정과 발전을 모색하는 동시에, 백성의 마음을 위로하고 국태민안을 기원했습니다.

단어 佛教 Fójiào 명 불교 | 传入 chuánrù 동 전해져 들어오다 | 带有 dàiyǒu 동 지니고 있다, 띠다 | 强烈 qiángliè 형 강렬하다 | 护国 hùguó 호국, 나라를 보호하다 | 特色 tèsè 명 특색 | 停留 tíngliú 동 머물다 | 层面 céngmiàn 명 범위, 방면 | 转化 zhuǎnhuà 동 전환하다 | 祈求 qíqiú 동 바라다 | 击退 jītuì 동 격퇴하다 | 蒙古 Měnggǔ 고유 몽골 | 佛经 fójīng 명 불경 | 八万大藏经 bāwàn dàzàngjīng 명 팔만대장경 | 朝鲜 Cháoxiǎn 고유 조선 | 爆发 bàofā 동 폭발하다, 발발하다 | 壬辰倭乱 rénchén wōluàn 고유 임진왜란 | 僧人 sēngrén 명 승려 | 手拿 shǒuná 동 손에 쥐다 | 刀枪 dāoqiāng 명 칼과 창, 무기 | 参战 cānzhàn 동 참전하다 | 击败 jībài 동 격파하다 | 倭寇 wōkòu 명 왜구 | 浓厚 nónghòu 형 짙다 | 统治者 tǒngzhìzhě 명 통치자 | 强有力 qiángyǒulì 형 강력하다 | 统治 tǒngzhì 동 통치하다 | 工具 gōngjù 명 공구, 수단 | 谋求 móuqiú 동 강구하다, 모색하다 | 稳定 wěndìng 형 안정되다 | 安慰 ānwèi 동 위로하다 | 心灵 xīnlíng 명 심령, 마음 | 国泰民安 guó tài mín ān 성 국태민안

Step3
관통 솔루션 파악하기

학습목표 1 한국의 3대 종교를 기억한다.

학습목표 2 한국 불교의 특징을 설명한다.

Track 1-11

韩国的宗教

古代的原始信仰是以自然崇拜和神鬼崇拜为形式的原始宗教，是以巫术为主的祈福信仰。三国时代以后，佛教、儒教等传来韩半岛。经过三国时代、统一新罗时代和高丽时代，佛教发展成为大众宗教。而到了朝鲜时代，提倡儒教思想，遏制佛教信仰。朝鲜末期，天主教和改新教流入，并出现了天道教等传统信仰。如今，佛教、改新教和天主教成为韩国的三大宗教。

종교의 발전 역사

佛教约在4世纪经由中国传来韩半岛。当时是高句丽、百济和新罗鼎足而立的三国时代，相互之间的冲突和战争连绵不断。在这样分裂、动荡的时代里，三国先后引入并积极发展佛教，既要谋求统治的稳定和发展，又要安慰百姓的心灵、祈求国泰民安。对统治者来说，佛教成为最强有力的统治工具。统一新罗和高丽时代仍然信仰佛教。14世纪末朝鲜开创以后，把儒教性理学作为国家的主要思想。但佛教已经成为传统信仰，深入民间的生活之中。韩国佛教从传入之初就带有强烈的护国特色。而且这个护国性并没有停留在精神层面，而是积极地转化为社会实践。从一定意义上来说，韩国佛教自始至终都有参与国家治理的作用。

如今，韩国建有代表佛家三宝的寺院，分别是通度寺、海印寺和松广寺。

불교의 발전과 특징

韩国信徒人口最多的宗教是改新教。19世纪末由美国传教士传入韩国，成为韩国改新教(或称新教)的起点。改新教在开化初期对医疗、教育、妇女、社会工作等方面广泛进行传教活动。后来经过混乱和困难时期，改新教日益兴盛。

개신교의 전래와 발전

天主教首次传入韩国是在18世纪后期，比改新教早100年左右。天主教在韩国的传播是从知识分子们的学术探究开始的。与其说天主教作为一种宗教被人们接受，不如说是作为一种被称为“西学”的学问传来的。这是天主教传入韩国的开端。因此，韩国的天主教可以说是主动引进的，这种情况在世界上并不多见。但天主教在传入韩国初期遭到了迫害，殉教者很多。目前，天主教是韩国第三大宗教。

천주교의 전래와 발전

해석

한국의 종교

고대의 원시신앙은 자연숭배와 귀신숭배를 형식으로 하는 원시종교였으며, 무속 중심의 기복신앙이었다. 삼국시대 이후, 불교, 유교 등이 한반도로 전래되었다. 삼국시대, 통일신라와 고려시대를 거치면서, 불교는 대중적인 종교로 자리잡았다. 조선시대에 이르러 유교사상을 제창하며 불교를 억압했다. 조선말기, 천주교와 개신교가 유입되었고, 천도교를 비롯한 전통신앙도 등장했다. 오늘날 불교, 개신교, 천주교는 한국의 3대 종교가 되었다.

불교는 약 4세기경 중국을 거쳐 한반도로 유입되었다. 당시는 고구려, 백제와 신라가 서로 대립하던 삼국시대로, 상호 간의 충돌과 전쟁이 끊이지 않았다. 이러한 분열과 혼란의 시대에 삼국은 차례로 불교를 받아들여 적극 발전시킴으로써, 통치의 안정과 발전을 도모하고, 백성의 마음을 위로하며 국태민안을 기원하고자 했다. 통치자에게 불교는 가장 힘 있는 통치수단이었다. 통일신라와 고려시대에도 여전히 불교는 최고의 종교였다. 14세기 말 조선이 개창된 후, 유교 성리학을 국가의 중요사상으로 삼았지만, 불교는 이미 전통신앙으로 백성의 삶 속 깊이 자리잡았다. 한국의 불교는 전래되면서부터 강한 호국적 특성을 띠고 있다. 또한 이러한 호국성이 정신적인 차원에서 머물러 있지 않고, 적극적으로 사회에 실천되었다. 어떤 의미에서 보자면, 한국 불교는 시종일관 국가 정치 참여의 역할을 수행해 왔다.

현재, 한국에는 불가의 세 보물을 대표하는 사찰이 있으며 통도사, 해인사, 송광사를 이른다.

한국에서 신도수가 가장 많은 종교는 개신교이다. 19세기 말 미국 선교사가 한국에 전파한 것이 한국 개신교의 발단이 되었다. 개신교는 개화 초기에 의료, 교육, 여성, 사회사업 등 분야에서 폭넓게 선교활동을 펼쳤다. 훗날 혼란과 어려움의 시기를 거치며, 개신교는 날로 부흥했다.

천주교가 처음 한국에 전래된 것은 18세기 후반으로, 개신교보다 100년 가량 이르다. 천주교의 한국 전파는 지식인들의 학술적 탐구에서 출발했다. 즉 천주교는 종교로서 받아들여졌다기 보다는, '서학'이라 불리는 학문으로 전래되었다. 이것이 천주교 전래의 발단이었다. 때문에 한국의 천주교는 자발적으로 도입한 셈인데, 이런 상황은 세계적으로도 흔치 않다. 그러나 천주교는 전파 초기 많은 박해를 받아 수많은 순교자가 나왔다. 오늘날 천주교는 한국의 제3대 종교가 되었다.

단어

宗教 zōngjiào 명 종교 | 原始 yuánshǐ 형 원시의 | 信仰 xìnyǎng 명 신앙 동 믿다 | 崇拜 chóngbài 동 숭배하다 | 神 shén 명 신 | 鬼 guǐ 명 귀신 | 巫术 wūshù 명 무술 | 祈福 qífú 동 복을 기원하다 | 佛教 Fójiào 명 불교 | 儒教 Rújiào 명 유교 | 经过 jīngguò 동 경유하다 | 统一新罗 Tǒngyī Xīnluó 고유 통일신라 | 高丽 Gāolí 고유 고려 | 提倡 tíchàng 동 제창하다 | 遏制 èzhì 동 저지하다 | 天主教 Tiānzhǔjiào 명 천주교 | 改新教 gǎixīnjiào 명 개신교 | 天道教 tiāndàojiào 명 천도교 | 经由 jīngyóu 동 거치다, 경유하다 | 高句丽 Gāogōulí 고유 고구려 | 百济 Bǎijì 고유 백제 | 新罗 Xīnluó 고유 신라 | 鼎足而立 dǐngzú érlì 정립하다, 세 세력이 서로 대치하다 | 冲突 chōngtū 동 충돌하다 | 连绵不断 lián mián bú duàn 성 끊이지 않다 | 分裂 fēnliè 동 분열하다 | 动荡 dòngdàng 동 동요하다 | 引入 yǐnrù 동 끌어들이다 | 积极 jījí 형 적극적이다, 긍정적이다 | 谋求 móuqiú 동 강구하다, 모색하다 | 稳定 wěndìng 형 안정되다 | 安慰 ānwèi 동 위로하다 | 心灵 xīnlíng 명 심령, 마음 | 祈求 qíqiú 동 바라다 | 国泰民安 guó tài mín ān 성 국태민안 | 统治者 tǒngzhìzhě 명 통치자 | 强有力 qiángyǒulì 형 강력하다 | 统治 tǒngzhì 동 통치하다 | 开创 kāichuàng 동 개창하다 | 性理学 xìnglǐxué 명 성리학 | 遏制 èzhì 동 저지하다 | 深入 shēnrù 동 깊이 들어가다 | 带有 dàiyǒu 동 지니고 있다, 띠다 | 强烈 qiángliè 형 강렬하다 | 护国 hùguó 호국 | 停留 tíngliú 동 머물다 | 层面 céngmiàn 명 범위, 방면 | 转化 zhuǎnhuà 동 전환하다 | 自始至终 zì shǐ zhì zhōng 성 시종일관 | 参与 cānyù 동 참여하다 | 治理 zhìlǐ 동 통치하다 | 建有 jiànyǒu 세워져 있다 | 三宝 sānbǎo 명 삼보 | 寺院 sìyuàn 명 사찰, 사원 | 通度寺 Tōngdùsì 고유 통도사 | 海印寺 Hǎiyìnsì 고유 해인사 | 松广寺 Sōngguǎngsì 고유 송광사 | 起点 qǐdiǎn 명 기점 | 广泛 guǎngfàn 형 광범하다 | 传教 chuánjiào 동 선교하다 | 混乱 hùnluàn 형 혼란하다 | 困难 kùnnan 형 곤란하다 | 日益 rìyì 부 날로 | 兴盛 xīngshèng 형 창성하다 | 引进 yǐnjìn 동 도입하다 | 遭到 zāodào 동 당하다 | 迫害 pòhài 동 박해하다 | 殉教者 xùnjiàozhě 명 순교자

바로 확인

❶ 韩国佛教 ________ 强烈的 ________，以 ________ 统治的 ________，用它来 ________。

한국 불교는 호국적 성격을 강하게 띠며, 이로써 통치의 안정과 발전을 모색하고, 이를 통해 국태 민안을 기원했다.

❷ 韩国的三大寺院是 ________。

한국의 3대 사찰은 불보사찰 통도사, 법보사찰 해인사, 승보사찰 송광사이다.

정답 ❶ 带有 / 护国特色 / 谋求 / 稳定和发展 / 祈求国泰民安
❷ 佛宝寺庙通度寺、法宝寺庙海印寺、僧宝寺庙松广寺

Step4
도전! 모의면접

Q1 韩国的三宝寺院是什么?

Q2 韩国的大多数传统寺庙为什么都建在山上?

tip 〈한 걸음 더〉

“大乘佛教”和“小乘佛教”的区别

大小乘之区别主要在于“小乘”把释迦牟尼视为唯一的佛，大乘则提倡三世十方有无数佛。“小乘”追求“自我解脱”，“大乘”宣传大慈大悲、普度众生，以建立净土佛国为目标。

해석 ‘대승불교’와 ‘소승불교’의 차이

대승과 소승의 주요한 차이는 ‘소승’은 석가모니를 유일한 부처로 보며, ‘대승’은 삼세십방에 수많은 부처가 있다고 보는 데 있다. ‘소승’은 ‘자아해탈’을 추구하며, ‘대승’은 대자대비(한없이 크고 넓은 부처님의 자비), 보도중생(중생을 구제하다)을 전하며 정토불국을 세우는 데에 목표를 둔다.

출제 포인트

01 불가의 세 가지 보물인 삼보는 불보, 법보, 승보이다. (→ 순서대로 기억함)
02 삼보사찰은 불보사찰 통도사, 법보사찰 해인사, 승보사찰 송광사이다.

三宝寺院

佛家把佛、法、僧尊为至尊三宝。韩国建有代表这三宝的寺院，分别是通度寺、海印寺和松广寺，合称三宝寺院。

通度寺是佛宝寺院。新罗僧人慈藏(590~658)去唐朝学习佛法，回国时把佛祖真身舍利和袈裟安放到今天的通度寺所在地，并在上面建起金刚戒坛。通度寺就是这样创建的。因为拥有象征佛祖的宝物，这座寺院被尊为佛宝寺院。

海印寺是法宝寺院。海印寺始建于9世纪初。如今，海印寺藏经板殿收藏有高丽八万大藏经板。这是在佛教典籍研究领域具有国际价值的历史文献，被联合国教科文组织指定为“世界记忆遗产”。作为收藏有记录佛祖真言(法)的《大藏经》的寺院，海印寺被称作法宝寺院。

松广寺是僧宝寺院。据传，松广寺建于新罗末期。高丽时期，普照国师知讷(1158~1210)在这里讲法，培养了多名弟子。知讷之后，这里又陆续出了许多高僧，继承了韩国佛教的传统，最终获得僧宝寺院的地位。

해석

삼보사찰

불가에서는 불, 법, 승을 지존삼보로 받든다. 한국에는 이 삼보를 대표하는 사찰이 있으니 각각 통도사, 해인사와 송광사가 그것이다. 이들을 삼보사찰이라고 통칭한다.

통도사는 불보사찰이다. 신라 승려 자장(590~658)이 당나라에 가서 불법을 공부하고 올 때, 부처의 진신사리와 가사를 가져다 오늘날 통도사 자리에 안치하고 금강계단을 세웠다. 그리하여 통도사가 창건되었다. 부처를 상징하는 보물이 있는 곳이라 하여 불보사찰이라 불린다.

해인사는 법보사찰이다. 해인사는 9세기 초에 창건되었다. 오늘날 해인사 장경판전에는 고려 팔만대장경판이 보관되어 있다. 이는 불교 경전 연구 분야에서 국제적인 가치를 인정받는 역사적 문헌으로, 유네스코 '세계기록유산'에 등재되었다. 부처의 말씀을 기록한 『대장경』을 보관한 사찰로서, 해인사는 법보사찰이라 불린다.

송광사는 승보사찰이다. 송광사는 신라 말에 창건되었다고 전해진다. 고려시대에 보조국사 지눌(1158~1210)이 이곳에서 설법하면서 많은 제자를 길러냈다. 지눌 이후에도 이곳에서 수많은 고승들이 배출되어 한국 불교의 전통을 계승했고, 승보사찰의 지위를 얻게 되었다.

단어 尊为 zūnwéi ~로 떠받들다 | 合称 héchēng 동 ~라 합쳐 부르다 | 慈藏 Cízàng 고유 자장 | 舍利 shèlì 명 사리 | 袈裟 jiāshā 명 가사 | 金刚戒坛 Jīngāng jiètán 금강계단 | 典籍 diǎnjí 명 옛날 책 | 普照国师知讷 Pǔzhào guóshī Zhīnè 보조국사 지눌 | 讲法 jiǎngfǎ 설법하다 | 高僧 gāosēng 명 고승

05 기후와 지리환경

Step1
사전 탐색하기

한국은 삼면이 바다로 둘러싸인 반도국가로서 동북아의 요충지에 위치해 있다. 온대계절풍 기후에 속하며 사계절이 뚜렷한 특징을 지닌다. 지형과 기후는 관광산업과도 직접적인 관련이 있는 부분이며, 각 계절의 특징과 지형별 대표 관광지를 정리해 둘 필요가 있다.

Step2
기출 따라잡기

Track 1-12

请介绍韩国的四季。
한국의 사계절을 소개하세요.

답안 韩国四季分明，但近年来春秋两季逐渐缩短。春季天气温暖，鲜花盛开。早春时节常常刮风下雨，大风带来亚洲内陆沙漠的沙尘暴。夏季天气很闷热。从六月底到七月初是梅雨季。一年中，这时候降雨量最多。韩国的秋季天高气爽、万里无云，是欣赏红叶的好季节。进入十一月，天气日渐转冷，冬季天气寒冷干燥。

해석 한국은 사계절이 뚜렷하지만, 근래 들어 봄과 가을이 점점 짧아지는 경향이 있습니다. 봄은 날씨가 따뜻하고 꽃이 핍니다. 이른 봄에는 종종 바람이 불고 비가 내리며, 아시아 내륙으로부터 황사가 불어오기도 합니다. 여름에는 날씨가 무덥습니다. 6월 말부터 7월 초에는 장마가 찾아옵니다. 1년 중, 이때 강우량이 가장 많습니다. 한국의 가을은 맑고 선선하며 단풍을 감상하기 좋은 시기입니다. 11월에 접어들면 날씨가 점차 추워지며, 겨울에는 춥고 건조한 날씨가 지속됩니다.

단어 四季 sìjì 명 사계 | 逐渐 zhújiàn 부 점점 | 缩短 suōduǎn 동 단축하다 | 温暖 wēnnuǎn 형 따뜻하다 | 鲜花 xiānhuā 명 생화, 꽃 | 盛开 shèngkāi 동 활짝 피다 | 沙漠 shāmò 명 사막 | 沙尘暴 shāchénbào 명 모래폭풍, 황사 | 闷热 mēnrè 형 무덥다 | 梅雨季 méiyǔjì 명 장마철 | 降雨量 jiàngyǔliàng 명 강우량 | 天高气爽 tiān gāo qì shuǎng 성 하늘이 높고 맑으며, 날씨가 선선하고 상쾌하다 | 万里无云 wàn lǐ wú yún 성 구름 한 점 없는 하늘 | 欣赏 xīnshǎng 동 감상하다 | 红叶 hóngyè 명 단풍 | 转冷 zhuǎnlěng 동 추워지다 | 寒冷 hánlěng 형 한랭하다 | 干燥 gānzào 형 건조하다

Step3
관통 솔루션 파악하기

학습목표 1 한국 지리의 특징을 파악한다.

학습목표 2 한반도 주변 해안선의 특징을 이해한다.

학습목표 3 한국 기후의 특징을 파악한다.

Track 1-13

韩国的地理和气候环境

韩国位于东北亚韩半岛南端。韩国西南部濒临黄海，东南是大韩海峡及对马海峡，东边被东海包围着。北面隔着非武装地带与北韩相邻。韩国三面环海，周围有济州岛、郁陵岛、独岛等3400多个大小岛屿环绕。半岛的东、西、南边被海洋环绕。西、南部海岸为曲折多湾的里亚斯型海岸，水浅，潮差很大，地形相对平坦，滩涂面积广阔，分布着很多岛屿。与此相比，东部海岸线比较平直，水深，潮差小。半岛南北长约1100公里，东西最短距离为200公里。大韩民国总面积达10万平方公里，总人口约有5000万。由于独特的地理位置，韩国成为大陆重要的一部分，是亚洲的中心地区。

한국의 지리적 위치와 특징

韩国国土的70%为山地，是世界上山地最多的地区之一。地形具多样性，低山、丘陵和平原交错分布。东部地势比较陡峭，而南部和西部海岸山势则渐渐变得平缓，形成东高西低的地形。山地主要分布在东北部。其中雪岳山、五台山、智异山等山峰以风景优美而闻名。韩国第一高峰是汉拿山，它位于济州岛中部，海拔1950米，和金刚山、智异山一起被誉为三座神山。平原主要分布于南部和西部。黄海沿岸有汉江平原、湖南平原等，南海沿岸有金海平原、全南平原等。这里是韩国大米生产量最多的谷仓地带。

한국 지형의 특징

韩国拥有很多河流。主要河流有汉江、洛东江、锦江和荣山江。其中最长的河流分别是洛东江和汉江，是韩国的重要水系。

한국의 4대강

韩国的气候属于温带季风气候，冬季受到从西伯利亚和蒙古高原吹起的西风的影响，寒冷干燥。夏季则受到太平洋温暖湿润的西南风的影响，炎热多湿。韩国四季分明，但近年来春秋两季逐渐缩短。春季天气温暖，鲜花盛开，从四月初旬开始，持续到五月。早春时节常常刮风下雨，大风带来亚洲内陆沙漠的沙尘暴。夏季天气很闷热，从六月开始到九月下旬结束，为期四个月。从六月底到七月初是梅雨季。一年中，这时候降雨量最多。年降雨量的50%都集中在夏季的这几个月。韩国的秋季天高气爽、万里无云，会持续到十月底，是欣赏红叶的好季节。进入十一月，天气日渐转冷，从十二月到次年二月底是酷寒的冬季。

한국의 기후와 사계

해석

한국의 지리와 기후환경

한국은 동북아의 한반도 남쪽에 위치해 있다. 한국은 서남쪽으로 황해에 맞닿아 있으며, 동남쪽으로는 대한해협과 대마해협이 펼쳐지고, 동쪽은 동해로 둘러싸여 있다. 북쪽으로는 비무장지대(DMZ)를 사이에 두고 북한과 마주하고 있다. 한국은 삼면이 바다이며 주변에 제주도, 울릉도, 독도 등 3400여 개의 크고 작은 섬으로 둘러싸여 있다. 반도의 동, 서, 남쪽은 바다로 둘러싸여 있다. 서, 남부 해안은 구불구불하고 만이 많은 리아스식 해안이다. 수심이 얕고 조수간만의 차가 크며 지형이 상대적으로 평탄하여 갯벌이 넓고 섬이 많다. 이에 비해 동부 해안선은 비교적 곧고 수심이 깊으며 조수간만의 차가 작다. 한반도 남북의 길이는 1100km, 동서 간 최단 거리는 200km에 이른다. 대한민국 총면적은 10만 km^2이며, 총인구는 5천만에 달한다. 독특한 지리적 위치로 인해, 한국은 대륙의 중요한 일부로 아시아의 중심 지역이 되었다.

한국은 국토의 70%가 산지로 되어 있는 세계에서 산지가 가장 많은 지역 중 하나이다. 지형도 다양하여 낮은 산, 구릉과 평야가 고루 분포한다. 동쪽은 지세가 비교적 가파르며, 남쪽과 서쪽 해안의 산세는 점차 평탄해져 동고서저의 지형을 이룬다. 산지는 주로 동북부에 분포한다. 그 가운데 설악산, 오대산, 지리산 등은 봉우리의 풍경이 아름답기로 유명하다. 한국의 최고봉은 한라산이다. 제주 중부에 위치해 있으며, 해발 1950m로 금강산, 지리산과 함께 삼신산으로도 유명하다. 평야는 주로 남쪽과 서쪽에 분포되어 있다. 황해연안을 따라 한강평야, 호남평야 등이 자리하며 남해연안에는 김해평야, 전남평야 등이 위치하고 있다. 이곳은 한국에서 쌀 생산량이 가장 많은 곡창지대이다.

한국에는 많은 강이 있다. 주요 강으로는 한강, 낙동강, 금강과 영산강 등이 있다. 그 가운데 가장 긴 강은 낙동강과 한강이며, 한국의 주요 수계에 해당한다.

한국의 기후는 온대계절풍에 속한다. 겨울에는 시베리아와 몽골의 고원에서 불어오는 서풍의 영향을 받아 한랭 건조하다. 여름에는 태평양의 따뜻하고 습한 서남풍의 영향을 받아 덥고 다습하다. 한국은 사계절이 뚜렷하지만, 근래 들어 봄과 가을이 점점 짧아지고 있다. 봄에는 날씨가 따뜻하고 꽃이 핀다. 4월 초부터 5월까지 이어진다. 이른 봄이면 바람이 불고 비가 내리며 아시아 내륙에서 황사가 불어오기도 한다. 여름에는 무더운 날씨가 6월부터 9월 하순까지 4개월 가량 이어진다. 6월 말부터 7월 초까지는 장마철이다. 1년 중 이때 강우량이 가장 많아, 연 강수량의 50%가 이 몇 달 동안 집중적으로 내린다. 한국의 가을은 맑고 선선하며 10월 말까지 이어지는데, 단풍을 감상하기 좋은 계절이다. 11월에 접어들면 날씨가 점차 추워져 12월부터 이듬해 2월 말까지 추운 날씨가 계속된다.

단어

韩半岛 Hán bàndǎo 명 한반도 | 南端 nánduān 명 남단 | 濒临 bīnlín 동 인접하다 | 黄海 Huánghǎi 명 황해 | 海峡 hǎixiá 명 해협 | 包围 bāowéi 동 휩싸이다 | 隔着 gézhe ~을 사이에 두다 | 非武装地带 fēiwǔzhuāng dìdài 비무장지대 | 相邻 xiānglín 동 서로 이웃하다 | 三面环海 sānmiàn huánhǎi 삼면이 바다로 둘러싸여 있다 | 济州岛 Jìzhōudǎo 고유 제주도 | 郁陵岛 Yùlíngdǎo 고유 울릉도 | 独岛 Dúdǎo 고유 독도 | 岛屿 dǎoyǔ 명 섬 | 环绕 huánrào 동 둘러싸다 | 曲折 qūzhé 형 굽다 | 湾 wān 명 만 | 里亚斯型海岸 lǐyàsīxíng hǎi'àn 리아스식 해안 | 潮差 cháochā 명 조수간만의 차 | 平坦 píngtǎn 형 평평하다 | 滩涂 tāntú 명 갯벌 | 广阔 guǎngkuò 형 넓다 | 岛屿 dǎoyǔ 명 섬 | 距离 jùlí 명 거리 | 总面积 zǒngmiànjī 총면적 | 地理位置 dìlǐ wèizhi 지리적 위치 | 大陆 dàlù 명 대륙 | 亚洲 Yàzhōu 고유 아시아 | 丘陵 qiūlíng 명 구릉 | 平原 píngyuán 명 평야 | 交错 jiāocuò 동 뒤섞이다, 엇섞이다 | 地势 dìshì 명 지세 | 陡峭 dǒuqiào 형 험준하다 | 海岸 hǎi'àn 명 해안 | 山势 shānshì 명 산세 | 渐渐 jiànjiàn 부 점점 | 平缓 pínghuǎn 형 평탄하다 | 东高西低 dōng gāo xī dī 동고서저 | 地形 dìxíng 명 지형 | 海拔 hǎibá 명 해발 | 雪岳山 Xuěyuèshān 고유 설악산 | 五台山 Wǔtáishān 고유 오대산 | 智异山 Zhìyìshān 고유 지리산 | 山峰 shānfēng 명 산봉우리 | 风景优美 fēngjǐng yōuměi 풍경이 아름답다 | 闻名 wénmíng 형 유명하다 | 汉拿山 Hànnáshān 고유 한라산 | 金刚山 Jīngāngshān 고유 금강산 | 沿岸 yán'àn 명 연안 | 平原 píngyuán 명 평야 | 谷仓地带 gǔcāng dìdài 곡창지대 | 拥有 yōngyǒu 동 보유하다 | 河流 héliú 명 강 | 锦江 Jǐnjiāng 고유 금강 | 荣山江 Róngshānjiāng 고유 영산강 | 洛东江 Luòdōngjiāng 고유 낙동강 | 分别 fēnbié 부 각각 | 水系 shuǐxì 명 수계 | 属于 shǔyú 동 ~에 속하다 | 温带 wēndài 명 온대 | 季风气候 jìfēng qìhòu 명 계절풍기후 | 西伯利亚 Xībólìyà 고유 시베리아 | 蒙古 Měnggǔ 고유 몽골 | 寒冷 hánlěng

형 한랭하다 | 干燥 gānzào 형 건조하다 | 太平洋 Tàipíngyáng 고유 태평양 | 温暖 wēnnuǎn 형 따뜻하다 | 湿润 shīrùn 형 축축하다 | 炎热 yánrè 형 무덥다 | 多湿 duōshī 다습하다 | 缩短 suōduǎn 동 단축하다 | 鲜花 xiānhuā 명 생화, 꽃 | 盛开 shèngkāi 동 활짝 피다 | 初旬 chūxún 명 초순 | 下旬 xiàxún 명 하순 | 为期 wéiqī 동 기한으로 하다 | 梅雨季 méiyǔjì 명 장마철 | 降雨量 jiàngyǔliàng 명 강우량 | 集中 jízhōng 동 집중하다 | 天高气爽 tiān gāo qì shuǎng 성 하늘이 맑으며, 날씨가 선선하고 상쾌하다 | 万里无云 wàn lǐ wú yún 성 구름 한 점 없는 하늘 | 酷寒 kùhán 형 몹시 춥다, 혹한이다

바로 확인

❶ 韩国属于 ________ 气候, ________。

한국은 온대계절풍에 속하며, 사계절이 뚜렷하다.

❷ 韩国是 ________ ，周围分布着 ________。

한국은 삼면이 바다로 둘러싸인 반도국가이며, 주변에 3400개의 크고 작은 섬이 분포한다.

정답 ❶ 温带季风气候 / 四季分明 ❷ 三面环海的半岛国家 / 3400个大小岛屿

Step4

도전! 모의면접

Q1 请介绍韩国地理环境。

Q2 韩国东部和西南部海岸线有什么不同的特色?

06 세시풍속① 설

Step1 사전 탐색하기

설은 한국의 4대 전통명절의 하나이다. 예로부터 묵은 1년을 보내고 새로운 한 해를 시작하는 가장 중요한 날로 여겨져 왔으며, 1년 중 가장 성대한 명절이다. 세시풍속과 절기음식을 중심으로 주요 내용을 정리해 두도록 한다.

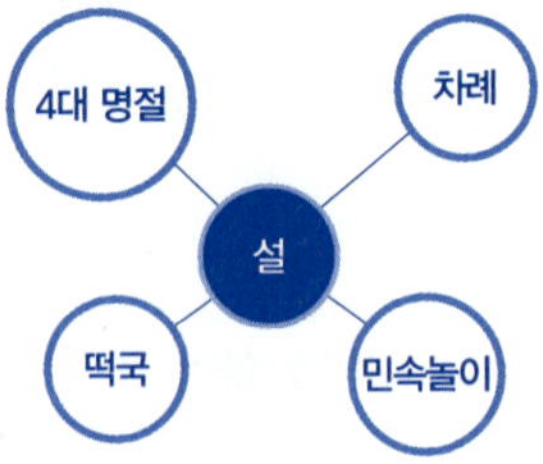

Step2 기출 따라잡기

Track 1-14

韩国的四大传统节日是什么?

한국의 4대 전통명절은 무엇인가요?

답안 韩国的四大传统节日是春节、寒食、端午节、中秋节。随着季节的变化，人们反复行使一些风俗习惯，每个节日都有自己的风俗和节日饮食。

해석 한국의 4대 전통명절은 설, 한식, 단오절, 추석입니다. 계절의 변화에 따라, 사람들은 일련의 풍속과 습관을 반복적으로 행하여, 각 명절마다 저마다 풍습과 절기음식이 있습니다.

단어 传统节日 chuántǒng jiérì 전통명절 | 春节 Chūnjié 명 설, 춘절 | 寒食 Hánshí 명 한식 | 端午节 Duānwǔjié 명 단오 | 中秋节 Zhōngqiūjié 명 추석, 한가위 | 反复 fǎnfù 동 반복하다, 거듭하다 | 行使 xíngshǐ 동 행하다 | 风俗习惯 fēngsú xíguàn 풍속과 습관, 풍습 | 节日饮食 jiérì yǐnshí 절기음식

Step3 관통 솔루션 파악하기

학습목표 1 한국의 4대 전통명절을 파악한다.

학습목표 2 설날의 세시풍속과 각 풍속에 담긴 의미를 정리한다.

››› 유비무환! 미리 준비합시다!

전통 민속 놀이를 함께 기억하세요!

Track 1-15

韩国的春节

岁时风俗是指一年之中，随着季节的变化，人们反复行使的的风俗习惯。韩国的四大传统节日是春节、寒食、端午节、中秋节。每个节日都有自己的风俗和节日饮食。

其中，春节应该是一年中最隆重的节日。春节是新的一年开始的一天。这天人们穿着新衣服，以新的精神面貌，感谢先祖的关照，祈愿家庭的平安，祈求新年的丰收与国家的安宁。

韩国人每当重要节日，非常重视举行祭祀仪式。祭祀是指给祖先们进行奉拜的仪式。韩国人举行的祭祖仪式有"祭祀"和"茶礼"的两种。"祭祀"是祖先忌日的前一天晚上，就是在去世的当天第一时间进行的祭祀。"茶礼"是春节、中秋节等传统节日早上举行的祭祀。人们穿上新衣服后，才开始举行祭祀仪礼。先把祖先的牌位请出，诚心的准备好食物，把它放在桌上。然后， 由辈份、年长者的顺序向祖先倒酒、磕头。所有的祭祀仪式结束后，全家人一起坐着享用祭祀中的食品和祭酒。这就是所谓的饮福，这样吃祭祀时的食物有辟邪、吃福的意思。

祭祀结束后，晚辈向长辈磕头拜年。这时年长者给磕头者好吃的东西和压岁钱，说几句祝福话。

韩国人过春节时一定要吃年糕汤，认为吃了年糕汤才能长一岁。

传统的年糕汤做法是，把大米粉蒸熟，然后揉搓成条状的年糕条，然后把它横斜切成片，另外用各种材料炖成清汤后，把年糕片放进汤里一起煮，再放些各种佐料和各种其他配料，如鸡蛋饼、牛肉片等。

세시풍속의 의미와 한국의 4대 전통명절

설의 의미

설의 세시풍속

설의 절기음식

해석

한국의 설

세시풍속이란 1년 중 계절의 변화에 따라 반복적으로 행하는 풍습을 말한다. 한국의 4대 전통명절은 설, 한식, 단오, 추석이다. 명절마다 풍속과 절기음식이 있다.

그 중 설은 1년 중 가장 성대한 명절이다. 설은 새로운 1년을 시작하는 하루이다. 이날 사람들은 새 옷을 입고 새로운 마음가짐으로 조상의 보살핌에 감사하고, 가정의 평안, 새해의 풍년과 국가의 안녕을 기원한다.

한국 사람들은 주요 명절마다 제사의식을 치르는 것을 매우 중요하게 여긴다. 제사의식이란 조상을 받들어 절을 올리는 의식을 가리킨다. 한국 사람들이 지내는 제사의식에는 '제사'와 '차례'의 두 종류가 있다. '제사'는 조상의 기일 전날 밤, 즉 돌아가신 당일이 시작되는 시간에 진행한다. '차례'는 설, 추석 등 전통명절 아침에 진행하는 의식이다. 사람들이 새 옷을 입은 후에야 제사의식이 시작된다. 우선 조상의 위패를 꺼내 놓고 정성껏 음식을 준비해 제사상을 차린다. 그런 다음 항렬, 나이의 순서로 조상에게 술을 따르고 절을 올린다. 모든 제사의식이 끝나면 가족이 한데 모여 제사음식과 제주를 나누어 먹는다. 이것이 바로 소위 말하는 음복인데, 이렇게 제사에 사용한 음식을 먹는 것은 액운을 쫓고 복을 먹는다는 의미이다.

제사가 끝나면 아랫사람은 웃어른께 세배를 올린다. 이때 연장자는 아랫사람에게 음식과 세뱃돈을 주고 덕담을 한다.

한국 사람들은 설을 쇨 때 꼭 떡국을 먹으며, 그래야 한 살 먹는다고 여긴다.

전통 떡국 만드는 법은 대체로 이러하다. 쌀가루를 찐 다음 길쭉한 모양으로 빚어 가래떡을 만든다. 그것을 어슷하게 썰어 놓고, 각종 재료를 넣어 육수를 끓인 다음, 잘라 놓은 떡을 육수에 넣고 함께 끓인다. 마지막으로 각종 양념과 계란, 소고기 고명 등 부재료를 넣으면 된다.

단어 岁时风俗 suìshí fēngsú 세시풍속 | 隆重 lóngzhòng 형 성대하다 | 面貌 miànmào 명 면모 | 祈愿 qíyuàn 동 기원하다 | 祈求 qíqiú 동 바라다 | 丰收 fēngshōu 동 풍작을 이루다 | 安宁 ānníng 형 평온하다 | 祭祀 jìsì 동 제사 지내다 | 仪式 yíshì 명 의식 | 祖先 zǔxiān 명 선조, 조상 | 奉拜 fèngbài 동 받들어 절하다 | 忌日 jìrì 명 기일 | 牌位 páiwèi 명 위패 | 诚心 chéngxīn 명 성심 | 辈份 bèifen 명 항렬 | 年长者 niánzhǎngzhě 명 연장자 | 顺序 shùnxù 동 순서 | 倒酒 dàojiǔ 동 술을 따르다 | 磕头 kētóu 동 절하다 | 享用 xiǎngyòng 동 누리다 | 所谓 suǒwèi 형 소위 ~라는 것은 | 饮福 yǐnfú 음복하다 | 辟邪 bìxié 동 액을 막다 | 晚辈 wǎnbèi 명 아랫사람 | 长辈 zhǎngbèi 명 웃어른 | 压岁钱 yāsuìqián 명 세뱃돈 | 祝福话 zhùfúhuà 축복하는 말, 덕담 | 年糕汤 niángāotāng 명 떡국 | 大米粉 dàmǐfěn 쌀가루 | 揉搓 róucuo 동 주무르다 | 年糕条 niángāotiáo 가래떡 | 横 héng 형 가로의 | 斜切 xiéqiē 엇베다 | 炖 dùn 동 푹 고다, 데우다 | 清汤 qīngtāng 명 육수 | 煮 zhǔ 동 삶다 | 佐料 zuǒliào 명 양념 | 配料 pèiliào 명 보조재료

바로 확인

❶ 韩国的四大传统节日是＿＿＿＿＿＿＿＿＿＿。

한국의 4대 전통명절은 설, 한식, 단오, 추석이다.

❷ 春节的时候，韩国人都返回家乡，和家人团聚，＿＿＿＿＿＿＿＿，吃＿＿＿＿＿＿。

설 때 한국 사람들은 모두 고향으로 돌아가 가족과 모여 차례를 지내고 떡국을 먹는다.

정답 ❶ 春节、寒食、端午节和中秋节 ❷ 举行祭祀 / 年糕汤

Step4 도전! 모의면접

Q1 韩国人怎么过春节?

Q2 "饮福"是什么?

플러스+ 면접 노트

출제 포인트
01 한국의 민속놀이는 연날리기, 윷놀이, 널뛰기, 씨름, 투호 등 다양하다.
02 전통문화를 체험할 수 있는 관광명소는 남산골 한옥마을, 한국 민속촌 등이 있다.

民俗游戏

❶ 放风筝：朝鲜时代放风筝成为阴历1月15日玩的传统游戏。在那天，人们在风筝上写“厄”字后把风筝放到天空中。这意味着把所有厄运放到天空中，以求得新年的好运。这似乎是与韩国的农业有关，因为在农耕期放风筝影响农业生产，所以在农歇期阴历12月开始玩。

❷ 玩尤茨：在纸板上画上棋盘，分成两组，每人轮流掷木棍，并按照出现的数字，在棋盘上移动行子，每方共有4个行子，当四个行子都移动到终点方为胜。

❸ 跳板：跳板是韩国妇女普遍喜爱的游戏之一，把木板放在垫子上做支撑点，然后中间坐上一人起固定跳板作用，然后两人分别站在跳板的两端，轮流起跳。据说被闷在自家庭院里的妇女们，为了窥视外边的世界而发明了跳板。

❹ 摔跤：韩国的摔跤历史悠久，是男人们展示力量的机会。竞技者腰间和大腿系有带子，竞技者相互抓住对方的带子，使用技巧和力量将对方摔倒。

❺ 投壶：投壶以前是上层阶级的游戏。分为蓝、红两派，比赛谁能将更多的细木条投到指定的壶口里。

해석

민속놀이

❶ 연날리기 : 조선시대 연날리기는 정월대보름 때 하던 전통놀이이다. 이날, 사람들은 연에 '액'자를 써서 하늘에 날렸다. 이는 액운을 보내고 새해의 행운을 기원하는 의미가 있다. 이것은 농경과도 관련이 깊다. 농경기에 연을 날리면 생산에 지장을 줄 수 있으므로, 농한기인 음력 12월부터 연날리기 놀이를 즐겼다.

❷ 윷놀이 : 종이에 말판을 그리고 두 편으로 갈라 차례로 윷을 던진다. 나온 수대로 말을 움직이며, 각 팀이 4개의 말을 가지고, 이 4개의 말이 모두 들어오면 승리한다.

❸ 널뛰기 : 널뛰기는 한국 여성들이 보편적으로 즐기던 놀이 중 하나이다. 나무판을 받침대 위에 놓고 지지대로 삼은 다음, 가운데 한 사람이 앉아 판을 고정한다. 두 사람이 각각 널빤지 양 끝에 서서 교대로 뛰어오른다. 집안에만 갇혀 지내야 했던 여성들이 바깥 세상을 보고 싶어 만들어낸 놀이라고 전해진다.

❹ 씨름 : 씨름은 남자들이 힘을 겨루는 놀이로, 오랜 역사를 가지고 있다. 선수는 허리와 허벅지에 띠(샅바)를 맨 채, 서로 상대의 띠를 잡고 기술과 힘을 이용해 상대를 쓰러뜨린다.

❺ 투호 : 투호는 과거 상류계층이 즐기던 놀이이다. 청, 홍의 두 편으로 가른 다음, 어느 편이 가느다란 나무 화살을 항아리에 많이 던져 넣는지 겨룬다.

단어 农耕期 nónggēngqī 농경기 | 农歇期 nóngxiēqī 농한기 | 玩尤茨 wán yóucí 윷놀이 | 棋盘 qípán 명 말판 | 掷 zhì 동 던지다 | 跳板 tiàobǎn 명 구름판, 널판 | 轮流 lúnliú 동 차례로 ~하다 | 窥视 kuīshì 동 정탐하다, 엿보다 | 投壶 tóuhú 명 투호

07 세시풍속② 단오

Step1
사전 탐색하기

단오절은 한국의 4대 전통명절의 하나이며, 특히 강릉단오제가 세계문화유산으로 등재되면서 더욱 주목 받는 명절이 되었다. 단오절의 세시풍속과 중국 단오절과의 비교에 관한 질문이 출제되고 있다.

Step2
기출 따라잡기

Track 1-16

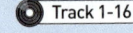

韩国最有名的端午节庆典活动是什么?
한국에서 가장 유명한 단오절 축제는 무엇인가요?

답안 江陵端午祭是韩国江原道江陵市市民庆祝传统的端午节时的习俗，于2005年向联合国教科文组织成功申报为非物质文化遗产。江陵端午祭是现在韩国保存比较完整的传统节日习俗之一。这时百姓们祈求山神、大关岭峰保护他们并带来丰收。大关岭峰是大关岭的最高峰，将岭东地区和其他地区相隔。活动保持了古代庆典的喜庆气氛。端午当天人们用菖蒲汤洗头，并观看没有台词，只用舞蹈和动作进行表演的官奴假面剧，还可以欣赏到荡秋千、摔跤、农乐等，是可以体验韩国民俗文化的好机会。

해석 강릉단오제는 한국 강원도 강릉시 시민들이 전통 단오제를 축하하며 행하는 풍습으로, 2005년 유네스코 무형문화유산에 등재되는 데 성공했습니다. 강릉단오제는 오늘날 한국에서 비교적 완벽하게 보존된 전통명절 풍습의 하나입니다. 이때 주민들은 산신과 대관령봉에 안녕과 풍년을 기원합니다. 대관령봉은 대관령의 최고봉으로, 영동과 다른 지역 간 분계선이기도 합니다. 행사는 고대 축제의 즐거운 분위기로 가득합니다. 단오날 사람들은 창포물에 머리를 감고, 대사 없이 춤과 동작으로만 공연하는 관노가면극을 구경합니다. 또한 그네뛰기, 씨름, 농악 등을 감상할 수 있어, 한국 민속문화를 체험할 수 있는 좋은 기회입니다.

단어 江陵端午祭 Jiānglíng Duānwǔjì 강릉단오제 | 庆祝 qìngzhù 동 경축하다 | 习俗 xísú 명 풍속 | 申报 shēnbào 동 서면으로 보고하다, 신청하다 | 非物质文化遗产 fēiwùzhì wénhuà yíchǎn 무형문화유산 | 完整 wánzhěng 형 온전하다 | 祈求 qíqiú 동 바라다 | 山神 shānshén 명 산신 | 大关岭 Dàguānlǐng 고유 대관령 | 丰收 fēngshōu 동 풍작을 이루다 | 岭东 Lǐngdōng 고유 영동 | 相隔 xiānggé 동 서로 떨어져 있다 | 喜庆 xǐqìng 동 기쁘게 경축하다 | 菖蒲汤 chāngpútāng 창포물 | 洗头 xǐtóu 동 머리를 감다 | 台词 táicí 명 대사 | 官奴假面剧 guānnú jiǎmiànjù 관노가면극 | 荡秋千 dàng qiūqiān 그네를 뛰다 | 摔跤 shuāijiāo 명 씨름

Step3
관통 솔루션 파악하기

학습목표 1 한국의 단오와 중국의 단오를 비교하고 차이점을 파악한다.

학습목표 2 강릉단오제를 소개한다.

Track 1-17

韩国的端午节

韩国的端午节和中国的端午节虽然名字一样，日期也都是五月初五，但是内容却全然不同。端午时节正是播完了种子可以稍微休息一下的时候，这时候天气开始完全转暖。被认为是阳气十足的日子，是生命力最强的时期。这一天，古代韩国人用菖蒲汤洗头，用菖蒲根做成簪子并刻上寿、福字插在头上，以求长寿多福，同时驱除各种邪气。而且，还会用艾蒿和面做成艾蒿糕吃，起去病健身的作用。此外，人们聚在一起进行各种祭祀活动、娱乐活动。比如，男人们进行摔跤，女人们进行荡秋千比赛。韩国的端午节是每个地方神仙的日子。因此各地方祭拜的对象和纪念活动大不相同。最具代表性的属江陵端午祭，是现在韩国保存比较完整的传统节日习俗之一。原来在韩国许多地区都有端午习俗，后来随着社会的发展渐渐消失了，只有江陵地区完整地保存着。江陵端午祭进行各种祭祀、庆典活动。所祭祀的神灵是大关岭山神、洞(村落)城隍，被神化的人物有十二位。

한국의 단오절과 강릉단오제

与韩国的端午节不同，中国的端午节是纪念一个特定人物的日子，就是屈原。屈原是古代中国的一位官吏，也是著名的文学家。他是一位受到尊敬的学者，但是由于一位官吏的陷害，遭到皇帝的冷落。屈原在忧郁的情况下投汨罗江自尽。

这时，江上的渔民匆忙的划船在江内寻找屈原，并且把米丢入江中，以平息汨罗江中的蛟龙。如今，中国端午节最重要的活动是龙舟竞赛，比赛的队伍划着他们多彩的龙舟前进。这项活动的灵感是来自于当时江上的渔民，在江中划船寻找屈原，而这个传统也一直保持到今天。

在端午节时受欢迎的食物就是粽子，粽子是以米包着肉、花生、蛋黄及其他材料，再以竹叶包裹。而粽子的传统则来自于渔夫把米丢入江中的行为。

중국의 단오절과 굴원의 전설

해석

한국의 단오절

한국의 단오절은 중국의 단오절과 이름이 같고 날짜도 음력 5월 5일로 같지만, 내용은 전혀 다르다. 단오는 씨 뿌리기를 마치고 잠시 쉬어가는 시기이며, 날씨가 더워지기 시작하는 때이다. 양기가 성하고 생명력이 가장 왕성한 시기이기도 하다. 이날 옛 한국인들은 창포물에 머리를 감고 창포뿌리로 만든 비녀에 수(壽), 복(福)자를 새겨 머리에 꽂았다. 이로써 장수와 다복을 빌고 액운을 없애고자 했다. 또한 쑥으로 반죽하여 쑥떡을 만들어 먹음으로써 몸을 건강하게 하고자 했다. 이 밖에 함께 모여 제사를 지내고 놀이를 즐기기도 했다. 예컨대 남자들은 씨름, 여자들은 그네뛰기 시합을 벌였다. 한국의 단오절은 각 지방 신의 날이다. 때문에 지방마다 제사하는 대상과 기념행사가 각각 달랐다. 그 중 대표적인 것이 강릉단오제이며, 이는 한국에서 가장 잘 보존된 전통명절 풍속 중 하나이다. 원래 한국의 많은 지역에 단오 풍습이 있었지만, 사회가 발전하면서 점점 사라졌고 강릉지역만 원형을 잘 보존해오고 있다. 강릉단오제에서는 제사, 축제 행사를 진행하며 대관령 산신, 마을 성황신, 신성화된 인물을 포함해 총 열두 신에게 제사를 올린다.

한국의 단오절과 달리, 중국의 단오절은 한 사람의 특정 인물인 굴원을 기리는 날이다. 굴원은 고대 중국의 관리이자 유명한 문학가이다. 그는 존경 받는 학자였는데, 다른 관리의 모함을 받아 황제로부터 냉대를 받는 신세가 되자, 침울한 나머지 멱라강에 뛰어들어 목숨을 끊었다.

이때 강에 있던 어민이 서둘러 노를 저어 강에서 굴원을 찾으며, 쌀을 강에 던져 멱라강에 사는 교룡을 잠재우고자 했다. 오늘날 중국 단오절의 가장 중요한 행사는 용선시합이며, 시합에 참가한 팀은 화려하게 장식한 용선의 노를 저어 전진한다. 이 행사는 당시 강의 어민이 노를 저어 강에 나가 굴원을 찾던 모습이 오늘날까지 전해진 것이다.

단오절 때 가장 인기 좋은 음식은 쫑쯔이다. 쫑쯔는 쌀에 고기, 땅콩, 달걀 노른자 및 기타 재료를 넣고 대나무 잎으로 싸서 쪄서 만든 음식이다. 쫑쯔의 전통은 어부가 쌀을 강에 던지던 행동에서 비롯되었다.

단어

端午节 Duānwǔjié 명 단오절 | 全然不同 quánrán bùtóng 전혀 다르다 | 播 bō 동 파종하다 | 种子 zhǒngzi 명 종자 | 稍微 shāowēi 부 조금 | 转暖 zhuǎnnuǎn 동 따뜻해지다 | 菖蒲汤 chāngpútāng 창포물 | 洗头 xǐtóu 동 머리를 감다 | 菖蒲根 chāngpúgēn 창포뿌리 | 簪子 zānzi 명 비녀 | 寿 shòu 형 장수하다 | 福 fú 명 행복 | 插 chā 동 끼우다 | 以求 yǐqiú 동 이로써 갈망하다 | 长寿 chángshòu 동 장수하다 | 驱除 qūchú 동 내쫓다 | 邪气 xiéqì 명 옳지 않은 기풍 | 艾蒿 àihāo 명 쑥 | 和面 huómiàn 동 밀가루를 반죽하다 | 起……作用 qǐ……zuòyòng 동 ~작용을 하다 | 去病健身 qùbìng jiànshēn 병을 없애고 몸을 건강하게 하다 | 聚 jù 동 모이다 | 祭祀 jìsì 동 제사 지내다 | 娱乐 yúlè 동 오락하다 | 摔跤 shuāijiāo 명 씨름 동 넘어지다 | 荡秋千 dàng qiūqiān 그네를 뛰다 | 神仙 shénxiān 명 신선 | 祭拜 jìbài 동 제사 지내다 | 大不相同 dà bù xiāng tóng 성 크게 다르다 | 属 shǔ 동 ~에 속하다 | 江陵端午祭 Jiānglíng Duānwǔjì 강릉단오제 | 完整 wánzhěng 형 온전하다 | 庆典 qìngdiǎn 명 경축 의식 | 神灵 shénlíng 명 신령 | 大关岭山神 Dàguānlǐng shānshén 대관령 산신 | 城隍 chénghuáng 명 성황신 | 神化 shénhuà 동 신격화하다 | 屈原 Qū Yuán 고유 굴원 | 官吏 guānlì 명 관리 | 尊敬 zūnjìng 동 존경하다 | 陷害 xiànhài 동 모함하다 | 冷落 lěngluò 형 쓸쓸하다 동 냉대하다 | 忧郁 yōuyù 형 우울하다 | 汨罗江 Mìluójiāng 고유 멱라강 | 自尽 zìjìn 동 자결하다 | 渔民 yúmín 명 어민 | 匆忙 cōngmáng 형 매우 바쁘다, 서두르다 | 划船 huáchuán 동 배를 젓다 | 平息 píngxī 동 평정하다 | 蛟龙 jiāolóng 명 교룡 | 如今 rújīn 명 지금 | 龙舟竞赛 lóngzhōu jìngsài 용선시합 | 队伍 duìwu 명 대열 | 多彩 duōcǎi 형 다채롭다 | 灵感 línggǎn 명 영감 | 粽子 zòngzi 명 쫑쯔 | 蛋黄 dànhuáng 명 단황, 달걀 노른자 | 竹叶 zhúyè 명 대나무 잎 | 包裹 bāoguǒ 동 싸다

바로 확인

❶ 端午节时，韩国人用 ______ 洗头，还会做 ______ 吃。

단오절 때, 한국 사람들은 창포물에 머리를 감고, 쑥떡을 만들어 먹는다.

❷ 江陵端午祭是韩国江原道江陵地区 ______ 的习俗，这是现在韩国 ______ 的传统庆典活动之一。

강릉단오제는 한국 강원도 강릉지역에서 단오절을 축하하는 풍습이며, 이는 오늘날 한국에서 가장 보존이 잘된 전통축제 중 하나이다.

(정답) ❶ 菖蒲汤 / 艾蒿糕 ❷ 庆祝端午节 / 保存最完整

Step4

도전! 모의면접

Q1 韩中两国的端午节有什么不同?

Q2 韩国端午节的节日饮食是什么?

플러스⁺ 면접 노트

출제 포인트

01 한식은 중국 개자추의 전설에서 기원하였다.
02 한식에는 조상의 묘를 다듬고 보수하는 풍습과 제사를 올리는 풍습이 있다.

寒食的由来

寒食是指冬至后的第105天的日子。寒食传于中国的春秋时期晋国介子推“割股奉君”的传说。春秋时期文公重耳在登上王位之前流亡了十多年，这时介子推一直在重耳的身边侍奉他。有一天，把自己的大腿肉割下来给重耳炖汤吃，救了他的命。可是后来重耳回国成了晋文公，晋文公封赏群臣，却忘了介子推。后来晋文公知道这事，马上派人请他，但他背着老娘逃进了绵山。晋文公为了让介子推自己走出来，放火焚山，可没想到介子推与母亲抱树而死。从此以后，为纪念介子推，把这一天定为寒食，这天要禁火，从上到下只吃瓜果点心一类冷食。这一天，很多韩国人到祖先的坟墓前进行割草、扫墓，并把提前准备好的瓜果点心、美酒佳肴摆在供桌上进行祭奠仪式。

해석

한식의 유래

한식은 동지 후 105일째 되는 날을 가리킨다. 한식은 중국 춘추시대 진나라 개자추의 '허벅지 살을 잘라 주군을 모시다'라는 전설에서 유래되었다. 춘추시대 문공 중이는 왕위에 오르기 전 십수 년을 떠돌았는데, 이때 개자추가 줄곧 그의 곁을 지키며 모셨다. 어느 날은 자신의 허벅지 살을 잘라 탕을 끓여 중이에게 바침으로써 그의 목숨을 구하기도 했다. 그러나 훗날 중이가 진문공이 된 후, 진문공은 여러 신하에게 상과 관직을 내렸지만 개자추를 깜박 잊었다. 나중에 진문공은 이 사실을 깨닫고 사람을 보내 그를 불렀지만, 그는 이미 어머니와 면산으로 들어가 은둔하고 있었다. 진문공은 개자추가 스스로 산에서 나오도록 산에 불을 질렀는데, 뜻밖에도 개자추는 어머니와 나무 아래에서 죽은 채 발견되었다. 이때부터 개자추를 기리기 위해 이날을 한식으로 정하고, 불 사용을 엄격히 금하며 상하를 막론하고 찬 음식만 먹도록 했다. 이날 많은 한국 사람들은 조상의 묘를 찾아 벌초하고 성묘를 한다. 또한 미리 준비한 과일, 술 등으로 상을 차려 제사를 올린다.

단어 介子推 Jièzǐtuī 고유 개자추 | 割股奉君 gēgǔ fèngjūn 허벅지 살을 잘라 군주를 모시다 | 侍奉 shìfèng 동 모시다 | 重耳 Zhòng'ěr 고유 중이 | 炖汤 dùntāng 탕을 끓이다 | 封赏 fēngshǎng 동 벼슬과 상을 내리다 | 绵山 Miánshān 고유 면산 | 割草 gēcǎo 동 벌초하다

08 세시풍속❸ 정월대보름

Step1
사전 탐색하기

정월대보름은 한국의 4대 전통명절의 하나이다. 이날은 새해의 첫 번째 보름날로서 예로부터 농사의 시작을 준비하는 중요한 명절로 여겨졌다. 오늘날에도 오곡밥과 나물을 먹고 부럼을 깨물어 먹으며, 건강과 평안을 기원하는 세시풍속이 면면히 전해지고 있다. 면접 시험에서는 세시풍속과 그 의미를 묻는 질문이 출제된 바 있다.

Step2
기출 따라잡기

Track 1-18

中国的元宵节相当于韩国的什么节日?
중국의 원소절은 한국의 어떤 명절에 해당하나요?

답안 中国的元宵节相当于韩国的正月十五。这天是在一年中第一个月圆的日子，人们一面准备即将到来的农忙季节，一面祈祷在新的一年中平安无事，也会聚在一起玩一些游戏。

해석 중국 원소절은 한국의 정월대보름에 해당하는 명절입니다. 이날은 1년 중 첫 번째 보름달이 뜨는 날입니다. 사람들은 곧 다가올 농번기를 준비하고 새로운 한 해의 평안과 무탈을 기원하며, 한데 모여 일련의 놀이를 즐겼습니다.

단어 元宵节 Yuánxiāojié 명 원소절 | 相当于 xiāngdāng yú 동 ~에 상당하다, ~에 맞먹다 | 正月十五 Zhēngyuè shíwǔ 명 정월대보름 | 准备 zhǔnbèi 동 준비하다 | 即将 jíjiāng 부 곧 | 到来 dàolái 동 도래하다 | 农忙季节 nóngmáng jìjié 농번기 | 祈祷 qídǎo 동 기도하다 | 平安无事 píng'ān wúshì 평안하고 탈이 없다

Step3
관통 솔루션 파악하기

학습목표 1 정월대보름의 세시풍속을 파악한다.

학습목표 2 세시풍속에 담긴 의미를 이해한다.

››› **유비무환! 미리 준비합시다!**

정월대보름과 중국의 원소절을 비교하여 알아두세요!

Track 1-19

正月十五

정월대보름의 의미

正月十五是一年中的第一个"十五"，被称作"大十五"。这一天，人们一面准备即将到来的农忙季节，一面祈祷在新的一年中平安无事，也会聚在一起玩一些游戏。

부럼의 유래

在正月十五这一天，人们会早早起床，咬碎核桃、花生、松子、栗子等坚果。据说，这样能保证在新的一年里不长脓包，牙齿也很坚硬，而且咬碎时发出的声音可以去除恶鬼。实际上这些坚果含有丰富的营养成分，有利于保养皮肤。另外，在古代，人们以此来补充冬天人体所需的营养和体力。

귀밝이술의 유래

正月十五的早晨把一杯清凉的清酒作为耳明酒喝，那一年就能听到好消息，还有耳朵不会得到病。

오곡밥과 나물의 유래

此外，过正月十五的时候，韩国人一定要吃的是五谷饭和干菜。五谷饭是把糯米、高粱米、红豆、小米、黑豆等杂粮混合在一起做出来的饭。与五谷饭配着一起吃的是干菜。这是用前一年秋天晾干存起来的茄子干、南瓜干、萝卜叶、山野菜等做成的。古代韩国在严寒的冬天，缺少新鲜的蔬菜，容易缺乏营养，因此韩国人在秋天，当农作物丰收的时候，就把蔬菜晒干储藏起来，在冬天享用。这样能补充营养，同时祈求当年的丰收。

더위팔기

传统的正月十五还有向别人卖暑的风俗习惯。这样能保证当年夏天不会中暑。

전통놀이

放风筝和鼠火游戏是正月十五的传统活动之一。在这一天，人们把风筝放飞天空，等到风筝飞得足够高时就会把线剪断。这样，不好的事会随风筝消逝，在新的一年里只剩下幸运和快乐。鼠火游戏指的是将炭火放入空罐，用细绳系上后甩圆圈的活动。这活动并不仅仅只是为了娱乐，人们可以通过它们制作肥料或者防治害虫。

해석

정월대보름

정월대보름은 1년 중 첫 번째 '보름'이라서, '대보름'이라고 불린다. 이날 사람들은 곧 다가올 농번기를 대비하면서 새로운 한 해 동안 무탈하고 평안하길 기도하며 한데 모여 일련의 놀이를 즐긴다.

정월대보름날 사람들은 일찍 일어나 호두, 땅콩, 잣, 밤 등의 견과를 깨물어 먹는다. 이렇게 함으로써 새해에 피부 부스럼이 생기지 않으며 이가 단단해질 뿐 아니라, 깨물 때 나는 소리로 귀신을 쫓을 수 있다는 속설이 있다. 실제로 견과류에는 풍부한 영양이 함유되어 있어 피부 보호에 도움이 된다. 그 밖에 고대에는 이러한 풍습을 통해 겨울에 몸에 필요한 영양과 체력을 보충하는 의미도 있었다.

정월대보름의 이른 아침 맑은 청주를 귀밝이술로 삼아 마시면, 그 해에는 줄곧 좋은 소식을 들을 수 있고 귓병도 걸리지 않는다고 한다.

그 외에도 정월대보름을 지내며 한국인들은 오곡밥과 나물을 반드시 먹는다. 오곡밥은 찹쌀, 수수쌀, 팥, 좁쌀, 검은 콩 등 잡곡을 섞어 지은 밥을 말한다. 오곡밥과 함께 먹는 것이 나물이다. 이는 지난해 가을 말에 보관해 둔 가지, 호박, 무청, 산나물 등으로 만든 것이다. 고대 한국에서는 한겨울 신선한 채소가 귀해서 영양이 부족해지기 쉬웠다. 그래서 한국 사람들은 가을에 농작물을 수확할 때 채소를 말려 보관해 두었다가 겨울에 먹는 풍습이 있었다. 이렇게 함으로써 영양을 보충하고, 그 해의 풍년을 기원하는 의미가 있었다.

전통적인 정월대보름에는 다른 사람에게 더위를 파는 풍습도 있었다. 이렇게 하면 그 해 여름에는 더위를 먹지 않는다는 속설이 있었다.

연날리기와 쥐불놀이는 정월대보름의 전통놀이 중 하나이다. 이날 사람들은 연을 하늘로 날려 높이 올라가면 연줄을 잘라 끊어 날려 보냈다. 이렇게 하여 좋지 않은 일은 연을 따라 날려 보내고, 새로운 한 해에는 행운과 즐거움만 남는다는 의미이다. 쥐불놀이란 숯불을 빈 깡통에 담은 뒤 새끼줄로 매어 둥글게 돌리는 놀이이다. 이는 놀이로서의 개념뿐 아니라, 비료를 만든다거나 해충을 예방하는 의미를 지녔다.

단어 咬 yǎo 동 물다 | 碎 suì 동 부서지다 | 核桃 hétao 명 호두 | 花生 huāshēng 명 땅콩 | 松子 sōngzǐ 명 잣 | 栗子 lìzi 명 밤 | 坚果 jiānguǒ 명 견과 | 保证 bǎozhèng 동 보증하다 | 脓包 nóngbāo 명 고름집 | 牙齿 yáchǐ 명 이 | 坚硬 jiānyìng 형 단단하다 | 去除 qùchú 동 제거하다 | 恶鬼 èguǐ 명 악귀 | 实际上 shíjìshang 부 사실상 | 含有 hányǒu 동 함유하다 | 丰富 fēngfù 형 많다, 풍부하다 | 营养 yíngyǎng 명 영양 | 有利于 yǒulì yú ~에 이로움이 있다 | 保养 bǎoyǎng 동 보양하다 | 皮肤 pífū 명 피부 | 补充 bǔchōng 동 보충하다 | 体力 tǐlì 명 체력 | 清凉 qīngliáng 형 시원하고 선선하다 | 清酒 qīngjiǔ 명 청주 | 耳明酒 ěrmíngjiǔ 명 귀밝이술 | 五谷饭 wǔgǔfàn 명 오곡밥 | 干菜 gāncài 명 말린 채소, 나물 | 糯米 nuòmǐ 명 찹쌀 | 高粱米 gāoliángmǐ 명 수수쌀 | 红豆 hóngdòu 명 팥 | 小米 xiǎomǐ 명 좁쌀 | 黑豆 hēidòu 명 검은콩 | 杂粮 záliáng 명 잡곡 | 混合 hùnhé 동 혼합하다 | 晾干 liànggān 동 그늘이나 바람에 말리다 | 茄子 qiézi 명 가지 | 南瓜 nánguā 명 호박 | 萝卜叶 luóboyè 무청 | 山野菜 shānyěcài 산나물 | 严寒 yánhán 형 추위가 심하다 | 缺少 quēshǎo 동 부족하다 | 新鲜 xīnxiān 형 신선하다 | 蔬菜 shūcài 명 채소 | 缺乏 quēfá 동 결핍되다 | 丰收 fēngshōu 동 풍작을 이루다 | 晒干 shàigān 동 햇볕에 말리다 | 储藏 chǔcáng 동 저장하다 | 享用 xiǎngyòng 동 누리다 | 补充 bǔchōng 동 보충하다 | 祈求 qíqiú 동 바라다 | 卖暑 màishǔ 더위 팔기 | 中暑 zhòngshǔ 동 더위 먹다 | 风筝 fēngzheng 명 연 | 鼠火游戏 shǔhuǒ yóuxì 쥐불놀이 | 天空 tiānkōng 명 하늘 | 剪断 jiǎnduàn 동 잘라 끊다 | 消逝 xiāoshì 동 흘러가다 | 剩下 shèngxià 동 남다 | 幸运 xìngyùn 형 운이 좋다 | 炭火 tànhuǒ 명 숯불 | 空罐 kōngguàn 빈 깡통 | 细绳 xìshéng 줄 | 系 jì 동 매다, 묶다 | 甩 shuǎi 동 휘두르다, 내던지다 | 圆圈 yuánquān 명 동그라미 | 娱乐 yúlè 명 오락 동 오락하다 | 肥料 féiliào 명 비료 | 防治 fángzhì 동 예방 치료하다 | 害虫 hàichóng 명 해충

바로 확인

❶ 韩国的 ______ 相当于中国的 ______ ，这天是在一年中 ______ 的日子。

한국의 정월대보름은 중국의 원소절에 해당한다. 이날은 1년 중 첫 번째 보름달이 뜨는 날이다.

❷ 韩国过正月十五时一定吃 ______ 。

한국은 정월대보름을 지낼 때, 반드시 오곡밥과 나물을 먹는다.

(정답) ❶ 正月十五 / 元宵节 / 第一个月圆 ❷ 五谷饭和干菜

Step4

도전! 모의면접

Q1 韩国人过正月十五的时候，吃什么?

Q2 韩国的正月十五有什么传统游戏?

tip 〈한 걸음 더〉

中国的元宵节

每年农历的正月十五日，春节刚过，迎来的就是中国的传统节日——元宵节。这就相当于韩国的正月十五。

正月是农历的元月，古人把夜晚叫做“宵”，所以把正月十五称为元宵节。正月十五日是一年中第一个月圆的夜晚，也是大地回春的夜晚，人们都庆祝这天，庆贺新春的到来。元宵节又称为“上元节”。

按中国民间的传统，在这月圆的夜晚，人们要点起彩灯，以表示庆贺。出门赏月、一起吃元宵，全家团聚，充满乐融融的气氛。

中国元宵节的代表食物是元宵。元宵由糯米制成，或实心，或带馅。馅料有豆沙、白糖、各类果料等，食用时煮、煎、蒸、炸都可以。这种食物又被叫做“汤团”或“汤圆”，这些名称和“团圆”发音相似，就是团圆的意思，象征全家人团团圆圆，和睦幸福。

해석

중국의 원소절

해마다 음력 정월 15일, 춘절을 갓 지내고 맞이하는 것이 중국의 전통명절인 원소절이다. 바로 한국의 정월 대보름에 해당하는 명절이다.

정월은 음력 원월(元月)이라고도 하며, 옛 사람들은 밤을 '소(宵)'라고 불렀다고 해서 정월대보름을 원소절이라 부른다. 정월대보름은 1년 중 첫 번째 보름달이 뜨는 날이며, 대지가 봄을 맞는 밤이다. 사람들은 이날을 기뻐하며 새 봄의 도래를 축하한다. 원소절은 '상원절'이라고도 부른다.

중국 민간 전통에 따르면 보름달이 뜬 이날 밤, 사람들은 색등을 켜서 기쁨을 표현한다. 야외로 나와 달맞이를 하고 함께 '위안샤오'를 먹으며, 온 가족이 모여 기쁜 분위기를 만끽한다.

중국 원소절의 대표적인 음식은 위안샤오이다. 위안샤오는 찹쌀로 만들며 속이 차 있거나 소를 넣는다. 소의 재료로는 팥, 설탕, 각종 견과류 등이 있으며, 삶거나 지지거나 찌거나 튀겨 먹는다. 위안샤오는 '탕퇀' 혹은 '탕위안'이라고도 부르는데, 이 이름이 가족들이 한데 모인다는 '퇀위안'과 발음이 비슷하기 때문이다. 즉 온 가족이 한자리에 모여 화목하고 행복함을 상징하는 의미이다.

PART 2

역사

한 눈에 정리하는 핵심 내용

01 고조선

최초의 국가 고조선은 기원전 2333년 10월 3일 단군왕검이 건국했으며, 이날을 경축하기 위해 10월 3일을 개천절로 정해 기념한다.

02 삼국시대

고구려 기원전 37년 주몽이 압록강 중류에 세웠으며, 전성기는 광개토대왕과 장수왕 통치시대이다.

백 제 기원전 18년 온조가 한강 남쪽에 세웠으며, 전성기는 근초고왕 통치시대이다.

신 라 기원전 57년 박혁거세가 건국했으며, 법흥왕과 진흥왕 시기에 강대한 국가로 성장했다.

03 남북국시대

신 라 귀족들의 정권다툼과 부패로 인해 국세가 쇠퇴하였고, 935년 고려에 귀속되었다.

발 해 고구려 후예 대조영이 세웠으며, 고구려의 선진문화를 계승했다.

04 고려

고려는 고구려의 잃어버린 중국 동북지역의 땅을 되찾겠다는 뜻을 천명하여 국호를 고려로 정했다. 고려청자, 팔만대장경, 직지심체요절 등 빛나는 문화유산을 남겼다.

05 조선

조선은 1392년 태조 이성계가 건국했으며, 유교 성리학을 국가 지도철학으로 삼아 줄곧 통치지위를 차지해 온 불교의 영향력을 상쇄하고자 했다. 제4대 세종대왕 통치시기에 문화와 예술이 크게 발전했고, 번영과 부강을 이루었다.

06 일제강점기

1910년 조선은 일본과 불평등조약을 체결한 뒤, 일본의 식민지로 전락했다. 1919년 3월 1일 일본의 식민 통치에서 벗어나 국권을 회복하기 위해 합심하여 비폭력 평화시위운동인 3·1일 운동을 일으켰다.

07 대한민국 성립

1950년 6월 25일 북한은 남한을 향해 대규모 침공을 강행함으로써 3년에 걸친 한국전쟁을 일으켰다. 1953년 7월 27일 양측은 판문점에서 휴전협정을 체결했고, 한국은 세계에서 유일한 분단국가가 되었다.

01 고조선

Step1
사전 탐색하기

단군이 세운 한반도 최초의 국가 고조선은 한민족 역사의 시작으로, 고대 역사에서 빠질 수 없는 중요한 부분이다. 면접 시험에서는 고조선에 관한 소개 외에도 건국신화와 개천절에 관한 질문이 자주 출제되어 왔다.

Step2
기출 따라잡기

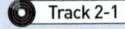

Track 2-1

开天节是什么?

개천절은 무엇인가요?

답안 开天节是檀君王俭建立韩半岛第一个国家古朝鲜的日子，就是韩民族的诞生日。韩国人为了纪念这一天，把10月3日定为开天节加以纪念。

해석 개천절은 단군왕검이 한반도 최초의 국가 고조선을 세운 날로, 한민족의 탄생일입니다. 한국인은 이날을 기념하기 위해 10월 3일을 개천절로 정해 기념합니다.

단어 檀君王俭 Tánjūn wángjiǎn 고유 단군왕검 | 古朝鲜 Gǔcháoxiǎn 명 고조선 | 把……定为…… bǎ……dìngwéi…… ~을 ~으로 정하다

Step3
관통 솔루션 파악하기

학습목표 1 한민족의 건국신화를 설명한다.

학습목표 2 고조선과 개천절의 의미를 이해한다.

››› **유비무환! 미리 준비합시다!**

삼국사기와 삼국유사를 비교하여 알아두세요!

Track 2-2

古朝鲜

古朝鲜是我们民族最初创建的国家，具有深远的意义。大约于公元前2000年左右，现在的中国东北和韩半岛地区出现了青铜器文化。当时有些部族生活在满洲的辽宁地区和韩半岛的西北部地区。公元前2333年神话人物檀君王俭聚集并治理了这些部族，后来建立了韩半岛第一个国家古朝鲜。

檀君的建国神话是说明韩半岛悠久历史的珍贵的史料。13世纪高丽僧侣一然编写的《三国遗事》中，首次记载了有关檀君的内容。这是一本以高句丽、新罗、百济三国时代为中心，收集过去的传说、神话和历史的书籍。

据《三国遗事》记载，天神桓因有个叫桓雄的儿子，桓雄总是想下到人间与人类一起生活。桓因知道后，给了桓雄三个“天府印”作为天神的标识，就让他带着风伯、雨师、云师和3000名随从降临到了太白山神檀树下。桓雄以弘益人间(给所有的人类带来幸福)的哲学为基础，建立了“神市”，教化百姓。

有一天，一只熊和一只虎来到桓雄面前，说出了自己想“变成人类”的愿望。桓雄给了它们艾蒿和蒜，告诫它们在百日之内只吃艾蒿和大蒜，不见阳光就能变成人。熊和虎回到了洞穴，老虎忍不住跑出了洞外。而熊经受住了考验，终于变成女人。桓雄与熊女结合，生下一个儿子，名为檀君王俭。檀君公元前2333年10月3日建立韩半岛第一个国家古朝鲜。韩国人为了纪念这一天，把10月3日定为开天节。从古朝鲜时代相传下来的“弘益人间”的哲学思想，成为大韩民国的建国理念。

청동기 시작과 고조선 건국

삼국유사

단군신화와 개천절

해석

고조선

고조선은 우리 민족 최초의 국가로 큰 의미를 지닌다. 대략 기원전 2000년 무렵, 오늘날 중국 동북지역과 한반도에 청동기 문화가 등장했다. 당시 일부 부족이 만주 랴오닝 지역과 한반도 서북부지역에서 생활하고 있었다. 기원전 2333년 신화적 인물인 단군왕검이 이들 부족을 병합하여 다스렸으며, 훗날 한반도 최초의 국가 고조선을 세우기에 이르렀다.

단군의 건국신화는 한반도의 유구한 역사를 보여주는 진귀한 사료이다. 13세기 고려 승려 일연이 쓴 『삼국유사』에 단군에 관한 이야기가 최초로 등장한다. 『삼국유사』는 고구려, 신라, 백제의 삼국시대를 중심으로 과거의 전설, 신화, 역사 이야기를 모아놓은 책이다.

『삼국유사』에 따르면 하늘의 신 환인에게는 환웅이라는 아들이 있었는데, 환웅은 인간 세상으로 내려와 사람들과 어울려 살기를 소망했다. 환인이 이를 알고, 환웅에게 세 개의 '천부인'을 주어 하늘신의 표식으로 삼게 한 뒤, 풍백, 우사, 운사와 3천의 수종을 이끌고 태백산 신단수로 내려가도록 했다. 그리하여 환웅은

홍익인간의 철학을 기초로 하여, 그곳에 '신시'를 세우고 백성을 교화시켰다.

어느날 곰과 호랑이가 환웅을 찾아와 사람이 되게 해달라고 청했다. 환웅은 그들에게 쑥과 마늘을 주며, 백일 동안 그것만 먹고 햇빛을 보지 않으면 사람이 될 수 있다고 말했다. 곰과 호랑이는 동굴로 돌아왔다. 호랑이는 견디지 못하고 동굴 밖으로 뛰쳐나왔지만, 곰은 시험을 이겨내고 마침내 여자가 되었다. 환웅은 웅녀를 아내로 맞아 둘 사이에 아들이 태어났고, 그가 바로 단군왕검이다. 단군은 기원전 2333년 10월 3일, 한반도 최초의 국가인 고조선을 세웠다. 한국 사람들은 이날을 기념하기 위해 10월 3일을 개천절로 정했다. 고조선 이래로 전해오는 '홍익인간'의 철학사상은 대한민국의 건국이념이 되었다.

단어

最初 zuìchū 명 최초, 맨 처음 | 创建 chuàngjiàn 동 창건하다 | 青铜器 Qīngtóngqì 명 청동기 | 部族 bùzú 명 부족 | 满洲 Mǎnzhōu 고유 만주 | 辽宁 Liáoníng 고유 랴오닝 | 檀君王俭 Tánjūn wángjiǎn 고유 단군왕검 | 聚集 jùjí 동 규합하다, 한데 모으다 | 治理 zhìlǐ 동 다스리다 | 记载 jìzǎi 동 기록하다 | 悠久 yōujiǔ 형 유구하다 | 珍贵 zhēnguì 형 진귀하다 | 史料 shǐliào 명 사료 | 一然 Yìrán 고유 일연[고려 25대 충렬왕 때의 고승] | 三国遗事 Sānguó Yíshì 삼국유사 | 桓因 Huányīn 고유 환인 | 桓雄 Huánxióng 고유 환웅 | 天府印 tiānfǔyìn 천부인[건국 신화에 나오며, 환인이 그의 아들 환웅을 땅으로 보내면서 제왕의 지위를 나타내는 표지로 주었다는 세 개의 귀한 도장을 가리킴] | 作为 zuòwéi 동 ~로 삼다 | 标识 biāoshí 명 표지, 상징 | 随从 suícóng 명 수행자, 수종 | 风伯 fēngbó 풍백 | 雨师 yǔshī 우사 | 云师 yúnshī 운사 | 降临 jiànglín 동 강림하다, 찾아오다 | 神檀树 shéntánshù 신단수 | 神市 shénshì 신시 | 艾草 àicǎo 명 쑥 | 蒜 suàn 명 마늘 | 洞穴 dòngxué 명 동굴 | 经受 jīngshòu 동 (시련 등을) 겪다 | 考验 kǎoyàn 명 시련 동 시험하다 | 开天节 Kāitiānjié 명 개천절 | 弘益人间 hóng yì rén jiān 홍익인간[인간을 널리 이롭게 한다는 의미로 고조선의 건국이념]

Track 2-3

《三国史记》和《三国遗事》

《三国史记》是韩国现存最古老的史书。12世纪，高丽王朝学者金富轼撰成，记录了高句丽、百济、新罗的历史。《三国史记》反映了当时统治阶层的儒教史观。

삼국사기

《三国遗事》是韩国最古老的史书之一。高丽僧人一然于13世纪80年代编撰，富有佛教色彩。《三国遗事》和《三国史记》一起被称为韩国古代的两大史书。《三国遗事》以野史形式收录《三国史记》遗漏或舍弃的故事、传说、神话等内容，还包括古朝鲜、三韩、三国、后三国等古代传说和文献纪录。其中也有荒谬的内容，但保存了古代传说和文献记载的原样，因此非常珍贵，对研究古代韩国历史和语言学极有价值。

삼국유사

해석

『삼국사기』와 『삼국유사』

『삼국사기』는 한국의 현존하는 가장 오래된 사서이다. 12세기 고려왕조의 학자인 김부식이 편찬한 것으로 고구려, 백제, 신라의 역사를 기록했다. 『삼국사기』는 당시 통치계층의 유교사관을 반영했다.

『삼국유사』는 한국의 가장 오래된 사서 중 하나이다. 고려 승려 일연이 13세기 80년대에 편찬한 것으로 불교적 색채가 농후하다. 『삼국유사』는 『삼국사기』와 함께 한국 고대의 양대 사서로 불린다. 『삼국유사』는 야사형식으로 『삼국사기』에 빠졌거나 포함하지 않은 이야기, 전설, 신화 등 내용을 수록했으며, 고조선, 삼한, 삼국, 후삼국 등 고대 전설과 문헌기록을 포함했다. 그 가운데에는 황당무계한 내용도 있지만, 고대전설과 문헌기록의 원형을 보존했기 때문에 매우 진귀한 의미를 지니며, 고대 한국 역사와 언어학 연구에도 대단한 가치를 지닌다.

단어 金富轼 Jīn Fùshì 고유 김부식 | 撰成 zhuànchéng 글을 써서 완성하다 | 僧人 sēngrén 명 승려 | 编撰 biānzhuàn 동 편찬하다 | 野史 yěshǐ 명 야사 | 收录 shōulù 동 수록하다 | 遗漏 yílòu 동 빠뜨리다 | 舍弃 shěqì 동 버리다 | 古朝鲜 Gǔcháoxiǎn 명 고조선 | 文献 wénxiàn 명 문헌 | 荒谬 huāngmiù 형 황당무계하다 | 记载 jìzǎi 동 기재하다 | 原样 yuányàng 명 원래 모양 | 价值 jiàzhí 명 가치

바로 확인

❶ 檀君王俭于公元前2333年10月3日建立了韩民族的第一个国家＿＿＿＿。韩国人为了庆祝这一天把＿＿＿＿定为＿＿＿＿，加以纪念。

단군왕검은 기원전 2333년 10월 3일 한민족 최초의 국가 고조선을 건국했다. 한국인들은 이날을 경축하기 위해 10월 3일을 개천절로 정하여 기념하고 있다.

❷ 13世纪高丽僧人一然所著的＿＿＿＿中，首次记录了＿＿＿＿的内容。

13세기 고려 승려 일연이 쓴 삼국유사에 단군에 관한 내용이 처음으로 기록되어 있다.

정답 ❶ 古朝鲜 / 10月3日 / 开天节 ❷ 三国遗事 / 有关檀君

Step4 도전! 모의면접

Q1 檀君王俭的名字代表什么意思?

Q2 三国史记和三国遗事有什么区别? 请做一个比较。

02 삼국시대

Step1 사전 탐색하기

한반도에 고구려, 백제, 신라가 정립했던 삼국시대는 고대 국가의 정치체제, 문화와 종교 등이 체계를 갖추며 본격적으로 발전하기 시작한 시기이다. 면접 시험에서는 삼국의 의미와 각국의 특징 비교에 관한 질문이 주로 출제되어 왔다.

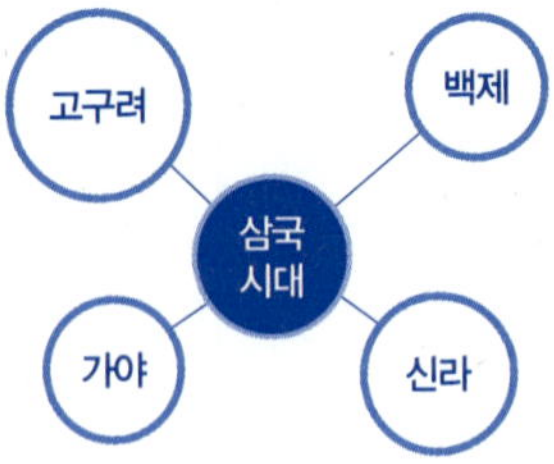

Step2 기출 따라잡기

Track 2-4

请介绍韩国历史上的三国时代。
한국의 삼국시대를 소개하세요.

답안 三国时代是韩半岛上高句丽、百济、新罗这三国鼎立的时期。这一时期古代国家的政治体系、文化和宗教有了蓬勃的发展。三国具备了完善的国家体制，发展成为中央集权的国家。4世纪的时候，佛教传入到韩半岛，成为三国的国教。7世纪，新罗与唐朝联手，灭了百济和高句丽之后，统一三国。因而结束三国时代，并进入了统一新罗时代。

해석 삼국시대는 한반도에 고구려, 백제, 신라의 세 나라가 정립한 시대입니다. 이 시기 고대국가의 정치체제, 문화와 종교가 활발하게 발전을 이룹니다. 삼국은 완벽한 국가체제를 갖추어 중앙집권 국가로 발전했습니다. 4세기경, 불교가 한반도로 유입되면서 삼국의 국교가 되었습니다. 7세기, 신라는 당나라와 연합하여 백제와 고구려를 멸하고 삼국을 통일했습니다. 이로써 삼국시대는 끝나고 통일신라시대로 접어들었습니다.

단어 高句丽 Gāogōulí 고유 고구려 | 百济 Bǎijì 고유 백제 | 新罗 Xīnluó 고유 신라 | 鼎立 dǐnglì 동 정립하다 | 蓬勃 péngbó 형 왕성하다 | 具备 jùbèi 동 갖추다 | 完善 wánshàn 형 완벽하다 | 中央集权 zhōngyāng jíquán 명 중앙집권 | 传入 chuánrù 동 전해져 들어오다 | 唐朝 Tángcháo 명 당나라 왕조 | 联手 liánshǒu 동 연합하다 | 灭 miè 동 멸하다

Step3 관통 솔루션 파악하기

학습목표 1 삼국의 특징을 각각 구분하여 파악한다.

학습목표 2 삼국 외에도 가야가 어떻게 발전하고 멸망했는지 파악한다.

Track 2-5

三国时代

公元前一世纪开始，韩半岛上出现了高句丽、百济、新罗鼎立的三国时代。

삼국의 등장

高句丽公元前37年由朱蒙在鸭绿江中游建国。5世纪，广开土大王和长寿王时期达到了鼎盛期，建立了政治制度完善的帝国。高句丽以强大的军事力量为基础逐一征服了周围的部落，占据了韩国有史以来最广阔的领土。

고구려

百济于公元前18年由温祚王建国，是由首尔附近汉江南面的一个小城邦发展而成的国家。百济土地肥沃，气候温暖，水利条件优越，农业较发达。通过海路进行了活跃的对外贸易往来，不仅同高句丽和新罗进行贸易，还跨海同中国的南朝及日本进行商业交往。百济在近肖古王统治时期发展成一个由贵族统治的中央集权的国家，并达到了鼎盛时期。

백제

新罗位于韩国东南部，公元前57年由朴赫居世创建。最初是三国中最弱小和最落后的国家。新罗社会建立在先进的佛教制度上，这一制度有明显的阶级特征。法兴王和真兴王在位时期，新罗已发展成为一个强大的国家。新罗社会拥有一支独特的部队“花郎团”，由年轻的贵族武士组成。花郎道原来是个青少年的社会组织。随着韩半岛三国冲突的日益升级，花郎团逐渐发展成了一个精锐部队组织。花郎道在新罗统一三国的过程中起到了重要的作用。

신라

해석

삼국시대

기원전 1세기부터 한반도에는 고구려, 백제, 신라가 서로 대립한 삼국시대가 등장했다.

고구려는 기원전 37년 주몽이 압록강 중류에 세운 나라이다. 5세기, 광개토대왕과 장수왕 시절 전성기를 맞으며 정치체제를 완비한 제국으로 성장했다. 고구려는 강력한 군사력을 기반으로 주변 부족을 정복하며 한국 역사상 가장 광활한 영토를 차지했다.

백제는 기원전 18년 온조왕이 건국한 나라로, 오늘날 서울 근처의 한강 남쪽에 위치한 작은 부락이 발전하여 이룬 국가이다. 백제는 땅이 비옥하고 기후가 온난하며 수리조건이 탁월하여 농업이 발달했다. 또한 해로를 통해 활발한 대외무역을 진행하며, 고구려와 신라뿐 아니라 바다 건너 중국의 남조 및 일본과도 교류가 이루어졌다. 백제는 근초고왕 통치시기에 귀족이 다스리는 중앙집권국가로 발전하며 전성기에 도달했다.

한반도 동남쪽에 위치한 신라는 기원전 57년 박혁거세가 건국했다. 처음에는 삼국 가운데 가장 약소하고 낙후한 국가였다. 신라 사회는 선진적인 불교제도를 기반으로 했으며, 뚜렷한 계급제도를 가지고 있었다. 법흥왕과 진흥왕 재위시기에 신라는 강대한 국가로 성장했다. 신라사회에는 젊은 귀족무사로 이루어진 '화랑단'이라는 특유의 군대가 있었다. 화랑은 원래 청소년의 사회조직이었는데, 한반도에서 삼국의 충돌이 심화되면서 점차 정예부대로 발전했다. 화랑은 신라가 삼국을 통일하는 과정에서 중요한 역할을 했다.

단어

公元前 gōngyuánqián 기원전 | 鼎立 dǐnglì 동 정립하다 | 朱蒙 Zhūméng 고유 주몽 | 鸭绿江 Yālùjiāng 고유 압록강 | 中游 zhōngyóu 명 중류 | 广开土大王 Guǎngkāitǔ dàwáng 고유 광개토대왕 | 长寿王 Chángshòuwáng 고유 장수왕 | 达到 dádào 동 도달하다 | 鼎盛期 dǐngshèngqī 전성기 | 政治制度 zhèngzhì zhìdù 정치제도 | 完善 wánshàn 형 완벽하다 | 帝国 dìguó 명 제국 | 军事力量 jūnshì lìliàng 군사력 | 逐一 zhúyī 부 일일이, 하나하나 | 征服 zhēngfú 동 정복하다 | 周围 zhōuwéi 명 주위, 주변 | 部落 bùluò 명 부락 | 占据 zhànjù 동 차지하다 | 有史以来 yǒu shǐ yǐ lái 성 유사 이래로 | 广阔 guǎngkuò 형 광활하다 | 领土 lǐngtǔ 명 영토 | 温祚王 Wēnzuòwáng 고유 온조왕 | 首尔 Shǒu'ěr 고유 서울 | 汉江 Hànjiāng 고유 한강 | 城邦 chéngbāng 명 도시국가 | 肥沃 féiwò 형 비옥하다 | 优越 yōuyuè 형 우월하다 | 海路 hǎilù 명 해로 | 活跃 huóyuè 형 활기를 띠다, 활성화하다 | 贸易往来 màoyì wǎnglái 무역 거래 | 跨海 kuàhǎi 동 바다를 건너다 | 南朝 Nán Cháo 명 남조[420~589년 남북조 시기의 송 · 제 · 양 · 진 네 왕조의 합칭] | 交往 jiāowǎng 동 왕래하다 | 近肖古王 Jìnxiàogǔwáng 고유 근초고왕 | 统治 tǒngzhì 동 통치하다 | 贵族 guìzú 명 귀족 | 中央集权 zhōngyāng jíquán 명 중앙집권 | 朴赫居世 Piáo Hèjūshì 고유 박혁거세 | 创建 chuàngjiàn 동 창건하다 | 最初 zuìchū 명 최초, 맨 처음 | 弱小 ruòxiǎo 형 약소하다 | 落后 luòhòu 형 낙후되다 | 佛教 Fójiào 명 불교 | 制度 zhìdù 명 제도 | 明显 míngxiǎn 형 뚜렷하다 | 阶级 jiējí 명 계급 | 特征 tèzhēng 명 특징 | 法兴王 Fǎxīngwáng 고유 법흥왕 | 真兴王 Zhēnxīngwáng 고유 진흥왕 | 在位 zàiwèi 동 재위하다 | 拥有 yōngyǒu 동 보유하다, 지니다 | 独特 dútè 형 독특하다 | 花郎团 huālángtuán 화랑단 | 武士 wǔshì 명 무사 | 组成 zǔchéng 동 구성하다 | 冲突 chōngtū 동 충돌하다, 부딪치다 | 日益 rìyì 부 날로 | 升级 shēngjí 동 격상하다, 업그레이드하다 | 逐渐 zhújiàn 부 점차 | 精锐 jīngruì 명 정예

바로 확인

❶ 高句丽是于公元前37年朱蒙在 ________ 建立的国家。高句丽的鼎盛期是 ________ 和 ________ 统治时代。

고구려는 기원전 37년 주몽이 압록강 중류에 세운 나라이다. 고구려의 전성기는 광개토대왕과 장수왕 통치시대이다.

❷ 百济是于公元前18年温祚王在 ________ 建立的国家。百济的鼎盛期是 ________ 统治时代。

백제는 기원전 18년 온조왕이 한강 남쪽에 세운 나라이다. 백제의 전성기는 근초고왕 통치시대이다.

정답 ❶ 鸭绿江中游地区 / 广开土大王 / 长寿王 ❷ 汉江南面 / 近肖古王

Step4
도전! 모의면접

Q1 请介绍高句丽。

Q2 百济的首都在哪儿?

tip 〈한 걸음 더〉

伽倻

伽倻是由弁韩发展起来的一个国家联盟，位于韩半岛南部洛东江流域。由金官伽倻、大伽倻、小伽倻、古宁伽倻、阿罗伽倻、星山伽倻等6个伽倻组成。伽倻一直停留在联盟国家形态，而没能发展成为中央集权的古代国家，后来被韩半岛三国之一的新罗所吸收。

해석 가야

가야는 변한이 발전하여 형성된 연맹국가로, 한반도 남쪽 낙동강유역에 위치했다. 금관가야, 대가야, 소가야, 고령가야, 아라가야, 성산가야 등 여섯 가야로 이루어졌다. 가야는 줄곧 연맹국가 형태로 머물며 중앙집권국가로 성장하지 못한 채, 훗날 삼국 중 하나인 신라에 흡수되었다.

03 남북국시대

Step1
사전 탐색하기

통일신라와 발해가 정립했던 시기를 남북국시대라고 부른다. 삼국을 통일한 신라가 멸망한 이유와 발해를 우리의 역사로 바라보는 근거를 꼭 알아두어야 한다. 특히 발해의 문화에 관해서는 고구려와 함께 면접 시험에서 종종 거론되고 있으므로 주목할 필요가 있다.

Step2
기출 따라잡기

Track 2-6

新罗灭亡的原因是什么?
신라가 멸망한 이유는 무엇인가요?

답안 新罗末期，国家的内部斗争越来越加深、贵族日益沉湎于奢侈、佛教社会制度开始恶化，受此影响，新罗的国势日益衰退。935年被高丽归属。

해석 신라말 국가의 내부투쟁이 점점 심화되고 귀족들은 사치에 젖었으며, 불교사회의 제도는 악화되기에 이르렀습니다. 그 영향으로 신라의 국세는 날로 쇠퇴했고, 935년 마침내 고려에 귀속되었습니다.

단어 斗争 dòuzhēng 명 투쟁 | 加深 jiāshēn 동 깊어지다 | 贵族 guìzú 명 귀족 | 日益 rìyì 부 날로 | 沉湎于 chénmiǎn yú ~에 빠지다 | 奢侈 shēchǐ 형 사치하다 | 佛教 Fójiào 명 불교 | 恶化 èhuà 동 악화하다 | 国势 guóshì 명 나라의 형세 | 衰退 shuāituì 동 쇠퇴하다 | 归属 guīshǔ 동 귀속되다 | 高丽 Gāolí 고유 고려

Step3
관통 솔루션 파악하기

학습목표 1 남북국시대의 의미를 파악한다.

학습목표 2 신라의 멸망 원인을 파악한다.

학습목표 3 발해가 한민족의 역사임을 이해하고, 고구려와 어떤 관계가 있는지 알아둔다.

››› **유비무환! 미리 준비합시다!**

후삼국시대의 등장에 대해서도 함께 알아두세요!

Track 2-7

统一新罗和渤海王国

新罗于6世纪中叶征服了邻国伽倻国。7世纪，又与中国唐朝联合，向高句丽和百济两国施加军事压力。660年，武烈王灭了百济。668年，文武王和金庾信征服高句丽。高句丽灭亡后，进行了近10年的反唐运动，把唐朝退出韩半岛，完成了三国统一。

신라의 삼국통일

统一新罗到8世纪中叶，达到了鼎盛时期。新罗以佛教作为国教，积极支持佛教的发展。但是，由于贵族争权夺势的内部斗争越来越加深、日益沉湎于奢侈、佛教社会制度开始恶化，而新罗的国势日益衰退。

통일신라의 쇠퇴

公元698年，居住在满洲中南部的前高句丽人大祚荣建立了渤海王国。渤海王国的统治阶级是高句丽后裔，很大一部分平民是靺鞨人。

발해의 건국

渤海王国继承高句丽的先进文化。渤海王国于9世纪上半叶达到了鼎盛时期，占领了过去高句丽的大部分领土，并与突厥和日本建立外交关系。渤海王国在公元926年被契丹人灭亡。渤海王国的贵族大多为高句丽人的后裔，他们之中很多人向南迁移融入了高丽王国。

발해문화와 멸망

해석

통일신라와 발해

신라는 6세기 중엽 이웃나라 가야를 정복했다. 7세기에는 중국의 당나라와 연합하여 고구려와 백제에 군사적 압력을 가했다. 660년 무열왕은 백제를 멸했으며, 668년 문무왕과 김유신은 고구려를 정복했다. 고구려 멸망 후, 10년에 가까운 반당운동을 거쳐, 당나라를 한반도에서 축출하고 삼국통일을 완성했다.

통일신라는 8세기 중엽 전성기에 도달했다. 신라는 불교를 국교로 삼고 적극적으로 불교를 발전시켰다. 그러나 정권다툼으로 인한 귀족 내부의 투쟁이 갈수록 심화되고 날로 사치에 빠지며 불교사회제도가 악화되기 시작했고, 신라의 국세는 날로 쇠퇴하기에 이르렀다.

698년 만주 중남부에 거주하는 고구려 출신 대조영은 발해를 건국했다. 발해왕국의 통치계층은 고구려 유민이었고, 평민의 대부분은 말갈족으로 이루어졌다.

발해왕국은 고구려의 선진적인 문화를 계승했다. 발해는 9세기 초반에 전성기를 이루며 과거 고구려의 대부분 영토를 차지했을 뿐 아니라, 돌궐, 일본과 외교관계까지 맺었던 국가이다. 발해는 926년 거란에 의해 멸망했다. 발해 귀족의 대부분은 고구려 후예였으며, 그들 가운데 상당수는 남쪽으로 내려와 고려로 들어갔다.

단어

渤海 Bóhǎi 고유 발해 | 征服 zhēngfú 통 정복하다 | 邻国 línguó 명 이웃나라 | 伽倻国 Jiāyēguó 고유 가야 | 唐朝 Tángcháo 명 당나라 | 联合 liánhé 통 연합하다 | 施加压力 shījiā yālì 압력을 가하다 | 武烈王 Wǔlièwáng 고유 무열왕 | 灭 miè 통 소멸하다, 멸망하다 | 文武王 Wénwǔwáng 고유 문무왕 | 金庾信 Jīn Yǔxìn 고유 김유신 | 退出 tuìchū 통 물러나다 | 争权夺势 zhēngquán duóshì 권력을 위해 다투다 | 沉湎于 chénmiǎn yú ~에 빠지다 | 奢侈 shēchǐ 형 사치하다 | 大祚荣 Dàzuòróng 고유 대조영 | 靺鞨 Mòhé 명 말갈 | 继承 jìchéng 통 계승하다 | 鼎盛时期 dǐngshèng shíqī 전성기 | 占领 zhànlǐng 통 점령하다 | 突厥 Tūjué 명 돌궐 | 契丹 Qìdān 명 거란 | 后裔 hòuyì 명 후예, 후손 | 迁移 qiānyí 통 옮겨가다, 바뀌다 | 融入 róngrù 통 융합되어 들어가다

바로 확인

❶ 新罗末期由于 ______________ 而国势衰退，到935年，被高丽归属。

신라말 귀족들의 정권다툼과 부패로 말미암아 국세가 쇠퇴하였고, 935년에 이르러 고려에 귀속되었다.

❷ 渤海是 ______________ 建立的国家，______ 了高句丽的 ______ ______。

발해는 고구려 후예인 대조영이 세운 나라이며, 고구려의 선진문화를 계승했다.

정답 ❶ 贵族的争权夺势和贪污腐败 ❷ 高句丽的后裔大祚荣 / 继承 / 先进文化

Step4
도전! 모의면접

Q1 新罗的三国统一有什么意义?

____

Q2 渤海为什么说是韩民族的古代历史?

____

tip **〈한 걸음 더〉**

后三国时代

统一新罗末期，统治阶级争权夺势和内部斗争越来越加深，贵族奢侈浪费日益严重，国政腐败越来越恶化，引发了大规模的农民起义，新罗王朝已经开始走下坡之路。在此情况下，甄萱以完山(今天的全州)作为首都建立后百济、新罗王族弓裔以铁原为首都建立后高句丽，韩半岛进入了后三国时代。这样形成了新罗、后百济、后高句丽三国鼎立的局面。

해석 후삼국시대

통일신라 말기, 통치계급의 정권다툼과 내부투쟁이 갈수록 심해지고, 귀족의 사치와 낭비가 날로 심각해지며 국정 부패가 점점 더 악화되자 대규모 농민봉기가 일어나기에 이르렀다. 신라왕조는 내리막길을 걷기 시작한 것이다. 이러한 상황에서 견훤은 완산주(오늘날의 전주)를 도읍으로 삼고 후백제를 세웠고, 신라왕족 출신인 궁예는 철원을 도읍으로 하여 후고구려를 세움으로써, 한반도는 후삼국시대로 접어들었다. 이리하여 신라, 후백제, 후고구려의 삼국이 정립한 국면이 형성되었다.

04 고려

Step1 사전 탐색하기

고려는 빈번했던 외적의 침입 속에서도 꿋꿋하게 나라를 지켜내고, 고려청자, 직지심체요절, 팔만대장경과 같은 빛나는 문화를 꽃피운 자랑스러운 우리의 역사이다. 특히 면접 시험에서는 고려시대 문화의 특징과 대표적인 문화유산에 관한 질문이 출제되어 왔다.

Step2 기출 따라잡기

Track 2-8

请介绍高丽。
고려를 소개하세요.

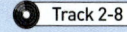

답안 高丽是公元918年由王建建立的封建国家。高丽以佛教为国教，建立了健全的政治制度。尤其是在文化方面取得了不可磨灭的成就。高丽青瓷、高丽八万大藏经、直指心体要节等都是高丽创作的灿烂的文化遗产。

해석 고려는 서기 918년 왕건이 세운 봉건국가입니다. 고려는 불교를 국교로 삼아 건전한 정치제도를 확립했습니다. 특히 문화적인 면에서 불멸의 유산을 남겼습니다. 고려청자, 고려팔만대장경, 직지심체요절 등은 모두 고려가 일구어낸 빛나는 문화유산입니다.

단어 高丽 Gāolí [고유] 고려 | 公元 gōngyuán [명] 서기 | 王建 Wángjiàn [고유] 왕건 | 封建国家 fēngjiàn guójiā 봉건국가 | 佛教 Fójiào [명] 불교 | 国教 guójiào [명] 국교 | 健全 jiànquán [형] 완벽하다 | 政治制度 zhèngzhì zhìdù 정치제도 | 不可磨灭 bù kě mó miè [성] 영원히 지워지지 않다, 불멸하다 | 成就 chéngjiù [명] 성과, 업적 | 青瓷 qīngcí [명] 청자 | 八万大藏经 bāwàn dàzàngjīng [명] 팔만대장경 | 直指心体要节 zhízhǐ xīntǐ yàojié 직지심체요절 | 创作 chuàngzuò [동] 창작하다 | 灿烂 cànlàn [형] 찬란하다 | 文化遗产 wénhuà yíchǎn [명] 문화유산

Step3 관통 솔루션 파악하기

학습목표 1 고려문화의 특징을 이해한다.

학습목표 2 고려와 조선을 비교하여 설명한다.

>>> **유비무환! 미리 준비합시다!**

고려시대의 대표적인 문화유산에 대해서도 함께 알아두세요!

Track 2-9

高丽

高丽王朝于公元918年由王建所建。王建原是新罗一名将军。他定都于自己的家乡松岳(现今北韩的开城)，宣称要继承高句丽，收复高句丽在中国东北的失地，把国名定为高丽。韩国现在的英文名称"Korea"也源于高丽。仅此一点，就可看出当时高丽王朝的兴盛。

• 고려의 건국

高丽是古朝鲜以后首次统一韩半岛的国家。高丽王朝虽然没能收复失地，但留下了灿烂的文化遗产。尤其是高丽青瓷和繁荣兴盛的佛教文化将高丽王朝推向鼎盛时期。高丽王朝还在公元1234年发明了世界上最早的金属活字印刷术，这比德国谷登堡的金属活字版还早两个世纪。世界上现存最古老的金属活字印刷本《直指心体要节》也是高丽时代的发明。这是1377年用金属活字印书的珍贵的记录遗产。同一时期，历经16年时间雕刻出多达8万多块木刻版佛经，以祈求佛祖保佑、击退蒙古人的入侵。这些称为《高丽大藏经》的木刻版是世界瑰宝之一，现珍藏在历史悠久的海印寺内。

• 고려의 문화유산

해석

고려

고려왕조는 서기 918년에 왕건이 세운 나라이다. 왕건은 원래 신라의 장수 출신이다. 그는 자신의 고향인 송악(오늘날 북한의 개성)에 도읍을 정하고 고구려를 계승하여, 고구려의 잃어버린 중국 동북지역 땅을 되찾겠노라 천명하며, 국명을 고려라 정했다. 한국의 현재 영문 명칭인 'Korea'도 고려에서 비롯되었다. 이것만으로도 당시 고려왕조의 번성했던 모습을 짐작할 수 있다.

고려는 고조선 이후 최초로 한반도를 통일한 국가이다. 고려왕조는 잃어버린 땅을 되찾지는 못했지만 빛나는 문화유산을 남겼다. 특히 고려청자와 번성한 불교문화는 고려왕조의 전성기를 열었다. 고려는 1234년 세계 최초의 금속활자 인쇄술을 발명하였으며, 이는 독일 구텐베르크의 금속활자본보다 2세기나 앞선 것이었다. 현존하는 세계 최초의 금속활자본『직지심체요절』역시 고려시대의 발명품이다. 이는 1377년 금속활자로 찍어낸 진귀한 기록유산이다. 같은 시기 16년에 걸쳐 8만여 장의 목각판에 불경을 새겨, 몽골의 침략으로부터 고려를 지켜달라는 부처를 향한 염원을 담았다.『고려대장경』이라 불리는 이 목각판은 세계적으로 진귀한 보물의 하나이며, 현재 유구한 역사를 간직한 해인사에 소장되어 있다.

단어

高丽王朝 Gāolí wángcháo 고려왕조 | 将军 jiāngjūn 명 장군 | 定都 dìngdū 동 수도를 정하다 | 松岳 Sōngyuè 고유 송악(지금의 개성) | 宣称 xuānchēng 동 표명하다 | 继承 jìchéng 동 계승하다 | 高句丽 Gāogōulí 고유 고구려 | 收复 shōufù 동 되찾다 | 失地 shīdì 명 빼앗긴 땅 동 국토를 잃다 | 源于 yuányú 동 ~에서 근원하다 | 兴盛 xīngshèng 형 창성하다, 크게 번성하다 | 留下 liúxià 동 남기다 | 青瓷 qīngcí 명 청자 | 繁荣 fánróng 형 번영하다 | 推向 tuīxiàng 동 ~방향으로 밀다 | 鼎盛时期 dǐngshèng shíqī 전성기 | 发明 fāmíng 동 발명하다 | 金属活字印刷术 jīnshǔ huózì yìnshuāshù 금속활자 인쇄술 | 谷登堡 Gǔdēngbǎo 고유 구텐베르크 | 雕刻 diāokè 동 조각하다 | 佛经 fójīng 명 불경 | 祈求 qíqiú 동 간구하다, 빌다 | 佛祖 Fózǔ 명 불조, 불교의 시조 | 保佑 bǎoyòu 동 보우하다 | 击退 jītuì 동 격퇴하다 | 蒙古人 Měnggǔrén 몽골인 | 入侵 rùqīn 동 침입하다 | 瑰宝 guībǎo 명 진귀한 보물 | 珍藏 zhēncáng 동 소중히 간직하다 | 海印寺 Hǎiyìnsì 고유 해인사

바로 확인

❶ 高丽宣称要 ______________，因此国名也定为高丽。韩国现在的英文名称也是高丽的变形。仅此一点就可看出当时高丽王朝的兴盛。

고려는 고구려의 잃어버린 땅을 되찾겠다는 뜻을 천명하며 국호를 고려로 정했다. 오늘날 한국의 영문 이름도 고려의 국명에서 비롯되었다. 이것만으로도 당시 고려왕조의 번성했던 모습을 짐작할 수 있다.

❷ 高丽取得了许多文化成就。比如，______________________。

고려는 수많은 문화성과를 이루었다. 예컨대 고려청자, 팔만대장경, 직지심체요절 등이 있다.

(정답) ❶ 收复高句丽的失地 ❷ 高丽青瓷、八万大藏经、直指心体要节

Step4
도전!
모의면접

Q1 高丽时代的代表文化遗产有哪些?

Q2 请说明高丽时代的建筑。

출제 포인트

01 한국은 세계에서 가장 먼저 인쇄술이 발달한 나라 중 하나이다.
02 세계 최초의 목판 인쇄물 『무구 정광 대다라니경』, 세계 최초 금속활자본 『불조 직지심체요절』은 대표적인 문화유산이다.

韩国印刷术的历史

韩国具有世界上最悠久的印刷历史。韩国早在8世纪初就广泛地使用雕版印刷术。在庆州佛国寺中发现了世界上最古老的木版印刷物《无垢净光大陀罗尼经》。到了高丽时代，印刷术得到了进一步发展。《高丽八万大藏经》是现存最古老、最准确、最完整的藏经，中国和日本的学界在研究佛教的时候都把它作为参考标准。1377年在青州兴德寺印刷的《佛祖直指心体要节》是世界最早的金属活字本，现在存放在法国巴黎国家图书馆。印刷技术在朝鲜时代更加繁荣，创造了丰富的印刷历史。朝鲜时代的基本法典《经国大典》中，也可看出当时印刷技术的高水平。

해석

한국 인쇄술의 역사

한국은 세계에서 가장 유구한 인쇄 역사를 가지고 있다. 한국은 일찍이 8세기 초부터 이미 조판 인쇄술을 널리 사용했다. 경주 불국사에서는 세계 최고의 목판 인쇄물인 『무구 정광 대다라니경』을 발견했다. 고려시대에 이르러 인쇄술은 한층 더 발전했다. 『고려 팔만대장경』은 현존 최고이며 가장 정확하고 온전하게 보존된 대장경으로, 중국과 일본의 학계에서 불교를 연구할 때에도 기준이 되는 참고자료로 사용된다. 1377년 청주 흥덕사에서 인쇄한 『불조 직지심체요절』은 세계 최초의 금속활자본이며 현재 프랑스 파리 국립도서관에 소장되어 있다. 인쇄 기술은 조선시대에 이르러 더욱 번성하며 풍부한 인쇄 역사를 만들어 나갔다. 조선시대의 기본 법전인 『경국대전』에서도 당시 인쇄 기술의 높은 수준을 엿볼 수 있다.

단어 印刷 yìnshuā 동 인쇄하다 | 雕版 diāobǎn 동 조판 | 无垢净光大陀罗尼经 Wúgòu jìngguāng dàtuóluóníjīng 무구 정광 대다라니경 | 佛祖直指心体要节 Fózǔ Zhízhǐxīntǐyàojié 불조 직지심체요절 | 经国大典 Jīngguódàdiǎn 경국대전

05 조선

Step1 사전 탐색하기

조선은 정치, 경제, 문화 등 모든 면에서 한차원 높은 수준의 발전을 이룩하며 근대사회에 한발 더 다가섰다. 또한 유교문화를 통해 현재 우리 사회에 가장 깊은 영향력을 끼친 마지막 봉건왕조로서 수많은 문화유적을 남겨, 오늘날 한국 전통문화의 중핵을 이룬다. 따라서 면접 시험에서도 조선의 주요 인물과 사건을 중심으로 다양한 질문이 출제되고 있다.

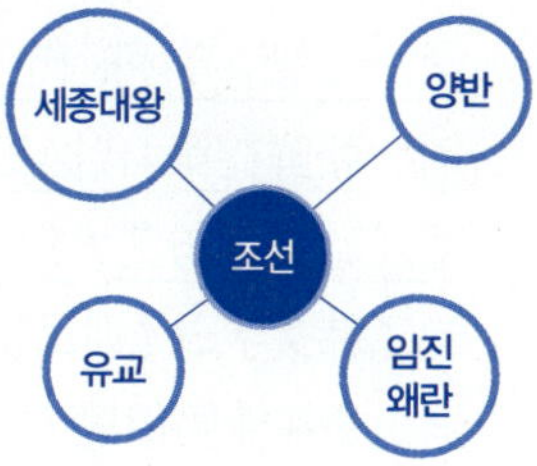

Step2 기출 따라잡기

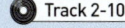

Track 2-10

请介绍朝鲜。

조선을 소개하세요.

답안

朝鲜是1392年由李成桂建立的封建国家，定都于汉阳。朝鲜以儒教为建国思想，留下了韩国传统文化方面不可磨灭的很多遗迹遗址。尤其是，世宗大王统治时期到了文化与艺术的鼎盛期。经过壬辰倭乱和丙子胡乱之后，实学思想广泛盛行。1897年，高宗宣布大韩帝国的成立，为了建立一个独立的近代国家而做出了各方面的努力。但是日本控制了朝鲜，最后吞并了朝鲜。

해석

조선은 1392년 이성계가 세운 봉건국가로 한양에 도읍을 두었습니다. 조선은 유교를 건국사상으로 삼아, 한국 전통문화에 사라지지 않을 다수의 유적을 남겼습니다. 특히 세종대왕 시대에 문화와 예술의 전성기를 맞았습니다. 임진왜란과 병자호란을 거친 후에는 실학사상이 널리 성행하기 시작했습니다. 1897년 고종은 대한제국 건국을 선포하고, 독립된 근대국가를 세우기 위해 다양한 노력을 기울였습니다. 그러나 일본이 조선을 장악하고 결국 병탄하기에 이르렀습니다.

단어

朝鲜 Cháoxiǎn 고유 조선 | 李成桂 Lǐ Chéngguì 고유 이성계 | 封建国家 fēngjiàn guójiā 봉건국가 | 定都 dìngdū 동 도읍을 정하다 | 汉阳 Hànyáng 고유 한양 | 儒教 Rújiào 명 유교 | 不可磨灭 bù kě mó miè 성 영원히 지워지지 않다, 불멸이다 | 遗迹遗址 yíjì yízhǐ 유적, 옛터 | 世宗大王 Shìzōng dàwáng 고유 세종대왕 | 鼎盛期 dǐngshèngqī 전성기 | 壬辰我乱 Rénchén wōluàn 명 임진왜란 | 丙子胡乱 Bǐngzǐ húluàn 명 병자호란 | 实学 shíxué 명 실학 | 盛行 shèngxíng 동 성행하다 | 高宗 Gāozōng 고유 고종 | 吞并 tūnbìng 동 병탄하다, 삼키다

Step3 관통 솔루션 파악하기

학습목표 1 조선시대 문화의 특징을 이해한다.

학습목표 2 조선시대 대표적인 인물을 소개한다.

Track 2-11

朝鲜

公元1392年，太祖李成桂建立了朝鲜王朝。朝鲜以儒教作为治国哲学，以抵消高丽时代占统治地位的佛教影响。

조선의 건국

朝鲜在第4代国王世宗大王统治时期(公元1418~1450年)，国家繁荣富强、文化与艺术得到长足发展。世宗大王兴趣爱好十分广泛。不仅创制了韩文字母《训民正音》，而且日晷、水漏、浑天仪和天文图等先进仪器也是在他的倡导下创造出来的。

세종대왕

1592年，日本侵略朝鲜，爆发壬辰倭乱。李舜臣将军在此战争中立下不可磨灭的大功，成为韩国历史上最受尊敬的人物之一。他制作的“龟船”据说是世界上首批铁甲战船。他指挥的一系列辉煌战绩重创了日本。他在《乱中日记》中记录了7年的战争期间所发生的事情。

임진왜란

17世纪初，一场提倡“实学”的运动在思想开明的士大夫中兴盛起来。他们想改进工农业，大刀阔斧地改革当时的社会，建立一个现代化国家。

실학

朝鲜第22代国王正祖(1776~1800年在位)建立了王室图书馆奎章阁，收藏王室的重要文件和书籍。他还推动了其他政治、文化改革。这一时期 “实学”得到了蓬勃发展。当时在水原大规模修筑的华城是18世纪东方城廓的最佳杰作。

정조대왕

朝鲜末期，在外国列强纷纷要求开放门户的情况下，朝鲜与日本签订了《江华岛条约》。1897年，高宗宣布大韩帝国的成立，要建立一个近代国家。但是日本控制了朝鲜的内政和外交，这些努力都失败了。

조선말기의 수난

해석

조선

1392년, 태조 이성계는 조선왕조를 창건했다. 조선은 유교를 치국이념으로 삼아 고려시대 통치지위를 차지했던 불교의 영향을 상쇄하고자 했다.

조선은 제4대 임금인 세종대왕 통치시기(1418~1450년)에 이르러 번영과 부강을 이루었으며, 문화와 예술이 크게 발전했다. 세종대왕은 다양한 분야에 조예가 깊었다. 한글 자모인『훈민정음』을 창제했을 뿐 아니라, 해시계, 물시계, 혼천의, 천문도 등 선진적인 기기도 그의 선도하에 만들어졌다.

1592년, 일본이 조선을 침략하며 임진왜란이 일어났다. 이순신 장군은 이 전쟁에서 불멸의 공을 세움으로써, 한국 역사상 가장 존경 받는 인물의 하나가 되었다. 그가 만든 '거북선'은 세계 최초의 철갑전함으로도 전해진다. 그가 지휘한 일련의 빛나는 전투는 일본에 심한 타격을 가져다주었다. 그는 또한『난중일기』를 통해 7년의 전쟁기간 동안 일어난 일을 기록했다.

17세기 초, '실학' 운동이 생각이 트인 사대부들 사이에서 성행하기 시작했다. 그들은 농공업을 발전시키고 당시 사회를 개혁하여, 현대화된 국가를 건설하기를 소망했다.

조선의 제22대 임금인 정조(1776~1800년 재위)는 왕실도서관 규장각을 세우고, 왕실의 중요 문서와 서적을 보관하도록 했다. 그는 또한 정치, 문화적 개혁을 추진했다. 이 시기 '실학'은 왕성하게 발전했다. 당시 수원에 대규모로 축조한 화성은 18세기 동양 성곽 가운데 최고의 걸작으로 평가 받는다.

조선말기, 외국 열강국가들이 잇달아 문호개방을 요구하는 상황에서, 조선은 일본과 『강화도조약』을 맺었다. 1897년, 고종은 대한제국의 성립을 선포하고 근대화된 국가를 건설하고자 했다. 그러나 일본은 조선의 내정과 외교를 장악했고, 이 모든 노력은 수포로 돌아갔다.

단어 儒教 Rújiào 명 유교 | 抵消 dǐxiāo 동 상쇄하다 | 训民正音 xùnmín zhèngyīn 명 훈민정음 | 日晷 rìguǐ 명 해시계 | 水漏 shuǐlòu 명 물시계 | 浑天仪 húntiānyí 명 혼천의 | 天文图 tiānwéntú 명 천문도 | 李舜臣 Lǐ Shùnchén 고유 이순신 | 龟船 guīchuán 명 거북선 | 铁甲战船 tiějiǎ zhànchuán 철갑전함 | 重创 zhòngchuāng 동 심한 타격을 주다 | 大刀阔斧 dà dāo kuò fǔ 성 대대적으로 칼을 대다, 과감하고 패기가 있다 | 收藏 shōucáng 동 소장하다 | 城廓 chéngkuò 명 성곽 | 蓬勃 péngbó 형 왕성하다

바로 확인

❶ 朝鲜于1392年由太祖李成桂建国，以 ________ 作为国家指导哲学，以抵消 ________。

조선은 1392년 태조 이성계가 건국하였으며, 유교 성리학을 국가 지도철학으로 삼아 줄곧 통치지위를 차지해 온 불교의 영향력을 상쇄하고자 했다.

❷ 朝鲜在 ________ 统治时期，文化与艺术空前繁荣。

조선은 제4대 세종대왕 통치시기에 문화와 예술이 유례없는 번영을 구가했다.

정답 ❶ 儒教性理学 / 一直占统治地位的佛教的影响力 ❷ 第4代世宗大王

Step4
도전! 모의면접

Q1 高丽与朝鲜的文化有什么不同?

Q2 请介绍朝鲜最著名的一位人物。

tip 〈한 걸음 더〉

壬辰倭乱和丙子胡乱

壬辰倭乱是四百年前发生在韩半岛的一场国际战争。整个战争从1592年开始至1598年结束。朝鲜王朝在长达7年的战争中，遭受了巨大的人力、物力损失。“壬辰倭乱”不仅从根本上动摇了朝鲜王朝的经济基础，完全使朝鲜社会处于瘫痪状态，而且还完全破坏掉了世宗、世祖年代创造的灿烂文化。壬辰倭乱的三大捷是闲山大捷、晋州大捷、幸州大捷。

“丙子胡乱”指的是1636年至1637年清朝入侵朝鲜的历史事件。这是满族人自努尔哈赤建立后金以后第二次大规模入侵朝鲜的。清朝的入侵，给朝鲜人民造成巨大灾难，加重了朝鲜经济的负担。

해석 임진왜란과 병자호란

임진왜란은 400년 전 한반도에서 발생한 국제전쟁이다. 전쟁은 1592년에 일어나 1598년에 끝났다. 조선왕조는 7년에 걸친 전쟁 속에서 심각한 인적, 물적 손실을 입었다. '임진왜란'은 조선왕조의 경제 기초를 뿌리째 흔들어 조선사회를 마비 상태로 빠뜨렸을 뿐 아니라, 세종, 세조시대에 이룩한 찬란한 문화를 파괴하였다. 임진왜란의 3대첩은 한산대첩, 진주대첩, 행주대첩이다.

'병자호란'이란 1636년부터 1637년까지 청나라가 조선을 침략한 역사적 사건이다. 이는 만주족인 누르하치가 후금을 건국한 후 두 번째로 감행한 조선 침략이었다. 청의 침략으로 조선 백성들은 커다란 재앙을 입었으며, 조선 경제의 부담은 더욱 가중되었다.

06 일제강점기

Step1 사전 탐색하기

총칼을 앞세운 일본의 36년에 걸친 식민지 지배하에서도 우리 민족은 독립을 위해 끊임없이 투쟁하였다. 특히 1919년에 일어난 3·1운동은 이후 국내는 물론 동아시아 지역의 민족운동에도 영향을 미쳤다. 면접 시험에서는 식민지 역사와 3·1운동에 관한 질문이 출제된 바 있다.

Step2 기출 따라잡기

Track 2-12

1910年发生过什么事情?

1910년에는 어떤 사건이 발생했나요?

답안

1910年，朝鲜在强迫下和日本签订了不平等条约，从此以后朝鲜正式沦为日本的殖民地。这一事件在历史上被称为庚戌国耻。在长达36年的殖民统治时代，日本对朝鲜不断进行残酷的压迫和剥削，朝鲜人民一直生活在水深火热之中，一直到1945年日本在第2次世界大战中战败。

해석

1910년, 조선은 강압에 의해 일본과 불평등조약을 체결하였고, 그로부터 조선은 일본식민지로 전락했습니다. 이 사건을 역사적으로 '경술국치'라고 부릅니다. 장장 36년에 걸친 식민통치 기간에 일본은 조선을 끊임없이 참혹하게 박해하고 착취하였으며, 1945년 일본이 제2차 세계대전에서 패전할 때까지 한국인들은 말할 수 없는 고통 속에서 살게 되었습니다.

단어

强迫 qiǎngpò 동 강요하다 | 签订 qiāndìng 동 체결하다 | 条约 tiáoyuē 명 조약 | 沦为 lúnwéi 동 ~로 전락하다 | 殖民地 zhímíndì 명 식민지 | 残酷 cánkù 형 참혹하다 | 压迫 yāpò 동 억압하다 | 剥削 bōxuē 동 착취하다 | 水深火热 shuǐ shēn huǒ rè 성 극심한 고통 | 战败 zhànbài 동 패전하다

Step3 관통 솔루션 파악하기

학습목표 1 경술국치의 의미를 설명한다.

학습목표 2 3·1운동의 전개와 결과에 대해 이해한다.

››› **유비무환! 미리 준비합시다!**

한국의 대표적인 독립운동가와 그들의 업적에 대해서도 함께 알아두세요!

Track 2-13

日本强占期和韩国的独立运动

19世纪，韩国仍然坚决反对与西方建立外交关系、开放门户。此后，许多帝国主义国家对韩国施加各种压力。于1910年日本迫使韩国和日本签订不平等条约，强行吞并韩国，实施残酷的殖民统治。韩国从此沦为日本殖民地。这一事件在历史上被称为“庚戌国耻”。但韩国国民始终坚信不久的将来祖国会重见光明，恢复国权，在海内外为恢复韩国国权而进行不懈的努力。 — 경술국치

1919年爆发的“三一运动”就是韩国国民上下一条心为独立而采取的先锋行动，是一种非暴力、和平游行。这一独立抗争运动得到了韩国社会各阶层的全面支持和参与。 — 3·1운동의 전개

日本对示威人员和支持者进行了残酷的镇压，在此过程中有不计其数的人被屠杀。“三一独立运动”虽然没能达到恢复国权的目的，但却加强了韩民族的团结。以此为契机韩国人在中国上海成立临时政府，在满洲等地开展有组织的抗日武装斗争。“三一运动”是在第一次世界大战后战胜国的殖民地上首次出现的大规模独立运动，影响了以后中国的“五四运动”，印度甘地的“反英非暴力运动、不服从运动”等，亚洲和中东地区的各民族运动。韩国把3月1日定为法定节假日，加以纪念。 — 3·1운동의 결과

在殖民统治期间，日本掠夺了韩国人的自由和基本政治权利，实施了践踏人权的蹂躏行为，在经济方面也不断进行残酷无情的剥削。直到1945年第二次世界大战结束韩国人民才走出黑暗，重见光明。 — 일제의 약탈

해석

일제강점기와 한국의 독립운동

19세기, 한국은 여전히 서양과의 외교수립, 문호개방에 단호하게 반대하고 있었다. 그 후 많은 제국주의 국가들이 한국에 다양한 압력을 가해왔다. 1910년 일본은 한국에 불평등조약 체결을 강요하여 한국을 집어삼키고, 잔혹한 식민통치를 펼쳤다. 한국은 이때부터 일본의 식민지로 전락했다. 이 사건을 역사적으로 '경술국치'라고 부른다. 그러나 한국 국민은 오래지 않아 조국이 다시 광명을 찾아 국권을 회복할 날이 올 것이라는 믿음을 버리지 않고, 국내외에서 국권회복을 위해 끊임없는 노력을 기울였다.

1919년의 '3·1운동'은 온 한국 국민이 합심하여 독립을 위해 일으킨 선봉적 사건이며, 비폭력 평화시위운동이다. 이 독립항쟁운동은 사회 각 계층의 폭넓은 지지와 참여를 이끌어냈다.

일본은 시위 참가자와 지지자들을 참혹하게 진압했고, 이 과정에서 수많은 사람들이 학살당했다. '3·1독립운동'은 국권회복이라는 목표는 달성하지 못했지만, 한민족의 단결을 강화하는 계기를 마련했다. 한국인들은 중국 상하이에 임시정부를 수립했고, 만주 등지에서 조직적인 항일무장투쟁을 전개했다. '3·1운동'은 세계대전 후 전승국의 식민지에서 최초로 일어난 대규모 독립운동이었으며, 훗날 중국의 '5·4운동', 인도 간디의 '비폭력·불복종운동' 등 아시아와 중동지역의 다양한 민족운동에도 영향을 미쳤다. 한국에서는 3월

1일을 법정공휴일로 정해 기념한다.

식민통치 기간 동안, 일본은 한국인의 자유와 기본적 정치 권리를 박탈하고 인권을 짓밟는 유린행위를 일삼았을 뿐 아니라, 경제적으로도 참혹한 약탈을 끊임없이 자행했다. 1945년 제2차 세계대전이 종식되고 나서야 한국인은 어둠에서 벗어나 광복을 되찾았다.

단어

独立运动 dúlì yùndòng 독립운동 | 坚决 jiānjué 형 단호하다, 결연하다 | 门户 ménhù 명 문호 | 帝国主义 dìguó zhǔyì 명 제국주의 | 施加压力 shījiā yālì 압력을 가하다 | 迫使 pòshǐ 동 억지로 ~시키다 | 签订 qiāndìng 동 체결하다 | 不平等条约 bùpíngděng tiáoyuē 명 불평등조약 | 强行 qiángxíng 동 강행하다 | 吞并 tūnbìng 동 병탄하다, 삼키다 | 实施 shíshī 동 실시하다 | 残酷 cánkù 형 잔혹하다, 냉혹하다 | 殖民统治 zhímín tǒngzhì 식민통치 | 沦为 lúnwéi 동 ~로 전락하다 | 殖民地 zhímíndì 명 식민지 | 始终 shǐzhōng 명 처음과 끝 부 시종일관 | 坚信 jiānxìn 동 굳게 믿다 | 重见光明 chóngjiàn guāngmíng 광명을 되찾다 | 恢复 huīfù 동 회복하다 | 国权 guóquán 명 국권, 국가가 행사하는 권력 | 不懈 búxiè 형 꾸준하다 | 三一运动 SānYī Yùndòng 3·1운동 | 上下一条心 shàngxià yì tiáo xīn 모두 한마음이 되다 | 先锋 xiānfēng 명 선봉 | 非暴力 fēibàolì 비폭력 | 游行 yóuxíng 명 시위 | 抗争 kàngzhēng 명 항쟁 | 示威 shìwēi 명동 시위(하다) | 镇压 zhènyā 동 진압하다 | 不计其数 bú jì qí shù 성 이루 헤아릴 수가 없다, 부지기수이다 | 屠杀 túshā 동 학살하다 | 加强 jiāqiáng 동 강화하다 | 团结 tuánjié 동 단결하다 | 契机 qìjī 명 계기 | 成立 chénglì 동 설립하다 | 临时政府 línshí zhèngfǔ 명 임시정부 | 满洲 Mǎnzhōu 고유 만주 | 开展 kāizhǎn 동 전개되다 | 抗日 kàng Rì 항일 | 武装斗争 wǔzhuāng dòuzhēng 무장투쟁 | 战胜 zhànshèng 동 전승하다, 승리하다 | 五四运动 Wǔ Sì Yùndòng 명 5·4운동[1919년 5월 4일 중국 북경의 학생들을 중심으로 일어난 반제국·반봉건주의 정치·문화 혁명 운동] | 甘地 Gāndì 고유 간디 | 不服从运动 bùfúcóng yùndòng 불복종운동 | 法定节假日 fǎdìng jiéjiàrì 법정 공휴일 | 加以 jiāyǐ 동 ~를 가하다 | 纪念 jìniàn 동 기념하다 | 掠夺 lüèduó 동 약탈하다 | 政治 zhèngzhì 명 정치 | 权利 quánlì 명 권리 | 践踏 jiàntà 동 짓밟다, 유린하다 | 蹂躏 róulìn 동 유린하다 | 行为 xíngwéi 명 행위 | 经济 jīngjì 명 경제 | 残酷无情 cánkù wúqíng 참혹하고 무정하다, 인정사정 없다 | 剥削 bōxuē 동 착취하다 | 第二次世界大战 Dì-èr cì Shìjiè Dàzhàn 명 제2차 세계대전 | 黑暗 hēi'àn 형 어둡다, 암흑의 | 重见光明 chóngjiàn guāngmíng 다시 빛을 보다, 광명을 되찾다

Track 2-14

韩国著名的独立运动家

金九(1876~1949年)是著名的韩国独立运动家，被誉为“韩国国父”。1919年三一运动后亡命到上海，参与了大韩民国临时政府的组织，历任警务局长、内务总长、国务领和主席。韩国解放以后，金九为了建立一个统一的、独立自主的韩国竭尽全力，作出了所有的努力，但都遭到挫败。1949年被极右主义者安斗熙暗杀。

김구

安重根(1879~1910年)是朝鲜近代史上著名的独立运动家。1909年10月26日，安重根在中国哈尔滨成功击毙了侵略朝鲜的元凶伊藤博文，当场被捕，被判处绞刑。安重根是在韩国最受尊敬的独立运动家，被称为“义士”。

안중근

柳宽顺(1902~1920年)是韩国女性独立运动家，三一运动殉难者。她原是梨花学堂的学生。她在自己的老家主导当地的独立运动。后来被捕，被判处7年徒刑。在西大门刑务所内因为严刑拷问和营养不良而死亡，享年18岁。

유관순

해석

한국의 대표적인 독립운동가

김구(1876~1949년)는 유명한 한국의 독립운동가로, '한국의 국부'라고도 불린다. 1919년 3·1운동 이후 상하이로 망명하여 대한민국 임시정부 수립에 참여하였으며 경무국장, 내무총장, 국무령과 주석 등을 역임했다. 해방 후 김구는 하나의 독립된 한국을 건설하기 위해 모든 노력을 다 기울였지만, 모두 실패하고 말았다. 1949년 극우주의자 안두희에 의해 암살되었다.

안중근(1879~1910년)은 조선 근대사상 유명한 독립운동가이다. 1909년 10월 26일, 안중근은 중국 하얼빈에서 조선 침략의 원흉인 이토 히로부미를 저격하는 데 성공하고, 그 자리에서 체포되어 결국 사형당했다. 안중근은 한국에서 가장 존경 받는 독립운동가로 '의사'라 불린다.

유관순(1902~1920년)은 한국의 여성 독립운동가이며 3·1운동 순국자이다. 그녀는 원래 이화학당 학생이었다. 자신의 고향에서 현지 독립운동을 주도하다가 체포되어 7년 징역에 처해졌다. 서대문형무소에서 가혹한 고문과 영양부족으로 18세의 나이에 죽음을 맞았다.

단어

金九 Jīn Jiǔ 고유 김구 | 被誉为 bèi yùwéi ~라고 (명예롭게) 불리다 | 亡命 wángmìng 동 망명하다 | 临时政府 línshí zhèngfǔ 임시정부 | 历任 lìrèn 동 역임하다 | 警务局长 jǐngwù júzhǎng 경무국장 | 内务总长 nèiwù zǒngzhǎng 내무총장 | 国务领 guówùlǐng 국무령 | 主席 zhǔxí 명 주석 | 竭尽全力 jié jìn quán lì 성 전력을 다하다 | 挫败 cuòbài 명 좌절과 실패 | 安斗熙 Ān Dòuxī 고유 안두희 | 暗杀 ànshā 동 암살하다 | 安重根 Ān Zhònggēn 고유 안중근 | 哈尔滨 Hā'ěrbīn 고유 하얼빈 | 击毙 jībì 동 사살하다 | 侵略 qīnlüè 동 침략하다 | 元凶 yuánxiōng 명 원흉 | 伊藤博文 Yīténg Bówén 고유 이토 히로부미 | 当场 dāngchǎng 명 현장에서, 그 자리에서 | 被捕 bèibǔ 동 체포되다 | 判处 pànchǔ 동 판결을 내리다, 선고하다 | 绞刑 jiǎoxíng 명 교수형 | 柳宽顺 Liǔ Kuānshùn 고유 유관순 | 殉难者 xùnnànzhě 명 순국자 | 梨花学堂 líhuā xuétáng 고유 이화학당 | 徒刑 túxíng 명 징역 | 西大门刑务所 Xīdàmén xíngwùsuǒ 고유 서대문형무소 | 严刑 yánxíng 명 엄형 | 拷问 kǎowèn 명 고문하다 | 营养不良 yíngyǎng bùliáng 명 영양 불량, 영양 실조 | 享年 xiǎngnián 명 향년

바로 확인

❶ 1910年，朝鲜在强迫下和日本签订了不平等条约，从此以后朝鲜正式 ________ ，这一事件在历史上被称为 ________ 。

1910년, 조선은 강요에 의해 일본과 불평등조약을 체결하였고, 이때부터 조선은 일본의 식민지로 전락했다. 이 사건을 역사적으로 경술국치라 부른다.

❷ 三一运动是指在1919年3月1日，韩国国民为了 ________ ，而发起的独立万岁运动。

3·1운동이란 1919년 3월 1일 한국 국민이 일본의 식민통치에서 벗어나 국권을 회복하기 위해 일으킨 독립만세운동이다.

(정답) ❶ 沦为日本的殖民地 / 庚戌国耻 ❷ 摆脱日本的殖民统治、恢复国权

Step4 도전! 모의면접

Q1 请介绍三一运动。

Q2 请介绍安重根。

07 대한민국 성립

Step1
사전 탐색하기

1945년 해방 이후 한국은 격변의 역사를 경험해왔다. 한국전쟁 이후 세계에서 가장 가난했던 국가에서 벗어나 오늘날에 이르기까지, 눈부신 성장을 이룩하는 과정은 지금의 한국을 이해하는 데 가장 중요한 시간이기도 하다. 면접에서는 한국전쟁과 분단에 관한 질문이 출제되어 왔다.

Step2
기출 따라잡기

Track 2-15

韩半岛分裂的原因是什么?
한반도 분단의 원인은 무엇인가요?

답안 1945年韩国摆脱日本的殖民统治，恢复了国权。但因为当时的冷战思维造成的意识形态的分歧，美军和苏联军分别控制韩半岛的南北部，韩国想建立一个统一的独立政府的愿望遭到了挫败。这就成为韩半岛分裂的开端。1948年南北双方各建立了自己的政府。后来，到1950年6月25日北韩向南方发动了大规模入侵，引发了持续3年的韩国战争。根据1953年签订的停战协定，韩国成为世界上唯一的分裂国家。

해석 1945년 한국은 일본의 식민통치에서 벗어나 국권을 회복했습니다. 그러나 당시 냉전사조로 인한 이데올로기의 차이로 미군과 소련군이 각각 한반도의 남북부를 통제하게 되었고, 통일된 하나의 독립정부를 이루고자 한 한국의 바람은 좌절되었습니다. 이것이 한반도 분단의 발단이었습니다. 1948년 남북 양측은 각각의 정부를 구성했습니다. 1950년 6월 25일, 북한은 남한에 대규모 침공을 감행함으로써 3년간 지속된 한국전쟁을 일으켰습니다. 1953년 체결한 정전협정에 따라 한국은 세계에서 유일한 분단국가가 되었습니다.

단어 分裂 fēnliè 동 분열하다, 분단되다 | 摆脱 bǎituō 동 벗어나다 | 殖民统治 zhímín tǒngzhì 식민통치 | 恢复 huīfù 동 회복하다 | 国权 guóquán 명 국권 | 冷战 lěngzhàn 명 냉전 | 思维 sīwéi 명 사유 | 意识形态 yìshí xíngtài 명 이데올로기, 관념 형태 | 分歧 fēnqí 형 불일치하다 | 苏联 Sūlián 고유 소련 | 开端 kāiduān 명 발단 | 停战协定 tíngzhàn xiédìng 정전협정

Step3
관통 솔루션 파악하기

학습목표 1 대한민국 정부의 수립 과정을 설명한다.

학습목표 2 한국전쟁의 원인, 경과, 결과를 파악한다.

》》 **유비무환! 미리 준비합시다!**

한국전쟁의 참전국에 대해서도 함께 알아두세요!

Track 2-16

大韩民国的成立

日本在二战中战败，韩国获得了解放。但是，这并没有带来韩国人民所期望的一个统一的国家。由冷战时代造成的意识形态的分歧导致了国家的分裂。因美国军队和苏联军队分别控制韩国南北部，韩国想建立一个独立政府的愿望遭到了挫败。

韩国的首次大选于1948年5月10日在38线以南地区举行。这条线把韩国一分为二。

李承晚于1948年当选为大韩民国第一任总统，38线以北建立了金日成领导下的共产主义政权。1948年8月15日，大韩民国政府正式出台了。此后，在三八线附近一带连续不断地发生流血冲突。

北韩于1950年6月25日无端向南方发动大规模入侵，引发了一场持续3年，包括美国、英国等16个国家直接参战的国际战争。整个韩国变成一片废虚。1953年7月，双方在板门店签订了停火协定，韩国成为世界上唯一的分裂国家。

20世纪60年代以来，韩国以出口导向型经济发展取得了非凡的成就，在短短的30~40年之间实现了其他发达国家100年才完成的经济增长。这一成就在70年代赢得了"汉江奇迹"的美名。上世纪50年代，世界上最贫穷的韩国，如今已经是世界第13大经济体。

虽然韩半岛上仍然遗留着南北问题，但是韩国为韩民族的共同繁荣而作出坚持不懈的努力。

분단 역사의 발단

최초의 대선과 정부 수립

한국전쟁

한강의 기적

오늘의 한국

해석

대한민국의 성립

일본이 제2차 세계대전에서 패망하고, 한국은 해방되었다. 그러나 한국 국민이 바라던 통일된 국가를 이루지는 못했다. 냉전시대로 말미암아 야기된 이데올로기의 분열은 국가 분단을 초래했다. 미군과 소련군은 각각 한국의 남북을 장악했고, 하나의 독립정부를 건립하려던 바람은 좌절되고 말았다.

한국 최초의 대선은 1948년 5월 10일 38선 이남지역에서 실시되었다. 이 선은 한국을 둘로 나누었다.

이승만은 1948년 대한민국 초대 대통령에 당선되었고, 38선 이북에는 김일성이 이끄는 공산주의 정권이 들어섰다. 1948년 8월 15일, 대한민국 정부가 정식으로 출범했다. 그 후, 38선 부근 일대에서는 유혈충돌이 끊이지 않았다.

북한은 1950년 6월 25일, 이유 없이 남한에 대규모 침공을 감행함으로써 3년간에 걸친 전쟁을 일으켰고 미국, 영국을 비롯한 16개국이 이 전쟁에 직접 참전했다. 전쟁으로 인해 한반도 전체는 폐허가 되었다. 1953년 7월, 양측은 판문점에서 휴전협정을 체결했고, 한국은 세계에서 유일한 분단국가가 되었다.

1960대 이래, 한국은 수출주도형 경제발전을 통해 놀라운 성과를 거두었고, 짧은 30~40년 만에 다른 선진국들이 100년 만에야 이룩한 경제성장을 실현했다. 이러한 성과는 70년대에 이르러 '한강의 기적'이라는 이름으로 불리기 시작했다. 지난 50년대 세계에서 가장 가난했던 한국은 오늘날 세계 13대 경제체로 성장했다.

한반도에 남북문제가 잔존하고 있지만, 한국은 한민족의 공동번영을 위해 끊임없는 노력을 경주하고 있다.

단어

二战 èrzhàn 명 제2차 세계대전 | 战败 zhànbài 동 패망하다 | 解放 jiěfàng 동 해방되다 | 期望 qīwàng 동 기대하다 | 冷战 lěngzhàn 명 냉전 | 意识形态 yìshí xíngtài 명 이데올로기, 관념 형태 | 分歧 fēnqí 명 불일치 | 导致 dǎozhì 동 야기하다 | 分裂 fēnliè 동 분열하다 | 控制 kòngzhì 동 통제하다 | 遭到 zāodào 동 당하다 | 挫败 cuòbài 명 좌절과 실패 | 大选 dàxuǎn 명 대통령 선거 | 一分为二 yì fēn wéi èr 성 하나가 둘로 나뉘다 | 李承晚 Lǐ Chéngwǎn 고유 이승만 | 领导 lǐngdǎo 동 지도하다 | 共产主义 gòngchǎn zhǔyì 명 공산주의 | 政权 zhèngquán 명 정권 | 无端 wúduān 부 이유 없이 | 发动 fādòng 동 시동을 걸다 | 入侵 rùqīn 동 침입하다 | 引发 yǐnfā 동 일으키다 | 参战 cānzhàn 동 참전하다 | 废虚 fèixū 명 폐허 | 板门店 Bǎnméndiàn 고유 판문점 | 签订 qiāndìng 동 체결하다 | 停火协定 tínghuǒ xiédìng 휴전협정 | 导向 dǎoxiàng 동 이끌다, 발전시키다 | 非凡 fēifán 형 보통이 아니다 | 成就 chéngjiù 명 성취 | 赢得 yíngdé 동 얻다 | 奇迹 qíjì 명 기적 | 美名 měimíng 명 좋은 이름 | 贫穷 pínqióng 형 가난하다 | 遗留 yíliú 동 남겨 놓다 | 繁荣 fánróng 형 번영하다 | 坚持不懈 jiān chí bú xiè 성 조금도 느슨해지지 않고 끝까지 견지하다

바로 확인

❶ 1950年6月25日，北韩 ______________________，引发了持续3年的韩国战争。

1950년 6월 25일 북한은 남한을 향해 대규모 침략을 감행함으로써, 3년에 걸친 한국전쟁을 일으켰다.

❷ 1953年7月27日，双方在 ________ 签订了 ________。

1953년 7월 27일, 양측은 판문점에서 정전협정을 체결했다.

정답 ❶ 向南方发动了大规模入侵 ❷ 板门店 / 停战协定

Step4
도전!
모의면접

Q1 38线和休战线有什么区别?

Q2 韩国战争的参战国都有哪些?

tip 〈한 걸음 더〉

韩国战争参战国和停战协定

韩国战争时，以美国为首的联合国军不同程度地卷入这场战争。美国、英国、加拿大、澳大利亚、新西兰、荷兰、法国、土耳其、泰国、菲律宾、希腊、比利时、哥伦比亚、埃塞俄比亚、南非、卢森堡等16个国家直接参战，丹麦、印度、意大利、挪威、瑞典等有5个国家提供医疗方面的支援，一共有21个国家支援韩国。中国、苏联和捷克等三个国家支援北韩。

1953年7月27日，韩国战争停战协定签字仪式在板门店举行。根据双方达成的协议，由联合国军总司令马克·克拉克、中国人民志愿军司令彭德怀和北韩最高司令官金日成在停战协定上签字。

해석 한국전쟁 참전국과 정전협정

한국전쟁 당시, 미국을 필두로 한 유엔군은 다양한 정도로 전쟁에 참여했다. 미국, 영국, 캐나다, 오스트레일리아, 뉴질랜드, 네덜란드, 프랑스, 터키, 태국, 필리핀, 그리스, 벨기에, 콜롬비아, 에티오피아, 남아프리카 공화국, 룩셈부르크 등 16개국이 직접 참전했으며, 덴마크, 인도, 이탈리아, 노르웨이, 스웨덴 등 5개국이 의료 방면을 지원함으로써, 총 21개국이 한국을 지원했다. 중국, 소련과 체코 등 3개국은 북한을 지원했다.

1953년 7월 27일, 한국전쟁 정전협정 조인식이 판문점에서 거행되었다. 양측의 협의에 따라, 마크 클라크 유엔군 총사령관, 펑더화이 중국인민지원군 총사령관과 김일성 북한 최고사령관이 정전협정에 조인했다.

PART 3

전통문화

한 눈 에 정 리 하 는 핵심 내용

01 한복

한복은 한국의 전통의상으로, 직선과 곡선의 아름다움을 겸비하여 매우 우아하고 품위가 있다. 한복의 색은 음양오행 사상을 근거로 대부분 두 가지 이상의 색을 사용한다.

02 한옥

한옥은 한국 전통 건축방식에 따라 지은 가옥으로, 한국인의 독특한 생활방식이 잘 나타난다. 천연재료로 건축하여 몸에 이롭고, 과학적이고 위생적인 한국 고유의 난방방식 온돌을 사용한다.

03 도자기

한반도의 도자기 역사는 선사시대의 원시 도기에서부터 시작되었다. 삼국시대에 도기문화가 발달했으며, 고려시대는 도자기 역사의 황금기를 열었고, 조선시대에는 다양한 도자기가 생산되었다.

04 전통음악

한국 전통음악은 대체로 궁중음악과 민속음악으로 나눌 수 있다. 조선시대에 이르러 초·중기에는 궁중음악, 후기에는 민속음악 중심으로 발전을 이루었다.

05 전통무용

궁중무용은 궁중연회에서 공연하는 무용으로, 검무, 학무, 처용무이다. 민속무용은 민간에서 성행한 무용으로, 탈춤, 승무, 태평무, 한량무, 살풀이다. 장구춤, 부채춤은 1930~1960년 사이에 창작된 현대 민속무용으로, 신무용이라고도 불린다.

06 유교

유교사상이 삼국시대로 한반도에 전해진 후 줄곧 한국 사회에 영향을 미쳤다. 특히 조선시대에는 유교 성리학을 국교로 삼아, 유교사상의 발전을 적극적으로 추진했다. 한국 유교의 대표적인 건축물로는 종묘, 문묘, 서원 등이 있다.

07 전통무술

태권도는 동작이 딱딱하고 빠르며, 짧고 신속한 발차기를 특징으로 하고 직선적 동작을 중심으로 한다. 택견은 손바닥과 발동작을 많이 사용하며, 동작이 경쾌하고 유연하며 곡선적 동작을 중심으로 한다.

01 한복

Step1 사전 탐색하기

한복은 한국 고유의 전통의상으로, 지금도 명절이나 특별한 날이면 한국 사람들은 한복을 즐겨 입는다. 또한 일상생활에서 좀더 간편하게 입을 수 있는 생활한복도 많은 사랑을 받고 있다. 한국의 전통문화를 대표하는 한복의 특징과 아름다움을 중국 전통의상과 비교하여 정리하도록 한다.

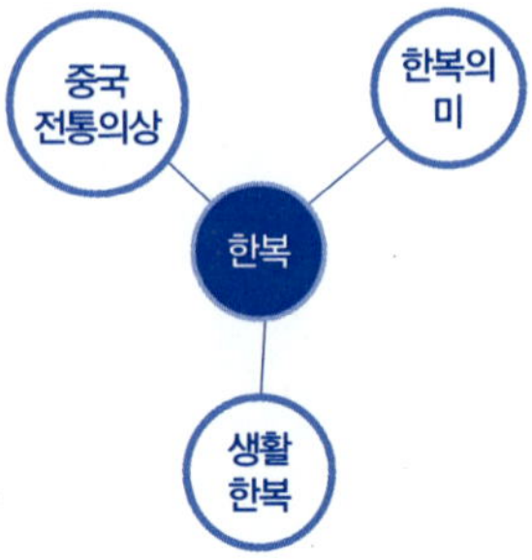

Step2 기출 따라잡기

Track 3-1

从哪些方面可看韩服的美?

어떤 면에서 한복의 미를 볼 수 있을까요?

답안 韩服的美可以从它的线条、色彩及装饰中看出。韩服的线条兼具曲线和直线之美。V字形领和自然柔美的袖口设计，突出温和感。从短上衣到裙子，垂直而下的线条，都能体现出女性的贤淑之美。韩服的颜色根据阴阳五行思想选定，大部分使用两种以上颜色。在图案方面，裙子边、袖口、肩部等部位加上花纹，更增添了韩服的美。

해석 한복의 아름다움은 그 선, 색과 장식에서 볼 수 있습니다. 한복의 선은 곡선과 직선의 아름다움을 겸비했습니다. V자형 옷깃와 자연스럽고 부드러운 소매의 디자인은 온화한 느낌을 부각시킵니다. 저고리에서 치마로 수직으로 떨어지는 선은 여성의 현숙한 아름다움을 나타냅니다. 한복의 색은 음양오행 사상에 근거하여 대부분 두 가지 이상의 색을 사용합니다. 도안면에서는 치마 가장자리, 소매, 어깨 등 부분에 무늬를 더하여 한복의 아름다움을 더욱 높였습니다.

단어 韩服 Hánfú [명] 한복 | 线条 xiàntiáo [명] 선 | 色彩 sècǎi [명] 색채 | 装饰 zhuāngshì [동] 장식하다 | 兼具 jiānjù [동] 겸비하다 | 曲线 qūxiàn [명] 곡선 | 直线 zhíxiàn [명] 직선 | 领 lǐng [명] 옷깃 | 柔美 róuměi [형] 부드럽고 아름답다 | 袖口 xiùkǒu [명] 소맷부리 | 设计 shèjì [동] 설계하다 | 突出 tūchū [형] 도드라지다 | 温和感 wēnhégǎn 온화한 느낌 | 垂直 chuízhí [형] 수직의 | 体现出 tǐxiànchū 구체적으로 드러내다 | 贤淑 xiánshū [형] 마음이 어질고 정숙하다 | 阴阳五行思想 yīnyáng wǔxíng sīxiǎng 음양오행 사상 | 选定 xuǎndìng [동] 선정하다 | 图案 tú'àn [명] 도안 | 肩 jiān [명] 어깨 | 部位 bùwèi [명] 부위 | 加上 jiāshang [동] 보태다 | 花纹 huāwén [명] 각종 무늬와 도안 | 增添 zēngtiān [동] 더하다

Step3 관통 솔루션 파악하기

학습목표 1 한국 전통의상의 특징과 아름다움을 설명한다.

학습목표 2 생활한복과 전통한복을 구분한다.

Track 3-2

韩国的传统服装—韩服

韩服是韩国人固有的传统服装，看起来非常典雅而有品位。韩服根据身份、性别、功能有不同的花纹、颜色和设计。女式韩服是短上衣搭配宽长的裙子，显得很优雅而又温柔。男式韩服由裤子、上衣、背心或马褂组成，很有品位。 — 한복의 구성

韩服的美，可以从它的线条、色彩及装饰中看出。韩服的线条兼具曲线和直线之美。韩服的裙子束得特别高，而且下摆十分宽大、蓬松。这种上薄下厚的结构，强调女性的端庄美。V字形领和自然柔美的袖口设计，突出温和感。韩服并不采用扣子，而是用衣带来固定上衣。从短衣到裙子，垂直而下的线条，都能体现出女性的贤淑之美。 — 한복의 선

韩服的颜色根据阴阳五行思想选定，大部分使用两种以上颜色。在图案方面，裙子边、袖口、肩部等部位加上花纹，更增添了韩服的美。 — 한복의 색과 문양

韩服的另一个特点就是可以掩饰体形上的不足，在裙中加入裙撑，制造出类似蓬蓬裙的效果，穿上韩服会显得苗条。 — 한복의 넉넉한 디자인

传统韩服确实很美，可是因为穿戴比较复杂，所以如今只有在节日和有特殊意义的日子里才穿。最近，强调实用性的生活韩服很受欢迎。生活韩服在保持传统美的同时，根据材料和设计的不同生产各种各样的款式。因为它穿戴容易、洗涤方便、价格较低廉，受到国外游客的欢迎。 — 생활한복

해석

한국의 전통의상 – 한복

한복은 한국인 고유의 전통의상이며, 매우 우아하고 품위가 있다. 한복은 신분, 성별, 기능에 따라 무늬, 색상과 디자인에 차이가 있다. 여성용 전통한복은 짧은 저고리에 폭이 넓고 긴 치마를 입으며, 우아하고 부드러운 느낌을 준다. 남성용 한복은 바지, 저고리, 조끼나 마고자를 입으며 매우 품위 있다.

한복의 아름다움은 그 선, 색과 장식에서 볼 수 있다. 한복의 선은 곡선과 직선의 아름다움을 겸비했다. 한복의 치마는 높이 매며, 하단은 폭이 넓고 불룩하다. 이처럼 위는 조이고 아래는 넉넉한 구조는 여성의 단정한 아름다움을 강조한다. V자형 옷깃과 자연스럽고 부드러운 소매 디자인은 온화한 느낌을 강조한다. 한복은 단추를 사용하지 않고, 옷고름으로 저고리를 고정한다. 저고리에서 치마까지 수직으로 떨어지는 선은 여성의 현숙한 아름다움을 드러낸다.

한복의 색은 음양오행 사상을 근거로 대부분 두 가지 이상의 색을 사용한다. 도안면에서는 치맛단, 소매, 어깨 등 부위에 무늬를 넣어 한복의 아름다움을 더욱 부각시켰다.

한복의 또 하나의 특징은 체형의 결점을 보완할 수 있다는 점이다. 치마 속에 패티코트형 속치마를 넣어 캉캉치마와 같은 효과를 내므로, 한복을 입으면 날씬해 보인다.

전통한복은 아름답지만 입을 때 비교적 번거롭기 때문에, 오늘날에는 명절이나 특별한 날에만 입는다. 최근에는 실용성을 강조한 생활한복이 사랑을 받고 있다. 생활한복은 전통미를 지니는 동시에 소재와 디자

인에 따라 다양한 스타일을 만든다. 착용이 쉽고 세탁이 편리하며 가격도 비교적 저렴하여 해외 관광객들에게도 인기가 좋다.

단어

固有 gùyǒu 형 고유의 | 典雅 diǎnyǎ 형 우아하다 | 品位 pǐnwèi 명 품위 | 花纹 huāwén 명 각종 무늬와 도안 | 搭配 dāpèi 동 배합하다, 결합하다 | 宽长 kuāncháng 폭이 넓고 길다 | 显得 xiǎnde 동 드러나다, ~해 보인다 | 优雅 yōuyǎ 형 우아하다 | 温柔 wēnróu 형 온유하다 | 背心 bèixīn 명 조끼 | 马褂 mǎguà 명 마고자 | 线条 xiàntiáo 명 선 | 色彩 sècǎi 명 색채 | 装饰 zhuāngshì 동 장식하다 | 兼具 jiānjù 동 겸비하다 | 曲线 qūxiàn 명 곡선 | 直线 zhíxiàn 명 직선 | 束 shù 동 묶다 | 下摆 xiàbǎi 명 하단 | 宽大 kuāndà 형 넓고 크다 | 蓬松 péngsōng 형 더부룩하다 | 上薄下厚 shàng báo xià hòu 위는 얇고 아래는 두텁다 | 结构 jiégòu 명 구조 | 端庄 duānzhuāng 형 단정하고 장중하다 | 领 lǐng 명 옷깃 | 柔美 róuměi 형 부드럽고 아름답다 | 袖口 xiùkǒu 명 소맷부리 | 设计 shèjì 동 설계하다 | 突出 tūchū 형 도드라지다 | 温和感 wēnhégǎn 온화한 느낌 | 采用 cǎiyòng 동 채용하다 | 扣子 kòuzi 명 단추 | 衣带 yīdài 명 옷고름 | 固定 gùdìng 형 고정되다 | 垂直 chuízhí 형 수직의 | 体现出 tǐxiànchū 구체적으로 드러내다 | 贤淑 xiánshū 형 마음이 어질고 정숙하다 | 阴阳五行思想 yīnyáng wǔxíng sīxiǎng 음양오행 사상 | 选定 xuǎndìng 동 선정하다 | 图案 tú'àn 명 도안 | 肩 jiān 명 어깨 | 部位 bùwèi 명 부위 | 加上 jiāshang 동 보태다 | 增添 zēngtiān 동 더하다 | 掩饰 yǎnshì 동 덮어 숨기다 | 加入 jiārù 동 넣다 | 裙撑 qúnchēng 패티코트형 한복 속치마 | 制造 zhìzào 동 제조하다 | 类似 lèisì 형 유사하다 | 蓬蓬裙 péngpéngqún 캉캉치마 | 效果 xiàoguǒ 명 효과 | 苗条 miáotiao 형 아름답고 날씬하다 | 确实 quèshí 부 확실히 | 穿戴 chuāndài 동 옷이나 장신구 등을 입고 걸치다 | 复杂 fùzá 형 복잡하다 | 特殊 tèshū 형 특수하다 | 款式 kuǎnshì 명 스타일 | 洗涤 xǐdí 동 세척하다 | 低廉 dīlián 형 저렴하다

Track 3-3

旗袍和唐装

旗袍起源于16世纪中期满族妇女的民族服装。古典旗袍大多采用平直的线条，线条简洁流畅，优美地表现出女性的曲线美。旗袍紧扣的高领，有雅致而庄重的感觉，贴身的线条强调女性美。特别是两边的开衩，行走时下角微轻飘动，具有轻快活泼的感觉。 (치파오)

唐装应当是中式服装的通称。其实，唐装是由清代的马褂演变而来的，其款式结构有这样的特点。首先，上衣前中心有开口，采用立式领型。唐装的另一个特点是连袖，也就是说袖子和衣服整体没有接缝，以平面裁剪为主。另外它的款式比旗袍要宽松。 (탕좡)

해석

치파오와 탕좡

치파오는 16세기 중엽 만주족 여성의 민족의상에서 기원하였다. 고전적인 치파오는 곧은 선을 사용하여 실루엣이 간결하고 유려하며, 여성의 곡선미를 우아하게 나타낸다. 치파오의 단단히 채운 스탠드형 옷깃은 단아하고 장중한 느낌을 주며, 몸에 달라붙는 선은 여성미를 강조한다. 특히 양쪽 트임은 걸을 때마다 가볍게 흔들리며 경쾌하고 활발한 느낌을 준다.

탕좡은 중국식 의상의 통칭이다. 사실 탕좡은 청나라 때의 마고자가 발전하여 만들어진 것으로, 다음과

같은 특징을 지닌다. 우선, 상의 앞면 중심에 트임이 있고 스탠드형 옷깃을 하고 있다. 탕좡의 또 하나의 특징은 통판으로 제작된 소매이다. 즉 소매와 몸판 전체에 이음선이 없이 평면 재단을 위주로 한다. 또한 스타일이 치파오에 비해 넉넉하다.

단어 旗袍 qípáo 명 치파오 | 起源于 qǐyuán yú ~에서 기원하다 | 流畅 liúchàng 형 유창하다 | 曲线美 qūxiànměi 명 곡선미 | 紧扣 jǐnkòu 단단히 채우다 | 高领 gāolǐng 명 높은 옷깃 | 贴身 tiēshēn 동 몸에 꼭 붙다 | 开衩 kāichà 명 옷트임 | 行走 xíngzǒu 동 걷다 | 微轻 wēiqīng 형 가볍다, 경미하다 | 飘动 piāodòng 동 흔들리다 | 轻快 qīngkuài 형 경쾌하다 | 活泼 huópo 형 활발하다 | 唐装 tángzhuāng 명 탕좡 | 马褂 mǎguà 명 마고자 | 领型 lǐngxíng 옷깃 스타일 | 接缝 jiēfèng 명 이음매 | 裁剪 cáijiǎn 동 재단하다 | 宽松 kuānsōng 형 넉넉하다

바로 확인

❶ 韩服的线条兼具直线和曲线的美，非常 ________，而且很 ________。

한복의 선은 직선과 곡선의 아름다움을 겸비하여, 매우 우아하고 품위 있다.

❷ 生活韩服在 ________ 的同时，根据材料和设计的不同，生产各种各样的款式，强调 ________。

생활한복은 전통미를 유지하면서도, 소재와 디자인에 따라 다양한 스타일을 만들어 실용성을 강조한다.

정답 ❶ 优雅 / 有品位 ❷ 保持传统美 / 实用性

Step4 도전! 모의면접

Q1 传统韩服与生活韩服，请做比较。

Q2 请比较说明韩中两国的传统服装。

02 한옥

Step1
사전 탐색하기

한옥은 한국 전통양식에 따라 지은 재래식 가옥을 말하며, 배산임수의 입지와 온돌식 난방을 가장 큰 특징으로 한다. 한국 주거문화의 핵심이라 할 수 있는 온돌의 원리와 특징, 중국 전통가옥과의 비교 내용을 중심으로 출제되어 왔다.

Step2
기출 따라잡기

韩国传统房屋有什么特点?

Track 3-4

한국 전통가옥은 어떤 특징이 있나요?

답안 韩屋的主要建筑材料是泥土、木头、石头、稻草等天然材料，因此有利于人体健康。韩屋设计的最大的特点是加热全地面的"温突式"取暖方式。温突冬暖夏凉，是最科学而卫生的韩国固有的取暖方式。而且，建造韩屋时特别重视选址方面的考虑，强调与山川等周边自然环境的和谐，韩屋一般建在后面有山前面有水的地方。

해석 한옥의 주요 건축 재료는 흙, 나무, 돌, 볏짚 등 천연의 재료이기 때문에 몸에 이롭습니다. 한옥 설계의 가장 큰 특징은 바닥 전체에 열을 가하는 '온돌식' 난방방식입니다. 온돌은 가장 과학적이고 위생적인 한국 고유의 난방방식입니다. 또한 한옥은 지을 때 위치를 선정하는 문제를 중시하여, 산천 등 주변 자연환경과의 조화를 강조합니다. 따라서 한옥은 보통 뒤에는 산이 있고, 앞에는 물이 흐르는 곳에 짓습니다.

단어 韩屋 Hánwū 명 한옥 | 建筑材料 jiànzhù cáiliào 건축 재료 | 泥土 nítǔ 명 흙, 점토 | 木头 mùtou 명 나무 | 石头 shítou 명 돌 | 稻草 dàocǎo 명 볏짚 | 有利于 yǒulì yú ~에 이롭다 | 设计 shèjì 동 설계하다 | 加热 jiārè 동 가열하다 | 温突 wēntū 온돌 | 取暖 qǔnuǎn 동 난방하다, 따뜻하게 하다 | 冬暖夏凉 dōng nuǎn xià liáng 성 겨울에는 따뜻하고 여름에는 시원하다 | 科学 kēxué 형 과학적이다 | 卫生 wèishēng 형 위생적이다 | 固有 gùyǒu 형 고유의 | 建造 jiànzào 동 건조하다, 짓다 | 选址 xuǎnzhǐ 동 부지를 고르다 | 强调 qiángdiào 동 강조하다 | 和谐 héxié 형 잘 어울리다 | 建在 jiànzài ~에 짓다

Step3
관통 솔루션 파악하기

학습목표 1 한옥의 특징을 파악한다.

학습목표 2 온돌의 원리와 장점을 설명한다.

››› **유비무환! 미리 준비합시다!**

한옥과 사합원의 특징을 비교하여 알아두세요!

Track 3-5

韩国的传统房屋—韩屋

韩屋指的是按照韩国传统建筑方式修建的房屋。韩屋是农耕时代大多韩国人的居住形态，这里充分反映了韩国人独特的生活方式。

한국의 전통가옥

韩屋最大的特点之一就是它的建筑材料是贴近自然的天然材料。传统韩屋的主要材料是泥土、石头、木头、稻草以及用楮树制作的韩纸，有利于人体健康。越来越关注健康的今天，韩屋更加受到瞩目。

한옥의 재료

建造韩屋时还特别重视选址方面的考虑，强调与山川等周边自然环境的和谐，韩屋一般建在后面有山前面有水的地方。

배산임수

韩屋另一个引人注目的特点是使用温突(火炕)的取暖方式。温突最初是利用厨房或屋外设置的炉灶烧柴产生的热气通过房屋下面的烟道而暖和整个房间。随着社会的变迁，尽管现代化城市的高级公寓或建筑中摆满了各式各样的西式家具和用具，但韩国人依然习惯于不穿鞋，使用“温突”采暖。温突有效地控制火，从炉灶到烟囱不让热气散出，使热量长时间地储存在地炕里，在不烧火时也让地炕一直保持温暖。冬天能长时间地保持温暖，而夏天不烧火的话又能保持凉快。这样冬暖夏凉的取暖方式非常适合于韩国的气候环境。这种蓄热和散热技术是从人体下部保持人体温度的最科学而卫生的取暖方式。因为有温突，韩国人习惯在地上生活。温突文化需要在室内脱掉鞋子，将室内与室外的生活区分开来，创造了清洁卫生的生活环境。

온돌

随着各地气候环境、主人的社会地位或经济水平不同而韩屋的形态也有所区别，在比较寒冷的北部地区，“口”字形的住宅较多，而且窗户的数量少。与此相反，南方地区的韩屋多呈“一”字形，窗户较多，过厅很宽敞。中部地区的韩屋多呈镰刀形，在各个方面都对北方和南方的房屋形态进行了折中。

上流阶层的房屋用瓦来做屋顶，因此叫瓦房，而庶民阶层的住宅一般是用稻草铺屋顶的草房。

다양한 한옥의 형태

해석

한국의 전통가옥 – 한옥

한옥이란 한국의 전통적인 건축방식에 따라 지은 가옥을 말한다. 한옥은 농경시대 대부분의 한국인이 거주한 형태로, 한국인의 독특한 생활방식이 잘 드러난다.

한옥의 가장 큰 특징 중 하나는 건축 재료가 자연에 가까운 천연 재료라는 점이다. 전통한옥의 주요 소재는 흙, 돌, 나무, 볏짚 및 닥나무로 만든 한지 등이므로 건강에 좋다. 갈수록 건강에 주목하는 오늘날 한옥은 더욱 주목 받고 있다.

한옥을 지을 때에는 위치적인 요소도 매우 중시하여, 산과 강 등 주변 환경과의 조화를 강조했다. 그리하여 한옥은 일반적으로 뒤에는 산이 있고 앞에는 물이 흐르는 곳에 지었다.

한옥의 주목할 만한 또 하나의 특징은 온돌을 사용하는 난방방식이다. 초기 형태는 주방이나 옥외에 설치된 아궁이에 땔감을 때서 생긴 열기를 바닥 아래의 방고래를 통과시켜 방 전체를 덥히는 원리를 사용했다. 사회의 변천에 따라, 현대화된 도시의 고급 아파트나 건축물에는 서양식 가구와 도구가 즐비하지만, 한국 사람들은 여전히 신발을 신지 않고 '온돌'을 사용해 난방하는 데에 익숙하다. 온돌은 화기를 효과적으로 통제하여 아궁이에서 굴뚝까지 열기가 흩어지지 않고 열량을 오랫동안 방구들에 잡아두기 때문에, 불을 때지 않을 때라도 온기를 유지할 수 있다. 겨울에는 오랫동안 온기를 유지하고, 여름에 불을 때지 않을 때에는 시원함을 유지할 수 있다. 이렇게 겨울에는 따뜻하고 여름에는 시원한 난방방식은 한국의 기후환경에도 매우 적합하다. 이처럼 열을 저장하고 산열시키는 기술은 인체 하부로부터 체온을 유지하는 가장 과학적이고 위생적인 난방방식이다. 온돌이 있기 때문에, 한국인은 바닥에서 생활하는 문화에 익숙하다. 온돌문화로 인해 실내에서 신발을 벗는 문화가 생겨 실내와 실외를 구분하게 되었고, 청결하고 위생적인 생활환경을 만들었다.

기후환경, 주인의 사회적 지위나 경제수준에 따라 한옥의 형태에도 차이가 있다. 추운 북쪽지역에는 'ㅁ'자형 주택이 많고 창문의 수가 적다. 이와 반대로 남쪽지역의 한옥은 '一'자형이 많고 창문의 수도 많으며 대청마루가 넓다. 중부지역의 한옥은 대부분 'ㄱ'자형을 띠며, 북방과 남방가옥의 절충적인 형태를 나타낸다.

상류계층의 가옥은 기와로 지붕을 얹으므로 기와집이라 부르며, 서민들의 주택은 보통 짚으로 지붕을 덮은 초가집이다.

단어 房屋 fángwū 명 가옥 | 修建 xiūjiàn 동 건조하다, 짓다 | 农耕 nónggēng 명 농경 | 居住 jūzhù 동 거주하다 | 形态 xíngtài 명 형태 | 反映 fǎnyìng 동 반영하다 | 独特 dútè 형 독특하다 | 贴近 tiējìn 동 접근하다 형 가깝다 | 天然 tiānrán 형 자연의 | 泥土 nítǔ 명 흙, 점토 | 石头 shítou 명 돌 | 木头 mùtou 명 나무 | 稻草 dàocǎo 명 볏짚 | 楮树 chǔshù 명 닥나무 | 制作 zhìzuò 동 제작하다 | 韩纸 hánzhǐ 한지 | 关注 guānzhù 동 주시하다 | 更加 gèngjiā 부 더욱 | 受到 shòudào 동 얻다, 견디다 | 瞩目 zhǔmù 동 눈여겨보다 | 选址 xuǎnzhǐ 동 부지를 고르다 | 和谐 héxié 형 잘 어울리다 | 引人注目 yǐn rén zhù mù 성 사람들의 주목을 끌다 | 温突 wēntū 명 온돌 | 火炕 huǒkàng 명 온돌 | 取暖 qǔnuǎn 동 난방하다, 따뜻하게 하다 | 厨房 chúfáng 명 주방 | 屋外 wūwài 옥외 | 设置 shèzhì 동 설치하다 | 炉灶 lúzào 명 아궁이 | 烧柴 shāochái 동 땔감을 때다 | 热气 rèqì 명 열기 | 烟道 yāndào 명 방고래 | 暖和 nuǎnhuo 동 따뜻하게 하다 | 变迁 biànqiān 동 변천하다 | 公寓 gōngyù 명 아파트 | 西式家具 xīshì jiājù 서양식 가구 | 习惯于 xíguàn yú 동 ~에 익숙해지다, 습관이 되다 | 采暖 cǎinuǎn 동 난방을 하다 | 有效 yǒuxiào 형 효과가 있다 | 控制 kòngzhì 동 통제하다 | 烟囱 yāncōng 명 굴뚝 | 散出 sǎnchū 흩어지다 | 储存 chǔcún 동 모아 두다 | 烧火 shāohuǒ 동 불을 지피다 | 地炕 dìkàng 명 방구들 | 冬暖夏凉 dōng nuǎn xià liáng 성 겨울에는 따뜻하고 여름에는 시원하다 | 蓄热 xùrè 열 저장 | 散热 sànrè 동 산열하다 | 卫生 wèishēng 형 위생적이다 | 区分 qūfēn 동 구분하다 | 创造 chuàngzào 동 창조하다 | 清洁 qīngjié 형 청결하다 | 有所 yǒusuǒ 다소 ~하다 | 区别 qūbié 명 구별, 차이 | 寒冷 hánlěng 형 한랭하다 | 住宅 zhùzhái 명 주택 | 窗户 chuānghu 명 창문 | 过厅 guòtīng 명 대청마루 | 宽敞 kuānchang 형 넓다 | 呈 chéng 동 나타내다 | 镰刀形 liándāoxíng 낫모양, 'ㄱ'자형 | 折中 zhézhōng 동 절충하다 | 瓦房 wǎfáng 명 기와집 | 庶民 shùmín 명 서민 | 铺 pū 동 깔다 | 屋顶 wūdǐng 명 지붕 | 草房 cǎofáng 명 초가집

Track 3-6

韩国传统房屋与四合院

韩国传统建筑中以韩屋为典型，其地位类似于中国北京的四合院。

韩屋和四合院各有一些不同的特征。首先，四合院整体结构呈方形，房屋配置呈现出非常严格的左右对称结构，由四面房屋围合起一个庭院。但韩屋的房屋配置与四合院相比，并不那么严格。这和两国的地理环境有密切的关系。北京是平地，韩国大小丘陵较多，因此地形因素影响了韩屋配置。韩国传统建筑大多顺应周边地势而成，尽量不破坏自然地形，非对称性格局自然不可避免。此外，四合院有较高的围墙，显得非常内向。与此相比，韩屋围墙低矮，不遮挡房屋，保持与外界的联系。

한옥과 사합원의 특징

해석

한국 전통가옥과 사합원

한국 전통건축의 전형이 한옥이라면, 중국에서는 베이징의 사합원이 그 유사한 지위를 가진다.

한옥과 사합원은 각기 다른 특징을 지닌다. 우선, 사합원은 전체적으로 사각형의 구조를 띠고 가옥의 배치가 매우 엄격한 좌우대칭의 구조를 나타내며, 사방의 건물이 하나의 정원을 에워싸고 있다. 그러나 한옥의 가옥 배치는 사합원에 비해 그렇게 엄격하지 않다. 이는 두 나라의 지리적 환경과도 밀접한 연관이 있다. 베이징은 평지인데 비해, 한국은 크고 작은 구릉이 많기 때문에, 지형적인 요소가 한옥의 배치에 영향을 미쳤다. 한국의 전통건축은 주변 지세에 순응하여 지으며 가급적 자연지형을 파괴하지 않으려 하기 때문에 비대칭적인 구도는 자연스럽게 피할 수 없다. 그 밖에, 사합원은 담이 높아 매우 내향적인 모습을 나타낸다. 이에 비해 한옥은 담이 낮아 가옥을 가리지 않으며 외부와의 소통을 유지하는 모습을 보인다.

단어

四合院 sìhéyuàn 명 사합원 | 配置 pèizhì 동 배치하다 | 呈现 chéngxiàn 동 나타나다, 드러나다 | 对称 duìchèn 형 대칭이다 | 围合 wéihé 에워싸다 | 丘陵 qiūlíng 명 구릉, 언덕 | 顺应 shùnyìng 동 순응하다 | 地势 dìshì 명 지세 | 破坏 pòhuài 동 파괴하다 | 避免 bìmiǎn 동 피하다, 모면하다 | 围墙 wéiqiáng 명 둘러싼 담 | 内向 nèixiàng 동 내향하다 | 低矮 dīʼǎi 형 낮다 | 遮挡 zhēdǎng 동 막다, 차단하다 | 保持 bǎochí 동 유지하다 | 外界 wàijiè 명 외부세계

바로 확인

❶ 韩屋的主要建筑材料是＿＿＿＿＿＿，因此有利于人体健康。
한옥의 주요 건축 소재는 흙, 나무, 돌, 볏짚 등 천연의 재료이기 때문에 몸에 이롭다.

❷ 温突是＿＿＿＿的韩国固有的取暖方式。
온돌은 가장 과학적이고 위생적인 한국 고유의 난방방식이다.

정답 ❶ 泥土、木头、石头、稻草等天然材料 ❷ 最科学而卫生

Step4
도전!
모의면접

Q1 "温突"有什么特点?

Q2 韩中两国的传统房屋有什么不同的风格?

03 도자기

Step1
사전 탐색하기

흙을 다양한 모양으로 빚어 구워낸 그릇이나 장식물을 도자기라고 한다. 선사시대부터 시작된 한국의 도자 문화는 고려시대에 전성기를 이룬 청자와 조선시대 유행한 백자를 중심으로 발전해 왔다. 특히 청자와 백자를 비교하는 문제가 면접 시험에서 꾸준히 출제되고 있다.

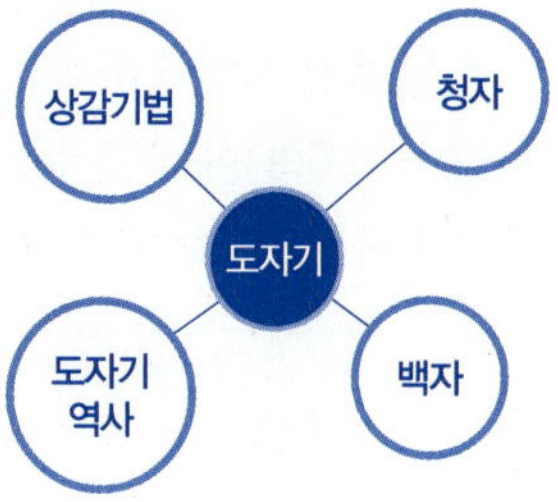

Step2
기출 따라잡기

Track 3-7

请介绍韩国陶瓷器的发展历史。

한국 도자기의 발전 역사를 소개하세요.

답안 韩半岛的陶瓷历史从史前时代的原始陶器开始。到了三国时代，陶器文化十分发达，在日常生活中普遍使用陶器。高丽时代，陶瓷技术日益进步，瓷器取代了陶器的地位。青瓷是高丽瓷器艺术的最佳杰作。尤其是，镶嵌青瓷一直占据着韩半岛陶瓷生产的主流。朝鲜时代陶瓷的代表性产品是粉青砂器和白瓷。如今，在利川、骊州、康津等地区的陶艺村里仍然生产陶瓷，继承着传统陶瓷文化的命脉。

해석 한반도의 도자기 역사는 선사시대의 원시도기에서부터 시작되었습니다. 삼국시대에 이르러, 도기문화가 매우 발달하여 일상생활에서도 도기를 보편적으로 사용하게 되었습니다. 고려시대에 도자기술은 날로 발전하여, 자기가 도기를 대신하기에 이르렀습니다. 청자는 고려자기 예술의 최고 걸작입니다. 특히 상감청자는 한반도 도자 생산의 주류를 차지했습니다. 조선시대 도자기의 대표적인 제품은 분청사기와 백자입니다. 오늘날 이천, 여주, 강진 등지의 도예마을에서는 여전히 도자기를 생산하며 전통 도자문화의 명맥을 잇고 있습니다.

단어 陶瓷器 táocíqì 명 도자기 | 陶瓷 táocí 명 도자기 | 史前时代 shǐqián shídài 명 선사시대 | 陶器 táoqì 명 도기 | 日益 rìyì 부 날로 | 瓷器 cíqì 명 자기 | 取代 qǔdài 동 대체하다 | 青瓷 qīngcí 명 청자 | 最佳 zuìjiā 형 최적이다, 최고이다 | 杰作 jiézuò 명 걸작 | 镶嵌 xiāngqiàn 동 끼워 넣다, 상감하다 | 占据 zhànjù 동 점거하다 | 利川 Lìchuān 고유 이천 | 骊州 Lízhōu 고유 여주 | 康津 Kāngjīn 고유 강진 | 陶艺村 Táoyìcūn 고유 도예촌 | 继承 jìchéng 동 계승하다 | 命脉 mìngmài 명 명맥

Step3
관통 솔루션 파악하기

학습목표 1 도자기 발전 역사를 이해한다.

학습목표 2 청자와 백자를 비교하여 설명한다.

Track 3-8

陶瓷器

韩半岛的陶瓷历史从史前时代的原始陶器(土器)开始。栉纹陶器是韩半岛新石器时代陶器的代表。进入公元前1000年，无纹陶器成为主流。这一时期的韩半岛也大致处于青铜器时代。后来到了三国时代，陶器文化十分发达，在日常生活中普遍使用陶器。

도자기 역사의 시작

高丽瓷器

高丽从公元918年开始王朝历史，一直到公元1392年灭亡，长达475年。在此期间，陶瓷技术日益进步，瓷器取代了陶器的地位，构筑起韩国陶瓷史的黄金时代。在陶器表面涂上釉药，然后再烤制的是瓷器。因此瓷器比陶器更结实耐用。青瓷是高丽瓷器艺术的最佳杰作。尤其是，镶嵌青瓷一直占据着韩半岛陶瓷生产的主流。镶嵌可以说是高丽所特有的青瓷装饰技法。这是在陶瓷表面上刻画出多种花纹后，再嵌入其他材料来表现的技法。它装饰效果鲜明美丽，风格沉静优美，具有典雅的艺术气质。青瓷表面呈翡翠色，花纹细腻，外观华丽，代表高丽时代贵族文化的富丽堂皇。

고려시대의 자기

朝鲜瓷器

到了朝鲜时代生产品类繁多的陶瓷器。朝鲜时代前期，陶瓷的代表性产品是粉青砂器。粉青是“粉妆灰青砂器”的简称。从15世纪后半期开始，器形端正、釉色纯白的优质白瓷被大量生产，壬辰倭乱结束以后，白瓷成为朝鲜瓷器的主流。白瓷花纹简洁，外观粗糙，表现出朝鲜两班们追求的清廉洁白的生活面貌。

조선시대의 자기

韩国陶瓷器美丽的线条表现了独创性的造型感觉，追求简洁、朴素之美，色彩比较淡雅，有清秀的感觉。这种特征不同于中国陶器的大胆、丰满。中国的陶瓷讲究造型和技法，给人凝重感。

한국 도자기와
중국 도자기의 특징

利川、骊州、康津等地区以韩国陶瓷器的主要产地而闻名。这些地区的陶艺村里生产各种各样的陶瓷器，传承着陶瓷的命脉。其中最具代表性的要数利川，这里每年举办陶瓷庆典。游客可以在这里参观陶瓷的制作过程，也可以亲自体验制作陶瓷。利川每2年还举行一次世界陶瓷艺术节。

한국 도자기의
주 생산지

해석

도자기

한반도 도자기의 역사는 선사시대의 원시도기에서 시작되었다. 빗살무늬토기는 한반도 신석기시대 토기의 대표라고 할 수 있다. 기원전 1000년경, 민무늬토기가 주류를 이루게 되었고, 이 시기는 당시 한반도의 청동기시대에 해당한다. 훗날 삼국시대에 이르러, 도기문화가 매우 발달하면서 일상생활에서도 도기를 보편적으로 사용하기 시작했다.

고려는 서기 918년부터 그 역사를 시작하여 1392년에 멸망하기까지 475년의 역사를 지닌 왕조이다. 이 기간 동안 도자기술은 날로 발전하여, 자기가 도기를 대체하며 한국 도자역사의 황금기를 열었다. 도기의 표면에 유약을 바른 다음 구워낸 것이 자기이다. 따라서 자기는 도기에 비해 더 단단하고 내구성이 좋다. 청자는 고려시대 자기 예술의 최고 걸작이다. 특히 상감청자는 한반도 도자 생산의 주류를 차지해 왔다. 상감은 고려 특유의 청자 장식 기법이라 할 수 있다. 이는 도자기 표면에 다양한 문양을 긁어 표현한 후, 기타 재료를 박아 넣어 표현하는 방식이다. 장식 효과가 뚜렷하고 아름다우며 차분하고 우아하며 단아한 예술적 기품을 지녔다. 청자는 표면이 비취색을 띠며 문양이 섬세하고 외관이 화려하여, 고려시대 귀족문화의 고급스런 이미지를 대표한다.

조선시대에는 다양한 도자기가 생산되었다. 조선 전기 도자기의 대표는 분청사기라고 할 수 있다. 분청이란 '분장회청사기'라는 말의 약칭이다. 15세기 후반부터 형태가 단아하고 순백색을 띠는 질 좋은 백자가 대량 생산되기 시작했고, 임진왜란 이후 백자는 조선 자기의 주류를 이루었다. 백자는 문양이 간결하고 외관이 투박하여, 조선시대 양반들이 추구한 청렴결백한 생활모습을 표현했다.

한국 도자기의 아름다운 선은 독창적인 조형 감각을 표현하며 간결하고 소박한 아름다움을 추구한다. 고상한 색채는 수수하고 아름답다. 이러한 특징은 중국 도자기의 대담하고 풍만함과는 다르다. 중국 도자기는 조형과 기법을 중시하여 장중한 느낌을 준다.

이천, 여주, 강진 등의 지역은 한국 도자기의 주 생산지로 유명하다. 이들 지역의 도예마을에서는 다양한 도자기를 생산하며 도자기의 명맥을 잇고 있다. 그 중 대표적인 곳이 이천이며, 해마다 도자축제를 연다. 여행객들은 이곳에서 도자기 제작과정을 관람하고 도자기 만들기를 직접 체험할 수도 있다. 이천에서는 2년마다 세계도자비엔날레를 개최한다.

단어

栉纹陶器 zhìwén táoqì 빗살무늬토기(즐문토기) | 新石器时代 Xīnshíqì Shídài 명 신석기시대 | 公元前 gōngyuánqián 기원전 | 无纹陶器 wúwén táoqì 민무늬토기 | 大致 dàzhì 부 대체로 | 处于 chǔyú 동 처하다 | 青铜器时代 Qīngtóngqì Shídài 명 청동기시대 | 高丽 Gāolí 고유 고려 | 技术 jìshù 명 기술 | 日益 rìyì 부 날로 | 瓷器 cíqì 명 자기 | 取代 qǔdài 동 대체하다 | 构筑 gòuzhù 동 건조하다 | 涂上 túshang 동 바르다 | 釉药 yòuyào 명 유약 | 烤 kǎo 동 말리다, 찌다 | 结实 jiēshi 형 튼튼하다 | 耐用 nàiyòng 형 오래 쓸 수 있다 | 杰作 jiézuò 명 걸작 | 镶嵌 xiāngqiàn 동 끼워 넣다 | 青瓷 qīngcí 명 청자 | 占据 zhànjù 동 점거하다 | 装饰 zhuāngshì 동 장식하다 | 技法 jìfǎ 명 기법 | 刻画 kèhuà 동 새겨 그리다 | 花纹 huāwén 명 각종 무늬와 도안 | 嵌入 qiànrù 동 상감하다, 박아 넣다 | 鲜明 xiānmíng 형 선명하다 | 沉静 chénjìng 형 고요하다 | 优美 yōuměi 형 우아하고 아름답다 | 典雅 diǎnyǎ 형 우아하다 | 翡翠 fěicuì 명 비취 | 细腻 xìnì 형 섬세하다 | 外观 wàiguān 명 외관 | 华丽 huálì 형 화려하다 | 富丽堂皇 fù lì táng huáng 성 웅장하고 화려하다 | 繁多 fánduō 형 많다 | 粉青砂器 fěnqīng shāqì 분청사기 | 粉妆灰青砂器 fěnzhuāng huīqīng shāqì 분장회청사기 | 简称 jiǎnchēng 명 약칭 | 端正 duānzhèng 형 단정하다 | 纯白 chúnbái 형 순백이다 | 优质 yōuzhì 형 질이 우수하다 | 壬辰倭乱 Rénchén wōluàn 고유 임진왜란 | 简洁 jiǎnjié 형 간결하다 | 粗糙 cūcāo 형 거칠다, 투박하다 | 清廉 qīnglián 형 청렴하다 | 洁白 jiébái 형 새하얗다, 순결하다 | 面貌 miànmào 명 용모, 면모 | 线条 xiàntiáo 명 선 | 朴素 pǔsù 형 소박하다 | 淡雅 dànyǎ 형 수수하고 고상하다 | 清秀 qīngxiù 형 청순하고 아름답다 | 大胆 dàdǎn 형 대담하다 | 丰满 fēngmǎn 형 풍만하다 | 造型 zàoxíng 명 조형 | 凝重感 níngzhònggǎn 장중한 느낌 | 利川 Lìchuān 고유 이천 | 骊州 Lízhōu 고유 여주 | 康津 Kāngjīn 고유 강진 | 产地 chǎndì 명 산지 | 陶艺村 Táoyìcūn 고유 도예마을 | 传承 chuánchéng 동 전수하고 계승하다 | 命脉 mìngmài 명 명맥 | 要数 yàoshǔ ~로 꼽히다 | 世界陶瓷艺术节 Shìjiè Táocí Yìshùjié 세계도자예술제(비엔날레)

바로 확인

❶ 青瓷表面呈 ＿＿＿＿，花纹细腻，外观华丽，代表 ＿＿＿＿ ＿＿＿＿。

청자는 비취색을 띠며 문양이 섬세하고 외관이 화려하여, 고려시대 귀족문화를 대표한다.

❷ 白瓷表面呈白色，花纹简洁，外观典雅，表现出 ＿＿＿＿ ＿＿＿＿。

백자는 표면이 백색을 띠며 문양이 간결하고 외관이 단아하여, 조선시대 양반들이 추구한 청렴 결백한 생활모습을 표현한다.

정답 ❶ 翡翠色 / 高丽时代的贵族文化 ❷ 朝鲜两班们追求的清廉洁白的生活面貌

Step4 도전! 모의면접

Q1 请比较说明青瓷和白瓷的区别。

Q2 韩中两国的陶瓷器有什么不同?

tip 〈한 걸음 더〉

康津青瓷庆典

高丽青瓷的发源地——全罗南道的康津郡，举办一年一度的“康津青瓷庆典”。康津青瓷庆典以丰富多彩的节目和活动响誉韩国，广受游客青睐。

在高丽青瓷窑遗址举办“康津青瓷庆典”旨在于重温和发展青瓷文化，向海内外宣传优秀的历史。韩国全罗南道康津，瓷土质量好，气候适合，具备陶瓷生产的最佳自然环境。而且具有卓越的地理条件和海路优势，能方便地与中国进行文化交流。因此，成为高丽时代青瓷文化最灿烂的发源地。迄今为止，在韩国各地发现了共四百多座窑址，其中188座在康津。不容置疑，康津是名副其实的韩国最大的青瓷产地，现在仍有许多陶匠在此为继承韩国青瓷的传统而全力以赴。

해석

강진청자축제

고려청자의 발원지인 전라남도 강진군에서는 매년 '강진청자축제'가 열린다. 풍부하고 다채로운 프로그램과 행사로 널리 알려진 강진청자축제는 여행객들의 폭넓은 사랑을 받고 있다.

'강진청자축제'는 청자문화를 되돌아보고 발전시키며 국내외에 우수한 역사를 알리고자 하는 취지에서 고려청자요 유적지에서 열리고 있다. 전라남도 강진은 자토의 질이 좋고 기후가 적당하여 도자 생산의 최적의 자연환경을 갖추고 있다. 또한 탁월한 지리적 조건과 해로의 이점 덕분에, 중국과 문화교류를 하는 데에도 편리하다. 그리하여 이곳은 고려시대 청자문화의 가장 빛나는 발원지가 되었다. 지금까지 한국 각지에서 4백여 개의 가마터가 발견되었는데, 그 가운데 188곳이 강진에 자리하고 있다. 강진이 명실상부한 한국 최대 청자 생산지였음은 의심할 바 없는 사실인 것이다. 오늘날에도 많은 도자기 장인이 바로 이곳에서 한국 청자의 전통을 계승하기 위한 최선의 노력을 아끼지 않고 있다.

04 전통음악

Step1
사전 탐색하기

한국 고유의 리듬을 지닌 음악을 전통음악 혹은 국악이라고 칭한다. 다양한 분류법이 있으나 대체로 궁중음악과 민속음악으로 나누어 볼 수 있다. 특히 판소리, 아리랑 등의 전통음악은 세계유산으로도 등재된 만큼, 별도로 꼼꼼하게 정리할 필요가 있다. 전체적인 전통음악의 맥락과 대표적인 전통악기를 중심으로 살펴보도록 한다.

Step2
기출 따라잡기

Track 3-9

请介绍韩国传统音乐。
한국의 전통음악을 소개하세요.

답안 韩国传统音乐大体上可以分成宫廷音乐和民俗音乐的两大类。前者是统治阶级的音乐，后者是平民百姓的音乐。进入朝鲜时代，初中期以宫廷音乐为中心，后期以民俗音乐为中心得到发展。
宫廷音乐大多在王室宴会上演奏，以赞扬王室的尊严和威严为主。传统宫廷音乐有雅乐、唐乐和乡乐之分。民俗音乐是在民间盛行的音乐。朝鲜后期，随着农业生产力的提高和工商业的发达，民间文化更加活跃。百姓们通过音乐直接表现自己的生活和感情，同时讽刺两班们的政治矛盾、批判社会现实。

해석 한국의 전통음악은 대체로 궁중음악과 민속음악의 두 부류로 나눌 수 있습니다. 전자가 통치계급의 음악이라면, 후자는 서민의 음악입니다. 조선시대에 들어서 초중기에는 궁중음악을 중심으로, 후기에는 민속음악을 중심으로 발달했습니다.
궁중음악은 대부분 왕실 연회에서 연주되며, 왕실의 존엄과 위엄을 찬양하는 것을 주내용으로 했습니다. 궁중음악에는 아악, 당악, 향악이 포함됩니다. 민속음악은 민간에서 성행한 음악을 가리킵니다. 조선 후기에 이르러 농업생산력의 향상과 공상업의 발달에 따라 민간의 문화가 더욱 활발하게 발전했습니다. 서민들은 음악을 통해 자신들의 삶과 감정을 직접적으로 표현하고, 양반들의 정치적인 모순을 풍자하며 사회 현실을 비판했습니다.

단어 大体上 dàtǐshàng 대체로 | 宫廷音乐 gōngtíng yīnyuè 궁중음악 | 民俗音乐 mínsú yīnyuè 민속음악 | 统治阶级 tǒngzhì jiējí 명 통치계급 | 平民百姓 píngmín bǎixìng 일반 백성 | 宴会 yànhuì 명 연회 | 演奏 yǎnzòu 동 연주하다 | 赞扬 zànyáng 동 찬양하다 | 尊严 zūnyán 형 존엄하다 | 威严 wēiyán 형 위엄 있다 | 雅乐 yǎyuè 명 아악 | 唐乐 tángyuè 명 당악 | 乡乐 xiāngyuè 명 향악 | 盛行 shèngxíng 동 성행하다 | 活跃 huóyuè 형 활동적이다 | 讽刺 fěngcì 동 풍자하다 | 矛盾 máodùn 명 창과 방패, 모순 | 批判 pīpàn 동 비판하다

Step3
관통 솔루션 파악하기

학습목표 1 한국의 전통음악의 분류와 특징을 파악한다.

학습목표 2 대표적인 전통악기를 소개한다.

Track 3-10

传统音乐

韩国传统音乐大体上可以分成宫廷音乐和民俗音乐的两大类。前者是统治阶级的音乐，后者是平民百姓的音乐。进入朝鲜时代，初中期以宫廷音乐为中心，后期以民俗音乐为中心得到发展。 — **전통음악의 분류**

宫廷音乐大多在王室宴会上演奏，以赞扬王室的尊严和威严为主。传统宫廷音乐有雅乐、唐乐和乡乐之分。雅乐是由中国传来的大晟乐演变发展而成的宫中音乐。唐乐最初是新罗从唐朝宫廷引入，后来又融合韩半岛当地音乐。乡乐是指韩国本地音乐。 — **전통 궁중음악**

民俗音乐是在民间盛行的音乐。朝鲜后期，随着农业生产力的提高和工商业的发达，民间文化更加活跃。百姓们通过音乐直接表现自己的生活和感情，同时讽刺两班们的政治矛盾、批判社会现实。盘索里、农乐、民谣等都属于民俗音乐。其中，农乐是以农耕文化为背景，主要在农村庆典活动中演奏的传统音乐。最广为人知的农乐形式就是四物游戏。它使用大罗、小罗、圆鼓和长鼓等四种打击乐器演奏，以强烈的节奏感和单纯的节奏为特点。这四种乐器中用金属制作的大罗和小罗所发出的声音代表上天之声，用牛皮制作的圆鼓和长鼓所发出的声音代表大地之声，因此四物农乐的演奏表现出天地合一、阴阳和谐的声音。 — **민속음악과 농악**

해석

전통음악

한국의 전통음악은 대체로 궁중음악과 민속음악의 두 부류로 나눌 수 있다. 전자는 통치계급의 음악이고, 후자는 서민들의 음악이다. 조선시대에 접어들면서 초중기에는 궁중음악을 중심으로, 후기에는 민속음악을 중심으로 발전을 이루었다.

궁중음악은 대부분 왕실 연회에서 연주되며, 왕실의 존엄과 위엄을 찬양하는 내용이 주를 이루었다. 전통 궁중음악에는 아악, 당악과 향악이 포함된다. 아악은 중국에서 전해진 대성악이 변화 발전하여 이루어진 궁중음악이다. 당악은 처음에는 신라시대에 당에서 유입되었고, 후에 한국의 현지음악과 융화되면서 형성되었다. 향악이란 한국 본토의 음악을 이른다.

민속음악은 민간에서 성행한 음악이다. 조선 후기에 농업생산력의 향상과 공상업의 발달에 따라, 민간의 문화가 더욱 활발하게 성장했다. 서민들은 음악을 통해 자신들의 삶과 감정을 직접적으로 표현하고, 양반들의 정치적인 모순을 풍자하며 사회현실을 비판했다. 판소리, 농악, 민요 등은 민속음악에 속한다. 그 가운데 농악은 농경문화를 배경으로, 주로 농촌의 축제 때 연주한 전통음악이다. 가장 널리 알려진 농악의 형식은 사물놀이다. 이는 징, 꽹과리, 북과 장구 등 네 가지 타악기를 사용해 연주하며, 강렬한 리듬감과 단순한 박자를 특징으로 한다. 이 네 가지 악기 가운데 금속으로 만든 징과 꽹과리가 내는 소리는 하늘의 소리를 대표하며, 가죽으로 만든 북과 장고가 내는 소리는 땅의 소리를 대표한다. 즉 사물농악의 연주는 천지합일, 음양조화의 소리를 표현해낸다.

단어 雅乐 yǎyuè 명 아악 | 唐乐 tángyuè 명 당악 | 乡乐 xiāngyuè 명 향악 | 大晟乐 dàshèngyuè 명 대성악 | 演变 yǎnbiàn 동 변화 발전하다 | 盛行 shèngxíng 동 성행하다 | 活跃 huóyuè 형 활동적이다 | 讽刺 fěngcì 동 풍자하다 | 矛盾 máodùn 명 창과 방패, 모순 | 批判 pīpàn 동 비판하다 | 盘索里 pánsuǒlǐ 명 판소리 | 农乐 nóngyuè 명 농악 | 民谣 mínyáo 명 민요 | 属于 shǔyú 동 ~에 속하다 | 农耕 nónggēng 동 농경하다 | 广为人知 guǎng wéi rén zhī 널리 알려지다 | 四物游戏 sìwù yóuxì 명 사물놀이 | 大罗 dàluó 명 징 | 小罗 xiǎoluó 명 꽹과리 | 圆鼓 yuángǔ 명 북 | 长鼓 chánggǔ 명 장구 | 打击乐器 dǎjī yuèqì 명 타악기 | 强烈 qiángliè 형 강렬하다 | 节奏感 jiézòugǎn 리듬감 | 单纯 dānchún 형 단순하다 | 节奏 jiézòu 명 리듬, 박자 | 金属 jīnshǔ 명 금속 | 上天 shàngtiān 명 하늘 | 牛皮 niúpí 명 소가죽 | 大地 dàdì 명 대지 | 天地合一 tiāndì héyī 천지합일 | 阴阳和谐 yīnyáng héxié 음양조화

Track 3-11

传统乐器

弹拨好几根弦发出声音的代表性弦乐器有伽倻琴、玄琴、奚琴等。此外，在以铁或竹子等制成的管上打出洞，利用风发出声音的代表性管乐器有大笒、小笒、中笒等，用手或鼓棰击打以发出声音的打击乐器有长鼓、罗等。 — 대표적인 전통악기

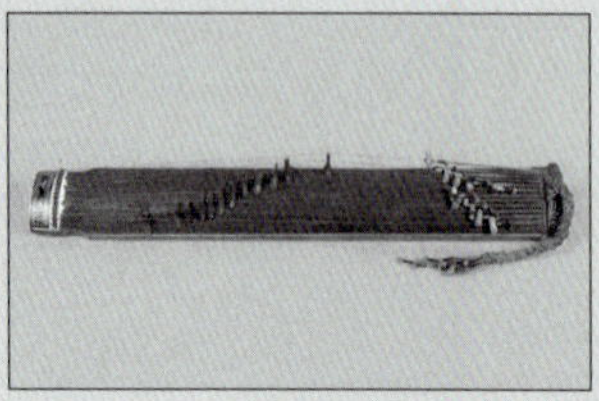

伽倻琴

伽倻琴是由12根弦组成的弦乐器，用手指弹弦，可发出平稳柔和的声音。据说，伽倻琴是由伽倻王嘉实王制成，后来到了新罗真兴王时代于勒把它发展成为新罗最重要的乐器。 — 가야금

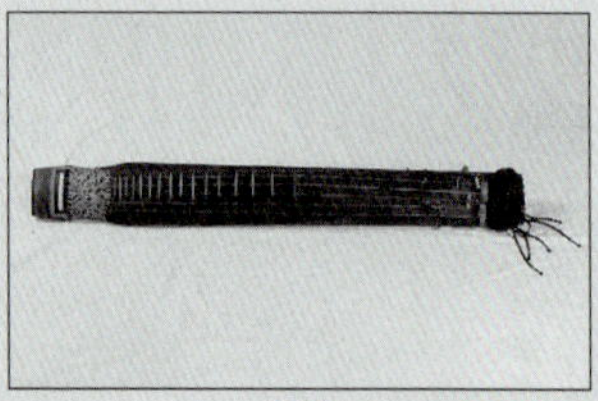

玄琴

玄琴是由6根弦组成的弦乐器。作为韩国的固有乐器，是在传统乐器中唯一一种用竹制拨片弹弦的弦乐器，发出的声音强烈、充满活力。据说，玄琴是由高句丽王山岳创制的。 — 거문고

长鼓是两个鼓紧靠在一起的形状，左侧用手、右侧用竹子制成的鼓棰敲打以演奏。 — 장구

해석

전통악기

여러 개의 줄을 튕겨서 소리를 내는 대표적인 현악기에는 가야금, 거문고, 해금 등이 있다. 그 밖에 쇠나 대나무 등으로 만든 관에 구멍을 낸 뒤 바람을 이용해서 소리를 내는 대표적인 관악기에는 대금, 소금, 중금 등이 있다. 또한 손이나 북채로 두드려서 소리를 내는 타악기에는 장구, 징 등이 있다.

가야금은 12줄로 이루어진 현악기이며, 손가락으로 줄을 튕겨서 평온하고 부드러운 소리를 낸다. 가야금은 가야의 가실왕이 만든 것을 훗날 신라 진흥왕 때 우륵이 신라의 가장 중요한 악기로 발전시켰다고 전해진다.

거문고는 6줄로 이루어진 현악기이다. 한국 고유의 악기로서, 전통악기 가운데 유일하게 술대로 현을 켜는 현악기이다. 소리가 강렬하고 활력이 넘친다. 거문고는 고구려의 왕산악이 만든 악기라고 전해진다.

장구는 두 개의 북을 한데 붙인 모양이다. 왼쪽은 손으로, 오른쪽은 대나무로 만든 북채로 두드려서 연주한다.

단어 弹拨 tánbō 동 뜯다, 튕기다 | 弦乐器 xiányuèqì 명 현악기 | 伽倻琴 jiāyēqín 명 가야금 | 玄琴 xuánqín 명 거문고 | 奚琴 xīqín 명 해금 | 管乐器 guǎnyuèqì 명 관악기 | 大笒 dàcén 명 대금 | 小笒 xiǎocén 명 소금 | 中笒 zhōngcén 명 중금 | 鼓棰 gǔchuí 북채 | 击打 jīdǎ 동 두드리다 | 打击乐器 dǎjī yuèqì 명 타악기 | 长鼓 chánggǔ 명 장구 | 罗 luó 명 징 | 嘉实王 Jiāshíwáng 고유 가실왕 | 于勒 Yúlè 고유 우륵 | 拨片 bōpiàn 술대 | 王山岳 Wáng Shānyuè 고유 왕산악 | 紧靠 jǐnkào 동 바짝 붙어있다 | 敲打 qiāoda 동 두드리다

바로 확인

❶ 韩国传统音乐大体上可分为 ＿＿＿＿＿＿＿＿ 。
한국의 전통음악은 대체로 궁중음악과 민속음악으로 나눌 수 있다.

❷ 四物农乐指的是利用 ＿＿＿＿＿＿＿＿＿＿＿＿ 来演奏的民俗音乐。
사물농악이란 꽹과리, 징, 북, 장구 등 네 가지 타악기를 사용하여 연주하는 민속음악을 말한다.

정답 ❶ 宫廷音乐和民俗音乐 ❷ 小罗、大罗、圆鼓、长鼓等四种打击乐器

Step4 도전! 모의면접

Q1 “四物游戏”是什么?

Q2 韩国传统乐器中玄琴和伽倻琴，请做比较。

05 전통무용

Step1
사전 탐색하기

한국의 전통무용에는 궁중무용, 민속무용, 의식무용, 신무용 등이 있다. 궁중무용 가운데는 유네스코 세계무형유산으로 지정된 처용무가 있고, 민속무용 가운데는 탈춤이 가장 널리 알려져 있다. 탈춤과 관련해서 국보로 지정된 하회탈에 대해서도 함께 알아두도록 한다.

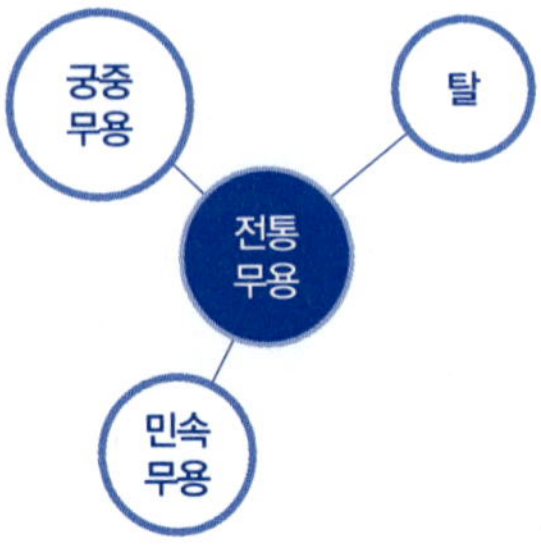

Step2
기출 따라잡기

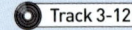

Track 3-12

请介绍韩国的传统舞蹈。

한국의 전통무용을 소개하세요.

답안

韩国的传统舞蹈包括宫廷舞蹈、民俗舞蹈、仪式舞蹈和新舞蹈等。宫廷舞蹈是在宫中宴会上表演的舞蹈，主要以赞扬王室的威严为主，宫廷舞蹈中具代表性的是剑舞、鹤舞和处容舞。处容舞在韩国传统舞蹈中唯一被列为世界非物质文化遗产，十分有名。民俗舞蹈是民间盛行的舞蹈，直接表现平民百姓的生活、感情，还对两班的政治矛盾和社会的阴暗面进行讽刺和批判。最具代表的是假面舞、僧舞、太平舞、闲良舞、驱邪舞等。此外，还有宗教仪式上的铜钹舞、法鼓舞等以及孔庙祭礼、宗庙祭礼上的舞蹈。长鼓舞、扇子舞则是在1930~1960年间创作出来的现代民俗舞蹈，也被称为新舞蹈。

해석

한국의 전통무용은 궁중무용과 민속무용, 의식무용, 신무용 등을 포함합니다. 궁중무용은 궁중 연회에서 공연하는 무용으로, 주로 왕실의 위엄을 찬양하는 내용을 중심으로 합니다. 대표적인 궁중무용에는 검무, 학무, 처용무가 있습니다. 처용무는 한국 전통무용 가운데 유일하게 세계무형유산에 등재되어 대단히 유명합니다. 민속무용은 민간에서 성행한 무용으로, 백성들의 삶과 감정을 직접 표현하고 양반들의 정치적 모순과 사회의 어두운 면을 풍자하고 비판하기도 합니다. 가장 대표적인 민속무용에는 탈춤, 승무, 태평무, 한량무, 살풀이 등이 있습니다. 그 밖에도 종교의식에서 추는 바라춤, 법고무 등과 공묘제례나 종묘제례의 무용 등이 있습니다. 장구춤, 부채춤은 1930~1960년 사이에 창작된 현대민속무용으로, 신무용이라고도 불립니다.

단어

传统舞蹈 chuántǒng wǔdǎo 전통무용 | 宫廷舞蹈 gōngtíng wǔdǎo 궁중무용 | 民俗舞蹈 mínsú wǔdǎo 민속무용 | 宴会 yànhuì 명 연회 | 赞扬 zànyáng 동 찬양하다 | 威严 wēiyán 명형 위엄(있다) | 剑舞 jiànwǔ 명 검무 | 鹤舞 hèwǔ 학무 | 处容舞 chùróngwǔ 처용무 | 列为 lièwéi 동 (어떤 부류에) 속하여 ~가 되다 | 盛行 shèngxíng 동 성행하다 | 两班 liǎngbān 명 양반 | 政治 zhèngzhì 명 정치 | 矛盾 máodùn 명 창과 방패, 모순 | 阴暗面 yīn'ànmiàn 명 (사회의) 어두운 면 | 讽刺 fěngcì 동 풍자하다 | 批判 pīpàn 동 비판하다 | 假面舞 jiǎmiànwǔ 명 탈춤 | 僧舞 sēngwǔ 명 승무 | 太平舞 tàipíngwǔ 명 태평무 | 闲良舞 xiánliángwǔ 한량무 | 驱邪舞 qūxiéwǔ 살풀이 | 宗教仪式 zōngjiào yíshì 종교의식 | 铜钹舞 tóngbówǔ 명 바라춤 | 法鼓舞 fǎgǔwǔ 명 법고무 | 孔庙 Kǒngmiào 명 공자묘, 공자사당 | 祭礼 jìlǐ 명 제례 | 宗庙 zōngmiào 명 종묘 | 长鼓舞 chánggǔwǔ 명 장구춤 | 扇子舞 shànziwǔ 명 부채춤 | 创作 chuàngzuò 동 창작하다

Step3
관통 솔루션 파악하기

학습목표 1 한국의 전통무용을 소개한다.

학습목표 2 탈춤과 전통탈에 대해 안다.

》 **유비무환! 미리 준비합시다!**

국보로 지정된 하회탈에 관해서도 함께 알아두세요!

Track 3-13

传统舞蹈

韩国的传统舞蹈大体上可划分为古代宫中宴会上表演的宫廷舞蹈和民间世代相传的民俗舞蹈。这些都在漫长的历史长河中逐渐形成并传承下来。 — 전통무용의 분류

宫中舞蹈也被称为"呈才"，是一种以"静中有动、动中有静"的美学理念为基础的舞蹈，就是说看起来静止的舞姿却凝聚能动的力量。此外，宫中舞蹈是在宫廷内上演的优雅的舞蹈表演，舞者的头饰和服装大多采用跟宫廷内部装饰搭配的华丽的色调。舞蹈的主要内容大多是赞扬王室的尊贵以及表达对王室的崇敬，特别重视艺术层面的表现。宫廷舞蹈中具代表性的是剑舞、鹤舞和处容舞。 — 궁중무용

民俗舞蹈生动地反映平民百姓的日常生活及丰富情感，还对社会阴暗面进行讽刺和批判。舞蹈中体现的日常生活非常能够引起人们的共鸣，同时融入喜闻乐见的娱乐元素，能拉动周围的人一起加入到欢快的舞蹈队伍中去。这才是民俗舞蹈最大的乐趣。最具代表的是假面舞、僧舞、太平舞、闲良舞、驱邪舞等。 — 민속무용

此外，还有宗教仪式上的铜钹舞、法鼓舞等以及孔庙祭礼、宗庙祭礼上的舞蹈。 — 의식무용

长鼓舞、扇子舞则是在1930~1960年间创作出来的现代民俗舞蹈，也被称为新舞蹈。 — 현대민속무용

해석

전통무용

한국의 전통무용은 대체로 고대 궁중 연회에서 공연한 궁중무용과 민간에서 대대로 전해 내려오는 민속무용으로 나눌 수 있다. 이들은 기나긴 역사의 과정 속에서 점차 형성되어 지금까지 계승되고 있다.

궁중무용은 '정재'라고도 불리는데, '고요함 가운데 움직임이 있고, 움직임 속에 고요함이 있다'는 미학적 관념을 기초로 하는 춤이다. 즉 정적인 듯 보이는 무용 자태에 움직임의 힘이 응집되어 있다. 또한 궁중무용은 궁내에서 공연하는 우아한 무용이며, 무용가의 머리장식과 의상이 대부분 궁중 내부 장식과 어울리는 화려한 색조를 띤다. 무용의 주요 내용은 왕실의 존귀함을 찬양하고 왕실에 대한 존경을 표하는 것으로, 예

술적 측면을 특히 강조한다. 대표적인 궁중무용에는 검무, 학무, 처용무가 있다.

민속무용은 평민의 일상생활과 풍부한 감정을 생동감 있게 반영하며, 사회의 어두운 일면을 풍자하고 비판한다. 춤이 표현하는 일상의 삶은 사람들의 공감대를 불러일으키기에 충분하며, 보고 들은 바의 오락적 요소를 녹여내어, 관중이 함께 흥겨운 춤에 동참하도록 이끈다. 이러한 점이 민속무용의 가장 큰 재미라고 할 수 있다. 가장 대표적인 민속무용에는 탈춤, 승무, 태평무, 한량무, 살풀이 등이 있다.

그 밖에도 종교의식에서 추는 바라춤, 법고무 등과 공묘제례나 종묘제례의 무용 등이 있다.

장구춤, 부채춤은 1930~1960년 사이에 창작된 현대민속무용으로, 신무용이라고도 불린다.

단어 划分 huàfēn 동 구분하다 | 宫廷 gōngtíng 명 궁궐 | 世代相传 shì dài xiāng chuán 성 대대로 전해 내려오다 | 民俗 mínsú 명 민속 | 漫长 màncháng 형 멀다 | 历史长河 lìshǐ chánghé 역사의 길고 긴 과정 | 逐渐 zhújiàn 부 점점 | 传承 chuánchéng 동 전수하고 계승하다 | 呈才 chéngcái 정재[궁중무용을 이르는 다른 이름] | 理念 lǐniàn 명 신념, 이념 | 舞蹈 wǔdǎo 명 무도 동 춤추다 | 静止 jìngzhǐ 동 정지하다 | 舞姿 wǔzī 명 무용의 자태 | 凝聚 níngjù 동 맺히다, 응집하다 | 优雅 yōuyǎ 형 우아하다 | 头饰 tóushì 명 머리 장식품 | 装饰 zhuāngshì 동 장식하다 | 搭配 dāpèi 동 배합하다, 결합하다 | 华丽 huálì 형 화려하다 | 色调 sèdiào 명 색조 | 赞扬 zànyáng 동 찬양하다 | 尊贵 zūnguì 형 존귀하다 | 崇敬 chóngjìng 동 숭배하고 존경하다 | 讽刺 fěngcì 동 풍자하다 | 批判 pīpàn 동 비판하다 | 共鸣 gòngmíng 명 공감 | 融入 róngrù 동 융합되어 들어가다 | 喜闻乐见 xǐ wén lè jiàn 성 기쁜 마음으로 듣고 보다 | 娱乐 yúlè 명 오락 | 元素 yuánsù 명 요소 | 拉动 lādòng 동 촉진하다 | 僧舞 sēngwǔ 명 승무 | 太平舞 tàipíngwǔ 명 태평무 | 闲良舞 xiánliángwǔ 명 한량무 | 驱邪舞 qūxiéwǔ 명 살풀이 | 宗教仪式 zōngjiào yíshì 종교의식 | 铜钹舞 tóngbówǔ 명 바라춤 | 法鼓舞 fǎgǔwǔ 명 법고무 | 孔庙 Kǒngmiào 고유 공자묘, 공자사당 | 祭礼 jìlǐ 명 제례 | 宗庙 Zōngmiào 고유 종묘 | 长鼓舞 chánggǔwǔ 명 장구춤 | 扇子舞 shànziwǔ 명 부채춤 | 创作 chuàngzuò 동 창작하다

바로 확인

❶ 宫廷舞蹈是华丽、艺术的传统舞蹈，具代表性的宫廷舞蹈是 ______ ______ 等。

궁중무용은 화려하고 예술적인 전통무용이며, 대표적인 궁중무용으로는 검무, 학무, 처용무 등이 있다.

❷ 民俗舞蹈生动地表现 ______，还对 ______ 进行 ______。

민속무용은 서민의 삶과 감정을 생동감 있게 표현하는 한편, 사회현실을 풍자하고 비판했다.

정답 ❶ 剑舞、鹤舞和处容舞 ❷ 平民百姓的生活、感情 / 社会现实 / 讽刺和批判

Step4
도전!
모의면접

Q1 具代表性的传统宫廷舞蹈和民俗舞蹈有哪些?

Q2 假面舞有什么功能?

플러스+ 면접 노트

출제 포인트

01 탈춤은 신라시대부터 시작되었다.
02 하회탈은 유구한 역사와 독특한 조형미를 지닌 한국의 대표적인 전통탈이다.

假面舞和传统假面

假面舞是戴着假面，一边跳舞一边唱歌，形成一种戏剧形态的舞蹈。假面舞多用于表现讽刺性内容，情节活泼、幽默，伴奏乐器有箫、笛、鼓、长鼓等。

假面舞起源于古代的新罗时代，大约17世纪基本形成现在的舞蹈形式。

韩国的假面舞是在庶民中发展起来的，过去农民在节日庆典上，以滑稽的动作讽刺统治阶级的政治矛盾，起到排忧解困，调节气氛的效果。

韩国国内最早的面具是出土于釜山东三洞的贝壳面具，这一面具作为公元前5000年新石器时代的文物，是证明当时已有类似面具状东西存在的重要史料。

被评价为最初具备完整形态的面具是新罗时代的“木心漆面”，木心漆面作为方相氏面具，于1946年在庆州壶杅冢被发现。方相氏是进入坟墓驱除恶鬼的一种存在，在韩国从新罗时代开始就被用于举行葬礼。面具从很久以前就与韩国人的生活、娱乐有着密切的联系。

韩国的面具中不可或缺的是“河回假面”，河回假面被指定为第121号国宝。庆尚北道安东河回地区于12世纪制成的河回假面具有悠久的历史和独特的造型美。

해석

탈춤과 전통탈

탈춤은 탈을 쓰고 춤을 추며 노래하는 형식으로, 일종의 희극적 형태를 이루는 춤이다. 탈춤은 대부분 풍자적인 내용을 표현함으로써 활발하고 유머러스한 특징을 나타낸다. 퉁소, 피리, 북, 장구 등의 악기가 반주에 사용된다.

탈춤은 고대 신라시대에 기원하여 대략 17세기경 오늘날의 모습이 형성되었다.

한국의 탈춤은 서민들 사이에서 발전한 것으로, 과거 농민들이 명절이나 축제 때 익살스러운 동작으로 통치계층의 정치적 모순을 풍자함으로써 고단함을 떨치고 분위기를 돋우는 역할을 했다.

한국 국내에서 발견된 최초의 탈은 부산 동삼동에서 출토된 조개탈이다. 이는 기원전 5000년 신석기시대의 문물로, 당시 이미 탈 모양의 물건이 존재했음을 증명하는 중요한 사료이다.

최초로 탈의 완전한 모습을 갖추었다고 평가되는 탈은 신라시대의 '목심칠면'이다. 목심칠면은 방상시탈이며, 1946년 경주 호우총에서 발견되었다. 방상시란 무덤에 들어가 귀신을 쫓는 존재로, 신라시대부터 장례를 지내는 데에 사용되었다. 탈은 아주 오래 전부터 한국인의 생활이나 오락과 밀접한 관계를 맺어왔다.

한국의 탈 가운데 빼놓을 수 없는 것이 '하회탈'이다. 하회탈은 국보 제121호로도 지정되어 있다. 경상북도 안동 하회지역에서 12세기경 제작된 하회탈은 오랜 역사와 독특한 조형미를 지녔다.

단어 庶民 shùmín 명 서민 | 滑稽 huájī 형 익살스럽다 | 排忧解困 páiyōu jiěkùn 근심을 없애고 어려움을 해결해 주다 | 木心漆面 mùxīnqīmiàn 목심칠면 | 方相氏 fāngxiàngshì 방상시 | 壶杅冢 Húwūzhǒng 고유 호우총

06 유교

Step1
사전 탐색하기

한국은 뿌리깊은 유교사회이다. 조선시대 국교였던 유교는 오늘날까지도 한국인의 삶에 깊은 영향을 미치고 있다. 면접 시험에서는 유교의 영향을 살펴볼 수 있는 대표적인 건축물을 묻는 질문이 자주 출제되고 있다.

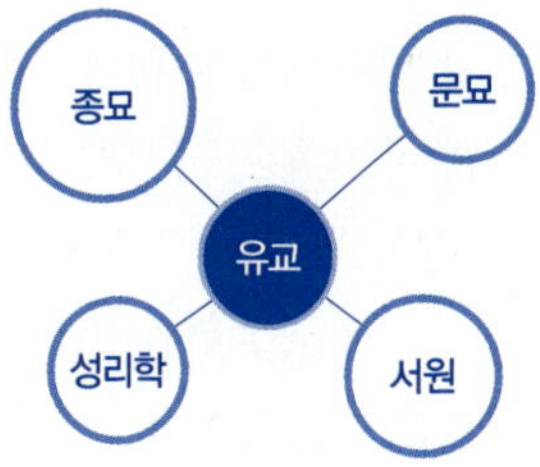

Step2
기출 따라잡기

Track 3-14

韩国有哪些儒教建筑?
한국에는 어떤 유교적 건축물이 있나요?

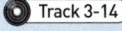

답안 韩国儒教的代表建筑有宗庙、文庙，还有书院等。宗庙是朝鲜王室的祠堂，向朝鲜历代王和王妃举行祭祀。文庙是供奉孔子牌位的祠堂，位于成均馆内。书院是朝鲜时代的私立学校，兼具教育和祭祀的功能。著名的书院有韩国最早的书院——绍修书院、悼念李滉的安东陶山书院等。

해석 한국 유교의 대표적인 건축물에는 종묘, 문묘, 서원 등이 있습니다. 종묘는 조선 왕실의 사당으로, 조선 역대 임금과 왕비를 위한 제사를 거행하는 곳입니다. 문묘는 공자의 위패를 모신 사당이며, 성균관 내에 위치합니다. 서원은 조선시대의 사립학교로서, 교육과 제사의 기능을 겸합니다. 유명한 서원으로는 한국 최초의 서원인 소수서원, 이황을 기리는 안동 도산서원 등이 있습니다.

단어 儒教 Rújiào 명 유교 | 宗庙 Zōngmiào 고유 종묘 | 文庙 wénmiào 명 문묘 | 书院 shūyuàn 명 서원 | 供奉 gòngfèng 동 모시다 | 祠堂 cítáng 명 사당 | 牌位 páiwèi 명 위패 | 成均馆 Chéngjūnguǎn 고유 성균관 | 私立 sīlì 명 사립 동 개인이 설립하다 | 兼具 jiānjù 겸비하다 | 祭祀 jìsì 동 제사 지내다 | 绍修书院 Shàoxiū Shūyuàn 고유 소수서원 | 悼念 dàoniàn 동 애도하다 | 李滉 Lǐ Huàng 고유 이황 | 陶山书院 Táoshān Shūyuàn 고유 도산서원

Step3
관통 솔루션 파악하기

학습목표 1 유교가 한국 사회에 미친 영향을 파악한다.

학습목표 2 한국의 유교를 대표할 수 있는 건축물을 설명한다.

Track 3-15

儒教

儒教不是有神论宗教，可以说它是一种道德、哲学思想体系。儒教让国家与社会和谐、公正、顺利地发挥自己的职能。儒教思想传入韩半岛可追溯到三国时代，之后出现的韩国各王朝把它运用到国家统治中。尤其是，朝鲜王朝把儒教作为国教，积极支持儒教思想的发展。

유교의 특징

今天的韩国仍然是根深蒂固的儒教社会，那么儒教的影响具体表现在哪些方面呢?

儒教的影响在韩国艺术作品中很容易发现。例如，朝鲜时期的文学和艺术作品就受到儒教的很大影响。朝鲜时期美丽的白瓷工艺以梅、兰、竹、菊为主题，表现儒生既清廉又充满自豪感。流传至今的盘索里有5大作品，也是到了朝鲜末期对于符合儒教思想的作品进行整理的结果。

예술작품과 유교의 영향

从今天韩国人的生活中也可容易发现受儒教影响的具体例子。韩国社会最重视的品德是孝顺。对父母尽孝是家庭生活的基础，这一传统保留到今天。儒教思想特别重视礼仪，强调恭顺。例如，交接东西的时候，必须使用双手，坐位应让给老人，吃饭时长辈先动筷，晚辈才能动筷等。对长辈或社会地位高的人要使用尊称和敬语。祖先的忌日和中秋节等传统节日一定举行祭祀。

한국인의 일상생활 속 유교의 영향

韩国儒教的代表建筑有宗庙、文庙，还有书院等。宗庙是供奉着朝鲜王室的祠堂，向朝鲜历代王和王妃举行祭祀。文庙是供奉孔子牌位的祠堂，位于成均馆内。成均馆原来是朝鲜王朝的最高学府，是韩国著名的儒学研究教育中心，内有一座规模宏大的文庙。据记载，韩国大约在1600年前的三国时代就开始了纪念孔子的释奠，并一直延续到今天。书院是朝鲜时代的私立学校，兼具教育和祭祀的功能。著名的书院有韩国最早的书院——绍修书院、悼念李滉的安东陶山书院等。

대표적인 유교 건축물

해석

유교

유교는 유신론 종교가 아니라 일종의 도덕적, 철학적 사상체계라 할 수 있다. 유교는 국가와 사회가 조화롭고 공정하며 순조롭게 자신의 기능을 발휘할 수 있도록 한다. 유교가 한반도에 전래된 것은 삼국시대로 거슬러 올라간다. 그 후 등장한 각 왕조는 유교를 국가통치에 적용했다. 특히 조선왕조는 유교를 국교로 삼아 유교사상의 발전을 적극 지지했다.

오늘날 한국은 여전히 뿌리 깊은 유교사회인데, 그렇다면 유교의 영향은 구체적으로 어떤 면에서 나타날까?

우선 한국 예술작품에서 쉽게 발견된다. 예컨대 조선시대의 문학과 예술작품은 유교의 영향을 많이 받았다. 조선시대 아름다운 백자 공예는 매, 난, 국, 죽을 주제로 하여 유생의 청렴하면서도 자긍심 넘치는 모습을 형상화했다. 지금까지 전해지는 판소리는 다섯 작품이 있는데, 이 역시 조선 말기 유교사상에 부합하는 작품을 정리한 결과물이다.

오늘날 한국인의 삶 속에서도 유교의 영향을 받은 구체적인 예를 쉽게 발견할 수 있다. 한국 사회에서 가장 중시하는 품성은 효이다. 부모에게 효를 다하는 것은 가정생활의 기본이며, 이러한 전통이 오늘날까지 이어지고 있다. 유교사상은 특히 예의를 중시하고 공손함을 강조한다. 예를 들어 물건을 주고 받을 때에는 반드시 두 손을 사용하고, 자리가 있으면 노인에게 양보한다. 밥을 먹을 때에는 윗사람이 먼저 수저를 들어야 아랫사람도 식사를 시작한다. 어른이나 지위가 높은 사람에게는 반드시 존칭과 경어를 써야 한다. 조상의 기일이나 추석과 같은 전통명절에는 반드시 제사를 지낸다.

한국 유교의 대표적인 건축물에는 종묘, 문묘, 서원 등이 있다. 종묘는 조선왕실의 사당으로, 조선 역대 임금과 왕비를 위한 제사를 거행하는 곳이다. 문묘는 공자의 위패를 모신 사당이며, 성균관 내에 위치한다. 성균관은 원래 조선시대 최고 학부이며, 한국의 유명한 유학연구교육의 중심이다. 성균관 내에는 웅장한 규모의 문묘가 자리하고 있다. 기록에 따르면, 한국은 대략 1600년 전인 삼국시대부터 공자를 기리는 석전을 시작했고, 이것이 지금까지 이어지고 있다. 서원은 조선시대의 사립학교로서, 교육과 제사의 기능을 겸한다. 유명한 서원으로는 한국 최초의 서원인 소수서원, 이황을 기리는 안동 도산서원 등이 있다.

단어

有神论 yǒushénlùn 명 유신론 | 宗教 zōngjiào 명 종교 | 道德 dàodé 명 도덕 | 哲学 zhéxué 명 철학 | 体系 tǐxì 명 체계 | 和谐 héxié 형 잘 어울리다 | 顺利 shùnlì 형 순조롭다 | 发挥 fāhuī 동 발휘하다 | 职能 zhínéng 명 직능 | 传入 chuánrù 동 전해져 들어오다 | 追溯 zhuīsù 동 거슬러 올라가다 | 运用 yùnyòng 동 운용하다 | 统治 tǒngzhì 동 통치하다 | 根深蒂固 gēn shēn dì gù 성 기초가 튼튼하여 쉽게 흔들리지 않다, 뿌리가 깊다 | 白瓷 báicí 명 백자 | 工艺 gōngyì 명 공예 | 梅 méi 명 매화 | 兰 lán 명 난 | 竹 zhú 명 대나무 | 菊 jú 명 국화 | 儒生 rúshēng 명 유생 | 清廉 qīnglián 형 청렴하다 | 充满 chōngmǎn 동 가득하다 | 自豪感 zìháogǎn 긍지 | 流传至今 liúchuán zhìjīn 지금까지 전해지다 | 盘索里 pánsuǒlǐ 명 판소리 | 符合 fúhé 동 부합하다 | 整理 zhěnglǐ 동 정리하다 | 品德 pǐndé 명 인품과 덕성 | 孝顺 xiàoshùn 동 효도하다 | 尽孝 jìnxiào 동 효도를 다하다 | 礼仪 lǐyí 명 예의 | 恭顺 gōngshùn 형 공손하고 순종하다 | 交接 jiāojiē 동 연접하다, 주고 받다 | 长辈 zhǎngbèi 명 웃어른 | 晚辈 wǎnbèi 명 후배, 아랫사람 | 尊称 zūnchēng 명 존칭 | 敬语 jìngyǔ 명 경어 | 祖先 zǔxiān 명 선조, 조상 | 忌日 jìrì 명 기일 | 建筑 jiànzhù 명 건축 동 세우다 | 宗庙 Zōngmiào 고유 종묘 | 文庙 wénmiào 명 문묘 | 书院 shūyuàn 명 서원 | 祠堂 cítáng 명 사당 | 牌位 páiwèi 명 위패 | 成均馆 Chéngjūnguǎn 고유 성균관 | 宏大 hóngdà 형 웅대하다 | 记载 jìzǎi 동 기재하다 | 释奠 shìdiàn 명 석전 | 延续 yánxù 동 계속하다

바로 확인

❶ 儒教思想传入韩半岛可追溯到 ______，此后一直影响到韩国社会。特别是，朝鲜时代把 ______ 作为 ______，积极支持儒教思想的发展。

유교사상이 한반도에 전해진 것은 삼국시대로 거슬러 올라가며, 그 후 줄곧 한국 사회에 영향을 미쳤다. 특히 조선시대에는 유교를 국교로 삼아, 유교사상의 발전을 적극적으로 추진했다.

❷ 韩国儒教的代表建筑有 ______ 等。

한국 유교의 대표적인 건축물로는 종묘, 문묘, 서원 등이 있다.

정답 ❶ 三国时代 / 儒教 / 国教 ❷ 宗庙、文庙、书院

Step4
도전!
모의면접

Q1 请介绍成均馆。

Q2 儒学和性理学有什么区别?

출제 포인트

01 성균관은 한국의 유교 연구·교육기관이다.
02 성균관 내의 문묘는 공자와 유교 성현을 위한 석전대제를 지내는 사당이다.

成均馆文庙

成均馆位于钟路区明伦洞，原来是朝鲜王朝的最高学府。始建于1398年，1499年和1592年发生了两次火灾，被毁损，但不久得到重建。成均馆采用前庙后学的布局方式。中轴线上由南向北依次为三门、大成殿、明伦堂，东西两侧不规则地建有进士食堂、正录厅、丕阐堂等建筑。大成殿是举行祭祀孔子等圣贤的“释奠大祭”场所，明伦堂位于大成殿后侧，是成均馆的教室。

释奠大祭是祭祀儒教的创始人孔子的活动，国家的重要祭祀之一。每年阴历2月和8月，在成均馆和全国乡校里同时举行。成均馆的大成殿里供奉着我国圣贤18位和中国的圣贤21位等，共有39个牌位。韩国的释奠大祭从三国时代开始。释奠大祭在儒教的发源地中国很久以前就丢失了本来面貌，韩国是在世界上唯一完好保存这一传统的国家。它已被指定为国家重要无形文化资产第85号。

해석

성균관 문묘

성균관은 종로구 명륜동에 자리하고 있으며, 원래 조선왕조의 최고학부였다. 1398년 창건되었고, 1499년과 1592년 두 차례 화재를 거쳐 훼손되었지만, 곧 중건되었다. 이곳은 앞으로는 사당이 위치하고 뒤로는 학교를 배치한 형식을 취한다. 중심축을 따라 남에서 북으로 삼문, 대성전, 명륜당이 차례로 위치하며, 동서 양쪽으로는 진사식당, 정록청, 비천당 등이 들어서 있다. 대성전은 공자 등 성현에게 제사를 올리는 '석전대제'를 거행하는 장소이며, 명륜당은 대성전 뒤편에 자리하는 성균관의 학당이다.

석전대제는 유교의 창시자인 공자에게 제사를 드리는 행사이며, 국가의 중요 제사 중 하나이다. 해마다 음력 2월과 8월에 성균관과 전국 향교에서 동시에 거행된다. 성균관의 대성전에는 한국 성현 열여덟 분과 중국 성현 스물한 분 등 총 서른아홉 개의 위패를 모시고 있다. 한국의 석전대제는 삼국시대부터 시작되었다. 석전대제는 유교의 발상지인 중국에서는 오래 전에 원래 모습을 잃었다. 한국은 세계에서 유일하게 이 전통을 보존하고 있는 국가이다. 석전대제는 국가 중요무형문화재 제85호로 지정되어 있다.

단어 毁损 huǐsǔn 동 훼손하다 | 布局 bùjú 명 구도 | 中轴线 zhōngzhóuxiàn 중축선 | 依次为 yīcì wéi 차례로 ~이다 | 正录厅 Zhènglùtīng 고유 정록청 | 丕阐堂 Pīchǎntáng 고유 비천당 | 圣贤 shèngxián 명 성현 | 释奠大祭 shìdiàn dàjì 석전대제 | 乡校 xiāngxiào 향교

07 전통무술

Step1
사전 탐색하기

한국의 전통무술로는 태권도와 택견을 꼽는다. 이 둘은 닮은 듯 서로 다른 특징을 나타내며, 각각 올림픽 정식종목과 세계무형유산이라는 타이틀을 달고 있다. 면접 시험에서는 태권도와 택견의 비교, 태권도와 중국 전통무술인 태극권과의 비교 질문이 출제된 적이 있다.

Step2
기출 따라잡기

Track 3-16

请比较一下跆拳道和跆跟。
태권도와 택견을 비교하세요.

답안 跆拳道使用拳头和脚进行攻击、防守。跆拳道的动作硬朗，是直线性的。与此相比，跆跟多使用手掌和脚步动作。跆跟轻快、柔软，是曲线性的。

해석 태권도는 주먹과 다리를 이용해 공격과 방어를 합니다. 태권도는 동작이 딱딱하고 직선적입니다. 이에 비해, 택견은 손바닥과 발 동작을 많이 씁니다. 택견은 경쾌하고 부드러우며 곡선적입니다.

단어 跆拳道 Táiquándào 명 태권도 | 跆跟 Táigēn 명 택견 | 拳头 quántóu 명 주먹 | 脚 jiǎo 명 발 | 攻击 gōngjī 동 공격하다 | 防守 fángshǒu 동 방어하다 | 硬朗 yìnglang 형 강하다, 억세다 | 直线 zhíxiàn 명 직선 | 与此相比 yǔ cǐ xiāngbǐ 이와 비교하면 | 手掌 shǒuzhǎng 명 손바닥 | 轻快 qīngkuài 형 경쾌하다 | 柔软 róuruǎn 형 유연하다 | 曲线 qūxiàn 명 곡선

Step3
관통 솔루션 파악하기

학습목표 1 한국 전통무술의 특징을 이해한다.

학습목표 2 태권도와 택견을 비교하여 각 특징을 파악한다.

>>> 유비무환! 미리 준비합시다!

태권도와 중국 전통무술 태극권의 특징을 비교하여 알아두세요!

Track 3-17

跆拳道

跆拳道是韩国传统武术之一，是使用拳脚击打的实用技击方法。修炼跆拳道不仅能防身自卫、强身健体，也有助于精神锻炼。 태권도 소개

跆拳道从三国时代的护国武术开始，到高丽时代成为老百姓热衷的民俗武艺。直到朝鲜时代，跆拳道成为捍卫国家的军人武艺。1961年，大韩跆拳道协会成立，从而使跆拳道以竞技体育的形式得以发展。1973年，借助世界跆拳道联盟成立这一契机，跆拳道迈进了全球化的道路。从2000年悉尼奥运会开始，跆拳道成为奥运会正式比赛项目。目前跆拳道不仅是备受韩国人喜爱的国技，而且是全球各个国家和地区的爱好者所热爱的体育项目。 태권도의 역사

跆拳道主要遵循天、地、人以及阴阳五行等基本原理。跆拳道的第一个字“跆”代表着打击和跳跃，第二个字“拳”表示拳头，最后一个字“道”则代表纪律。跆拳道道服是白色，代表宇宙万物的源泉。道服的上衣和下装分别象征着天和地，腰带象征着人。就是说，由长裤、上衣和腰带三部分组成的道服，象征着天下万物的和谐与平衡。腰带分为五种颜色，通过修炼，按照白、黄、蓝、红和黑的次序逐级递增。 태권도와 동양사상

跆拳道的精神不是在于对付别人，而是在于对付自己内心的浮躁和懒惰。跆拳道由礼开始又以礼结束，非常重视礼仪，是一种带有武道性质的体育项目，这可能就是跆拳道真正的魅力。 태권도의 정신

跆跟和跆拳道一样，是韩国传统武术之一。跆跟习练者手掌平摊，同时轻柔舞动臂部以干扰对方的攻击。跟其它武术相比，动作轻快，有更高的艺术性和观赏性。跆根以腿脚为主，注重利用对方的力量反击，是一种柔中带刚的武艺。 택견의 특징

跆跟与跆拳道都是韩国传统武术，但细分起来有很大的差别。首先，跆拳道使用拳头和脚进行攻击、防守。跆拳道的踢腿动作硬朗，直线性地短暂迅猛地踢出去。与此相比，跆跟多使用手掌和脚步动作。跆跟轻快、柔软，是曲线性的。动作优美和谐、充满韵律感，其实其中蕴含的力道却很强。 태권도와 택견 비교

跆跟的历史也可追溯到三国时代。到朝鲜时代，跆跟已经非常大众化了，不少平民也参加武艺比赛。1983年，为防止跆跟技艺失传，韩国把跆跟指定为重要无形文化遗产加以保护，并推广这种武术。2011年，跆跟在世界传统武艺中首次被列入人类非物质文化遗产。 택견의 역사

해석

태권도

태권도는 한국 전통무술의 하나로, 주먹과 발로 타격을 가하는 실용적인 격투방법이다. 태권도를 수련하면 호신과 건강에 유익할 뿐 아니라, 정신 수양에도 도움이 된다.

태권도는 삼국시대의 호국무술에서 출발하여, 고려시대에는 서민들이 두루 연마하는 민속무예가 되었다. 조선시대에 이르러 태권도는 나라를 지키는 군인들의 무예로 자리잡았다. 1961년, 대한 태권도협회가 발족하면서 태권도는 운동경기 형식으로 발전하였다. 1973년, 세계태권도연맹의 설립을 계기로, 태권도는 세계화의 길로 들어섰다. 2000년 시드니 올림픽부터 태권도는 올림픽 정식종목이 되었다. 현재 태권도는 한국인이 사랑하는 국기일 뿐 아니라, 전세계 각국 및 지역의 애호가들이 열광하는 스포츠가 되었다.

태권도는 천, 지, 인 그리고 음양오행 등의 기본 원리를 충실히 따른다. 태권도의 첫 글자인 '태'는 타격과 도약을 말하고, 두 번째 글자 '권'은 주먹을 나타내며, 마지막 글자인 '도'는 기율을 의미한다. 태권도의 도복은 흰색이며, 이는 우주만물의 근원을 상징한다. 도복의 상의와 하의는 각각 하늘과 땅을, 허리띠는 사람을 상징한다. 긴 바지, 저고리와 허리띠의 세 부분으로 이루어진 도복은 천하만물의 조화와 균형을 나타낸다. 허리띠는 다섯 가지 색깔로 나뉘는데, 수련을 통해 흰색, 노란색, 파란색, 붉은색, 검은색의 순서로 급수가 올라간다.

태권도의 정신은 타인에게 맞서는 데 있지 않고, 자신 스스로의 경솔함과 나태함을 경계하는 데에 있다. 태권도는 예로 시작해 예로 끝나는 인간미와 무술적 성격을 두루 지닌 스포츠이다. 이것이 아마도 태권도의 진정한 매력이라 할 수 있다.

택견은 태권도와 마찬가지로 한국의 전통무술 중 하나이다. 택견 수련자는 손바닥을 편 채 팔을 가볍게 흔들어 상대의 공격을 막는다. 다른 무술에 비해, 동작이 경쾌하며 예술적이어서 시각적으로도 볼거리를 제공한다. 택견은 발동작을 위주로, 상대의 힘을 이용해 반격하는 데 치중하는 부드러움 속에 강함을 지닌 무예이다.

택견과 태권도는 모두 한국 전통무술이지만 자세히 살펴보면 큰 차이가 있다. 우선 태권도는 주먹과 발로 공격과 방어를 한다. 태권도의 발차기 동작은 딱딱하며 직선적으로 순식간에 이루어진다. 이에 비해 택견은 손바닥과 발동작을 많이 쓴다. 택견은 경쾌하며 부드럽고 곡선적이다. 동작이 아름답고 조화로우며 운율감이 강하지만, 그 속에는 강력한 힘이 함축되어 있다.

택견의 역사 역시 삼국시대로 거슬러 올라간다. 조선시대에 이르러 택견은 이미 대중화되어 평민들도 무예 시합에 참가했다. 1983년, 택견의 맥이 끊길 것을 우려하여 한국은 택견을 중요무형문화재로 지정하여 보호하며 보급하고 있다. 2011년, 택견은 세계 전통무예 가운데는 처음으로 인류무형문화재에 등재되었다.

단어

拳脚 quánjiǎo 명 주먹과 발 | 击打 jīdǎ 동 치다 | 技击 jìjī 명 격투 기술 | 修炼 xiūliàn 동 수련하다 | 防身 fángshēn 동 호신하다 | 自卫 zìwèi 동 스스로 지키다 | 有助于 yǒuzhù yú 동 ~에 도움이 되다 | 护国 hùguó 호국 | 热衷 rèzhōng 동 간절히 바라다 | 武艺 wǔyì 명 무예 | 捍卫 hànwèi 동 지키다 | 协会 xiéhuì 명 협회 | 竞技体育 jìngjì tǐyù 명 운동경기 | 借助 jièzhù 동 도움을 빌다 | 契机 qìjī 명 계기 | 迈进 màijìn 동 돌진하다 | 悉尼 Xīní 고유 시드니 | 备受 bèishòu 동 겪을 대로 겪다 | 国技 guójì 명 국기 | 爱好者 àihàozhě 애호가 | 热爱 rè'ài 동 열애에 빠지다 | 遵循 zūnxún 동 따르다 | 跳跃 tiàoyuè 동 뛰어오르다 | 拳头 quántou 명 주먹 | 纪律 jìlǜ 명 기율 | 道服 dàofú 도복 | 源泉 yuánquán 명 원천 | 下装 xiàzhuāng 명 하의 | 腰带 yāodài 명 허리띠 | 长裤 chángkù 명 긴 바지 | 和谐 héxié 형 잘 어울리다 | 平衡 pínghéng 형 균형이 맞다 | 次序 cìxù 명 차례 | 逐级 zhújí 부 한 단계 한 단계씩 | 递增 dìzēng 동 점점 늘다 | 对付 duìfu 동 대처하다 | 浮躁 fúzào 형 경솔하다 | 懒惰 lǎnduò 형 게으르다 | 礼仪 lǐyí 명 예의 | 武道 wǔdào 명 무도 | 性质 xìngzhì 명 성질 | 魅力 mèilì 명 매력 | 手掌 shǒuzhǎng 명 손바닥 | 平摊 píngtān 동 평편하게 펴다 | 轻柔 qīngróu 형 가볍고 부드럽다 | 舞动 wǔdòng 동 휘두르다 | 臂 bì 명 팔 | 干扰 gānrǎo 동 방해하다 | 反击 fǎnjī 동 반격하다 | 攻击 gōngjī 동 공격하다 | 防守 fángshǒu 동 수비하다 | 踢腿 tītuǐ 동 힘껏 차다 | 硬朗 yìnglang 형 정정하다, 딱딱하다 | 短暂 duǎnzàn 형 짧다 | 迅猛 xùnměng 형 갑작스럽고 맹렬하다 | 柔软 róuruǎn 형 유연하다 | 优美 yōuměi 형 우아하고 아름답다 | 韵律感 yùnlǜgǎn 운율감 | 蕴含 yùnhán 동 포함하다 | 力道 lìdào 명 힘, 작용 | 追溯 zhuīsù 동 거슬러 올라가다 | 大众化 dàzhònghuà 동 대중화하다 | 防止 fángzhǐ 동 방지하다 | 失传 shīchuán 동 실

전하다, 전해 내려오지 않다 | 重要无形文化遗产 zhòngyào wúxíng wénhuà yíchǎn 중요무형문화재 | 推广 tuīguǎng 동 널리 보급하다 | 列入 lièrù 동 집어넣다 | 人类非物质文化遗产 rénlèi fēiwùzhì wénhuà yíchǎn 인류무형문화재

바로 확인

❶ 跆拳道动作 ______，短暂迅猛地踢出去，以直线的动作为主。
태권도는 동작이 딱딱하고 빠르며, 짧고 신속한 발차기를 특징으로 하고, 직선적 동작을 중심으로 한다.

❷ 跆跟多使用 ______，动作 ______，以曲线的动作为主。
택견은 손바닥과 발동작을 많이 사용하며, 동작이 경쾌하고 유연하다. 곡선적 동작을 중심으로 한다.

정답 ❶ 硬朗、迅速 ❷ 手掌和脚步动作 / 轻快、柔软

Step4
도전! 모의면접

Q1 请介绍跆拳道。

Q2 跆跟被评为世界非物质遗产的理由是什么?

tip 〈한 걸음 더〉

太极拳

太极拳是中国的一门传统武术。太极拳是综合历代各家拳法，结合阴阳五行的变化，而形成的一种内外兼修、刚柔相济的拳术。如今很多中国人作为强身健体的运动修炼。太极拳动作柔和、缓慢，是最适合普通大众修炼的方式之一。因此，太极拳不仅仅是一种拳术，更是一种中国人的生活方式。

해석 태극권

태극권은 중국의 전통무술의 하나이다. 태극권은 역대권법을 종합하고 음양오행의 변화를 결합하여 형성된 안팎을 두루 수련하고 강함과 부드러움이 공존하는 권술이다. 오늘날 많은 중국인들이 신체를 단련하는 운동으로 수련하고 있다. 태극권은 동작이 부드럽고 느려서 일반인이 수련하기에 가장 적합한 방식 중 하나이다. 그러므로 태극권은 무술일 뿐 아니라, 중국인의 삶의 방식의 하나라고 말할 수 있다.

PART 4

관광명소

한 눈 에
정 리 하 는
핵심 내용

01 서울

서울은 대한민국의 수도이며, 전통과 현대가 조화를 이룬 아름다운 고도이자, 한국의 정치, 경제, 문화, 교육의 중심이다. 조선시대로부터 오늘날에 이르기까지 600년간 줄곧 수도로서 한국의 정치, 경제, 교육, 문화의 중심지역이 되었다.

02 경주

경주는 경상북도에 위치한 한국의 가장 대표적인 역사도시이다. 기원전 57년부터 서기 935년 동안 줄곧 신라의 수도였으며, 대표적인 명소로는 포석정 유적지, 첨성대, 대릉원, 안압지 등이 있다.

03 부산

부산은 서울에 이은 한국 제2의 도시이며, 한국 최대의 무역항구도시이다. 현대화된 국제도시로서 아시안게임, 월드컵 등 많은 국제 스포츠대회를 개최했으며, 해마다 9~10월 사이에는 부산 국제영화제를 개최한다. 유명한 관광명소로는 용두산 공원, 태종대, 해운대 해수욕장 등이 있다.

04 국립공원

우리나라에는 산악형 국립공원 16개, 해상 · 해안형 국립공원 4개, 역사 유적지형 국립공원 1개로, 총 21개의 국립공원이 있다.

01 서울

Step1
사전 탐색하기

한국의 수도 서울은 해외 관광객들 사이에서 단연 최고의 관광지로서 각광 받고 있다. 전통과 현대가 어우러진 아름다운 도시의 이름에 걸맞게 다양한 관광지가 포진하고 있어, 면접 시험에서 출제 비율이 가장 높은 부분이기도 하다. 우선 서울의 개황을 파악하는 것을 시작으로, 구체적인 관광명소에 이르기까지 빠짐없이 챙겨보아야 할 부분이다.

Step2
기출 따라잡기

Track 4-1

请介绍首尔。
서울을 소개하세요.

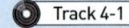

답안 首尔是大韩民国的首都，也是拥有1000多万人口的韩国第一大城市。从朝鲜时代到今天的600年之间一直作为首都，成为韩国政治、经济、教育、文化的中心地带。自韩国战争以后，首尔的现代化发展很快，带动了整个国家的经济高速增长，实现了所谓的"汉江奇迹"。传统文化与现代文明融为一体的美丽城市首尔，有丰富的旅游景点。主要观光景点有朝鲜5大宫殿、宗庙、仁寺洞、63大厦、N首尔塔等，著名购物场所则有明洞、东大门市场、南大门市场、梨泰院等。

해석 서울은 대한민국의 수도이자, 1000만여 인구를 가진 한국 최대 도시입니다. 조선시대로부터 오늘날에 이르기까지 600년간 줄곧 수도로서 한국의 정치, 경제, 교육, 문화의 중심지역이 되었습니다. 한국전쟁 이후부터 서울의 현대화가 빠르게 이루어지며 국가 경제의 고속성장을 이끌고, 이른바 '한강의 기적'을 실현했습니다. 전통문화와 현대문명이 어우러진 아름다운 도시 서울에는 풍부한 관광명소가 있습니다. 주요 관광명소로는 조선시대 5대궁, 종묘, 인사동, 63빌딩, N서울타워 등이 있으며, 유명 쇼핑가로는 명동, 동대문시장, 남대문시장, 이태원 등이 있습니다.

단어 拥有 yōngyǒu 동 보유하다 | 政治 zhèngzhì 명 정치 | 经济 jīngjì 명 경제 | 带动 dàidòng 동 움직이게 하다 | 高速增长 gāosù zēngzhǎng 고속성장 | 实现 shíxiàn 동 실현하다 | 所谓 suǒwèi 소위 ~라는 것은 | 奇迹 qíjì 명 기적 | 融为一体 róng wéi yì tǐ 일체가 되다 | 宫殿 gōngdiàn 명 궁전 | 宗庙 Zōngmiào 고유 종묘 | 仁寺洞 Rénsìdòng 고유 인사동 | 63大厦 Liùsān Dàshà 고유 63빌딩 | N首尔塔 N Shǒu'ěrtǎ 고유 N서울타워 | 梨泰院 Lítàiyuàn 고유 이태원

Step3
관통 솔루션 파악하기

학습목표 1 서울의 개황을 파악한다.

학습목표 2 서울의 대표적인 관광명소를 알고 그 특징을 파악한다.

Track 4-2

首尔

首尔是大韩民国的首都，也是拥有1000多万人口的韩国最大的城市。正式名称为首尔特别市。首尔位于韩半岛西侧的中心地带。从史前时代开始，在悠久的历史发展过程中一直扮演着韩民族赖以生存的家园角色。

서울의 개황

首尔首次被定为首都是百济建国初期。当时光辉灿烂的百济文化是韩半岛文化的起源。历经“统一新罗”和“高丽”时代后，在1394年朝鲜王朝迁都的时候，首尔作为韩半岛的首都，重新登上历史舞台。自朝鲜时代(1392~1910年)到现在约有600年之间，首尔一直作为韩国的首都，成为韩国政治、经济、科技、文化的中心地带。朝鲜时代的首尔被称为“汉阳”，后来日本殖民统治时代又被称为京城，于1945年建立大韩民国时，改名为首尔。在20世纪70年代，首尔带动了韩国经济的高速发展，韩国在短短30~40年时间里实现了其它国家100年才能完成的工业化，当之无愧地获得了“汉江奇迹”的美誉。

서울의 역사

首尔是一座四面环山的城市，被内4山和外4山层层环抱。内4山是指北面的北岳山、东面的骆山、西面的仁王山和南面的南山。外4山是北面的北汉山、东面的龙马山、西面的德阳山和南面的冠岳山。这些山风光秀丽，景色宜人，是供游人休息和攀登的场所。

서울의 지리환경

拥有悠久历史的首尔，是韩国传统文化和现代文明融为一体的美丽城市。历史悠久的宫殿、寺院、花园和博物馆里无价的艺术藏品，证明了这座城市辉煌的历史，金碧辉煌、高耸入云的摩天大楼和熙熙攘攘、川流不息的街道，则代表了它生机勃勃的今天。

전통과 현대가 공존하는 서울

朝鲜王朝时代的4座宫殿、古董店和画廊琳琅满目的仁寺洞、欣赏首尔全景的好地方N首尔塔、韩国规模最大的国立中央博物馆等都是不容错过的首尔代表观光景点。此外，位于首尔内外的很多公园，如奥林匹克公园和公民森林等也会给人带来意想不到的收获。在这些公园中可以休息放松自己，还可以散步、骑自行车。这些公园是首尔的隐藏财宝，首尔居民随时都可享用，而外来游客则常常失之交臂。

서울의 관광명소

해석

서울

서울은 대한민국의 수도이며, 1000만여 인구를 가진 한국 최대 도시이다. 정식 명칭은 서울특별시이다. 서울은 한반도 서쪽의 중심지대에 위치해 있다. 선사시대부터 오랜 역사 속에서 한민족의 생존터전으로 역할을 해 왔다.

오늘날의 서울이 최초로 수도가 된 것은 백제 건국초기이다. 당시의 찬란한 백제문화는 한반도문화의 기원이 되었다. '통일신라'와 '고려'시대를 거쳐, 1394년 조선왕조가 이곳으로 도읍을 옮기면서, 서울은 한반도의 수도로서 다시 한 번 역사의 무대에 등장했다. 조선시대(1392~1910년)부터 오늘날까지 약 600년간 서울은 줄곧 한국의 수도로서 한국 정치, 경제, 과학기술, 문화의 중심지가 되었다. 조선시대에 '한양'으로 불리다가, 일제식민통치 시기에 이르러 '경성'으로 불렸고, 1945년 대한민국 건국 이후 '서울'로 이름을 바꾸었다. 1970년대에 서울은 한국 경제의 고속성장을 이끌며, 다른 나라가 100년만에 이룩한 산업화를 30~40년이라는 짧은 기간 동안 실현하고 '한강의 기적'이라는 명성을 얻었다.

서울은 사방이 산으로 둘러싸인 도시로, 내4산과 외4산으로 겹겹이 에워싸여 있다. 내4산이란 북쪽의 북악산, 동쪽의 낙산, 서쪽의 인왕산과 남쪽의 남산을 말한다. 외4산이란 북쪽의 북한산, 동쪽의 용마산, 서쪽의 덕양산과 남쪽의 관악산을 말한다. 이들 산의 수려한 풍광과 미경은 여행객들에게 휴식과 등산의 즐거움을 선사한다.

오랜 역사를 간직한 서울은 한국의 전통문화와 현대문명이 공존하는 아름다운 도시이다. 유구한 역사의 궁, 사찰, 정원과 박물관의 값을 매길 수 없는 소장품들이 이 도시의 빛나는 역사를 증명한다. 화려한 위용을 자랑하며 높이 솟아오른 마천루와 시끌벅적 인파가 끊이지 않는 거리는 생기충만한 오늘날을 보여준다.

조선시대 4대궁, 골동품점과 갤러리가 즐비한 인사동, 서울의 경치를 감상하기에 좋은 N서울타워, 한국에서 규모가 가장 큰 국립중앙박물관 등이 모두 놓칠 수 없는 서울의 대표 관광명소이다. 그 밖에 올림픽공원, 시민의 숲 등 서울 안팎에 위치한 많은 공원은 예상 밖의 소득을 선사할 것이다. 이들 공원은 휴식을 취하고 산책이나 하이킹을 즐기기에 더없이 좋은 장소이다. 서울 시민들이 언제라도 쉬어갈 수 있는 최고의 장소이지만, 외래 여행객에게는 알려지지 않은, 그야말로 서울의 숨겨진 보물이라 할 만하다.

단어

史前时代 shǐqián shídài 선사시대 | 扮演 bànyǎn 동 ~역을 맡아 하다 | 赖以 làiyǐ 동 의지하다 | 家园 jiāyuán 명 고향, 정원 | 角色 juésè 명 역할 | 光辉灿烂 guāng huī càn làn 성 찬란하여 눈부시다 | 起源 qǐyuán 동 기원하다 | 历经 lìjīng 동 여러 번 경험하다 | 迁都 qiāndū 동 수도를 옮기다 | 当之无愧 dāng zhī wú kuì 성 어떠한 칭호나 영예를 받기에 부족함이 없다 | 汉江奇迹 Hànjiāng qíjì 명 한강의 기적 | 美誉 měiyù 명 명예, 명성 | 环抱 huánbào 동 둘러싸다 | 北岳山 Běiyuèshān 고유 북악산 | 骆山 Luòshān 고유 낙산 | 仁王山 Rénwángshān 고유 인왕산 | 南山 Nánshān 고유 남산 | 北汉山 Běihànshān 고유 북한산 | 龙马山 Lóngmǎshān 고유 용마산 | 德阳山 Déyángshān 고유 덕양산 | 冠岳山 Guànyuèshān 고유 관악산 | 宜人 yírén 동 마음에 들다, 요구에 적합하다 | 攀登 pāndēng 동 등반하다, 타고 오르다 | 无价 wújià 형 값을 헤아릴 수 없다 | 藏品 cángpǐn 명 소장품 | 金碧辉煌 jīn bì huī huáng 성 아름답고 격조 높다 | 高耸入云 gāo sǒng rù yún 구름 속으로 높이 솟다 | 摩天大楼 mótiān dàlóu 명 마천루 | 熙熙攘攘 xī xī rǎng rǎng 성 북적거리다, 왁자지껄하다 | 川流不息 chuān liú bù xī 성 냇물처럼 끊임없이 오가다 | 生机勃勃 shēng jī bó bó 성 생기발랄하다 | 古董店 gǔdǒngdiàn 골동품점 | 画廊 huàláng 명 화랑 | 琳琅满目 lín láng mǎn mù 성 눈앞에 아름다운 것이 그득하다 | 仁寺洞 Rénsìdòng 고유 인사동 | 不容 bùróng 동 허락하지 않다 | 错过 cuòguò 동 놓치다 | 奥林匹克公园 Àolínpǐkè gōngyuán 고유 올림픽공원 | 意想 yìxiǎng 동 예상하다 | 隐藏 yǐncáng 동 숨기다 | 财宝 cáibǎo 명 보물 | 享用 xiǎngyòng 동 누리다, 향유하다 | 失之交臂 shī zhī jiāo bì 성 눈앞에서 호기를 놓치다

Track 4-3

清溪川

清溪川位于首尔市中心的中区和钟路区的分界线上。清溪川从北岳山发源以后，向东缓缓穿越首尔的市中心，水流转向南侧和中浪川汇合后流入汉江。清溪川全长10公里。

청계천의 위치와 길이

清溪川原来被叫做“开川”，意思是“开挖河川”，也就是指进行土木工程，开挖的河川。从地理特点来看，首尔四面环山，城内地势相对较低。夏天只要下一点点的雨，河水就会溢出，引起洪水。因此迫切需要开挖一个用于排水的水道。1411年(太宗11年)着手进行开川工程，“开川”就变成了现在的清溪川的专有名词。

청계천의 옛 이름

有600多年历史的清溪川，曾经是老百姓的生活基地，但沿着河边搭建的木棚损害市容，这里排放的污水严重污染了河流。因此，进行覆盖建成了柏油路和高架路。从2003年到2005年，首尔市政府重新开挖清溪川，恢复了原有的河流。全长5.84公里的清溪川散步路从清溪广场一直连接到新踏铁桥。这里共有22座桥。清溪川为市民们提供亲近大自然的休息空间、体验韩国文化和艺术的展示空间。

청계천 복구

沿着清溪川散步路可看到8大景点。其中包括，清溪广场、广通桥、班次图、文化墙、洗衣场、希望墙、存置桥脚、杨柳湿地等。

청계 8경

해석

청계천

청계천은 서울시 중구와 종로구의 분계선상에 자리하고 있다. 청계천은 북악산에서 발원하여 동쪽으로 시중심을 가로질러 남쪽으로 중랑천과 합류한 후 한강으로 유입된다. 청계천은 전체 길이가 10km에 달한다.

청계천은 원래 '개천'이라고 불렸는데, '하천을 판다'는 의미이다. 즉 토목공사를 진행함으로써 파낸 하천이라는 뜻이다. 지리적 특성상 서울은 사방이 산으로 둘러싸여 있어 도심의 지세가 비교적 낮다. 여름에 비가 조금이라도 내리면 하천이 넘쳐 홍수가 일어나기 십상이었다. 그리하여 배수를 위한 수로를 파는 일이 시급한 과제가 되었다. 1411년(태종 11년)에 하천을 파는 공사에 착수했으며, 당시 '개천'은 오늘날 청계천의 이름으로 사용되었다.

600년의 역사를 지닌 청계천은 한때 서민들의 삶의 터전이었지만, 하천에 지어진 판자집이 도시의 미관을 헤치고 이곳에서 배출되는 오수로 하천이 오염되었다. 이런 이유로 복개공사를 실시하여 아스팔트도로와 고가도로가 형성되었다. 2003년부터 2005년 사이, 서울시는 다시 청계천을 원래의 모습으로 되돌려 놓기 위한 복구공사를 실시했다. 이로써 청계광장부터 신답철교에 이르기까지 5.84km에 이르는 청계천 산책로가 형성되었다. 청계천에는 총 22개의 다리가 있다. 청계천은 시민들에게 자연에 가까운 휴식공간과 한국문화와 예술을 체험할 수 있는 전시공간을 마련해주고 있다.

청계천 산책로를 따라 가다 보면 청계광장, 광통교, 반차도, 문화의 벽, 빨래터, 소망의 벽, 존치교각, 버들습지 등 8대 경관을 볼 수 있다.

단어

清溪川 Qīngxīchuān 고유 청계천 | 位于 wèiyú ~에 위치하다 | 中区 Zhōngqū 고유 중구 | 钟路区 Zhōnglùqū 고유 종로구 | 分界线 fēnjièxiàn 명 분계선 | 北岳山 Běiyuèshān 고유 북악산 | 发源 fāyuán 동 발원하다 | 缓缓 huǎnhuǎn 형 느릿느릿하다 | 穿越 chuānyuè 동 넘다 | 转向 zhuǎnxiàng 동 방향을 전환하다 | 南侧 náncè 남쪽 | 中浪川 Zhōnglàngchuān 고유 중랑천 | 汇合 huìhé 동 합류하다 | 流入 liúrù 동 유입하다 | 汉江 Hànjiāng 고유 한강 | 全长 quáncháng 명 전체 길이 | 开挖 kāiwā 동 파다 | 河川 héchuān 동 하천 | 土木工程 tǔmù gōngchéng 명 토목공사 | 四面环山 sìmiàn huánshān 사방이 산으로 둘러싸여 있다 | 地势 dìshì 명 지세 | 溢出 yìchū 동 넘치다 | 引起 yǐnqǐ 동 일으키다 | 洪水 hóngshuǐ 명 홍수 | 迫切 pòqiè 형 절박하다 | 用于 yòngyú ~에 쓰다 | 排水 páishuǐ 동 배수하다 | 水道 shuǐdào 명 물길 | 着手 zhuóshǒu 동 착수하다 | 专有名词 zhuānyǒu míngcí 명 고유명사 | 沿着 yánzhe 동 따라서 | 搭建 dājiàn 동 짓다 | 木棚 mùpéng 판자집 | 损害 sǔnhài 동 훼손하다 | 市容 shìróng 명 도시의 면모 | 排放 páifàng 동 배출하다 | 污染 wūrǎn 동 오염시키다 | 覆盖 fùgài 동 덮다 | 柏油路 bǎiyóulù 명 아스팔트도로 | 高架路 gāojiàlù 명 고가도로 | 恢复 huīfù 동 회복하다 | 散步路 sànbùlù 산책로 | 连接 liánjiē 동 연결하다 | 新踏铁桥 xīntà tiěqiáo 고유 신답철교 | 广通桥 Guǎngtōngqiáo 고유 광통교 | 班次图 Bāncìtú 고유 반차도 | 文化墙 Wénhuàqiáng 고유 문화의 벽 | 洗衣场 xǐyīchǎng 빨래터 | 希望墙 Xīwàngqiáng 고유 희망의 벽 | 存置桥脚 Cúnzhì Qiáojiǎo 고유 존치교각 | 杨柳湿地 yángliǔ shīdì 버들습지

Track 4-4

仁寺洞

仁寺洞是首尔著名的古董街、文化街。这里曾经是朝鲜时代的两班住宅密集的高级住宅区。朝鲜末期没落的两班把家里的书画、陶瓷器等物品拿出来卖钱，这里逐渐形成了古董街。

仁寺洞以中央大街为中心，分布着许多小巷。小巷深处有很多著名的店铺，可以买到美术品、陶瓷器以及工艺品，还有各种旅游纪念品。此外，这里还能品尝到韩国传统料理和传统茶，深受游客的喜爱。

森吉街是仁寺洞著名的一座建筑，于2004年12月建成。仁寺洞街头上有小小的店铺鳞次栉比，但森吉街把70多家很有特色的著名工艺品店汇集到一座建筑物中，很有特色。而且，脱离传统建筑各层独立的格局，采用一条倾斜的通道将整个建筑内部连接起来，参观和购物都非常方便，吸引着大量慕名而来的游客。

(인사동 골동품 거리의 유래 / 인사동의 특징 / 쌈지길)

해석

인사동

인사동은 서울의 유명한 골동품 거리이며 문화의 거리이다. 이곳은 일찍이 조선시대 양반주택이 밀집한 고급주택가였다. 조선말기 몰락한 양반들은 집안의 서화작품이나 도자기 등 물품을 내다 팔기 시작했고, 이곳에는 점차 골동품 거리가 형성되었다.

인사동은 중앙의 대로를 중심으로 수많은 골목이 분포한다. 좁은 골목 사이사이로 유명한 점포들이 자리하고 있어 미술품, 도자기 및 공예품을 구매할 수 있고 각종 여행기념품도 볼 수 있다. 그 밖에도 한국의 전통요리와 전통차를 맛볼 수 있어 여행객들에게 많은 사랑을 받고 있다.

쌈지길은 인사동의 유명한 건물로 2004년 12월에 완공되었다. 인사동 길에는 조그마한 점포들이 즐비한데, 쌈지길은 70여 개의 특색 있는 공예품점들을 한데 모아 놓은 건축물이라는 개성을 지녔다. 또한 각 층이 분리되어 있는 기존 건축물의 구조에서 탈피해 경사진 통로가 건물 전체를 연결하고 있어 구경하고 쇼핑하기에 매우 편리해, 명성을 듣고 찾아오는 여행객으로 늘 붐빈다.

단어

仁寺洞 Rénsìdòng 고유 인사동 | 著名 zhùmíng 형 저명하다 | 古董街 Gǔdǒngjiē 고유 골동품 거리 | 曾经 céngjīng 부 일찍이 | 朝鲜 Cháoxiǎn 고유 조선 | 两班 liǎngbān 명 양반 | 住宅 zhùzhái 명 주택 | 密集 mìjí 동 밀집하다 | 高级 gāojí 형 고급의 | 没落 mòluò 동 몰락하다 | 书画 shūhuà 명 서예와 그림 | 陶瓷器 táocíqì 명 도자기 | 卖钱 màiqián 동 (돈을 받고) 팔다 | 逐渐 zhújiàn 부 점점 | 分布 fēnbù 동 분포하다 | 小巷 xiǎoxiàng 명 골목 | 深处 shēnchù 깊숙한 곳 | 店铺 diànpù 명 상점 | 品尝 pǐncháng 동 맛보다 | 深受 shēnshòu 동 깊이 받다 | 喜爱 xǐ'ài 형 좋아하다 | 森吉街 Sēnjíjiē 고유 쌈지길 | 鳞次栉比 lín cì zhì bǐ 성 즐비하다 | 汇集 huìjí 동 모으다 | 脱离 tuōlí 동 벗어나다 | 格局 géjú 명 짜임새 | 采用 cǎiyòng 동 채용하다 | 倾斜 qīngxié 동 기울다 | 通道 tōngdào 명 통로 | 慕名而来 mù míng ér lái 명성을 흠모하여 찾아오다

Track 4-5

明洞

明洞是韩国具有代表性的商业街，时尚街。这里不仅有各种名牌专卖店，还有许多餐厅，同时各大银行和证券公司也云集在一起。附近还有乐天百货商场、免税店等许多综合购物中心。中国大使馆附近的中国街是在首尔体验中国文化的最佳场所。

명동의 특징

해석

명동

명동은 한국의 대표적인 상업거리이자 패션가이다. 이곳에는 명품점뿐 아니라 음식점과 은행 및 증권회사들이 운집해 있다. 근처에는 롯데백화점, 면세점 등 종합쇼핑센터가 자리하고 있다. 중국대사관 근처 거리는 서울에서 중국문화를 체험할 수 있는 좋은 장소이다.

단어

明洞 Míngdòng 고유 명동 | 时尚 shíshàng 명 시대적 유행 | 名牌 míngpái 명 유명 상표 | 专卖店 zhuānmàidiàn 명 전문매장 | 证券公司 zhèngquàn gōngsī 증권회사 | 乐天百货商场 Rètiān Bǎihuò Shāngchǎng 고유 롯데백화점 | 免税店 miǎnshuìdiàn 명 면세점 | 综合 zōnghé 동 종합하다 | 购物中心 gòuwù zhōngxīn 명 쇼핑센터 | 最佳 zuìjiā 형 최적이다

Track 4-6

北村韩屋村和南山谷韩屋村

首尔内有两个展示传统生活面貌的韩屋村，就是北村韩屋村和南山谷韩屋村。北村韩屋村因为位于清溪川的北方，所以得来这个名字。北村位于景福宫和昌德宫之间，是朝鲜时代高官们居住的高级住宅区，现在仍有人居住，一部分韩屋被用作咖啡屋或展览馆等文化设施。

북촌 한옥마을

南山谷韩屋村位于首尔市中区，建于1998年，这里建有传统的庭院，村里经常举办传统民俗游戏表演和体验活动。这里有特殊的"首尔千年时光胶囊"，是为了纪念首尔定都600年，把600件有代表性的首尔文物装入密封的器皿中埋在地下，经400年之后的2394年将要向后世公开。

남산골 한옥마을

해석

북촌 한옥마을과 남산골 한옥마을

서울에는 전통의 생활모습을 볼 수 있는 한옥마을이 두 개 있는데, 바로 북촌 한옥마을과 남산골 한옥마을이다. 북촌 한옥마을은 청계천 북쪽에 위치하고 있어 붙여진 이름이다. 북촌은 경복궁과 창덕궁 사이에 자리한 조선시대 고관들의 고급주택가였으며, 지금도 실제 주민이 거주하고 있다. 일부 한옥은 카페나 전시관 등 문화시설로 사용되고 있다.

1998년에 개관된 남산골 한옥마을은 서울시 중구에 자리하고 있다. 전통 정원이 조성되어 있으며 전통 민속놀이 공연과 체험행사가 자주 열린다. 또한 서울 정도 600년을 기념하면서 600건의 대표적인 서울의 문물을 밀봉된 용기에 담은 '서울 천년 타임캡슐'이 바로 이곳에 묻혀 있다. 400년 후인 2394년 후세에 공개될 예정이다.

단어

北村韩屋村 Běicūn Hánwūcūn 고유 북촌 한옥마을 | 南山谷韩屋村 Nánshāngǔ Hánwūcūn 고유 남산골 한옥마을 | 面貌 miànmào 명 면모 | 景福宫 Jǐngfúgōng 고유 경복궁 | 昌德宫 Chāngdégōng 고유 창덕궁 | 高官 gāoguān 명 고위관직 | 居住 jūzhù 동 거주하다 | 用作 yòngzuò ~로 삼다 | 展览馆 zhǎnlǎnguǎn 명 전람관 | 设施 shèshī 명 시설 | 庭院 tíngyuàn 명 정원 | 举办 jǔbàn 동 거행하다 | 民俗游戏 mínsú yóuxì 민속놀이 | 特殊 tèshū 형 특수하다 | 首尔千年时光胶囊 Shǒu'ěr Qiānnián Shíguāng Jiāonáng 고유 서울 천년 타임캡슐 | 定都 dìngdū 수도를 정하다 | 装入 zhuāngrù 넣다 | 密封 mìfēng 동 밀봉하다 | 器皿 qìmǐn 명 생활용기 | 埋在 máizài ~에 묻다

바로 확인

❶ 首尔是大韩民国的首都，是 ________ 融为一体的美丽古城，也是 ________ 中心。首尔曾经举办过许多国际赛事和国际会议，是一座现代化的 ________。

서울은 대한민국의 수도이며 전통과 현대가 조화를 이룬 아름다운 고도이자, 한국의 정치, 경제, 문화, 교육의 중심이다. 서울은 일찍이 많은 국제대회와 국제회의를 개최한 바 있는 현대화된 국제도시이다.

❷ 20世纪70年代，以汉江为中心的首尔带动了 ，使韩国在短短的30~40年时间里实现其它发达国家100年才完成的功业化，获得了“ ”的美誉。

1970년대 한강을 중심으로 한 서울은 한국 경제의 고속성장을 이끌어 30~40년의 짧은 기간 동안 다른 선진국이 100년에야 이룬 산업화를 실현함으로써 한강의 기적이라는 명예를 얻었다.

(정답) ❶ 传统和现代 / 韩国的政治、经济、文化、教育 / 国际城市 ❷ 韩国经济的高速增长 / 汉江奇迹

Step4

도전!
모의면접

Q1 请说明首尔名称的变迁历史。

Q2 首尔的地理环境怎么样?

tip **〈한 걸음 더〉**

獬豸

“獬豸”在词典中的意思是“判断是非和善恶的想象中的动物”。它拥有很高的智慧，是勇猛、公正的象征。除此之外，它还有首尔的捍卫者的意思。作为首尔的象征物——“獬豸”，具有守护正义和安全、带来梦想和希望及幸福的传统意义，象征着清净且富有魅力的世界城市“首尔”的梦想。

해석

해치

‘해치’의 사전적 의미는 ‘시비와 선악을 판단할 줄 아는 상상 속의 동물’이다. 이는 지혜로우며 용맹과 공정을 상징한다. 이 밖에도, 오늘날 해치는 서울의 수호자로서 의미를 지닌다. 서울의 마스코트로서 ‘해치’는 정의와 안전을 수호하고 꿈과 희망, 행복을 가져다주는 전통적 의미를 가지는 것 외에도, 깨끗하고 매력 넘치는 국제도시 ‘서울’의 꿈을 상징한다.

02 경주

Step1
사전 탐색하기

천년의 고도 경주는 한국의 대표적인 역사도시로서, 도시 전체가 하나의 거대한 박물관이라 할 수 있을 만큼 풍부한 역사유적과 문화재를 간직하고 있다. 유일한 역사유적지 형태의 국립공원으로 세계문화유산으로도 지정된 바 있으며, 면접 시험에서는 이름에 걸맞게 다양한 관광명소가 출제되고 있다.

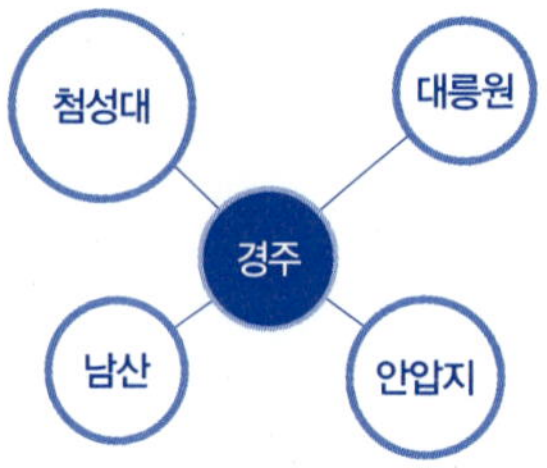

Step2
기출 따라잡기

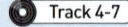

Track 4-7

请介绍庆州。

경주를 소개하세요.

답안 庆州位于韩国庆尚北道，是韩国最具代表性的历史城市。从公元前57年到公元935年的近千年中，一直是新罗的首都，被称为千年古都。因为处处都有丰富的历史遗迹、遗物，也被称为“没有围墙的历史博物馆”。庆州的代表景点有鲍石亭遗址、瞻星台、大陵苑、雁鸭池等。

해석 경주는 경상북도에 위치한 한국의 가장 대표적인 역사도시입니다. 기원전 57년부터 서기 935년의 천년 가까운 세월 동안 줄곧 신라의 수도로서 천년의 고도라고 불립니다. 곳곳에 역사유적과 유물이 풍부하여 '울타리가 없는 역사박물관'이라고도 불립니다. 경주의 대표적인 명소로는 포석정터, 첨성대, 대릉원, 안압지 등이 있습니다.

단어 庆州 Qìngzhōu 고유 경주 | 位于 wèiyú 동 ~에 위치하다 | 庆尚北道 Qìngshàngběidào 고유 경상북도 | 处处 chùchù 명 도처에 | 丰富 fēngfù 형 많다, 풍부하다 | 遗迹 yíjì 명 유적 | 遗物 yíwù 명 유물 | 围墙 wéiqiáng 명 울타리, 담 | 鲍石亭遗址 Bàoshítíng Yízhǐ 고유 포석정터 | 瞻星台 Zhānxīngtái 고유 첨성대 | 大陵苑 Dàlíngyuàn 고유 대릉원 | 雁鸭池 Yànyāchí 고유 안압지

Step3
관통 솔루션 파악하기

학습목표 1 경주의 역사와 특징을 설명한다.

학습목표 2 경주의 다양한 관광명소를 알고 그 특징을 파악한다.

Track 4-8

庆州

庆州是韩国一座最具代表性的历史城市，位于韩国东南部的庆尚北道。庆州的旧称是徐罗伐，或金城。从公元前57年到公元935年的千年历史当中，一直作为新罗的首都，处处都能看到丰富的历史遗迹，获得了“无围墙的历史博物馆”的美名。

庆州是韩国唯一史迹形态的国立公园，也是联合国教科文组织世界文化遗产。

著名的景点有庆州南山、鲍石亭遗址、大陵苑、瞻星台、雁鸭池，还有佛国寺和石窟庵等。

경주 개황

경주의 대표 관광명소

해석

경주

경주는 한국의 가장 대표적인 역사도시이며, 한국 동남부의 경상북도에 자리하고 있다. 경주의 옛이름은 서라벌, 혹은 금성이다. 기원전 57년부터 935년까지 1000년 동안 줄곧 신라의 수도로서, 곳곳에서 풍부한 역사유적을 볼 수 있어 '울타리가 없는 역사박물관'이라고도 불린다.

경주는 한국의 유일한 역사유적지 형태의 국립공원이며, 유네스코 세계문화유산이다.

유명한 관광명소로는 경주 남산, 포석정터, 대릉원, 첨성대, 안압지, 불국사와 석굴암 등이 있다.

단어

旧称 jiùchēng 옛이름 | 徐罗伐 Xúluófá 고유 서라벌 | 金城 Jīnchéng 고유 금성 | 首都 shǒudū 명 수도 | 围墙 wéiqiáng 명 울타리, 담 | 美名 měimíng 명 좋은 이름 | 史迹 shǐjì 명 역사 유적 | 国立公园 guólì gōngyuán 국립공원 | 联合国教科文组织 Liánhéguó Jiàokēwén Zǔzhī 명 유네스코 | 世界文化遗产 shìjiè wénhuà yíchǎn 세계문화유산 | 佛国寺 Fóguósì 고유 불국사 | 石窟庵 Shíkū'ān 고유 석굴암

Track 4-9

庆州南山

庆州南山位于庆州市的南部，从新罗始祖朴赫居世的诞生地罗井到象征新罗灭亡的鲍石亭遗址等都分布在这里，最好地体现出新罗的历史和文化。而且山上有好多佛像、石塔等，是新罗佛教的宝库。其中七佛庵摩崖佛像群被列为国宝第312号。此外，还有拜洞石佛立像、茸长寺址三层石塔等。这些都具有宝贵的艺术价值和历史意义。

불교미술의 보고
경주 남산

해석

경주 남산

경주 남산은 경주시 남부에 위치해 있으며, 신라 시조 박혁거세의 탄생지 나정으로부터 신라 멸망을 상징하는 포석정터에 이르기까지 모두 이곳에 분포해 있어, 신라의 역사와 문화를 가장 잘 보여준다. 또한 불상, 석탑 등 많은 유물이 있어 신라 불교의 보고라 할 수 있다. 그 가운데 칠불암 마애불상군은 국보 제312

호로 지정되어 있다. 그 외에도 배동석불입상, 용장사지 삼층석탑 등이 있다. 모두 소중한 예술적 가치와 역사적 의의를 지닌 유산이다.

단어 佛像 fóxiàng 명 불상 | 石塔 shítǎ 명 석탑 | 宝库 bǎokù 명 보고, 보물창고 | 七佛庵摩崖佛像群 Qīfó'ān Móyáfóxiàngqún 고유 칠불암 마애불상군 | 拜洞石佛立像 Bàidòng Shífó Lìxiàng 고유 배동석불입상 | 茸长寺址三层石塔 Róngchángsìzhǐ Sān céng Shítǎ 고유 용장사지 삼층석탑 | 宝贵 bǎoguì 형 진귀한

Track 4-10

鲍石亭遗址

鲍石亭遗址位于南山西侧溪边的岩石上，1963年被指定为史迹第1号。这里原来是新罗时代离宫的遗址，现在当时的建筑已经不复存在，只留下水路遗址。这个水路弯弯曲曲的，形状好像是鲍鱼壳一样，因此取名为鲍石亭。

포석정터의 개황

据传说，新罗的国王经常带着贵族和大臣来这里，举行宴会，吃喝玩乐。有人说这里是象征新罗灭亡的悲剧场所。也就是说，新罗末期，景哀王正在这里举行宴会的时候，后百济的甄萱攻入到这里，杀死了景哀王，之后新罗王朝开始走向灭亡的道路。但是，最近有疑问指出"甄萱确实发动了攻击，但是在阴历的11月，在这么冷的天里，能这么愉快地玩吗?"，也有人主张说鲍石亭不单是游乐场所，也是举行祭祀仪式、纪念殉国者的场所。

鲍石亭遗址

포석정터의 전설

해석

포석정터

포석정터는 남산 서쪽 계곡의 바위에 자리하고 있으며, 1963년 사적 제1호로 지정되었다. 이곳은 원래 신라시대 이궁터인데, 지금은 당시 건축물은 이미 사라지고 없고 물길터만 남아있다. 이 수로는 구불구불하여 그 모양이 마치 전복껍데기와 같다고 해서, 포석정이라는 이름이 붙었다.

신라의 임금은 자주 귀족과 대신들을 이끌고 이곳으로 와서 연회를 베풀고 먹고 마시며 즐겼다고 전해진다. 혹자는 이곳을 두고 신라의 멸망을 상징하는 비극적 장소라고도 한다. 즉 신라말기에 경애왕이 이곳에서 연회를 베풀고 있을 때, 후백제의 견훤이 이곳으로 쳐들어와 결국 경애왕을 죽게 만들었고, 훗날 신라왕조는 멸망의 길을 걷게 되었다는 것이다. 그러나 최근에는 "견훤이 확실히 신라로 쳐들어온 것은 맞지만, 음력 11월의 추운 날씨에 이처럼 즐겁게 노는 것이 가능한가?"라는 의문을 제기하는 이도 있다. 혹자는 포석정이 놀이장소였을 뿐 아니라, 제사의식을 치르고 순국자를 기리는 장소였을 것이라고 주장한다.

단어 鲍石亭遗址 Bàoshítíng Yízhǐ 고유 포석정터 | 溪边 xībiān 계곡가 | 岩石 yánshí 명 암석 | 史迹 shǐjì 명 사적, 역사 유적 | 离宫 lígōng 명 이궁 | 不复存在 búfù cúnzài 사라지다 | 水路 shuǐlù 명 수로 | 弯弯曲曲 wānwan qūqū 형 구불구불하다 | 鲍鱼壳 bàoyúké 명 전복껍데기 | 贵族 guìzú 명 귀족 | 大臣 dàchén 명 대신 | 吃喝玩乐 chī hē wán lè 성 먹고 마시고 놀며 즐기다 | 象征 xiàngzhēng 동 상징하다 | 灭亡 mièwáng 동 멸망하다 | 悲

剧 bēijù 명 비극 | 后百济 Hòubǎijì 고유 후백제 | 甄萱 Zhēnxuān 고유 견훤 | 攻入 gōngrù 공격해 쳐들어가다 | 景哀王 Jǐng'āiwáng 고유 경애왕 | 走向 zǒuxiàng 동 ~를 향해 가다 | 疑问 yíwèn 명 의문 | 发动 fādòng 동 시동을 걸다 | 攻击 gōngjī 동 공격하다 | 游乐 yóulè 동 놀다 | 祭祀 jìsì 동 제사 지내다 | 殉国者 xùnguózhě 순국자

Track 4-11

罗井

罗井是新罗始祖朴赫居世的诞生地。据《三国史记》和《三国遗事》中记载，建立新罗之前那里有六个村庄，可还没有一个王。公元前69年，一天高墟村村长苏伐公看到井旁跪着一匹白马，觉得很奇怪，待到靠近的时候，那匹白马不见了，只有一个蛋留在地上，然后一个小男孩从这个蛋里出生了。待到男孩长到13岁时(公元前57年)，6部村长选他为国王，国号定为“徐罗伐”。朝鲜时代纯祖3年(1803年)还树立了遗墟碑，纪念新罗始祖朴赫居世。

나정과 신라의 건국신화

해석

나정

나정은 신라의 시조 박혁거세가 탄생한 곳이다. 『삼국사기』와 『삼국유사』의 기록에 따르면, 신라를 세우기 전 그곳에는 여섯 마을이 있었으나 아직 하나의 왕을 두지는 않았다. 기원전 69년 어느 날, 고허촌 촌장 소벌공이 우물 곁에 백마 한 마리가 꿇어 앉아 있는 것을 보고 이상히 여겨 다가가자, 그 말은 사라지고 알 하나만 남아 있었다. 후에 알에서 남자아이가 태어났다. 남자아이가 13살이 되었을 때(기원전 57년), 여섯 마을의 촌장은 그를 왕으로 추대하고 국호를 '서라벌'이라 정했다. 조선시대 순조 3년(1803년)에는 신라의 시조 박혁거세를 기리고자 이곳에 유허비를 세웠다.

단어

罗井 Luójǐng 고유 나정 | 始祖 shǐzǔ 명 시조 | 朴赫居世 Piáo Hèjūshì 고유 박혁거세 | 诞生地 dànshēngdì 탄생지 | 三国史记 Sānguó Shǐjì 고유 삼국사기 | 三国遗事 Sānguó Yíshì 고유 삼국유사 | 记载 jìzǎi 동 기재하다 | 村庄 cūnzhuāng 명 마을 | 高墟村 Gāoxūcūn 고유 고허촌 | 苏伐公 Sūfágōng 고유 소벌공 | 跪 guì 동 무릎을 꿇다 | 靠近 kàojìn 동 가까이 다가가다 | 蛋 dàn 명 알 | 国号 guóhào 명 국호 | 徐罗伐 Xúluófá 고유 서라벌 | 纯祖 chúnzǔ 고유 순조[조선 제23대 왕] | 树立 shùlì 동 수립하다 | 遗墟碑 yíxūbēi 유허비

Track 4-12

大陵苑

位于庆州市皇南洞的“大陵苑”是规模最大、最密集的新罗时代古坟群，公园里有23个巨大的古坟。大陵苑中都是新罗王、王妃、贵族等高贵身分的坟墓。在大陵苑中见不到碑石，原来按照新罗王室的葬礼习俗，王陵外不留任何纪念文字，不知道王陵的主人是谁。

대릉원의 개황

味邹王陵是大陵苑唯一一座主人的身份已被查明的墓葬。根据竹林化作士兵击败敌军的传说，味邹王陵也被叫做“竹现陵”。味邹王是新罗最早的金氏国王。据《三国史记》记载，味邹王葬在大陵。大陵苑的名字也由此得来。

미추왕릉

除了味邹王陵以外，大陵苑里最有名的是天马冢和皇南大冢。天马冢是在大陵苑的古坟当中唯一可入内参观的地方。天马冢由于出土的马鞍垫子上绘有天马，因而得名。天马图是作为古新罗时代现存唯一的绘画作品，有非常珍贵的价值。另一个值得一看的是皇南大冢，它是大陵苑中最大的古坟。作为夫妇合葬墓，是由两个坟墓所构成的。

천마총과 황남대총

해석

대릉원

경주시 황남동에 위치한 '대릉원'은 규모가 가장 크고 가장 밀집된 신라시대 고분군으로, 이곳에는 23개의 거대한 고분이 있다. 대릉원의 무덤은 모두 신라의 왕, 왕비, 귀족 등 상류계층의 고분이다. 대릉원에는 비석이 없는데, 신라왕실의 장례풍습에 따라 왕릉 바깥에 어떠한 문자기록도 남기지 않았기 때문에 왕릉의 주인이 누구인지 알 수 없다.

미추왕릉은 대릉원에서 유일하게 주인이 알려진 능묘이다. 대나무잎이 병사로 변해 적을 무찔렀다는 전설에 따라, 미추왕릉은 '죽현릉'이라고도 불린다. 미추왕은 신라 최초의 김씨 성을 가진 왕이다. 『삼국사기』에 미추왕을 대릉에 장사지냈다는 기록이 있는데, 대릉원의 이름이 여기에서 유래했다.

미추왕릉 외에, 대릉원에서 가장 유명한 왕릉은 천마총과 황남대총이 있다. 천마총은 대릉원의 고분 가운데 유일하게 내부를 관람할 수 있는 곳이다. 안에서 출토된 말 안장에 천마가 그려져 있어 천마총이라는 이름이 붙었다. 천마도는 옛 신라시대의 현존하는 유일한 회화작품으로 대단히 진귀한 가치를 지닌다. 또 하나의 볼 만한 고분은 대릉원에서 가장 큰 규모를 자랑하는 황남대총이다. 부부합장묘로서 두 개의 묘로 이루어져 있다.

단어

大陵苑 Dàlíngyuàn 고유 대릉원 | 皇南洞 Huángnándòng 고유 황남동 | 规模 guīmó 명 규모 | 密集 mìjí 동 밀집하다 | 古坟群 gǔfénqún 고분군 | 高贵 gāoguì 형 고귀하다 | 坟墓 fénmù 명 무덤 | 碑石 bēishí 명 비석 | 葬礼 zànglǐ 명 장례 | 任何 rènhé 대 어떠한 | 王陵 wánglíng 명 왕릉 | 味邹王陵 Wèizōu Wánglíng 고유 미추왕릉 | 查明 chámíng 동 조사하여 밝히다 | 墓葬 mùzàng 명 고분 | 竹林 zhúlín 명 죽림 | 化作 huàzuò ~으로 변하다, ~으로 화하다 | 士兵 shìbīng 명 병사 | 击败 jībài 동 격파하다 | 敌军 díjūn 명 적군 | 传说 chuánshuō 명 전설 | 竹现陵 Zhúxiànlíng 고유 죽현릉 | 三国史记 Sānguó Shǐjì 고유 삼국사기 | 记载 jìzǎi 동 기재하다 | 葬 zàng 동 장사 지내다 | 天马冢 Tiānmǎzhǒng 고유 천마총 | 皇南大冢 Huángnándàzhǒng 고유 황남대총 | 参观 cānguān 동 참관하다 | 马鞍 mǎ'ān 명 말의 안장 | 垫子 diànzi 명 깔개 | 绘有 huìyǒu 그려져 있다 | 现存 xiàncún 동 현존하다 | 珍贵 zhēnguì 형 진귀하다 | 价值 jiàzhí 명 가치 | 值得一看 zhíde yí kàn 한 번 볼 만하다 | 夫妇 fūfù 명 부부 | 合葬墓 hézàngmù 합장묘 | 坟墓 fénmù 명 무덤 | 构成 gòuchéng 동 구성하다

Track 4-13

雁鸭池

雁鸭池是新罗东宫的一部分。韩国最古老的史书《三国史记》记载，新罗文武王为了庆祝新罗的三国统一，命令在宫城里挖这个池塘。雁鸭池就是当时挖出的池塘，位于月城外的东北部。它原来被称为月池，到了朝鲜时代，因为变成废墟的这个地方，只有大雁和野鸭闲游，所以就开始叫雁鸭池。

안압지의 유래

해석

안압지

안압지는 신라 동궁의 일부이다. 한국의 가장 오래된 사서 『삼국사기』의 기록에 따르면, 신라 문무왕은 삼국통일을 기념하는 뜻으로 궁 안에 이 연못을 파도록 했다. 안압지는 바로 이때 판 연못으로, 월성 밖 동북쪽에 자리했다. 원래는 월지라 불렸는데, 조선시대에 이르러 폐허로 변한 이곳에 기러기와 오리만이 한가롭게 거닐었다 하여 안압지로 부르기 시작했다.

단어

雁鸭池 Yànyāchí 고유 안압지 | 东宫 dōnggōng 명 동궁 | 古老 gǔlǎo 형 오래되다 | 史书 shǐshū 명 사서 | 记载 jìzǎi 동 기재하다 | 挖 wā 동 파다 | 池塘 chítáng 명 연못 | 月池 Yuèchí 고유 월지 | 变成 biànchéng 동 ~로 변하다 | 废墟 fèixū 명 폐허 | 大雁 dàyàn 명 기러기 | 野鸭 yěyā 명 야생오리 | 闲游 xiányóu 동 한가롭게 놀다

Track 4-14

瞻星台

瞻星台

瞻星台是东方现存的最古老的天文台，新罗27代王善德女王时期建成。瞻星台是一座石结构建筑，直线与曲线的搭配十分和谐，1962年被指定为国宝第31号。

첨성대의 개황

瞻星台高9.17米，呈圆筒形，顶部呈方形，由362个30厘米大小的石块分27层堆砌而成。建造瞻星台时用的362个石块，象征着阴历年一年的日子数。27层象征着新罗第27代王善德女王。距底部有4.16米的地方有一扇门，呈正方形，每边长1米。

첨성대의 구조와 상징적 의미

해석

첨성대

첨성대는 동양의 현존하는 가장 오래된 천문대로서, 신라 제27대 왕인 선덕여왕 때 지은 것이다. 첨성대는 석조건축이며, 직선과 곡선의 어울림이 매우 조화롭다. 1962년 국보 제31호로 지정되었다.

첨성대는 높이 9.17m로 원통형이며 꼭대기 부분은 사각형이고, 362개의 30cm 크기의 돌을 27층으로 쌓

아 만들었다. 첨성대를 지을 때 사용한 362개의 돌은 음력으로 한 해의 날짜 수를 상징하며, 27층은 신라의 제27대 왕인 선덕여왕을 대표한다. 바닥에서 4.16m 되는 위치에 가로 세로 각 1m의 사각형 문이 나 있다.

단어 瞻星台 Zhānxīngtái 고유 첨성대 | 天文台 tiānwéntái 명 천문대 | 善德女王 Shàndé Nǚwáng 고유 선덕여왕 | 直线 zhíxiàn 명 직선 | 曲线 qūxiàn 명 곡선 | 搭配 dāpèi 동 배합하다 | 圆筒形 yuántǒngxíng 원통형 | 顶部 dǐngbù 명 맨 꼭대기 | 方形 fāngxíng 명 사각형 | 堆砌 duīqì 동 쌓다 | 阴历 yīnlì 명 음력

Track 4-15

文武王海中陵

庆州附近的海边可看到一个小石岛，这是新罗第30代王文武王在海里的坟墓。文武王完成了三国统一，而且希望死后能变成龙，抗击外敌的入侵，保卫祖国。所以，在文武王去世后按照他的遗言兴建了这个世界上绝无仅有的海中陵。

문무왕 해중릉의 유래

해석

문무왕 해중릉

경주 근처의 해변에서 작은 돌섬을 볼 수 있는데, 이것은 신라 제30대 문무왕의 바닷속 무덤이다. 문무왕은 삼국통일을 완성했으며, 죽어서도 용이 되어 외적의 침입에 맞서 조국을 지키고자 했다. 그리하여 문무왕이 세상을 떠난 후, 그의 유언에 따라 세계에서 유례가 없는 해중릉을 짓게 되었다.

단어 海中陵 Hǎizhōnglíng 고유 해중릉 | 石岛 shídǎo 돌섬 | 外敌 wàidí 명 외적 | 保卫 bǎowèi 동 지키다 | 祖国 zǔguó 명 조국 | 去世 qùshì 동 돌아가다, 죽다 | 遗言 yíyán 명 유언 | 兴建 xīngjiàn 동 공사를 시작하다 | 绝无仅有 jué wú jǐn yǒu 성 오직 한 개뿐 다른 것은 없다, 거의 없다

Track 4-16

感恩寺址

感恩寺是文武王为了借助佛祖的功力抗击日本海盗的侵略而开始修建的。但是文武王还没有亲眼看到感恩寺竣工就驾崩了。文武王的儿子神文王在寺庙竣工时为了感谢父亲的恩惠而命名为感恩寺。现在，感恩寺只留下遗址，东西两侧立着三层石塔。

감은사의 유래

해석

감은사지

감은사는 문무왕이 부처의 힘을 빌어 일본 해적의 노략질에 맞서기 위해 지은 사찰이다. 그러나 문무왕은 감은사의 완공을 보지 못한 채 눈을 감았다. 문무왕의 아들 신문왕은 사찰이 준공되자 아버지의 은혜에 감사한다는 뜻으로 감은사라고 이름 지었다. 현재 감은사는 터만 남아 있으며, 동서 양쪽에 삼층석탑이 서 있다.

단어 感恩寺 Gǎn'ēnsì 고유 감은사 | 借助 jièzhù 동 도움을 빌다 | 佛祖 Fózǔ 명 불교의 시조 | 功力 gōnglì 명 효력, 공력 | 抗击 kàngjī 동 저항하며 반격하다 | 海盗 hǎidào 명 해적 | 侵略 qīnlüè 동 침략하다 | 修建 xiūjiàn 동 짓다 | 亲眼 qīnyǎn 부 직접 자신의 눈으로 | 竣工 jùngōng 동 준공하다 | 驾崩 jiàbēng 동 제왕이 서거하다, 붕어하다 | 神文王 Shénwénwáng 고유 신문왕 | 恩惠 ēnhuì 명 은혜 | 命名为 mìngmíng wéi ~라 명명하다

바로 확인

❶ 庆州是韩国最具代表性的 ______________。
경주는 한국의 가장 대표적인 역사도시이다.

❷ 庆州处处都有丰富的历史遗迹、遗物，也被称为 ______________。
경주는 곳곳에 풍부한 역사유적과 유물이 있어, 울타리가 없는 역사박물관이라고도 부른다.

정답 ❶ 历史城市 ❷ 没有围墙的历史博物馆

Step4
도전! 모의면접

Q1 请介绍庆州南山。

Q2 请介绍新罗的建国神话。

tip 〈한 걸음 더〉 ①

新罗三宝
据传说，古新罗时代有三件宝物，这叫新罗三宝。其中包括皇龙寺九层木塔、皇龙寺丈六尊像和真平王天赐玉带。

해석 신라 삼보
전설에 따르면, 옛 신라시대에는 세 가지 보물이 있어 이를 신라 삼보라고 불렀다. 황룡사 구층목탑, 황룡사 장륙존상과 진평왕 천사옥대가 여기에 포함된다.

tip 〈한 걸음 더〉②

吐含山

吐含山位于庆尚北道庆州，是新罗时代著名的寺庙佛国寺和石窟庵所在的地方。吐含山名字的由来是因为位于海边，山上常常云雾缭绕，好像山峰吞云吐雾一样而得来这一名字。

해석 토함산

경상북도 경주에 위치한 토함산은 신라시대의 유명한 사찰 불국사와 석굴암이 자리한 곳이다. 토함산은 해안에 위치하며 구름과 안개가 휘감고 있을 때가 많아 마치 산이 구름과 안개를 삼키고 토하는 듯하다는 의미로 이름을 얻게 되었다.

03 부산

Step1
사전 탐색하기

부산은 한국 최대의 항구도시로서 편리한 교통과 아름다운 해안관광자원을 지닌 관광명소이기도 하다. 해운대, 광안리, 태종대 등 해안관광명소가 잘 알려져 있으며, 해마다 부산국제영화제를 개최하여 수많은 국내외 영화팬들의 사랑을 받고 있는 도시이다.

Step2
기출 따라잡기

Track 4-17

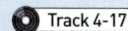

请介绍釜山。
부산을 소개하세요.

답안 釜山是继首尔之后的韩国第二大城市，也是韩国最大的贸易港口城市。釜山拥有国际机场、集装箱港、高速公路等发达的交通系统，是韩国的交通枢纽。作为现代化的国际城市，曾经举办过亚运会、世界杯足球赛等许多国际赛事，而且每年9~10月之间还举办韩国最大规模的国际电影节。著名的观光景点有龙头山公园、太宗台、海云台海水浴场等。

해석 부산은 서울에 이은 한국 제2의 도시이며, 한국 최대의 무역항구도시입니다. 부산은 국제공항, 컨테이너 항구, 고속도로 등 교통시스템이 발달한 한국의 교통 요충지입니다. 현대화된 국제도시로서 아시안게임, 월드컵 등 많은 국제 스포츠대회를 개최한 바 있으며, 해마다 9~10월 사이에는 한국 최대 규모의 국제영화제를 개최합니다. 유명한 관광명소로는 용두산공원, 태종대, 해운대해수욕장 등이 있다.

단어 釜山 Fǔshān 고유 부산 | 贸易 màoyì 명 무역 | 拥有 yōngyǒu 동 보유하다 | 集装箱 jízhuāngxiāng 명 컨테이너 | 高速公路 gāosù gōnglù 명 고속도로 | 系统 xìtǒng 명 계통, 시스템 | 枢纽 shūniǔ 명 중추, 허브 | 亚运会 Yàyùnhuì 고유 아시안게임 | 世界杯足球赛 Shìjièbēi zúqiúsài 고유 월드컵 축구경기 | 赛事 sàishì 명 경기, 스포츠 대회 | 国际电影节 guójì diànyǐngjié 명 국제영화제 | 景点 jǐngdiǎn 명 명소 | 龙头山公园 Lóngtóushān Gōngyuán 고유 용두산공원 | 太宗台 Tàizōngtái 고유 태종대 | 海云台海水浴场 Hǎiyúntái Hǎishuǐyùchǎng 고유 해운대 해수욕장

Step3
관통 솔루션 파악하기

학습목표 1 부산의 도시 특성을 파악한다.

학습목표 2 부산의 대표 관광명소를 소개한다.

Track 4-18

釜山

釜山位于韩半岛的东南部，总面积达765.94平方公里，人口有350万。釜山是继首尔之后的韩国第二大城市，也是第一大贸易港口城市。釜山拥有国际机场、集装箱港、高速公路等发达的交通系统，是韩国的交通枢纽。 — 부산의 개황

据考证，早在旧石器时代釜山已经有人居住。到1876年，根据朝鲜和日本签订的"江华岛条约"，釜山首次作为对外贸易港口开放。从此以后，釜山就成为外来文化流入韩国的窗口。韩国战争时期，因为首尔遭到破坏，失去了首都功能，所以釜山作为临时首都，发挥了战争基地的作用。 — 부산의 역사

作为现代化的国际城市，曾经举办过好多国际活动。比如，2002年第14届亚运会和韩日世界杯比赛等。而且从1996年开始，每年都举办釜山国际电影节。这是一个韩国最大的，也是亚洲的最重要的电影节。釜山还有大型会展中心BEXCO，这里设有专门的会议室和展示厅，经常举行大型会议以及国际活动。 — 국제도시로서의 면모

釜山作为一个沿海城市，拥有丰富的海洋观光资源。著名的海水浴场有海云台和广安里，还有景色美丽的太宗台等。位于釜山市中心的龙头山公园是欣赏釜山景象的名所。此外釜山还有釜山港的象征五六岛，岭南地区三大寺庙之一的梵鱼寺。 — 대표 관광명소

釜山也是购物的好地方。乐天百货店、草梁市场、南浦洞街、国际市场等主要购物场所吸引着众多国外游客。 — 유명 쇼핑가

해석

부산

부산은 한반도 동남부에 위치하며 총면적 765.94㎢, 인구 350만의 도시이다. 부산은 서울의 뒤를 이은 한국 제2의 도시이자 제1의 무역항구도시이다. 부산은 국제공항, 컨테이너 항구, 고속도로 등 교통시스템이 발달한 한국 교통의 요지이다.

고증에 따르면, 일찍이 구석기시대에 부산에는 인류가 거주하기 시작했다. 1876년, 조선과 일본이 체결한 '강화도조약'에 따라 부산은 처음으로 대외무역항구로 개방되었다. 이때부터 부산은 외래문화 유입의 창구가 되었다. 한국전쟁 때에는 서울이 심각하게 파괴되어 수도 기능을 상실하자, 부산은 임시수도로 전쟁의 기지 역할을 담당했다.

현대화된 국제도시로서, 2002년 제14회 아시안게임과 월드컵대회 등 여러 차례 국제행사를 개최한 바 있다. 1996년부터는 해마다 부산국제영화제를 개최하고 있다. 이는 한국 최대 규모이며, 아시아의 가장 중요한 영화제로 부상했다. 부산에는 BEXCO와 같은 컨벤션센터도 있는데, 이곳에는 전문적인 회의실과 전시홀 등이 갖추어져 있어, 대형회의와 국제행사가 자주 열린다.

부산은 연해도시로, 풍부한 해양관광자원을 보유하고 있다. 해운대와 광안리 등 유명한 해수욕장이 자리

하고 있으며, 태종대 등 아름다운 경관을 자랑하는 명소도 있다. 부산 시중심에 위치한 용두산공원은 부산의 전경을 감상할 수 있는 곳이다. 그 밖에 부산에는 부산항의 상징 오륙도, 영남지역의 3대 사찰 중 하나인 범어사 등이 있다.

부산은 또한 쇼핑의 명소이기도 하다. 롯데백화점, 초량시장, 남포동거리, 국제시장 등 주요 쇼핑가에는 많은 해외 관광객들이 줄을 잇는다.

단어 枢纽 shūniǔ 명 중추 | 考证 kǎozhèng 동 고증하다 | 旧石器时代 Jiùshíqì shídài 고유 구석기시대 | 江华岛条约 Jiānghuádǎo tiáoyuē 강화도조약 | 窗口 chuāngkǒu 명 창구 | 韩国战争 Hánguó zhànzhēng 한국전쟁 | 失去 shīqù 동 잃다 | 临时首都 línshí shǒudū 임시수도 | 发挥 fāhuī 동 발휘하다 | 基地 jīdì 명 기지 | 举办 jǔbàn 동 거행하다 | 设有 shèyǒu 동 설치되어 있다 | 展示厅 zhǎnshìtīng 전시홀 | 举行 jǔxíng 동 거행하다 | 以及 yǐjí 접 및 | 沿海 yánhǎi 명 연해 | 丰富 fēngfù 형 풍부하다 | 观光 guānguāng 동 관광하다 | 资源 zīyuán 명 자원 | 海云台 Hǎiyúntái 고유 해운대 | 广安里 Guǎng'ānlǐ 고유 광안리 | 太宗台 Tàizōngtái 고유 태종대 | 龙头山公园 Lóngtóushān Gōngyuán 고유 용두산공원 | 欣赏 xīnshǎng 동 감상하다 | 景象 jǐngxiàng 명 광경 | 名所 míngsuǒ 명 명소 | 釜山港 Fǔshāngǎng 고유 부산항 | 五六岛 Wǔliùdǎo 고유 오륙도 | 岭南 Lǐngnán 고유 영남 | 寺庙 sìmiào 명 사찰 | 梵鱼寺 Fànyúsì 고유 범어사 | 草梁市场 Cǎoliáng Shìchǎng 고유 초량시장 | 南浦洞街 Nánpǔdòngjiē 고유 남포동거리 | 国际市场 Guójì Shìchǎng 고유 국제시장

바로 확인

❶ 釜山是继首尔之后的 ________________，也是韩国最大的 ________________。

부산은 서울에 이은 한국 제2의 도시이며, 한국 최대의 무역항구도시이다.

❷ 釜山国际电影节创办于1996年，如今已成为 ________________ 的、________________ 的国际性电影庆典。

부산국제영화제는 1996년에 창설되어, 오늘날 아시아의 가장 중요한 영화제이자, 세계적으로 주목받는 국제영화축제로 자리잡았다.

정답 ❶ 韩国第二大城市 / 贸易港口城市 ❷ 亚洲最重要 / 深受世界瞩目

Step4
도전! 모의면접

Q1 釜山为什么是韩国战争的重要背景地?

Q2 请介绍釜山国际电影节。

플러스+ 면접 노트

출제 포인트

01 해운대와 태종대는 부산의 대표 관광명소이다.
02 최치원, 태종 무열왕과 관련이 있는 지명의 유래를 반드시 기억한다.

海云台和太宗台地名的由来

说起海云台的名字，有一段故事，它取自新罗的大文学家崔致远的号。崔致远12岁时到唐朝留学，28岁时回到新罗，在新罗王朝继续担任要职。由于多次遭到诬陷，加上对现实不满，他决心隐居。崔致远在前往隐居地的途中看到了海云台的绝景赞叹不已，写下了不少赞美海云台的诗篇。而且在海云台冬柏岛的一个岩石上刻下了“海云台”三个大字，海云台的地名由此而来。现在的海云台为了纪念他，在最高处建了一个巨大的崔致远铜像。

太宗台位于釜山影岛。这一带曾经是盛产名马的地方。因为这里的马像风一样快，连影子都看不清，所以被叫做“绝影名马”，这是现在影岛地名的由来。太宗台是釜山最有名的岩石海岸。据传说，新罗的第29代太宗武烈王在扩张了领土后，巡视全国时，曾经在这里射箭游玩。太宗台地名由此得来。

해석

해운대와 태종대 지명의 유래

해운대의 이름에 관해 전해오는 이야기가 있다. 이는 신라의 대문학가 최치원의 호에서 유래했다는 이야기이다. 최치원은 12세에 당나라로 유학 가서 28세에 신라에 돌아온 후, 줄곧 요직을 맡았다. 그는 여러 차례 모함을 받은데다 현실에 대한 불만을 품고 은둔을 결심했다. 그는 은둔지로 가는 길에 해운대의 절경에 반하여 감탄하며 해운대의 아름다움을 노래한 여러 편의 시를 썼다. 또한 해운대 동백섬의 바위에 '해운대'라는 세 글자를 새겼다. 해운대의 이름은 이렇게 탄생했다. 오늘날 해운대에는 그를 기념하기 위해 가장 높은 곳에 커다란 최치원 동상을 세워놓았다.

태종대는 부산 영도에 위치해 있다. 이 일대는 명마를 많이 내는 곳으로 유명했다. 이곳에서 길러낸 말은 바람처럼 빨라 그림자도 보이지 않을 정도였다고 하여 '절영명마'라 불렸다. 오늘날 태종대가 위치한 영도의 이름은 여기에서 유래했다. 태종대는 부산의 가장 유명한 암석해안이다. 신라의 제29대 태종 무열왕이 영토를 확장한 뒤 전국을 돌아보는 길에, 이곳에 들러 활을 쏘며 즐겼다는 이야기가 전해진다. 태종대라는 지명은 여기에서 유래했다.

단어 崔致远 Cuī Zhìyuǎn 고유 최치원 | 诬陷 wūxiàn 동 모함하다 | 隐居 yǐnjū 동 은거하다 | 赞叹不已 zàntàn bùyǐ 찬탄해 마지 않다 | 诗篇 shīpiān 명 시 | 冬柏岛 Dōngbǎidǎo 고유 동백섬 | 影岛 Yǐngdǎo 고유 영도 | 武烈王 Wǔlièwáng 고유 무열왕 | 巡视 xúnshì 동 순시하다 | 射箭 shèjiàn 동 활을 쏘다

04 국립공원

Step1
사전 탐색하기

2015년 현재 한국에는 21개의 국립공원이 있다. 특히 가장 많은 수를 차지하는 산악형 국립공원은 하나같이 한국의 명산으로, 면접 시험에서는 산에 관한 질문도 빈번하게 출제되고 있다. 지역별 대표적인 국립공원을 중심으로 관광 명소를 정리하도록 한다.

Step2
기출 따라잡기

Track 4-19

韩国有多少个国立公园?

한국의 국립공원은 몇 개인가요?

답안 韩国已经有21座国立公园。其中，山岳型国立公园有16个，海上·海岸型国立公园有4个，史迹型国立公园有1个。

해석 한국에는 21개의 국립공원이 있습니다. 그 가운데 산악형 국립공원은 16개, 해상·해안형 국립공원은 4개, 역사유적지형 국립공원은 1개입니다.

단어 国立公园 guólì gōngyuán 명 국립공원 | 山岳 shānyuè 명 산악 | 海岸 hǎi'àn 명 해안 | 史迹 shǐjì 명 역사유적

Step3
관통 솔루션 파악하기

학습목표 1 국립공원의 수와 내용을 소개한다.

학습목표 2 대표적인 명산의 위치와 특징을 설명한다.

》 **유비무환! 미리 준비합시다!**

지리산, 한라산과 함께 삼신산의 하나인 금강산에 대해서도 알아두세요!

Track 4-20

韩国的国立公园

国立公园是指为了保护和保存并实现可持续发展，指定韩国有代表性的自然景观和文化景观，加以管理的地区。韩国的第一个国立公园是1967年指定的智异山国立公园。到目前为止，韩国已经有21座国立公园。其中，山岳型国立公园有16个，海上·海岸型国立公园有4个，史迹型国立公园有1个。

한국의 국립공원

智异山跨着全罗南道、全罗北道、庆尚南道等三个道以及南原市、求礼郡、河东郡、山清郡、咸阳郡等五个市，总面积为472平方公里，在韩国的山岳型国立公园中面积最大。"智异山"的名字含有"智慧异人之山"的意思。自古以来，智异山和金刚山、汉拿山一起被推为三神山之一。智异山海拔1915米，是韩国的第二高峰。主峰是天王峰，此外还有般若峰、老姑坛等著名的山峰。智异山栖息有众多野生动植物，是名副其实的自然宝库。

지리산국립공원

雪岳山海拔1708米，是继汉拿山、智异山之后的第三高峰。雪岳山由主峰大青峰、寒溪峰、马登岭等30多个山峰组成。山上栖息着多种稀有的动植物，是著名的生态宝库。雪岳山内有一个高丽时代的古城遗址。这就是权金城。权金城一般认为是高丽第23代王高宗时代所建的。据传说，姓权和姓金的两个将军为了避难而修建此城，所以被称为权金城。雪岳山于1965年被指定为"天然保护区"，此后1970年又被指定为国立公园。于1982年雪岳山又被联合国教科文组织指定为"生物圈保护区域"。

설악산국립공원

闲丽海上公园于1968年被指定为韩国最早的海上国立公园。从庆尚南道巨济市只心岛到全罗南道丽水市梧桐岛，这里遍布着无数的岛屿，形成美丽的自然风光。

한려해상국립공원

庆州是韩国唯一一座历史遗迹形态的公园，于1968年被指定为国立公园。庆州国立公园不仅是历史悠久的古城，也拥有清净的自然景观，成为深受游客喜爱的旅游景点。

경주국립공원

해석

한국의 국립공원

국립공원이란 보호와 보존 및 지속가능한 발전을 실현하기 위해 한국의 대표적인 자연경관과 문화경관을 지정하고 관리하는 지역을 가리킨다. 한국의 첫 번째 국립공원은 1967년에 지정된 지리산국립공원이다. 지금까지 한국에는 21개의 국립공원이 있다. 그 가운데 산악형 국립공원은 16개, 해상·해안형 국립공원은 4개, 역사유적지형 국립공원은 1개이다.

지리산은 전라남도, 전라북도, 경상남도 등 3개도와 남원, 구례, 하동, 산청, 함양 등 5개시에 걸쳐 있다. 472㎢에 이르는 총면적은 산악형 국립공원 중 가장 큰 것이다. '지리산'의 이름은 '지혜가 남다른 산'이라는 뜻이다. 예로부터 지리산은 금강산, 한라산과 함께 삼신산의 하나로 불려왔다. 지리산은 해발 1915m로 한국에서 두 번째로 높은 산이다. 주봉은 천왕봉이며 그 외에도 반야봉, 노고단 등 유명한 봉우리가 있다. 지리산에는 수많은 야생동식물이 서식하며 명실상부한 자연의 보고이다.

설악산은 해발 1708m로 한라산과 지리산의 뒤를 이어 세 번째로 높은 산이다. 설악산은 주봉인 대청봉, 한계봉, 마등령 등 30여 개의 봉우리로 이루어져 있다. 다양한 희귀동식물이 서식하는 유명한 생태의 보고이다. 설악산에는 고려시대 고성 유적지가 있는데, 바로 권금성이다. 권금성은 고려 제23대 고종 때 지어진 것으로 알려져 있다. 전설에 따르면, 권씨 성과 김씨 성의 두 장수가 난을 피해 이 성을 지었다고 하여 권금성이라 불리게 되었다. 설악산은 1965년 '천연보호구역'으로 지정된 바 있으며, 그 후 1970년에 국립공원으로 지정되었다. 1982년에는 유네스코 '생물권 보전지역'으로 지정되었다.

한려해상공원은 1968년 해상형으로는 처음으로 국립공원에 지정되었다. 경상남도 거제시 지심도부터 전라남도 여수 오동도까지, 이곳에는 수많은 섬이 분포하며 아름다운 풍광을 자아낸다.

경주는 한국에서 유일한 역사유적지 형태의 국립공원으로, 1968년 국립공원에 지정되었다. 경주국립공원은 오랜 역사를 간직한 고대도시일 뿐 아니라 청정의 자연경관을 갖추고 있어, 많은 여행객들에게 사랑받는 여행명소가 되었다.

단어

可持续发展 kěchíxù fāzhǎn 지속가능한 발전 | 指定 zhǐdìng 동 지정하다 | 管理 guǎnlǐ 동 관리하다 | 智异山 Zhìyìshān 고유 지리산 | 跨着 kuàzhe 동 걸쳐 있다 | 全罗南道 Quánluónándào 고유 전라남도 | 全罗北道 Quánluóběidào 고유 전라북도 | 庆尚南道 Qìngshàngnándào 고유 경상남도 | 南原 Nányuán 고유 남원 | 求礼 Qiúlǐ 고유 구례 | 河东 Hédōng 고유 하동 | 山清 Shānqīng 고유 산청 | 咸阳 Xiányáng 고유 함양 | 总面积 zǒngmiànjī 총면적 | 平方公里 píngfāng gōnglǐ 양 제곱 킬로미터 | 自古以来 zìgǔ yǐlái 예로부터 | 金刚山 Jīngāngshān 고유 금강산 | 汉拿山 Hànnáshān 고유 한라산 | 被推为 bèi tuīwéi ~로 추앙받다 | 神山 shénshān 신산 | 海拔 hǎibá 명 해발 | 主峰 zhǔfēng 명 주봉 | 天王峰 Tiānwángfēng 고유 천왕봉 | 般若峰 Bōrěfēng 고유 반야봉 | 老姑坛 Lǎogūtán 고유 노고단 | 著名 zhùmíng 형 저명하다 | 栖息 qīxī 동 서식하다 | 众多 zhòngduō 형 아주 많다 | 名副其实 míng fù qí shí 성 명실상부하다 | 宝库 bǎokù 명 보고 | 继 jì 접 뒤이어 | 雪岳山 Xuěyuèshān 고유 설악산 | 大青峰 Dàqīngfēng 고유 대청봉 | 寒溪峰 Hánxīfēng 고유 한계봉 | 马登岭 Mǎdēnglǐng 고유 마등령 | 稀有 xīyǒu 형 희소하다 | 古城 gǔchéng 명 고성 | 权金城 Quánjīnchéng 고유 권금성 | 避难 bìnàn 동 재난을 피하다 | 修建 xiūjiàn 동 건조하다, 짓다 | 天然保护区 tiānrán bǎohùqū 천연보호구역 | 联合国教科文组织 Liánhéguó Jiàokēwén Zǔzhī 유네스코 | 生物圈保护区域 shēngwùquān bǎohù qūyù 생물권 보전지역 | 闲丽海上公园 Xiánlì Hǎishàng Gōngyuán 고유 한려해상공원 | 巨济市 Jùjìshì 고유 거제시 | 只心岛 Zhǐxīndǎo 고유 지심도 | 丽水 Lìshuǐ 고유 여수 | 梧桐岛 Wútóngdǎo 고유 오동도 | 遍布 biànbù 동 널리 퍼지다 | 无数 wúshù 형 무수하다 | 唯一 wéiyī 형 유일한 | 清净 qīngjìng 형 청정의

바로 확인

❶ 韩国的第一个国立公园是1967年制定的________________。
한국 최초의 국립공원은 1967년에 지정된 지리산국립공원이다.

❷ 庆州是唯一一座________________的国立公园。
경주는 유일한 역사유적지 형태의 국립공원이다.

정답 ❶ 智异山国立公园 ❷ 历史遗迹形态

Step4
도전!
모의면접

Q1 韩国首个国立公园是什么?

Q2 请介绍雪岳山。

tip 〈한 걸음 더〉 ①

韩国国立公园现状

① 山岳国立公园(16个)：智异山，鸡龙山，雪岳山，俗离山，汉拿山，内藏山，伽倻山，德裕山，五台山，周王山，北汉山，雉岳山，月岳山，小白山，月出山，无等山

② 海上·海岸国立公园(4个)：闲丽海上，泰安海岸，多岛海海上，边山半岛

③ 史迹国立公园(1个)：庆州

해석 한국 국립공원 현황

① 산악 국립공원(16개) : 지리산, 계룡산, 설악산, 속리산, 한라산, 내장산, 가야산, 덕유산, 오대산, 주왕산, 북한산, 치악산, 월악산, 소백산, 월출산, 무등산

② 해상·해안 국립공원(4개) : 한려해상, 태안해안, 다도해해상, 변산반도

③ 역사유적 국립공원(1개) : 경주

tip 〈한 걸음 더〉 ②

金刚山

金刚山是太白山脉北部的名山，海拔1638米。这里是北韩内首个正式对韩国开放的旅游地。金刚山和汉拿山、智异山一起被称为三神山，有山中之最的美名。金刚山四季都有不同的名字，春天是金刚山、夏天是蓬莱山、秋天是枫岳山、冬天是皆骨山。

해석 금강산

금강산은 태백산맥 북쪽의 명산으로 해발 1638m에 이른다. 이곳은 북한 최초로 한국에 정식 개방된 관광지이다. 금강산은 한라산, 지리산과 함께 삼신산으로 불리며, 산 중의 산이라는 이름으로 불린다. 금강산은 계절마다 각기 다른 이름이 있어, 봄에는 금강산, 여름에는 봉래산, 가을에는 풍악산, 겨울에는 개골산이라고 불린다.

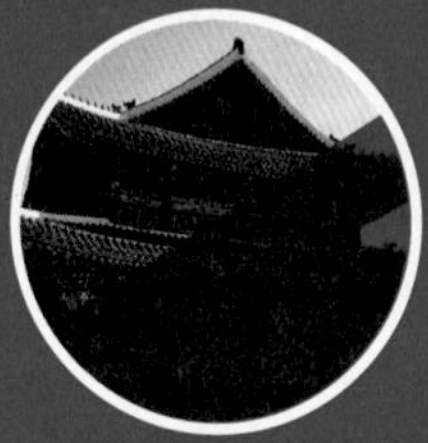

PART 5

조선의 궁과 성문

한 눈에 정리하는 핵심 내용

01 경복궁

경복궁은 조선왕조의 정궁으로, 조선의 5대궁 가운데 규모가 가장 크고 역사가 가장 오래되었다.
경복궁은 정방형을 띠며 동서남북에 각각 하나의 문이 있다. 경복궁의 근정전, 사정전, 강녕전, 교태전 등 주요 건축물은 남에서 북으로 일자로 배열되어 있는 특징이 있다.

02 창덕궁

창덕궁은 1405년 태종이 지은 조선의 이궁이며, 임진왜란 이후 270여 년간 정궁역할을 했다. 건축물과 자연이 완벽하게 조화를 이룬 가장 한국적인 궁으로 평가를 받으며 세계문화유산으로도 지정되었다.

03 창경궁

창경궁은 조선의 세 번째 궁으로, 조선시대 왕궁 중 유일한 동향 궁궐이다. 창경궁의 정전은 명정전이며, 이는 현존하는 조선의 정전 가운데 가장 오래 되었다.

04 덕수궁

덕수궁은 전통 건축물과 서양식 건축물이 공존하는 조선시대 궁궐이다. 덕수궁은 한국 최초의 근대 건축의 풍을 지녔다.

05 사대문과 사소문

14세기 말 조선왕조 건국 후 외적의 침략으로부터 수도를 지키기 위해, 오늘날의 서울 중심 지역에 성곽을 쌓고 8개의 문을 두었다. 그 중 사대문은 숭례문, 흥인지문, 돈의문, 숙정문이고, 사소문은 혜화문, 소덕문, 광희문, 창의문이다.

01 경복궁

Step1
사전 탐색하기

조선의 법궁인 경복궁은 1395년 완공된 조선의 가장 오래된 궁궐이다. 유교적 질서와 풍수지리사상을 융합한 건축이며, 전조후침(前朝後寢)의 엄격한 원칙과 절차를 따라 지은 조선 최고의 궁궐이다. 주요 전각을 비롯해 세부적인 부분까지 골고루 면접 시험에 출제되고 있어 꼼꼼한 정리가 필요하다.

Step2
기출 따라잡기

Track 5-1

请介绍景福宫。

경복궁을 소개하세요.

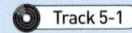

답안 景福宫是朝鲜时代五大宫殿之一，也是朝鲜王朝的正宫。这在朝鲜的5大宫殿中规模最大，历史最古老。景福宫得名于《诗经》中的名句，“君子万年，介尔景福”。壬辰倭乱时，景福宫的大多建筑遭到破坏，无法起到正宫的作用。到高宗时代，在兴宣大院军的主持下才得到重建。日本强占期的时候，大多殿阁都拆除。直到1995年，景福宫的部分原貌得到复原。景福宫按照儒教的秩序和风水地理思想，严格地遵循着前朝后寝的原则。景福宫的主要建筑由南向北一字排开，依次排有勤政殿、思政殿、康宁殿、交泰殿。

해석 경복궁은 조선시대 5대궁 중 하나이며, 조선왕조의 정궁이다. 조선의 5대궁 가운데 규모가 가장 크고 역사가 가장 오래되었습니다. 경복궁의 이름은 『시경』에 나오는 ‘군자 만년에 그대 큰 복을 누리리라’는 유명한 구절에서 따온 것입니다. 임진왜란 때, 경복궁의 대부분 건축물이 파괴되어 정궁의 역할을 상실했다가, 고종 때에 이르러 흥선대원군의 주도하에 재건되었습니다. 일제강점기 때, 다시 상당 부분이 철거되었다가, 1995년부터 경복궁의 일부가 복원되며 오늘날에 이르렀습니다. 경복궁은 유교적 질서와 풍수지리사상에 따라 전조후침의 원칙을 엄격히 따르고 있습니다. 경복궁의 근정전, 사정전, 강녕전, 교태전 등 주요 건축물은 남에서 북으로 일자로 배열되어 있는 특징을 나타냅니다.

단어 景福宫 Jǐngfúgōng 고유 경복궁 | 宫殿 gōngdiàn 명 궁전 | 正宫 zhènggōng 명 정궁 | 得名 démíng 동 이름을 얻다 | 诗经 Shījīng 명 시경 | 名句 míngjù 명 명구 | 君子万年，介尔景福 jūnzǐ wànnián, jièěr jǐngfú 군자만년, 개이경복[군자 만년에 큰 복을 누리리라] | 遭到 zāodào 동 당하다 | 破坏 pòhuài 동 파괴하다 | 高宗 Gāozōng 고유 고종 | 兴宣大院军 Xīngxuān dàyuànjūn 고유 흥선대원군 | 主持 zhǔchí 동 주관하다 | 重建 chóngjiàn 동 재건하다 | 拆除 chāichú 동 철거하다 | 原貌 yuánmào 명 원래의 면모 | 秩序 zhìxù 명 질서 | 风水地理思想 fēngshui dìlǐ sīxiǎng 풍수지리사상 | 严格 yángé 형 엄격하다 | 遵循 zūnxún 동 따르다 | 前朝后寝 qián cháo hòu qǐn 전조후침[정사를 보는 조정은 앞에 두고 일상생활을 하는 침전은 뒤에 두다] | 排开 páikāi 동 배열하다 | 依次 yīcì 부 순서에 따라 | 排有 páiyǒu 배열되어 있다 | 勤政殿 Qínzhèngdiàn 고유 근정전 | 思政殿 Sīzhèngdiàn 고유 사정전 | 康宁殿 Kāngníngdiàn 고유 강녕전 | 交泰殿 Jiāotàidiàn 고유 교태전

Step3
관통 솔루션 파악하기

학습목표 1 경복궁의 특징을 다른 궁과 비교하여 파악한다.
학습목표 2 경복궁의 주요 건축물을 설명한다.

Track 5-2

景福宫

景福宫是朝鲜时代五大宫殿之一，也是朝鲜王朝的正宫。这是朝鲜太祖李成桂把首都迁移到汉阳的时候建造的宫殿，在朝鲜的5大宫殿中规模最大，历史最古老。景福宫得名于《诗经》中的名句，“君子万年，介尔景福”。因为位于首尔北部，也叫“北阙”。

경복궁의 개황

壬辰倭乱时，景福宫的大多建筑遭到破坏，无法起到正宫的作用。到高宗时代，在兴宣大院君的主持下才得到重建。

1910年日本吞并了朝鲜之后，为了建造总督府，就把景福宫南面的殿阁都拆除。直到1995年总督府大楼才被拆除，景福宫的部分原貌得到复原。

경복궁의 훼손과 중건

景福宫呈正方形，东西南北各有一门。南面是光化门，东面是建春门，西面是迎秋门，北面是神武门。正门光化门是双层建筑，其它的三个门是单层建筑，它们是按照阴阳五行思想命名、排列的。

경복궁의 4문

景福宫的主要建筑由南向北一字排开，依次排有勤政殿、思政殿、康宁殿、交泰殿。景福宫的中心建筑是正殿勤政殿。这里是国王登基、朝见文武百官、接见国外使节等举行国家重要仪式的地方。勤政殿是在华丽的双层月台上建造的双层屋檐的建筑，显得雄伟壮丽。前边的广场是百官朝会的地方，地面铺有凹凸不平的薄石，是为了防止太阳反光而刺眼。地上的道路分三条，中间的路稍高、稍宽，是国王走的路，两侧的稍低一些，是文武百官走的路。前院中央排有24个品阶石，显示出封建等级。在召开正式会议时，满朝百官按照各自的官阶不同进行排列。

勤政殿

근정전 권역

勤政殿后面是思政殿，是国王处理国政的地方。思政殿后边的康宁殿和交泰殿分别是国王和王妃的寝殿。交泰殿后侧有峨眉山，这是用挖掘庆会楼池塘时出来的泥土堆积而成的阶梯式花坛，土台下部立有美丽的烟囱。这虽然是为了排烟而建造的，但它的形态、位置和庭院相协调，营造了优秀的造型美。1917年昌德宫寝殿损毁后，日本以调用木材为名拆除了康宁殿和交泰殿等建筑，用于修建昌德宫的熙政堂和大造

사정전, 강녕전, 교태전

殿。现在的康宁殿和交泰殿是于1995年复原的，但峨眉山烟囱是高宗时代重建的，被指定为宝物第811号。

交泰殿东侧是慈庆殿，是大妃的寝殿。经历两次火灾损毁，于1888年重建，是景福宫寝殿中唯一尚存的旧建筑。它的后侧围墙设置了祈求长寿的十长生烟囱。

자경전

思政殿西侧是庆会楼。这是国王和大臣们举行盛大宴会或接待贵宾的地方。这里共有48个柱子，其中外围的24个是方形的，中间的24个是圆形的。除了庆会楼以外，方池里面还建造了两个人工岛，上面种植了各种树木。建造池塘和人工岛的想法来源于道家的神仙思想，与当时人们思慕的"理想乡"有关。

庆会楼

경회루

乾清宫是在景福宫主要建筑中唯一被冠以"宫"的建筑。高宗在1873年，为了摆脱父亲兴宣大院君的政治干预，实现政治自立而修建了乾清宫。它采用两班士大夫的民宅形式，没有丹青，显得朴素。乾清宫是韩国首次用电的地方。当时利用香远池的水发电，照亮了乾清宫。这里也是明成皇后被日本人杀害的地方。现在的建筑是2007年复原的。

건청궁

除了上述的建筑之外，还有很多建筑值得去看。那里隐藏着不少故事，逛一回景福宫，就能了解朝鲜的历史。

조선의 역사를 대표하는 경복궁

해석

경복궁

경복궁은 조선시대 5대궁 가운데 하나이며, 조선왕조의 정궁이다. 이는 조선 태조 이성계가 수도를 한양으로 옮기면서 지은 궁궐로, 조선의 5대궁 가운데 규모가 가장 크고 역사도 가장 오래되었다. 경복궁이라는 이름은『시경』의 '군자 만년에 그대 큰 복을 누리리라'라는 유명한 구절에서 따 왔다. 서울의 북부에 위치하여, '북궐'이라고도 부른다.

임진왜란 때, 경복궁의 대부분 건축물은 파괴되어 정궁의 역할을 할 수 없게 되었다. 고종 때에 이르러 흥선대원군의 지휘하에 비로소 재건이 이루어졌다.

하지만 1910년 일본이 조선을 집어삼킨 후, 총독부를 지으면서 경복궁 남쪽의 전각을 모두 철거하고 말았다. 1995년에 이르러 총독부 건물을 철거하면서, 경복궁의 일부 모습이 비로소 복원되었다.

경복궁은 정방형을 띠며 동서남북에 각각 한 개의 문이 있다. 남쪽의 광화문, 동쪽의 건춘문, 서쪽의 영추문, 북쪽의 신무문이 그것이다. 정문 광화문은 겹처마 건축물이며, 나머지 세 개의 문은 홑처마 건축물이다. 이들은 음양오행사상에 따라 이름을 붙여 배열했다.

경복궁의 주요 건축물은 남에서 북으로 일자로 배열되어 있으며, 차례로 근정전, 사정전, 강녕전, 교태전이 있다. 경복궁의 중심 건축물은 정전인 근정전이다. 이는 임금의 즉위식, 문무백관 조회, 외국사절 접견 등 국가의 중요 의식을 거행하던 곳이다. 근정전은 화려한 이중 월대 위에 지은 겹처마 건물로, 웅장하고 화려한 모습을 자랑한다. 앞의 광장은 문무백관이 조정회의를 하는 장소로, 바닥에 울퉁불퉁한 박석이 깔려 있는데, 이는 햇빛 반사로 인한 눈부심을 막기 위함이다. 바닥에는 세 갈래의 길이 있는데, 가운데 길이 약간 높고 넓으며 임금이 다니는 길이다. 양쪽의 약간 낮은 길은 문무백관이 다니는 길이다. 광장 중앙에는 24개의 품계석이 배열되어 있으며, 봉건계급을 나타낸다. 공식적인 회의가 열리면 이곳에 문무백관이 관직에 따라 늘어섰다.

근정전 뒤쪽에는 임금이 국정을 처리하는 사정전이 있다. 사정전 뒤에 위치한 강녕전과 교태전은 각각 임금과 왕비의 침전이다. 교태전 뒤에는 아미산이 있는데, 이는 경회루 연못을 팔 때 나온 흙을 쌓아 만든 계단식 화단이며, 화단 아래에 아름다운 굴뚝이 세워져 있다. 이것은 연기 배출을 목적으로 만든 것이지만, 그 형태와 위치가 정원과 조화를 이루며 우수한 조형미를 나타낸다. 1917년 창덕궁 침전이 훼손되자, 일본은 목재를 옮겨다 쓰려는 명목으로 강녕전과 교태전 등 건축물을 철거하여 창덕궁의 희정당과 대조전을 짓는 데 사용했다. 지금의 강녕전과 교태전은 1995년 복원된 것이지만, 아미산 굴뚝은 고종 때 재건한 것으로 보물 제811호로 지정되어 있다.

사정전 서쪽에는 경회루가 있으며, 이는 임금과 대신들이 성대한 연회를 베풀거나 귀빈을 접대하던 장소이다. 이곳에는 총 48개의 기둥이 있는데, 그중 바깥쪽의 24개는 사각형이고, 가운데 24개는 원형이다. 경회루 이외에 연못 안에는 2개의 인공섬이 더 있고, 그 위에는 각종 나무가 심어져 있다. 연못과 인공섬은 도가의 신선사상에서 온 것이며, 당시 사람들이 동경했던 '이상향'과 관련이 있다.

건청궁은 경복궁의 주요 건물 가운데 유일하게 '궁'이라는 이름이 붙은 건축물이다. 1873년, 고종은 아버지 흥선대원군의 정치적 관여에서 벗어나 정치적 자립을 실현하기 위해 건청궁을 지었다. 건청궁은 양반사대부의 민가형식을 띠어 단청이 없고 소박한 느낌을 준다. 건청궁은 한국에서 처음으로 전기를 사용한 곳이다. 당시 향원지의 물로 발전하여 건청궁을 밝혔다. 이곳은 명성황후가 일본인에 의해 시해된 장소이기도 하다. 지금의 건청궁은 2007년 복원된 것이다.

상술한 건축물 외에도, 경복궁 내에는 볼 만한 건축물이 많이 있다. 그곳에는 저마다 많은 이야기가 숨어 있어, 경복궁을 한 바퀴 돌아보는 것만으로 조선의 역사를 이해할 수 있다.

단어

李成桂 Lǐ Chéngguì 고유 이성계 | 迁移 qiānyí 동 옮기다 | 汉阳 Hànyáng 고유 한양 | 建造 jiànzào 동 건축하다 | 北阙 Běiquè 고유 북궐 | 吞并 tūnbìng 동 병탄하다 | 总督府 zǒngdūfǔ 총독부 | 殿阁 diàngé 명 전각 | 拆除 chāichú 동 철거하다 | 正方形 zhèngfāngxíng 명 정방형 | 光化门 Guānghuàmén 고유 광화문 | 建春门 Jiànchūnmén 고유 건춘문 | 迎秋门 Yíngqiūmén 고유 영추문 | 神武门 Shénwǔmén 고유 신무문 | 命名 mìngmíng 동 명명하다 | 排列 páiliè 동 배열하다 | 勤政殿 Qínzhèngdiàn 고유 근정전 | 思政殿 Sīzhèngdiàn 고유 사정전 | 康宁殿 Kāngníngdiàn 고유 강녕전 | 交泰殿 Jiāotàidiàn 고유 교태전 | 正殿 zhèngdiàn 명 정전 | 登基 dēngjī 동 왕위에 오르다 | 朝见 cháojiàn 동 신하가 군주를 알현하다 | 文武百官 wénwǔ bǎiguān 명 문무백관 | 接见 jiējiàn 동 접견하다 | 使节 shǐjié 명 외교사절 | 华丽 huálì 형 화려하다 | 月台 yuètái 명 월대 | 屋檐 wūyán 명 처마 | 雄伟 xióngwěi 형 웅장하다 | 壮丽 zhuànglì 형 장려하다 | 朝会 cháohuì 명 조정회의 | 铺有 pūyǒu 깔려있다 | 凹凸不平 āotū bùpíng 울퉁불퉁하다 | 薄石 báoshí 명 박석 | 防止 fángzhǐ 동 방지하다 | 反光 fǎnguāng 동 빛을 반사시키다 | 刺眼 cìyǎn 형 눈이 부시다 | 品阶石 pǐnjiēshí 품계석 | 封建 fēngjiàn 명 봉건제도 | 召开 zhàokāi 동 열다 | 满朝百官 mǎn cháo bǎi guān 만조백관[조정의 모든 벼슬아치] | 官阶 guānjiē 명 관직의 등급 | 国政 guózhèng 명 국정 | 寝殿 qǐndiàn 침전 | 峨眉山 Éméishān 고유 아미산 | 挖掘 wājué 동 파다 | 庆会楼 Qìnghuìlóu 고유 경회루 | 池塘 chítáng 명 연못 | 堆积 duījī 동 쌓여 있다 | 阶梯式 jiētīshì 계단식 | 花坛 huātán 명 화단 | 烟囱 yāncōng 명 굴뚝 | 排烟 páiyān 연기를 배출하다 | 协调 xiétiáo 형 조화를 이루다 | 营造 yíngzào 동 만들다, 조성하다 | 造型美 zàoxíngměi 조형미 | 损毁 sǔnhuǐ 동 훼손시키다 | 调用 diàoyòng 동 동원해 사용하다, 전용하다 | 熙政堂 Xīzhèngtáng 고유 희정당 | 大造殿 Dàzàodiàn 고유 대조전 | 慈庆殿 Cíqìngdiàn 고유 자경전 | 大妃 dàfēi 명 대비 | 火灾 huǒzāi 명 화재 | 尚存 shàngcún 아직 존재하다 | 围墙 wéiqiáng 명 담장 | 设置 shèzhì 동 설치하다 | 祈求 qíqiú 동 바라다 | 长寿 chángshòu 동 장수하다 | 十长生烟囱 shíchángshēng yāncōng 십장생굴뚝 | 盛大 shèngdà 형 성대하다 | 贵宾 guìbīn 명 귀빈 | 外围 wàiwéi 명 주위 형 외곽의 | 方池 fāngchí 명 연못 | 人工岛 réngōngdǎo 명 인공섬 | 种植 zhòngzhí 동 심다 | 池塘 chítáng 명 연못 | 道家 Dàojiā 명 도가 | 神仙思想 shénxiān sīxiǎng 신선사상 | 思慕 sīmù 동 사모하

다 | 理想乡 lǐxiǎngxiāng 명 이상향 | 冠以 guànyǐ 동 앞에 ~라고 이름을 붙이다 | 摆脱 bǎituō 동 벗어나다 | 干预 gānyù 동 관여하다 | 采用 cǎiyòng 동 채용하다 | 士大夫 shìdàfū 명 사대부 | 民宅 mínzhái 명 민가 | 丹青 dānqīng 단청 | 明成皇后 Míngchéng huánghòu 고유 명성황후 | 杀害 shāhài 동 살해하다 | 隐藏 yǐncáng 동 숨기다

바로 확인

❶ 景福宫呈正方形，东南西北各有一个门。东门是＿＿＿＿，南门是＿＿＿＿，西门是＿＿＿＿，北门是＿＿＿＿。
경복궁은 정방형을 띠며, 동서남북에 각각 하나의 문이 있다. 동문은 건춘문, 남문은 광화문, 서문은 영추문, 북문은 신무문이다.

❷ 景福宫的正殿是＿＿＿＿，这里是＿＿＿＿＿＿的地方。
경복궁의 정전은 근정전이며, 이곳은 국가의 대형행사를 거행하던 곳이다.

정답 ❶ 建春门 / 光化门 / 迎秋门 / 神武门 ❷ 勤政殿 / 举行国家大事

Step4 도전! 모의면접

Q1 景福宫的正门是什么?

Q2 景福宫和北京故宫，请做比较。

tip 〈한 걸음 더〉

勤政殿月台上的十二生肖和四方神石像

勤政殿的两层月台上围着石栏并雕刻有四方神和十二生肖。四方神是守护东西南北的四个方位神们，就是东边的青龙、西边的白虎、南边的朱雀、北边的玄武。十二生肖是用来代表年份的十二种动物，是由十一种源于自然界的动物即鼠、牛、虎、兔、蛇、马、羊、猴、鸡、狗、猪以及传说中的龙所组成。勤政殿月台上的十二生肖中缺少了两种动物，即猪和狗。传说这是因为在朝鲜

勤政殿月台

有禁止猪和狗进入王宫的风俗。这些石像守卫着勤政殿，炫耀勤政殿的威严和品位。

해석

근정전 월대 위의 십이지상과 사방신 석상

근정전의 월대 위에는 돌난간이 둘러쳐 있고 사방신과 십이지신상이 조각되어 있다. 사방신은 동서남북의 네 방위를 지키는 신으로, 동쪽의 청룡, 서쪽의 백호, 남쪽의 주작, 북쪽의 현무가 그것이다. 십이지신은 해를 대표하는 12가지 동물을 가리킨다. 즉 자연계의 11가지 동물인 쥐, 소, 호랑이, 토끼, 뱀, 말, 양, 원숭이, 닭, 개, 돼지와 전설의 동물인 용으로 이루어진다. 근정전 월대 위에는 십이지신 가운데 두 가지 동물이 빠져 있는데, 돼지와 개가 그것이다. 이는 조선시대에 돼지와 개가 궁에 들어오는 것을 금기시했던 풍습에서 유래한 것이라고 전해진다. 이들 석상은 근정전을 지키며, 근정전의 위엄과 품위를 보여준다.

02 창덕궁

Step1
사전 탐색하기

1405년 태종에 의해 지어진 창덕궁은 임진왜란 때 불에 탄 뒤, 광해군 때 가장 먼저 다시 지어졌다. 그리하여 창덕궁은 조선후기의 정궁 역할을 담당하게 되었다. 자연환경을 존중한 배치형식과 넓은 후원을 가진 이곳은 가장 한국적인 궁궐이라는 평가를 받으며, 세계문화유산으로 등재되었다. 면접에서는 창덕궁의 특징과 주요 건축물에 관해 자주 출제된다.

Step2
기출 따라잡기

Track 5-3

请介绍昌德宫。
창덕궁을 소개하세요.

답안 昌德宫是1405年太宗建造的朝鲜王朝的离宫。因为壬辰倭乱被毁，1609年光海君时期重建。此后的270年之间作为正宫使用直到重建景福宫。由于昌德宫是没有做到人工改造、尽量尊重自然地形，所以被称作最具韩国特色的宫殿。而且它的原型保存得非常完好，与自然完美地融为一体，因此被评为世界文化遗产。因为它和昌庆宫隔墙为邻，都位于汉阳都城的东侧，所以统称为东阙。昌德宫后院占整个昌德宫面积的60%。这里是朝鲜的王室成员休息、思考问题的好地方，是最能代表朝鲜造景文化的传统庭院。

해석 창덕궁은 1405년 태종이 지은 조선의 이궁입니다. 임진왜란으로 인해 훼손되었다가, 1609년 광해군 때 중건되었습니다. 그 후 경복궁이 재건될 때까지 270년간 정궁으로 사용되었습니다. 창덕궁은 인위적인 개조를 가하지 않고 가급적 자연지형을 존중해 지었기 때문에 가장 한국적인 궁궐로 불립니다. 그 원형이 잘 보존되어 있으며 자연과 완벽하게 조화를 이루고 있어 세계문화유산으로도 지정되었습니다. 창경궁과 벽을 사이에 두고 이웃하고 있으며 모두 한양도성의 동쪽에 위치해 있기 때문에 동궐이라고 통칭합니다. 창덕궁 후원은 창덕궁 전체 면적의 60%를 차지합니다. 이곳은 조선의 왕실가족들이 휴식이나 사색을 즐기던 장소로, 조선의 조경문화를 가장 잘 나타내는 전통정원입니다.

단어 昌德宫 Chāngdégōng 고유 창덕궁 | 太宗 Tàizōng 고유 태종 | 建造 jiànzào 동 건조하다, 짓다 | 离宫 lígōng 명 이궁 | 壬辰倭乱 Rénchén wōluàn 고유 임진왜란 | 被毁 bèihuǐ 훼손되다 | 光海君 Guānghǎijūn 고유 광해군 | 重建 chóngjiàn 동 재건하다 | 正宫 zhènggōng 명 정궁 | 改造 gǎizào 동 개조하다 | 尊重 zūnzhòng 동 존중하다 | 宫殿 gōngdiàn 명 궁전 | 原型 yuánxíng 명 원형 | 融为一体 róngwéi yìtǐ 하나로 융화되다 | 被评为 bèi píngwéi ~로 평가받다 | 世界文化遗产 shìjiè wénhuà yíchǎn 세계문화유산 | 隔墙为邻 géqiáng wéilín 벽을 사이에 두고 이웃하다 | 都城 dūchéng 명 수도 | 东侧 dōngcè 명 동쪽 | 统称 tǒngchēng 동 총칭하다 | 东阙 dōngquè 동궐 | 造景文化 zàojǐng wénhuà 조경문화

Step3
관통 솔루션 파악하기

학습목표 1 창덕궁의 특징을 다른 궁과 비교하여 설명한다.

학습목표 2 창덕궁의 주요 건축물을 설명한다.

Track 5-4

昌德宫

昌德宫是1405年太宗建造的朝鲜王朝的离宫。因为壬辰倭乱被毁，1609年光海君时期重建。此后的270年之间作为正宫使用直到重建景福宫。

창덕궁의 역사

由于昌德宫是没有做到人工改造、尽量尊重自然地形，所以被称作最具韩国特色的宫殿。而且它的原型保存得非常完好，与自然完美地融为一体，因此被评为世界文化遗产。因为它和昌庆宫隔墙为邻，都位于汉阳都城的东侧，所以统称为东阙。

창덕궁의 특징

昌德宫的正门是敦化门。1412年修建。昌德宫的前边有宗庙入口，所以敦化门修建在偏西的位置。它是二层的木造建筑。它是现存的宫殿正门中最古老的建筑。这是国王进出宫殿时使用的，大臣们使用西边的金虎门。敦化门的名字来自中国儒教经典《中庸》中的大德敦化，就是说敦风化俗、教化百姓的意思。

창덕궁의 정문

昌德宫禁川桥命名为锦川桥，是在韩国宫殿留下来的石桥中最古老的。2012年被指定为宝物第1762号。

창덕궁의 금천교

仁政殿

昌德宫的正殿是仁政殿。它是双层月台上修筑的双层殿阁。月台相对较低而且没有栏杆。和景福宫勤政殿相比显得质朴，被指定为国宝第225号。

정전 인정전

宣政殿是昌德宫的便殿，位于仁政殿的东侧。它是宫殿建筑中唯一用昂贵的青瓦来铺屋顶的建筑，是宝物第814号。

편전 선정전

宣政殿东侧是昌德宫的主要内殿建筑，最前面的是熙政堂，其后是大造殿。熙政堂起初是寝殿，后来被用作便殿。大造殿是昌德宫最大的寝殿，以宽敞的大厅为中心东侧是国王的寝房，西侧是王妃的寝房。

희정당과 대조전

乐善斋是朝鲜第24代王宪宗为了自己的后宫庆嫔金氏而建造的。这一带共有乐善斋、锡福轩、寿康斋的三座建筑。它采用士大夫的民宅形式，没有丹青，露出朴素的面貌。这里也是英亲王、李方子女士和德惠翁主等朝鲜的最后皇族度过余生的地方。2012年被指定为宝物第1764号。

낙선재 권역

昌德宫后苑是王族们休息和思考问题的好地方。后苑也称为北苑、禁苑、内苑，高宗以后称为秘苑。在矮山坡和山谷里，将自然完好无损地保存下来，只在必要的地方修路盖屋，是韩国屈指可数的庭院。后苑占据昌德宫整体面积的60%。各种树木和池塘等自然环境与亭子等人工建筑融为一体，可以欣赏到一年四季不同的美丽景色。

창덕궁 후원의 개황

芙蓉池是位于庭院中心的巨大莲池，芙蓉亭和宙合楼位于附近。据记载，该亭子也是正祖与大臣垂钓的场所。宙合楼是双层结构的王室图书馆。1层是保管图书的奎章阁，2层则是阅览室宙合楼。以前只有第2层才叫做宙合楼。宙合楼入口处的“鱼水门”是国王走的通往宙合楼的门。门的名字有“鱼离不开水”的象征意义，蕴含着统治者无论何时都要为百姓着想的意思。暎花堂是国王休息的地方。前面的广场是国王一同出席举行科举考试的地方。

부용지 일대

不老门由一块完整的岩石磨制而成。人们传言说从这个门经过的人都会长寿不老，不老门也因此得名。门的左边就是爱莲池, 池塘边建了个爱莲亭。

애련지 일대

演庆堂建于1828年，当时孝明世子为了能体验士大夫生活而建造的住宅，没有丹青，给人一种素雅古朴之美。

연경당

爱莲池的北边有一条从山上流下来的溪流，还形成了一个小溪谷，而且建了几个亭子。其中，尊德亭是建于1644年的双屋檐六角形亭子，也是这地区最古老的亭子。观览亭呈特殊的扇形。

대표적인 정자

玉流川是流经后苑幽深处的小溪。周边逍遥亭、太极亭、清漪亭、笼山亭、翠寒亭等一字排开。其中清漪亭是宫殿里唯一的草亭。旁边还有小田地，原来是朝鲜国王为了了解农民的辛劳而亲自体验农耕的地方。逍遥岩位于玉流川中心处，岩石上凿有圆形水槽，溪水在此打转，形成类似瀑布的水流，据记载，国王和大臣们在此流觞曲水，享受风流。

옥류천 일대

해석

창덕궁

창덕궁은 1405년 태종에 의해 건립된 조선의 이궁이다. 임진왜란으로 인해 훼손되었다가, 1609년 광해군 때 중건되었다. 그 후 경복궁이 중건되기까지 270년 동안 줄곧 정궁 역할을 했다.

창덕궁은 인위적인 개조를 가하지 않고 자연지형 위에 지은 궁궐이기 때문에, 가장 한국적인 궁이라고 불린다. 또한 그 원형이 잘 보존되어 있고 자연과 완벽하게 조화를 이루고 있어, 세계문화유산으로 지정되었다. 창덕궁은 창경궁과 담을 사이에 두고 이웃하고 있으며, 모두 한양의 동쪽에 위치하여 동궐이라고 통칭한다.

돈화문은 창덕궁의 정문이다. 1412년에 건축되었다. 창덕궁 앞쪽에 종묘 입구가 있기 때문에, 돈화문은 서쪽으로 치우친 위치에 세워졌다. 2층짜리 목조건축물이다. 이는 현존하는 궁궐의 정문 가운데 가장 오래된 것이다. 돈화문은 임금이 궁을 드나들 때 사용했던 문이고, 대신들은 서쪽의 금호문을 사용했다. 돈화문의 이름은 중국 유교경전 『중용』의 '대덕돈화'에서 온 것인데, 이는 '풍속을 돈독히 하여 백성을 교화한다'는 의미를 지녔다.

창덕궁 금천교(禁川橋)의 이름은 금천교(錦川橋)이며, 한국 궁궐에 남아 있는 돌다리 중 가장 오래되었다. 2012년 보물 제1762호로 지정되었다.

인정전은 창덕궁의 정전이다. 인정전은 2층 월대 위에 세운 2층 전각이다. 월대 높이가 낮고 난간이 없어, 경복궁 근정전에 비해 소박해 보이며, 국보 제225호로 지정되어 있다.

선정전은 창덕궁의 편전으로, 인정전의 동쪽에 위치해 있다. 이는 궁궐 건축 가운데 유일하게 값비싼 청기와로 지은 건물이며, 보물 제814호이다.

선정전 동쪽에는 창덕궁의 주요 내전 건물이 있다. 가장 앞쪽에 자리한 것이 희정당, 그 뒤가 대조전이다. 희정당은 애초에 침전으로 쓰이다가 훗날 편전으로 사용되었다. 대조전은 창덕궁 최대의 침전으로, 넓은 마루를 중심으로 동쪽에는 임금의 침실이, 서쪽에는 왕비의 침실이 자리한다.

낙선재는 조선 제24대 임금인 헌종이 자신의 후궁 경빈 김씨를 위해 지은 건물이다. 이 일대에는 낙선재, 석복헌, 수강재의 세 채의 건물이 자리하고 있다. 모두 양반 사대부의 민가형식을 취하여 단청 없이 소박한 모습을 나타낸다. 이곳은 또한 영친왕, 이방자 여사, 덕혜옹주 등 조선의 마지막 황족이 여생을 보낸 곳으로도 유명하다. 2012년 보물 제1764호로 지정되었다.

창덕궁 후원은 왕족들의 휴식과 사색을 위한 좋은 장소였다. 후원은 북원, 금원, 내원이라고도 불렸으며, 고종 이후 비원이라고 불렸다. 낮은 비탈과 계곡 안에 자연을 있는 그대로 보존한 채 꼭 필요한 곳에만 길을 내고 건물을 지은 한국에서 손꼽히는 정원이다. 후원은 창덕궁 전체 면적의 60%를 차지한다. 각종 나무와 연못 등 자연환경과 정자 등 인공건축이 어우러져, 1년 사계절 각기 다른 아름다운 경치를 감상할 수 있다.

부용지는 정원 한가운데 위치한 거대한 연못이며, 부용정과 주합루가 근처에 자리하고 있다. 기록에 따르면, 이 정자는 정조 때 임금과 대신들이 낚시를 즐겼던 장소이기도 하다. 주합루는 왕실도서관이다. 1층은 책을 보관한 규장각이고, 2층이 열람실인 주합루이다. 과거에는 2층만을 주합루라고 불렀다. 주합루 입구의 '어수문'은 국왕이 지나는 주합루의 문으로, 문의 이름은 '물고기는 물을 떠날 수 없다'는 상징적인 의미를 나타내는데, 즉 통치자는 어느 때라도 백성을 생각해야 한다는 의지를 담고 있다. 영화당은 임금이 쉬던 곳이다. 앞쪽 광장은 임금이 참석한 가운데 과거시험을 치르던 곳이다.

불로문은 하나의 암석을 다듬어 만들었다. 이 문을 지나는 사람은 누구든 오래도록 늙지 않는다는 말이 전해지는데, 불로문의 이름은 이렇게 지어졌다. 문의 왼편에는 애련지가 있으며, 연못가에 애련정을 지어 놓았다.

연경당은 1828년 처음 세워졌다. 당시 효명세자가 사대부의 삶을 체험하기 위해 만든 주택으로 단청이 없어, 소박하고 검소한 아름다움을 느끼게 한다.

애련지의 북쪽에는 산에서 흘러내려오는 개울물이 작은 계곡을 이룬다. 또한 몇 개의 정자가 자리하고 있다. 그 가운데 존덕정은 1644년에 세워진 겹지붕 육각형 정자이며, 이곳에서 가장 오래된 정자이다. 관람정은 부채모양의 특이한 모습을 띤다.

옥류천은 후원 깊숙한 곳을 흐르는 작은 내이다. 주변에는 소요정, 태극정, 청의정, 농산정, 취한정 등이 일자로 늘어서 있다. 그중 청의정은 유일한 초가정자이다. 옆에는 작은 농지가 있는데, 이는 조선의 임금이 농민의 수고로움을 알도록 농사를 직접 체험하기 위한 곳이다. 소요암은 옥류천 가운데에 위치해 있으며, 바위에 원형의 수로를 파서 계곡물이 이곳을 돌며 폭포와 같은 흐름을 만든다. 기록에 따르면, 임금과 대신들이 이곳에서 유상곡수를 즐기며 풍류를 즐겼다.

단어

敦化门 Dūnhuàmén 고유 돈화문 | 修建 xiūjiàn 동 건조하다, 건축하다 | 宗庙 Zōngmiào 고유 종묘 | 偏 piān 형 치우치다, 편향되다 | 位置 wèizhi 명 위치 | 金虎门 Jīnhǔmén 고유 금호문 | 儒教经典 rújiào jīngdiǎn 유교경전 | 中庸 Zhōngyōng 고유 중용 | 大德敦化 dàdé dūnhuà 대덕돈화 | 敦风化俗 dūnfēng huàsú 풍속을 돈독히 하다 | 教化百姓 jiàohuà bǎixìng 백성을 교화하다 | 禁川桥 Jìnchuānqiáo 고유 금천교 | 命名 mìngmíng 동 이름 짓다 | 锦川桥 Jǐnchuānqiáo 고유 금천교 | 石桥 shíqiáo 명 돌다리 | 仁政殿 Rénzhèngdiàn 고유 인정전 | 栏杆 lángān 명 난간 | 质朴 zhìpǔ 형 소박하다 | 宣政殿 Xuānzhèngdiàn 고유 선정전 | 便殿 biàndiàn 명 편전 | 殿阁 diàngé 명 전각 | 昂贵 ángguì 형 비싸다 | 青瓦 qīngwǎ 청기와 | 铺 pū 동 깔다 | 屋顶 wūdǐng 명 옥상 | 熙政堂 Xīzhèngtáng 고유 희정당 | 大造殿 Dàzàodiàn 고유 대조전 | 起初 qǐchū 처음 | 寝殿 qǐndiàn 침전 | 宽敞 kuānchang 넓다 | 乐善斋 Lèshànzhāi 고유 낙선재 | 宪宗 Xiànzōng 고유 헌종 | 庆嫔金氏 Qìngpín Jīnshì 고유 경빈 김씨 | 锡福轩 Xīfúxuān 고유 석복헌 | 寿康斋 Shòukāngzhāi 고유 수강재 | 民宅 mínzhái 명 민가 | 露出 lùchū 동 드러내다 | 德惠翁主 Déhuì wēngzhǔ 고유 덕혜옹주 | 皇族 huángzú 명 황족 | 度过 dùguò 동 보내다 | 余生 yúshēng 명 여생 | 后苑 hòuyuàn 명 후원 | 北苑 běiyuàn 북원 | 禁苑 jìnyuàn 금원 | 内苑 nèiyuàn 내원 | 秘苑 mìyuàn 비원 | 修路 xiūlù 동 도로를 닦다 | 盖屋 gàiwū 집을 짓다 | 屈指可数 qū zhǐ kě shǔ 성 손에 꼽히다 | 池塘 chítáng 명 연못 | 亭子 tíngzi 명 정자 | 欣赏 xīnshǎng 동 감상하다 | 芙蓉池 Fúróngchí 고유 부용지 | 芙蓉亭 Fúróngtíng 고유 부용정 | 宙合楼 Zhòuhélóu 고유 주합루 | 垂钓 chuídiào 동 낚시하다 | 奎章阁 Kuízhānggé 고유 규장각 | 鱼水门 Yúshuǐmén 고유 어수문 | 通往 tōngwǎng 동 ~로 통하다 | 蕴含 yùnhán 동 포함하다 | 着想 zhuóxiǎng 동 생각하다 | 暎花堂 Yìnghuātáng 고유 영화당 | 科举 kējǔ 명 과거 | 不老门 bùlǎomén 불로문 | 磨制 mózhì 동 다듬어 만들다, 갈아서 제작하다 | 传言 chuányán 명 전하는 말, 소문 동 말을 전하다 | 长寿 chángshòu 형 장수하다 | 爱莲池 Àiliánchí 고유 애련지 | 爱莲亭 Àiliántíng 고유 애련정 | 演庆堂 Yǎnqìngtáng 고유 연경당 | 孝明世子 Xiàomíng shìzǐ 고유 효명세자[조선 제23대 왕 순조의 세자] | 士大夫 shìdàfū 명 사대부 | 住宅 zhùzhái 명 주택 | 素雅 sùyǎ 형 소박하고 우아하다 | 古朴 gǔpǔ 형 소박하고 고풍스럽다 | 溪流 xīliú 명 시내 | 溪谷 xīgǔ 명 도랑 | 尊德亭 Zūndétíng 고유 존덕정 | 双屋檐 shuāngwūyán 겹처마 | 六角形 liùjiǎoxíng 명 육각형 | 观览亭 Guānlǎntíng 고유 관람정 | 扇形 shànxíng 명 부채꼴 | 玉流川 Yùliúchuān 고유 옥류천 | 幽深 yōushēn 형 깊숙하고 그윽하다 | 逍遥亭 Xiāoyáotíng 고유 소요정 | 太极亭 Tàijítíng 고유 태극정 | 清漪亭 Qīngyītíng 고유 청의정 | 笼山亭 Lóngshāntíng 고유 용산정 | 翠寒亭 Cuìhántíng 고유 취한정 | 农耕 nónggēng 동 농경하다 | 逍遥岩 Xiāoyáoyán 고유 소요암 | 凿有 záoyǒu 파여 있다 | 水槽 shuǐcáo 명 물길, 물탱크 | 打转 dǎzhuàn 동 돌다 | 类似 lèisì 형 유사하다 | 瀑布 pùbù 명 폭포 | 记载 jìzǎi 동 기재하다 | 流觞曲水 liú shāng qū shuǐ 성 유상곡수[여러 사람이 굽이진 도랑에 둘러앉은 후, 위에서 띄운 술잔이 자신의 앞까지 흘러오기 전에 시를 외우며 술을 마시는 놀이]

바로 확인

❶ 昌德宫是 ______ 的宫殿，所以被称为 ______ 的宫殿。

창덕궁은 건축물과 자연이 완벽하게 어우러진 궁궐이어서 가장 한국적인 궁이라고 불린다.

❷ 乐善斋采用了 ______ 形式，没有 ______ ，露出朴素的面貌。

낙선재는 민가 형식을 사용하여 단청을 칠하지 않았기 때문에 소박한 모습을 보인다.

정답 ❶ 建筑和自然完美融合 / 最具韩国特色 ❷ 民宅 / 丹青

Step4
도전!
모의면접

Q1 昌德宫里面没有丹青的建筑有哪些?

Q2 昌德宫的正殿是什么? 它和勤政殿有什么不同的特色?

tip 〈한 걸음 더〉

禁川和禁川桥

朝鲜的宫殿正门后侧都有一条小河，这就是禁川。禁川具有把宫殿与外部区分开来的象征意义。因为从这里就开始国王的空间，所以表示进宫者要端正仪态的意思。而且禁川也有明堂水的含义。禁川上总是有一座桥，叫禁川桥。景福宫的禁川桥为永济桥，昌德宫的禁川桥为锦川桥，昌庆宫的禁川桥为玉川桥。

해석

금천과 금천교

조선의 궁궐 정문 뒤에는 작은 내가 흐르는데, 이것이 바로 금천이다. 금천은 궁궐의 외부를 구분하는 상징적 의미가 있다. 여기부터 임금의 공간이 시작되므로, 궁에 들어가는 이는 마음을 단정하게 해야함을 나타낸다. 또한 금천은 명당수의 의미도 지닌다. 금천 위에 놓여진 다리를 금천교라 부른다. 경복궁의 금천교는 영제교, 창덕궁의 금천교는 금천교, 창경궁의 금천교는 옥천교이다.

03 창경궁

Step1
사전 탐색하기

창경궁은 조선의 세 번째 궁궐이다. 임진왜란 이후 창덕궁이 정궁 역할을 하면서 주요 이궁으로 사용되었던 창경궁은 일제시대에 이르러 많은 수난을 당하기도 했다. 조선 5대궁의 하나로, 다른 궁과 구별되는 특징을 알아두도록 한다. 면접 시험에서는 창경궁의 특징과 다른 궁과의 비교에 관해 자주 출제된다.

Step2
기출 따라잡기

Track 5-5

昌庆宫和其他宫殿有什么不同?
창경궁은 다른 궁궐과 어떤 점이 다른가요?

답안 昌庆宫是朝鲜时代王宫中唯一的坐西朝东的宫殿。就是说，和其他宫殿的建筑朝南而建不同，弘化门、明政殿等昌庆宫的主要建筑是朝东的建筑。而且，昌庆宫和昌德宫隔墙为邻，主要用于王室成员的生活空间，因此内殿的面积比外殿更广阔。

해석 창경궁은 조선시대 왕궁 중 유일한 동향 궁입니다. 다시 말해, 다른 궁궐이 남향으로 지은 것과 달리 홍화문, 명정전 등 창경궁의 주요 건축물은 동향 건물입니다. 또한 창경궁은 창덕궁과 담을 사이에 두고 이웃하며, 주로 왕실가족의 일상적인 공간으로 사용되었기 때문에, 내전의 면적이 외전보다 더 넓습니다.

단어 昌庆宫 Chāngqìnggōng 고유 창경궁 | 朝鲜 Cháoxiǎn 고유 조선 | 坐西朝东 zuò xī cháo dōng 동향을 하다 | 朝南而建 cháo nán ér jiàn 남향을 하여 짓다 | 宫殿 gōngdiàn 명 궁궐 | 弘化门 Hónghuàmén 고유 홍화문 | 明政殿 Míngzhèngdiàn 고유 명정전 | 隔墙为邻 géqiáng wéilín 벽을 사이에 두고 이웃하다 | 内殿 nèidiàn 명 내전 | 外殿 wàidiàn 명 외전 | 广阔 guǎngkuò 형 넓다

Step3
관통 솔루션 파악하기

학습목표 1 창경궁의 특징을 다른 궁과 비교하여 설명한다.

학습목표 2 창경궁의 주요 건축물을 설명한다.

Track 5-6

昌庆宫

昌庆宫是朝鲜第三古老的王宫。世宗大王在1418年为了侍奉退位的上王太宗而建造的寿康宫是它的前身。成宗14年(1483年)，为了侍奉世祖的大妃贞熹王后尹氏、成宗的生母昭惠王后韩氏、睿宗的继妃安顺王后韩氏等三位大妃，把它扩建了之后，改称昌庆宫。昌庆宫位于城墙内的东侧，所以与昌德宫统称为"东阙"。

玉川桥

창경궁의 역사

昌庆宫是朝鲜时代王宫中唯一的坐西朝东的宫殿。就是说昌庆宫的主要建筑朝东，而不朝南。据推测，因为这里的南、西、北边有丘陵，东有平地，所以从地形上看也适合朝东。而且昌庆宫的南侧有宗庙，按照儒教的观念，不能朝着宗庙开门。

창경궁의 특징

1592年壬辰倭乱时被焚毁，到1616年光海军时代重建。后来日本强占期时拆除了里面的很多建筑，在此建造动物园、植物园和娱乐设施。它的名称也被降格为昌庆园。1983年将动物园迁移到首尔大公园后，昌庆宫开始恢复原貌，也找回了原来的名字。

창경궁의 수난사

弘化门是昌庆宫的正门，是坐西朝东的建筑。进入这个门有座禁川桥，叫玉川桥。

창경궁의 정문

明政殿是昌庆宫的正殿，也是朝东的建筑。它是现存的朝鲜王朝正殿中最古老的。它与勤政殿、仁正殿相比，规模较小，是单层建筑。

창경궁의 정전

通明殿是王和王妃的寝殿。它与昌德宫的大造殿同样没有屋脊。因为这里是国王睡觉的地方。国王和王后的寝宫没有屋脊的原因是屋脊代表龙，龙象征国王，所以国王住的地方就不用屋脊。

창경궁의 침전

해석

창경궁

창경궁은 조선의 세 번째 궁이다. 세종대왕이 1418년 왕위에서 물러난 상왕 태종을 모시기 위해 지은 수강궁이 창경궁의 전신이다. 성종 14년(1483년) 세조의 대비 정희왕후 윤씨, 성종의 생모 소혜왕후 한씨, 예종의 계비 안순왕후 한씨 등 세 대비를 모시기 위해, 창경궁을 확장하여 짓고 이름도 창경궁이라 고쳐 부르게 되었다. 창경궁은 도성의 동쪽에 위치하여, 창덕궁과 함께 '동궐'이라 불린다.

창경궁은 조선시대 왕궁 가운데 유일하게 동향 궁궐이다. 즉 창경궁의 주요 건물은 남향이 아니라 동향이라는 것이다. 이는 이곳의 남, 서, 북쪽에 구릉이 있고 동쪽에 평지가 있어 지형적으로 볼 때 동향으로 짓는 것이 적합하기 때문이라고 한다. 또한 창경궁의 남쪽에 종묘가 있어, 유교적 관점에 따라 종묘를 향해 문을 여는 것이 부적절하기 때문이라는 추측도 있다.

1592년 임진왜란 때 불에 탔다가, 1616년 광해군 때 중건되었다. 훗날 일제강점기 때 대부분의 건축물이 철거되고 대신 동물원, 식물원과 놀이시설 등이 지어졌다. 이름도 창경원으로 격하되었다. 1983년 동물원을 서울대공원으로 이전한 후, 창경궁은 원래의 모습을 회복하기 시작했고 이름도 되찾게 되었다.

홍화문은 창경궁의 정문이며 동향 건물이다. 이 문을 들어서면 금천교가 있으며 옥천교라 불린다.

명정전은 창경궁의 정전이며, 역시 동향 건물이다. 이는 현존하는 조선의 정전 중 가장 오래된 것이다. 근정전, 인정전에 비해 규모가 작고 단층 건물이다.

통명전은 왕과 왕비의 침전이다. 이곳에는 창덕궁의 대조전과 마찬가지로 용마루가 없다. 이곳이 임금이 주무시는 곳이기 때문이다. 임금과 왕후의 침궁에 용마루가 없는 이유는 용마루가 용을 나타내고, 용은 임금을 상징하므로, 왕의 거처에는 용마루가 필요 없기 때문이다.

단어 世宗大王 Shìzōng dàwáng 고유 세종대왕 | 侍奉 shìfèng 동 섬기다 | 退位 tuìwèi 동 퇴위하다 | 太宗 Tàizōng 고유 태종 | 寿康宫 Shòukānggōng 고유 수강궁 | 前身 qiánshēn 명 전신 | 成宗 Chéngzōng 고유 성종 | 世祖 Shìzǔ 고유 세조 | 大妃 dàfēi 명 대비 | 贞熹王后尹氏 Zhēnxīwánghòu Yǐnshì 정희왕후 윤씨 | 昭惠王后韩氏 Zhāohuìwánghòu Hánshì 소혜왕후 한씨 | 睿宗 ruìzōng 예종 | 继妃 jìfēi 명 계비 | 安顺王后韩氏 Ānshùnwánghòu Hánshì 안순왕후 한씨 | 扩建 kuòjiàn 동 증축하다 | 改称 gǎichēng 동 명칭을 바꾸다 | 坐西朝东 zuò xī cháo dōng 동향을 보고 있다 | 推测 tuīcè 동 추측하다 | 丘陵 qiūlíng 명 구릉 | 平地 píngdì 명 평지 | 适合 shìhé 동 적합하다 | 儒教 Rújiào 명 유교 | 观念 guānniàn 명 관념 | 焚毁 fénhuǐ 동 불태워 버리다 | 光海军 Guānghǎijūn 고유 광해군 | 拆除 chāichú 동 철거하다 | 降格 jiànggé 동 격을 낮추다 | 迁移 qiānyí 동 옮기다 | 恢复 huīfù 동 회복하다 | 原貌 yuánmào 명 원래의 면모 | 弘化门 Hónghuàmén 고유 홍화문 | 禁川桥 Jìnchuānqiáo 고유 금천교 | 玉川桥 Yùchuānqiáo 고유 옥천교 | 明政殿 Míngzhèngdiàn 고유 명정전 | 正殿 zhèngdiàn 명 정전 | 现存 xiàncún 동 현존하다 | 勤政殿 Qínzhèngdiàn 고유 근정전 | 仁正殿 Rénzhèngdiàn 고유 인정전 | 通明殿 Tōngmíngdiàn 고유 통명전 | 寝殿 qǐndiàn 침전 | 大造殿 Dàzàodiàn 고유 대조전 | 屋脊 wūjǐ 명 용마루

바로 확인

❶ 昌庆宫是朝鲜时代王宫中唯一的 ______ 的宫殿。

창경궁은 조선시대 왕궁 중 유일한 동향 궁궐이다.

❷ 昌庆宫的正殿是 ______ ，这是现存朝鲜正殿中 ______ 的。

창경궁의 정전은 명정전이며, 이는 현존하는 조선의 정전 가운데 가장 오래된 것이다.

정답 ❶ 坐西朝东 ❷ 明政殿 / 最古老

Step4
도전!
모의면접

Q1 昌庆宫的国宝是什么?

Q2 昌庆宫的建筑中没有屋脊的是什么?

04 덕수궁

Step1
사전 탐색하기

덕수궁은 조선말기 대한제국의 영욕의 역사를 함께 한 궁궐이다. 원래 월산대군의 개인저택이었던 이곳은 조선의 다른 궁궐과 달리 전통건축과 서양식 건축이 공존하는 유일한 궁이기도 하다. 근대역사의 중요한 배경으로 면접 시험에서도 자주 출제되고 있다.

Step2
기출 따라잡기

Track 5-7

德寿宫和景福宫有什么不同的特点?
덕수궁은 경복궁과 비교해 어떤 특징이 있나요?

답안 德寿宫在朝鲜的5大宫中唯一拥有西式建筑，比如静观轩、石造殿等。而且，德寿宫原来是王族的私宅，因此不同于结构规整的景福宫，布局形式比较自由。

해석 덕수궁은 조선의 5대궁 가운데 유일하게 정관헌, 석조전 등의 서양식 건축물을 가지고 있습니다. 또한 덕수궁은 원래 왕족의 사택이었기 때문에, 질서정연한 구조의 경복궁과는 달리 배치형식이 비교적 자유롭습니다.

단어 德寿宫 Déshòugōng 고유 덕수궁 | 比如 bǐrú 접 예를 들어 | 静观轩 Jìngguānxuān 고유 정관헌 | 石造殿 Shízàodiàn 고유 석조전 | 私宅 sīzhái 명 사택 | 不同于 bùtóng yú ~와는 다르다 | 规整 guīzhěng 형 정연하다 | 景福宫 Jǐngfúgōng 고유 경복궁 | 布局 bùjú 명 구도, 배치

Step3
관통 솔루션 파악하기

학습목표 1 덕수궁의 특징을 다른 궁과 구분하여 설명한다.

학습목표 2 덕수궁을 배경으로 한 역사적 사건을 알아둔다.

Track 5-8

德寿宫

德寿宫原来是成宗的哥哥月山大君的私邸。壬辰倭乱以后景福宫遭到严重的破坏，所以这里作为临时宫殿开始使用，被称为贞陵洞行宫，后来光海君时期改称为庆运宫。1907年高宗传位后，纯宗移到昌德宫，高宗仍住在这里。从此，它被称为德寿宫。

德寿宫南侧原来有正门仁化门。后来大安门前边建设了多条道路，宫殿东侧渐渐成为城市的中心区域，东门大安门也开始成为正门。大安门的意思是“大事平安”，1906年经过修缮，改为大汉门。它的意思是“汉阳的昌盛”。

中和殿是德寿宫的正殿，是举行国家重要仪式的场所。前往中和殿的台阶踏道(位于台阶中间的宽石头)在朝鲜宫殿中唯一刻有龙，其他正殿都雕刻有凤凰。因为这里是在大韩帝国出台以后修建的建筑，所以装饰了象征黄帝的龙。它原来是双层建筑，1904年发生火灾后重建为单层建筑。现在的中和殿和中和门一起被指定为韩国的宝物。

咸宁殿是高宗的寝殿。1919年1月21日，高宗在德寿宫咸宁殿驾崩。

光明门原来是咸宁殿的南门，1938年石造殿西馆扩建，移到现在的位置。水漏自击漏(国宝第229号)和兴天寺铜钟(宝物第1460号)和利用火药可以发射100只箭的神机箭机火车在光明门内展出。

即祚堂一带主要由“昔御堂”、“即祚堂”、“浚明堂”构成。壬辰倭乱时期，宣祖临时在这里居住。“浚明堂”作为国王处理政务的便殿使用，“即祚堂”是高宗1902年“中和殿”建成之前的居所，“即祚堂”现在挂有高宗手书匾额。位于“即祚堂”旁边的“昔御堂”是德寿宫内唯一不上丹青的双层传统建筑，有着朴素的民居特色。昔御堂既是仁穆大妃曾被幽闭的地方，也是仁祖反正后光海君退位的殿阁。

静观轩是一座供休息的建筑，位于宫殿后苑的坡地。可以说是在传统宫殿中替代后苑亭子功能的建筑形式。1900年左右由俄罗斯建筑师结合东西方建筑样式设计而成。西洋式的石柱被木柱所替代，柱子上方刻有韩国的传统图案，此外还设计有阳台。据记载，高宗曾经在静观轩品尝咖啡、接见外交使节、举行宴会。

石造殿

石造殿是高宗的寝殿兼便殿。自1900年开工历经十年建成，是一座石造建筑，颇有西洋新古典主义风格，在建筑的前面

덕수궁의 내력

덕수궁의 정문

덕수궁의 정전 중화전

덕수궁의 침전 함녕전과 광명문

즉조당 일대

정관헌

석조전

和东西两边建有阳台。石造殿前面建有韩国最早的西式庭院。

重明殿是由俄罗斯建筑家设计，在1897年~1907年建立成了皇室图书馆，是个地下1层地上2层的石头建筑。这里也是于1905年11月17日签署乙巳勒约的历史性场所。

在建筑学的角度，德寿宫拥有韩国近代建筑中最初的风格。据说，德寿宫内建造石造殿等西洋建筑是当时促进近代化政策的一环。

중명전

근대화정책의 일환

해석

덕수궁

덕수궁은 원래 성종의 형인 월산대군의 사저였다. 임진왜란 이후 경복궁이 심각하게 파괴되자, 이곳을 임시궁으로 사용하기 시작하면서 정릉동 행궁이라 불렀고, 훗날 광해군 때 경운궁으로 개칭했다. 1907년 고종이 왕위를 물려준 후, 순종은 창덕궁으로 옮겨갔고, 고종은 여전히 이곳에 남았으며, 이때부터 이곳은 덕수궁이라 불리게 되었다.

덕수궁 남쪽에는 원래 정문 인화문이 있었다. 후에 대안문 앞에 많은 도로가 건설되고, 궁전 동쪽이 점점 도시의 중심구역이 되면서, 동문 대안문도 정문으로 사용되기 시작했다. 대안문의 의미는 '일이 두루 평안하다'는 것으로, 1906년 보수하면서 대한문으로 이름을 바꿨다. 이것은 '한양의 창성'이라는 의미이다.

중화전은 덕수궁의 정전이며, 국가의 중요한 의식을 거행하는 장소였다. 중화전으로 향하는 계단 답도(계단 중간의 넓은 판석에 위치)에는 조선궁궐 중 유일하게 용이 새겨져 있어, 다른 정전에는 모두 봉황이 있는 것과는 다른 모습이다. 이는 이곳이 대한제국 출범 이후 세운 건축물이기 때문에, 황제를 상징하는 용으로 장식한 것이다. 중화전은 원래 복층이었지만, 1904년 화재 발생 후 단층으로 재건되었다. 현재 중화전과 중화문은 보물로 지정되어 있다.

함녕전은 고종의 침전이다. 1919년 1월 21일, 고종은 덕수궁 함녕전에서 돌아가셨다.

광명문은 원래 함녕전의 남문이었는데, 1938년 석조전 서관을 확장하면서 현재의 위치로 옮겼다. 물시계인 자격루(국보 제229호), 흥천사 동종(보물 제1460호)과 화약을 이용해 100개의 화살을 발사할 수 있는 신기전기화차 등이 광명문 안에 전시되어 있다.

즉조당 일대는 주로 '석어당', '즉조당', '준명당'으로 이루어졌다. 임진왜란 때, 선조가 임시로 이곳에 거한 바 있다. '준명당'은 임금이 정무를 처리하던 편전으로 사용되었고, '즉조당'은 고종이 1902년 '중화전'을 짓기 전까지 머물렀던 곳으로, '즉조당'에는 지금도 고종의 친필 편액이 걸려있다. '즉조당' 옆에 위치한 '석어당'은 덕수궁에서 유일하게 단청을 칠하지 않은 복층구조의 전통건물로, 소박한 민가적 특색을 지녔다. 석어당은 인목대비가 유폐되었던 곳이며, 인조반정 후 광해군이 퇴위한 전각이기도 하다.

정관헌은 휴식을 위한 건축이며, 궁궐 후원의 언덕에 위치해 있다. 전통궁궐에서 후원의 정자와 같은 기능을 지닌 건축형식이라 말할 수 있다. 1900년 즈음 러시아 건축가가 동서양의 건축양식을 결합하여 설계했다. 서양식의 돌기둥은 나무기둥으로 대체되었고 기둥 위쪽에는 한국식 전통도안이 새겨져 있으며, 테라스가 설치되어 있다. 기록에 따르면, 고종은 정관헌에서 커피를 마시거나 외교사절을 접견하고, 연회를 베풀기도 했다.

석조전은 고종의 침전이자 편전이다. 1900년 공사를 시작해 10년에 걸쳐 지어진 석조건물이다. 서양의 신고전주의의 영향을 받은 석조전은 앞과 동서 양쪽에 테라스를 두었다. 석조전 앞에는 한국 최초의 서양식 정원도 지어졌다.

중명전은 러시아 건축가가 설계했으며 1897년~1907년 사이 황실도서관으로 지어진, 지하 1층 지상 2층짜리 석조건물이다. 이곳은 1905년 11월 17일 을사늑약이 체결된 역사적 장소이기도 하다.

건축학적 관점에서 볼 때, 덕수궁은 한국 최초의 근대건축의 풍을 지녔다. 덕수궁에 석조전 등 서양식 건축물을 세운 것은 당시 추진한 근대화정책의 일환이었다고 전해진다.

단어 月山大君 Yuèshān dàjūn 고유 월산대군 | 私邸 sīdǐ 명 사저 | 临时宫殿 línshí gōngdiàn 임시궁전 | 贞陵洞行宫 Zhēnlíngdòng xínggōng 정릉동 행궁 | 光海君 Guānghǎijūn 고유 광해군 | 改称 gǎichēng 동 명칭을 바꾸다 | 庆运宫 Qìngyùngōng 고유 경운궁 | 传位 chuánwèi 동 왕위를 물려주다 | 移到 yídào ~로 옮기다 | 仁化门 Rénhuàmén 고유 인화문 | 渐渐 jiànjiàn 부 점점 | 大事平安 dàshì píng'ān 일이 두루 평안하다 | 修缮 xiūshàn 동 보수하다 | 昌盛 chāngshèng 형 창성하다 | 中和殿 Zhōnghédiàn 고유 중화전 | 前往 qiánwǎng 동 나아가다 | 台阶 táijiē 명 계단 | 踏道 tàdào 답도 | 刻有 kèyǒu 새겨져 있다 | 雕刻 diāokè 동 조각하다 | 凤凰 fènghuáng 명 봉황 | 出台 chūtái 동 무대에 나오다 | 修建 xiūjiàn 동 건조하다, 짓다 | 装饰 zhuāngshì 동 장식하다 | 咸宁殿 Xiánníngdiàn 고유 함녕전 | 寝殿 qǐndiàn 침전 | 驾崩 jiàbēng 동 서거하다 | 光明门 Guāngmíngmén 고유 광명문 | 石造殿 Shízàodiàn 고유 석조전 | 扩建 kuòjiàn 동 증축하다 | 水漏 shuǐlòu 명 물시계 | 自击漏 Zìjīlòu 고유 자격루 | 兴天寺铜钟 Xīngtiānsì tóngzhōng 고유 흥천사 동종 | 火药 huǒyào 명 화약 | 发射 fāshè 동 발사하다 | 箭 jiàn 명 화살 | 神机箭机火车 shénjī jiànjīhuǒchē 신기전기화차 | 展出 zhǎnchū 동 전시하다 | 即祚堂 Jízuòtáng 고유 즉조당 | 昔御堂 Xīyùtáng 고유 석어당 | 浚明堂 Jùnmíngtáng 고유 준명당 | 构成 gòuchéng 동 구성하다 | 宣祖 xuānzǔ 선조 | 挂有 guàyǒu 걸려있다 | 手书 shǒushū 동 직접 쓰다 | 匾额 biǎn'é 명 편액 | 丹青 dānqīng 명 단청 | 仁穆大妃 Rénmù dàfēi 고유 인목대비 | 幽闭 yōubì 동 유폐하다, 집안에 가두다 | 静观轩 Jìngguānxuān 고유 정관헌 | 后苑 hòuyuàn 명 후원 | 坡地 pōdì 명 산비탈의 경사 | 替代 tìdài 동 대신하다 | 亭子 tíngzi 명 정자 | 柱子 zhùzi 명 기둥 | 图案 tú'àn 명 도안 | 阳台 yángtái 명 발코니 | 记载 jìzǎi 동 기재하다 | 品尝 pǐncháng 동 맛보다 | 接见 jiējiàn 동 접견하다 | 使节 shǐjié 명 외교사절 | 宴会 yànhuì 명 연회 | 兼 jiān 동 겸하다 | 开工 kāigōng 동 공사를 시작하다 | 历经 lìjīng 동 여러 번 거치다 | 颇有 pōyǒu 동 다분히 가지고 있다 | 新古典主义 xīngǔdiǎn zhǔyì 신고전주의 | 重明殿 Chóngmíngdiàn 고유 중명전 | 签署 qiānshǔ 동 조인하다, 체결하다 | 乙巳勒约 Yǐsì lèyuē 고유 을사늑약

바로 확인

❶ 德寿宫是 ________________ 的朝鲜宫殿。

덕수궁은 전통 건축물과 서양식 건축물이 공존하는 조선시대 궁궐이다.

❷ ________ 是德寿宫内西式建筑之一，1910年完工，高宗作为便殿和寝殿使用。

석조전은 덕수궁 내의 서양식 건축물 중 하나로, 1910년 완공되어 고종이 편전과 침전으로 사용했다.

정답 ❶ 韩式建筑和西式建筑并存的 ❷ 石造殿

Step4
도전!
모의면접

Q1 德寿宫内没有上丹青的传统建筑是什么?

Q2 德寿宫内有哪些西式建筑?

tip 〈한 걸음 더〉

圜丘坛

圜丘坛是祭祀上天的地方。据说韩国祭天文化与农耕文化同时形成，而且自三国时代起韩半岛就有了国家级的祭天仪式。圜丘坛建成后，于高丽成宗2年(983)正月最初使用。而到朝鲜初期祭天仪式受到严重的限制后，圜丘坛也被废除。于1897年，高宗在此登基并宣布“大韩帝国”的成立，从此恢复了祭天仪式，圜丘坛又被重新使用。

现在的圜丘坛遗址遗留着皇穹宇以及三块石鼓。皇穹宇是三层八角建筑。石鼓十分华丽，并雕有龙纹。日本占领时期除皇穹宇、石鼓之外的其他建筑都被朝鲜总督府拆除，并在其位置上建造了朝鲜京城铁道宾馆，后来改建成现在的朝鲜酒店。

圜丘坛

해석 **환구단**

환구단은 하늘에 제사를 지내던 곳이다. 한국의 제천문화는 농경문화와 함께 형성되었으며, 삼국시대부터 국가 차원의 제천의식이 이루어졌다. 환구단은 고려 성종 2년 정월에 처음 사용된 것으로 전해진다. 그러나 조선초기에는 제천의식이 엄격하게 제한을 받으면서 환구단도 폐지되었다. 1897년, 고종이 이곳에서 황제에 등극하고 '대한제국'의 성립을 선포함으로써 제천의식이 부활되었고, 환구단도 새롭게 사용되었다.
오늘날의 환구단 터에는 황궁우와 3개의 석고가 남아 있다. 황궁우는 3층의 8각 건축물이다. 석고는 대단히 화려하며 용문양이 새겨져 있다. 일제강점기 때 황궁우와 석고를 제외한 다른 건축은 모두 조선총독부에 의해 철거되고, 그 자리에 조선 경성철도호텔이 들어섰으며 후에 오늘날의 조선호텔이 지어졌다.

플러스+ 면접 노트

출제 포인트

01 경희궁은 가장 훼손이 심한 궁궐로, 현재 일부만 복원되어 있다.
02 경복궁을 북궐, 창덕궁과 창경궁을 동궐, 경희궁을 서궐이라고도 부른다.

西阙—庆熙宫

庆熙宫是朝鲜后期的离宫。这里本来是王族的私邸，到了光海君时代建造了离宫，称为庆德宫，后来按照英祖的命令把名称改为庆熙宫。庆熙宫因为位于都城的西侧，也称为西阙。这是和昌德宫、昌庆宫被称为东阙的名称相对应的。壬辰倭乱以后，东阙作为正宫使用，西阙就成为从仁祖到哲宗的10代国王的离宫。尤其是，英祖执政时，有一半的时间都在这里度过。庆熙宫内建有崇政殿、资政殿、隆福殿、会祥殿等100多个大大小小的建筑，但经过日本强占期，这里的重要殿阁大部分被拆毁，面积也缩小到了一半。从此庆熙宫失去了宫阙面貌。首尔市从1987年开始复原崇政殿等部分面貌，从2002年开始正式对外开放。

해석

서궐-경희궁

경희궁은 조선후기의 이궁이다. 이곳은 원래 왕족의 사저였는데, 광해군 때에 이르러 이궁을 짓고 경덕궁이라고 부르다가 훗날 영조의 명에 따라 경희궁으로 이름을 바꾸었다. 경희궁은 도성의 서쪽에 자리하고 있어 서궐이라고도 불린다. 이는 창덕궁, 창경궁을 동궐이라 부르는 이름과 대비되는 것이다. 임진왜란 후, 동궐이 정궁으로 사용되자, 서궐은 인조로부터 철종에 이르기까지 10대에 걸친 왕이 사용한 이궁이 되었다. 특히, 영조는 치세의 절반을 이곳에서 보냈다. 경희궁 내에는 숭정전, 자정전, 융복전, 회상전 등 100개 이상의 크고 작은 전각이 있었지만, 일제강점기를 거치면서 주요 전각 대부분이 철거되었고 면적도 절반으로 줄었다. 이때부터 경희궁은 궁궐로서의 면모를 상실했다. 서울시는 1987년부터 숭정전 등 일부 모습을 복원하기 시작했고, 2002년 정식으로 대외에 개방했다.

단어 西阙 Xīquè 고유 서궐 | 庆熙宫 Qìngxīgōng 고유 경희궁 | 执政 zhízhèng 동 집권하다 | 崇政殿 Chóngzhèngdiàn 고유 숭정전 | 资政殿 Zīzhèngdiàn 고유 자정전 | 隆福殿 Lóngfúdiàn 고유 융복전 | 会祥殿 Huìxiángdiàn 고유 회상전

05 사대문과 사소문

Step1
사전 탐색하기

조선을 건국한 후, 옛 한양도성을 지키기 위해 쌓은 한양성곽에는 8개의 문이 있었다. 사대문과 사소문이 그것이다. 사대문과 사소문의 각 이름을 기억하고, 그중에서도 숭례문과 흥인지문의 특징을 비교하여 알아두도록 한다.

Step2
기출 따라잡기

Track 5-9

首尔的四大门和四小门的名字分别是什么?
서울의 사대문과 사소문의 이름은 각각 무엇인가요?

답안 四大门的名字分别是崇礼门、兴仁之门、敦义门和肃靖门。四小门是惠化门、昭德门、光熙门和彰义门。这些门是朝鲜时代守护首都的重要城门。如今，除了敦义门和昭德门之外，都仍然留存。

해석 사대문의 이름은 숭례문, 흥인지문, 돈의문과 숙정문이다. 사소문은 혜화문, 소덕문, 광희문과 창의문이다. 이들은 조선시대 수도를 방위하던 중요한 성문이다. 오늘날, 돈의문과 소덕문을 제외하고 다른 성문들은 여전히 남아있다.

단어 崇礼门 Chónglǐmén 고유 숭례문 | 兴仁之门 Xīngrénzhīmén 고유 흥인지문 | 敦义门 Dūnyìmén 고유 돈의문 | 肃靖门 Sùjìngmén 고유 숙정문 | 惠化门 Huìhuàmén 고유 혜화문 | 昭德门 Zhāodémén 고유 소덕문 | 光熙门 Guāngxīmén 고유 광희문 | 彰义门 Zhāngyìmén 고유 창의문 | 守护 shǒuhù 동 지키다 | 留存 liúcún 동 남아 존재하다

Step3
관통 솔루션 파악하기

학습목표 1 사대문과 사소문의 이름을 말할 수 있다.

학습목표 2 숭례문과 흥인지문을 비교하여 파악한다.

》 **유비무환! 미리 준비합시다!**

보신각에 대해서도 함께 알아두세요!

Track 5-10

首尔的四大门和四小门

14世纪末朝鲜王朝建国以后，为了守护首都、抵抗外敌的入侵，在现在首尔的中心地区修建了城廓。当时围着汉阳都城的城墙上还开设了8个城门，包括四大门和四小门。四大门的名字分别是崇礼门、兴仁之门、敦义门和肃靖门。四小门是惠化门、昭德门、光熙门和彰义门。

사대문과 사소문

崇礼门是守护朝鲜王朝首都汉阳的四大门之一，于1398年建成。因为位于首尔都城的南侧，所以也被称为南大门。崇礼门一直被视为护城的正门。它也是国宝第1号。1908年，为了配合城市开发计划，拆除了原来与城门衔接的城墙，只留下城门。城门呈拱形，上面建有两层木造楼阁。崇礼门和其他匾额的横写方式不同，采用了竖写方式。据说，崇礼门正南方的冠岳山火气过盛，可以蔓延到都城甚至是景福宫，引起火灾。"崇礼"两个字竖写的话，这形状好像是火苗呼呼燃烧一样，能克制来自南方冠岳山的火气。所以，这里的匾额竖着写了崇礼门三个字。历经多次战乱，而仍保持原貌的崇礼门，于2008年2月因为被人纵火而发生火灾。韩国政府对崇礼门进行了重建工作，于2013年5月竣工。

崇礼门

숭례문의 특징

兴仁之门是汉阳都城的四门中位于东侧的城门，最早于1396年落成，现存城门是高宗6年(1869年)修建的。兴仁之门的建筑模式与崇礼门相似，但是门楼外建有崇礼门所没有的半圆形瓮城。而且兴仁之门和其它三字匾额不同，中间加了一个"之"字，由四个字组成。据说是因为兴仁之门所在的东城地势较低弱，所以加了一个"之"字，以增加地力、平衡四方的气势。兴仁之门是朝鲜后期城门建筑的代表，是宝物第1号。

흥인지문의 특징

敦义门原来于1396年建成。但是，1915年因日本的城市开发计划而被拆除，现在已经不复存在。

돈의문

肃靖门于1396年建成。和其他城门不同，位于险峻的山区，而且离王宫最近，由于安全上的理由，很少有人的出入，因此几乎没有起到城门的作用。

숙정문

首尔的这四大城门和城内普信阁的名字反映了儒教"五常"的"仁义礼智信"思想。兴仁之门、敦义门、崇礼门分别代表仁、义、礼，肃靖门的"靖"字代替了"智"字。

사대문의 이름과 유교의 오상

해석

서울의 사대문과 사소문

14세기 말 조선왕조 건국 후 외적의 침략으로부터 수도를 지키기 위해 오늘날의 서울 중심지역에 성곽을 축조했다. 당시 한양 도성을 에워싼 성곽에는 8개의 성문을 두었는데, 사대문과 사소문이 바로 그것이다. 사대문은 숭례문, 흥인지문, 돈의문과 숙정문을 말한다. 사소문은 혜화문, 소덕문, 광희문과 창의문을 말한다.

숭례문은 조선왕조의 수도 한양을 지키는 4대문 중 하나로, 1398년에 완공되었다. 서울도성의 남쪽에 위치하여 남대문이라고도 부른다. 숭례문은 한양도성의 정문으로 여겨져 왔다. 국보 제1호이기도 하다. 1908년, 도시개발계획에 발맞추어 원래 성문과 연결되어 있던 성벽을 철거하고 성문만 남게 되었다. 성문은 아치형을 띠며 위에는 2층의 목조누각이 세워져 있다. 숭례문은 다른 편액의 가로쓰기 방식과 달리 세로쓰기 방식을 사용했다. 이는 숭례문 정남쪽의 관악산에 화기가 성하여 그것이 도성과 경복궁까지도 영향을 미침으로써 화재를 일으킬 수 있다는 생각 때문이었다고 한다. '숭례' 두 글자를 세로로 쓰면 불씨가 활활 타오르는 모양을 나타내며, 이로써 남쪽 관악산으로부터 오는 화기를 누를 수 있다고 여겼다. 그리하여 이곳의 편액은 숭례문이라는 세 글자를 세로로 썼다. 여러 차례 전란을 거치면서도 여전히 원래의 모습을 지켜왔던 숭례문은 2008년 2월 방화로 인한 화재를 겪었다. 한국정부는 숭례문을 대대적으로 복원하여 2013년 5월에 완공했다.

흥인지문은 한양도성의 네 문 가운데 동쪽에 위치한 성문이며 1396년에 처음 완공되었고, 현존하는 성문은 고종 6년(1869년)에 축조되었다. 흥인지문의 건축양식은 숭례문과 비슷하지만 문루 바깥에 숭례문에는 없는 반원형의 옹성을 세워두었다는 특징이 있다. 흥인지문은 다른 성문의 세 글자로 된 편액과 달리, 가운데 '지'자를 넣어 네 글자로 편액을 썼다. 이는 흥인지문이 위치한 동쪽지대가 낮고 약하여 '지'자를 넣음으로써 지력을 북돋고 사방의 기의 균형을 맞추고자 함이라고 전해진다. 흥인지문은 조선후기 성문 건축의 대표로 보물 제1호로 지정되어 있다.

돈의문은 원래 1396년에 완공되었다. 그러나 1915년 일본의 도시개발계획에 의해 철거되어 지금은 남아 있지 않다.

숙정문은 1396년에 완공되었다. 다른 성문과 달리 험준한 산에 자리하고 있고 왕궁과도 가까워 안전상의 이유로 사람의 출입이 드물었다. 때문에 거의 성문의 역할을 하지 못했다.

서울의 이 사대문과 성곽 내 보신각의 이름에는 유교의 '오상'인 '인의예지신' 사상이 반영되었다. 흥인지문, 돈의문, 숭례문은 각각 인, 의, 예를 나타내고, '정'자는 '지'자를 대신한다.

단어

守护 shǒuhù 동 지키다 | 抵抗 dǐkàng 동 저항하다 | 外敌 wàidí 명 외적 | 入侵 rùqīn 동 침입하다 | 城廓 chéngkuò 명 성곽 | 都城 dūchéng 명 수도 | 城墙 chéngqiáng 명 성벽 | 开设 kāishè 동 개설하다, 열다 | 崇礼门 Chónglǐmén 고유 숭례문 | 兴仁之门 Xīngrénzhīmén 고유 흥인지문 | 敦义门 Dūnyìmén 고유 돈의문 | 肃靖门 Sùjìngmén 고유 숙정문 | 惠化门 Huìhuàmén 고유 혜화문 | 昭德门 Zhāodémén 고유 소덕문 | 光熙门 Guāngxīmén 고유 광희문 | 彰义门 Zhāngyìmén 고유 창의문 | 护城 hùchéng 성을 지키다 | 配合 pèihé 명 조화 동 협동하다 | 拆除 chāichú 동 철거하다 | 衔接 xiánjiē 동 맞물리다 | 拱形 gǒngxíng 명 아치형 | 楼阁 lóugé 명 누각 | 横写 héngxiě 동 가로로 쓰다 | 竖写 shùxiě 동 세로로 쓰다 | 冠岳山 Guànyuèshān 고유 관악산 | 蔓延 mànyán 동 만연하다, 퍼지다 | 景福宫 Jǐngfúgōng 고유 경복궁 | 火灾 huǒzāi 명 화재 | 火苗 huǒmiáo 명 화염 | 呼呼燃烧 hūhūránshāo 활활 타다 | 克制 kèzhì 동 억제하다 | 战乱 zhànluàn 명 전란 | 原貌 yuánmào 명 원래의 면모 | 纵火 zònghuǒ 동 방화하다 | 重建 chóngjiàn 동 재건하다 | 竣工 jùngōng 동 준공하다 | 落成 luòchéng 동 준공되다 | 瓮城 wèngchéng 명 옹성 | 地势 dìshì 명 지세 | 气势 qìshì 명 기세 | 不复存在 búfù cúnzài 사라지고 없다 | 险峻 xiǎnjùn 형 험준하다 | 普信阁 Pǔxìngé 고유 보신각 | 五常 wǔcháng 명 오상[유교의 다섯 덕목] | 仁义礼智信 rén yì lǐ zhì xìn 인의예지신

바로 확인

❶ 崇礼门不同于其它匾额的______方式，采用了______方式。

숭례문은 다른 편액이 가로로 쓰여진 것과 달리 세로쓰기 방식을 사용했다.

❷ 兴仁之门的门楼外建有______，而且匾额不同于其它城门的三字匾额，由______组成。

흥인지문의 문루 밖에는 옹성이 세워져 있으며, 편액도 다른 성문의 세 글자 편액과는 달리 네 글자로 이어져 있다.

(정답) ❶ 横写 / 竖写 ❷ 瓮城 / 4个字

Step4
도전!
모의면접

Q1 崇礼门和兴仁之门有什么不同?

______

Q2 从首尔四大门的名字中反映的儒教思想是什么?

______

tip 〈한 걸음 더〉

普信阁

普信阁的名字是由高宗所赐给的，原来的名字是钟阁，就是安置大钟的楼阁。最早建于朝鲜太祖5年(1396年)，现在的普信阁是1979年重建的。普信阁大钟是世祖时代铸造的，是宝物第二号，如今保存在国立中央博物馆中。现在普信阁中的大钟是1985年由大众出资共建的。普信阁在除周一外每天中午会进行“普信阁打钟仪式”，而且每逢12月31日固定在普信阁举行迎新敲响打钟祈福活动，数以万计的市民前来参观，当天普信阁周边交通也会进行管制。

해석 보신각

보신각의 이름은 고종이 하사한 것이며, 원래는 종을 둔 누각이라는 뜻으로 종각이라 불렀다. 일찍이 조선 태조 5년(1396년)에 세워졌으며, 오늘날의 보신각은 1979년에 재건한 것이다. 보신각대종은 세조 때 주조한 것으로 보물 제2호이며, 오늘날 국립중앙박물관에 보관되어 있다. 현재 보신각에 걸려 있는 종은 1985년 시민들의 성금으로 복원한 것이다. 보신각은 월요일을 제외한 매일 정오에 '보신각 타종의식'을 진행한다. 또한 해마다 12월 31일에는 이곳에서 송구영신 타종행사를 열어, 구경하려는 수많은 시민들이 모여들어 주변 교통도 통제된다.

PART 6

세계유산

한 눈 에
정 리 하 는
핵심 내용

01 종묘

종묘는 조선 시대 역대 왕과 왕비의 위패를 모신 유교 사당이며, 매우 반듯하고 장엄한 건축물의 하나이다.
(1995년 세계문화유산 등재)

02 불국사와 석굴암

불국사 경상북도 토함산 자락에 위치한 한국의 유명한 사찰이다.
석굴암 360여 개의 화강암으로 내부 공간을 지은 다음 외부에 흙을 발라 만든 인공 석굴이다.
(1995년 세계문화유산 등재)

03 수원 화성

화성은 조선 정조 때 아버지 사도 세자의 묘를 양주 배봉산에서 수원 화산 아래로 이장하면서 건설된 새로운 도시이다.
(1997년 세계문화유산 등재)

04 한국의 역사마을

하회마을과 양동마을은 영남 지역에 위치했으며, 한국의 가장 대표적인 양반 씨족마을이다. 조선 시대의 고문헌, 예술품 및 특색 있는 전통 의식 등 문화유산이 잘 보존되어 있다.
(2010년 세계문화유산에 등재)

05 제주도

제주도는 한국 최남단에 위치한 가장 큰 섬으로, 기생 화산, 세계적 규모의 용암 동굴이 있으며 다양한 희귀생물 및 멸종 위기 생물의 서식지이다. (2007년 세계자연유산 등재)

01 종묘

Step1
사전 탐색하기

종묘는 조선시대 임금이 조상께 제사를 지내던 곳이다. 조선을 세운 태조 이성계는 한양을 새 도읍지로 정하고, 1395년에 경복궁을 지었다. 이때 궁궐의 동쪽에는 종묘를, 서쪽에는 사직단을 함께 지었다. 종묘는 역대 임금과 왕비의 신주를 모신 곳이며, 사직단은 땅과 곡식의 신에게 제사를 지내는 곳이다. 이는 유교국가인 조선의 상징적인 공간이다. 독특한 건축양식의 종묘는 그 가치를 세계적으로 인정받아 1995년 세계문화유산에 등재되었다.

Step2
기출 따라잡기

Track 6-1

宗庙的名字有什么含义?
종묘의 이름에는 무슨 뜻이 담겨 있나요?

답안 宗庙又被称为"宫庙"、"太庙"、"宗祧"、"寝庙"。宗庙的"宗"字意味着基本、根基，"庙"指的是供奉神位的祠堂。也就是说，宗庙的名字意味着供奉祖先的神位并举行祭祀的空间。

해석 종묘는 '궁묘', '태묘', '종조', '침묘'라고도 불립니다. 종묘의 '종'자는 으뜸, 근본을 의미하며, '묘'는 신위를 모신 사당을 일컫습니다. 다시 말해 종묘의 이름은 조상의 신위를 모시고 제사를 지내는 공간을 의미합니다.

단어 宗庙 Zōngmiào 고유 종묘 | 含义 hányì 명 함축된 의미 | 被称为 bèichēngwéi ~라 불리다 | 宫庙 Gōngmiào 고유 궁묘 | 太庙 Tàimiào 고유 태묘 | 宗祧 Zōngtiāo 고유 종조 | 寝庙 Qǐnmiào 고유 침묘 | 意味着 yìwèizhe 동 의미하다 | 根基 gēnjī 명 근본, 뿌리 | 供奉 gòngfèng 동 모시다, 봉안하다 | 神位 shénwèi 명 신주, 위패 | 祠堂 cítáng 명 사당 | 祖先 zǔxiān 명 조상 | 举行 jǔxíng 동 거행하다 | 祭祀 jìsì 동 제사 지내다

Step3
관통 솔루션 파악하기

학습목표 1 종묘 건축의 특징을 설명한다.

학습목표 2 종묘의 주요 건축물을 비교한다.

››› **유비무환! 미리 준비합시다!**

중국의 종묘인 태묘에 대해서도 함께 알아두세요!

Track 6-2

宗庙

宗庙是供奉朝鲜时期历代王和王妃以及被推崇的王和王妃神位的儒家祠堂，是非常工整和庄严的建筑物之一。宗庙是举行祭礼的地方，因此建筑高度节制而简洁，没有任何装饰，结构简单，但充满神圣与庄严的气氛。宗庙体现了韩国人对传统与种族根基的重视。宗庙建筑中没有任何多余的空间，尽量少用装饰和颜色，让人思考生与死的意义。宗庙主要由正殿和永宁殿组成。目前，正殿的19个龛室里供奉着19位王和30位王后共49个神位；永宁殿的16个龛室里供奉着15位王和17位王后，以及英王和王妃的神位共34个神位。宗庙的核心建筑是供奉神位、进行祭祀的正殿。它长达109米，是世界上最长的单一木造建筑。正殿因为每增加一个神位，就加盖一间，长久以来就形成了今天的长度。宗庙建筑的价值已经得到世界认同，在1995年12月被评定为世界文化遗产。

종묘 소개

해석

종묘

종묘는 조선시대 역대 임금과 왕비 및 추존왕과 왕비의 신위를 모신 유교사당으로, 매우 반듯하고 장엄한 건축물 중 하나이다. 종묘는 제례를 지내는 공간이기 때문에, 고도로 절제되고 간결하며 어떠한 장식도 없이 단순한 구조로 이루어져 있다. 그러면서도 신성하고 장엄한 분위기로 가득하다. 종묘는 전통과 뿌리를 중시하는 한국인의 생각을 잘 나타내준다. 종묘 건축은 불필요한 공간이 없고 장식과 색채도 가급적 자제함으로써, 삶과 죽음의 의미를 생각하게 한다. 종묘는 주로 정전과 영녕전으로 이루어져 있다. 현재 정전의 19개 감실에는 19분의 왕과 30분의 왕비, 총 49분의 신위가 모셔져 있으며, 영녕전의 16개 감실에는 15분의 왕과 17분의 왕비, 그리고 영친왕과 왕비의 신위를 포함한 총 34분의 신위가 모셔져 있다. 종묘의 핵심 건축은 신위를 모시고 제사를 드리는 정전이다. 이는 109m에 이르는 세계에서 가장 긴 단일 목조건축물이다. 신위가 늘어날 때마다 한 칸씩 더 짓다 보니, 오늘날과 같은 길이가 완성되었다. 종묘건축의 가치는 이미 세계적으로 인정받아, 1995년 12월에 세계문화유산에 등재되었다.

단어

供奉 gòngfèng 동 모시다 | 历代 lìdài 명 역대 | 王妃 wángfēi 명 왕비 | 推崇 tuīchóng 동 추앙하다, 떠받들다 | 神位 shénwèi 명 신주, 위패 | 祠堂 cítáng 명 사당 | 儒家 Rújiā 명 유가, 유교 | 工整 gōngzhěng 형 반듯하다, 깔끔하다 | 庄严 zhuāngyán 형 장엄하다 | 建筑物 jiànzhùwù 명 건축물 | 节制 jiézhì 동 절제하다 | 简洁 jiǎnjié 형 간결하다 | 任何 rènhé 대 어떠한 | 装饰 zhuāngshì 명 장식 | 充满 chōngmǎn 동 가득하다, 충만하다 | 神圣 shénshèng 형 신성하다 | 体现 tǐxiàn 동 구현하다, 구체적으로 드러내다 | 传统 chuántǒng 명 전통 | 种族 zhǒngzú 명 종족, 인종 | 根基 gēnjī 명 기반, 뿌리 | 多余 duōyú 형 불필요한, 군더더기의 | 尽量 jǐnliàng 부 가능한 한, 될 수 있는 대로 | 思考 sīkǎo 동 사고하다 | 由……组成 yóu……zǔchéng ~로 이루어져 있다 | 正殿 zhèngdiàn 명 정전 | 永宁殿 Yǒngníngdiàn 고유 영녕전 | 龛室 kānshì 감실 | 核心 héxīn 명 핵심 | 木造建筑 mùzào jiànzhù 목조건축 | 加盖 jiāgài 덧붙여 짓다 | 认同 rèntóng 동 인정하다 | 被评定为 bèi píngdìng wéi 평가되다 | 世界文化遗产 shìjiè wénhuà yíchǎn 세계문화유산

바로 확인

❶ 宗庙是 ______________ 的儒家祠堂，是非常工整和庄严的建筑物之一。

종묘는 조선시대 역대 왕과 왕비의 위패를 모신 유교사당이며, 매우 반듯하고 장엄한 건축물의 하나이다.

❷ 宗庙主要由 __________ 组成。

종묘는 주로 정전과 영녕전으로 이루어져있다.

정답 ❶ 供奉朝鲜时期历代王和王妃神位 ❷ 正殿和永宁殿

Step4 도전! 모의면접

Q1 请介绍宗庙建筑的特点。

Q2 请介绍宗庙的代表建筑。

tip 〈한 걸음 더〉

中国的宗庙——太庙

太庙是中国明清两代的皇家宗庙，是皇室祭祀的地方。始建于明永乐18年。位于北京故宫的东南侧。这里的主殿仅有9间太室，韩国宗庙正殿却有19间之长，反映出当年朝鲜特有的宗庙祭祀制度。

해석 중국의 종묘 – 태묘

태묘는 중국 명청 양대의 황실 종묘로, 황실에서 제사를 지내던 곳이다. 명 영락제 18년에 창건되었으며, 베이징 고궁 동남쪽에 위치해 있다. 이곳의 주전에는 9개의 태실이 있는데, 조선의 종묘 정전에는 19개의 태실이 있는 것으로 미루어보아 당시 조선 특유의 종묘 제사제도를 알 수 있다.

02 불국사와 석굴암

Step1
사전 탐색하기

불국사와 석굴암은 종교적·예술적인 가치와 독특한 건축미를 인정받아, 1995년 유네스코가 지정한 세계문화유산이 되었다. 불교예술의 극치를 보여주는 한국의 대표사찰의 하나로서, 면접 시험에서 단골로 출제되고 있는 부분이기도 하다.

Step2
기출 따라잡기

Track 6-3

请介绍佛国寺。
불국사를 소개하세요.

답안 佛国寺位于庆尚北道吐含山山腰处，创建于新罗法兴王时代，到公元751年由国相金大成重建。佛国寺主要有以大雄殿为中心的院落和以极乐殿为中心的院落东西并列。大雄殿比极乐殿更高更大。这显示佛教认为现世世界比死后世界更重要的思想。青云桥、白云桥、莲华桥、七宝桥、多宝塔和释迦塔等石造部分，制作精致华丽，是新罗时代石建筑艺术的精华。

해석 불국사는 경상북도 토함산 중턱에 위치해 있다. 신라 법흥왕 때 창건되었으며, 751년 재상 김대성이 중건했습니다. 불국사는 주로 대웅전을 중심으로 한 뜰과 극락전을 중심으로 한 뜰이 동서에 나란히 배치되어 있는데, 대웅전이 극락전보다 더 높고 큽니다. 이는 불교에서 현실세계를 사후세계보다 더 중시하는 사상을 보여줍니다. 특히 청운교, 백운교, 연화교, 칠보교, 다보탑과 석가탑 등 석조부분은 정교하고 화려하게 제작되어 신라시대 석조건축예술의 정수라 할 수 있습니다.

단어 佛国寺 Fóguósì 고유 불국사 | 庆尚北道 Qìngshàng běidào 고유 경상북도 | 吐含山 Tǔhánshān 고유 토함산 | 山腰 shānyāo 명 산허리 | 创建 chuàngjiàn 동 창건하다 | 法兴王 Fǎxīngwáng 고유 법흥왕 | 国相 guóxiàng 국가재상 | 重建 chóngjiàn 동 재건하다 | 大雄殿 Dàxióngdiàn 고유 대웅전 | 院落 yuànluò 명 뜰, 정원 | 极乐殿 Jílèdiàn 고유 극락전 | 并列 bìngliè 동 병렬하다 | 显示 xiǎnshì 동 분명하게 나타내다 | 青云桥 Qīngyúnqiáo 고유 청운교 | 白云桥 Báiyúnqiáo 고유 백운교 | 莲华侨 Liánhuāqiáo 고유 연화교 | 七宝桥 Qībǎoqiáo 고유 칠보교 | 多宝塔 Duōbǎotǎ 고유 다보탑 | 释迦塔 Shìjiātǎ 고유 석가탑 | 精致 jīngzhì 형 섬세하다 | 华丽 huálì 형 화려하다 | 精华 jīnghuá 명 정수

Step3
관통 솔루션 파악하기

학습목표 1 불국사와 석굴암의 창건시기와 특징을 설명한다.

학습목표 2 석가탑과 다보탑을 비교하여 알아둔다.

Track 6-4

佛国寺与石窟庵

佛国寺坐落在庆尚北道吐含山山腰处，是韩国著名的寺庙之一。它形象地再现了佛教的极乐世界，是把新罗人想象中的佛祖的国家搬到人间的产物。佛国寺创建于新罗法兴王15年(公元528年)，公元751年新罗景德王时期国相金大成重建，在壬辰倭乱时大部分木造建筑物被烧毁，只有石造建筑物得到保全，如释迦塔、多宝塔和各种建筑物的基座等，寺庙中所有木结构建筑物是后来重建的。现存的寺院规模只有原来的十分之一。

불국사의 개황

过了寺庙的第一个关门一柱门，一直往上走就可看到四天王守护的大门。门内并排建有两座很高的双层石坛，连着石坛架有几座石桥。一面是青云桥、白云桥(国宝23号)，一面是莲华桥、七宝桥(国宝22号)。

불국사의 석교

多宝塔

释迦塔

现存寺院主要由东、西两院落组成。从青云桥和白云桥往上走可到达紫霞门，进入这个门就是东院大雄殿。大雄殿前院东西两侧各有一塔。西塔释迦塔(国宝21号)，高10.6米，是新罗的典型石塔，外形质朴，有匀称美。东塔多宝塔(国宝20号)，高10.3米，精炼华丽，有个性美，是新罗石造美术的代表作品。多宝塔和释迦塔是新罗统一三国后，高句丽和百济的匠人来到新罗一起完成的作品，体现了三国融合统一的文化。这两座石塔象征地表示释迦牟尼佛和多宝如来佛常住此地。

석가탑과 다보탑

西院落中，安养门、极乐殿组成中轴线。从莲华桥、七宝桥往上走可到达安养门，门内就有极乐殿。大雄殿有掌管现实世界的释迦牟尼，而在极乐殿里则有掌管死后世界的阿弥陀佛。两个建筑物中引人注意的是大雄殿，比极乐殿更高、更大。这显示了佛教认为现实世界比死后更重要的思想。制作精致华丽、以各种形态的石材建成的石造基坛部、青云桥、白云桥、释迦塔和多宝塔等石建筑同时拥有结构美和造型美，是当时石建筑技术的精华。

대웅전과 극락전

佛国寺是通过建筑的手段，将佛法落到现实中的杰作。那么，石窟庵则再现了释迦牟尼达成正觉及达到佛境时的瞬间。石窟庵坐落在庆州吐含山东侧半山腰上，是新罗景德王10年(公元751年)由国相金大成为他的前生父母修建，公元774年新罗惠恭王在位时竣工，当时名为石佛寺。石窟庵是用360多块花岗岩搭建其内部空间后，再在外部漆上泥土建成的人工石窟。用石头雕制成的佛像各个部分分配均匀，没有向一边倾斜。最引人注意的是主室内面带微笑的本尊佛。这释迦牟尼佛像从面部表情到每个手指都拥有完美的均衡美，是新罗人制作的一大杰作。即使现在看，也令人惊叹。只有凭借精确的数学公式进行设计，才有可能完成，拥有自然通风、采光以及温度和湿度调节系统，具有出色的自我保护能力。因此可以说，这除了表达佛教信仰，在科学上也拥有惊人的价值。这尊佛像不仅在东南亚，在世界上也是极为稀有的文物。

石窟庵本尊佛

석굴암의 특징

佛国寺和石窟庵被誉为新罗鼎盛时期最出色的作品。他的营造设计将建筑、水利、几何学、宗教和艺术融入统一的整体。这两座建筑代表新罗文化的顶峰。

신라 불교를 대표하는 불국사와 석굴암

해석

불국사와 석굴암

불국사는 경상북도 토함산 자락에 위치한 한국의 유명한 사찰이다. 불국사는 불교에서 말하는 극락세계를 상징적으로 재현하여, 신라 사람들 상상 속의 부처의 나라를 인간세상에 옮겨놓은 산물이다. 불국사는 신라 법흥왕 15년(528년)에 창건되었고, 751년 신라 경덕왕 때 재상 김재성이 중건하였다. 임진왜란 때 대부분의 목조건축물이 파괴되어 석가탑, 다보탑과 각종 건축물의 기단 등 석조건축물만 보전되었고, 오늘날 사찰의 모든 목조건축물은 훗날 중건한 것이다. 현존하는 사찰 규모는 원래의 10분의 1에 그친다.

사찰의 첫 번째 관문인 일주문을 지나 곧장 앞으로 가면 사천왕이 지키는 문을 볼 수 있다. 문을 들어서면 두 개의 축대가 나란히 세워져 있고, 축대를 향해 몇 개의 석교가 가설되어 있다. 한쪽에는 청운교, 백운교(국보 제23호), 다른 한쪽에는 연화교, 칠보교(국보 제22호)가 있다.

현존하는 불국사는 주로 동서의 두 구역으로 이루어져 있다. 청운교와 백운교를 통해 올라가면 자하문에 이른다. 문을 들어서면 동쪽 구역인 대웅전이 있다. 대웅전 앞뜰 동서 양쪽에 각각 석탑이 하나씩 있다. 서탑인 석가탑(국보 제21호)은 10.6m로, 신라시대의 전형적인 석탑이며, 소박하고 균형 잡힌 아름다움을 자랑한다. 동탑(국보 제20호)인 다보탑은 10.3m로, 세련되고 화려하며 개성적인 아름다움을 지닌 신라 석조미술의 대표작이다. 다보탑과 석가탑은 신라가 삼국을 통일한 후, 고구려와 백제의 기술자가 신라로 와서 제작에 참여해 만든 작품으로, 삼국문화의 조화로운 모습을 나타낸다. 이 두 석탑은 석가모니불과 다보여래불이 이곳에 상주함을 상징적으로 나타낸다.

서쪽 구역에서는 안양문, 극락전이 중심축을 이룬다. 연화교, 칠보교를 통해 올라가면 안양문에 이르며, 문 안으로 들어서면 극락전이 있다. 대웅전에는 현실세계를 관장하는 석가모니를 모시고, 극락전에는 사후세계를 관장하는 아미타불을 모신다. 두 건축물 가운데 더 주목을 끄는 것은 대웅전으로, 극락전보다 더 높고 크다. 이는 사후세계보다 현세를 더 중시하는 불교의 사상을 보여준다. 정교하고 화려하게 다양한 형태로 제작된 석조 기단부, 청운교, 백운교, 석가탑과 다보탑 등 석조 건축물은 구조미와 조형미를 동시에 갖춘 당시 석조건축기술의 정수라 할 수 있다.

불국사가 건축적 수단을 통해 불법을 현실화한 걸작이라고 한다면, 석굴암은 석가모니가 깨달음을 얻고 부처의 경지에 도달한 순간을 재현했다. 석굴암은 경주 토함산 동쪽 기슭에 위치해 있다. 신라 경덕왕 10년(751년)에 재상 김대성이 자신의 전생의 부모를 위해 세우기 시작해 774년 신라 혜공왕 때 완공되었으며, 당시에는 석불사라고 불렸다. 석굴암은 360여 개의 화강암으로 내부공간을 지은 다음 외부에 흙을 발라 지은 인공석굴이다. 돌로 만든 불상의 각 부분은 균형 잡힌 배치를 통해 어느 한쪽으로도 치우치지 않았다. 가장 주목을 끄는 것은 주실 내에 자리한 채 만면에 미소를 띠고 있는 본존불이다. 이 석가모니불상은 얼굴 표정에서부터 각각의 손가락에 이르기까지 모두 완벽한 균형미를 갖춘 신라인이 만든 위대한 걸작이다. 지금 보아도 감탄이 절로 난다. 정확한 수학공식에 따라 설계해야만 완성할 수 있는 자연통풍, 채광 및 온도와 습도 조절시스템을 갖추어 뛰어난 자기보호능력을 지녔다. 그러므로 이는 불교신앙을 나타낼 뿐 아니라 과학적인 면에서도 놀라운 가치를 지녔다. 이 불상은 동남아시아에서뿐 아니라 세계적으로도 대단히 희귀한 문물이다.

불국사와 석굴암은 신라 전성기에 가장 뛰어난 작품으로 불린다. 이는 건축, 수리, 기하학, 종교와 예술이 한데 융화된 건축물이다. 이 두 건축물은 신라문화의 전성기를 대표한다.

단어

坐落 zuòluò ~에 위치하다 | 寺庙 sìmiào 명 사찰 | 形象 xíngxiàng 형 생동적이다 | 再现 zàixiàn 동 재현하다 | 极乐世界 jílè shìjiè 명 극락세계 | 佛祖 Fózǔ 명 불교의 시조, 석가모니 | 搬到 bāndào ~로 옮기다 | 人间 rénjiān 명 인간세상 | 产物 chǎnwù 명 산물 | 景德王 Jǐngdéwáng 고유 경덕왕 | 木造建筑物 mùzào jiànzhùwù 목조건축물 | 烧毁 shāohuǐ 동 불사르다 | 释迦塔 Shìjiātǎ 고유 석가탑 | 多宝塔 Duōbǎotǎ 고유 다보탑 | 基座 jīzuò 명 받침대, 대좌 | 一柱门 yīzhùmén 일주문 | 四天王 sìtiānwáng 사천왕 | 守护 shǒuhù 동 수호하다 | 并排 bìngpái 동 나란히 배열하다 | 石坛 shítán 석단 | 架有 jiàyǒu 부설되어 있다 | 石桥 shíqiáo 명 돌다리 | 紫霞门 Zǐxiámén 고유 자하문 | 典型 diǎnxíng 형 전형적인 | 质朴 zhìpǔ 형 소박하다 | 匀称 yúnchèn 형 균형이 잡히다 | 精炼 jīngliàn 형 정제하다, 세련되다 | 个性 gèxìng 명 개성 | 匠人 jiàngrén 명 장인 | 融合 rónghé 동 융합하다 | 统一 tǒngyī 동 통일하다 | 释迦牟尼佛 Shìjiāmóunífó 고유 석가모니불 | 多宝如来佛 duōbǎorúláifó 다보여래불 | 安养门 Ānyǎngmén 고유 안양문 | 中轴线 zhōngzhóuxiàn 중축선 | 掌管 zhǎngguǎn 동 맡아서 관리하다 | 精致 jīngzhì 형 섬세하다, 정교하다 | 华丽 huálì 형 화려하다 | 石材 shícái 명 석재 | 基坛部 jītánbù 기단부 | 石建筑 shíjiànzhù 석조건축 | 结构美 jiégòuměi 구성미 | 造型美 zàoxíngměi 조형미 | 佛法 fófǎ 명 불법 | 达成正觉 dáchéng zhèngjué 깨달음에 도달하다 | 佛境 fójìng 부처의 경지 | 瞬间 shùnjiān 명 순간 | 前生 qiánshēng 명 전생 | 惠恭王 huìgōngwáng 혜공왕 | 石佛寺 shífósì 석불사 | 花岗岩 huāgāngyán 명 화강암 | 搭建 dājiàn 동 짓다, 세우다 | 漆 qī 동 칠하다 | 泥土 nítǔ 명 흙 | 人工石窟 réngōngshíkū 인공석굴 | 佛像 fóxiàng 명 불상 | 分配 fēnpèi 동 분배하다, 배치하다 | 均匀 jūnyún 형 균등하다, 고르다 | 倾斜 qīngxié 형 기울다, 경사지다 | 微笑 wēixiào 명 미소 | 本尊佛 běnzūnfó 본존불 | 均衡 jūnhéng 형 균형이 잡히다 | 杰作 jiézuò 명 걸작 | 惊叹 jīngtàn 동 경탄하다 | 凭借 píngjiè 동 ~에 의지하다 | 精确 jīngquè 형 정확하다 | 数学公式 shùxué gōngshì 수학공식 | 通风 tōngfēng 동 통풍시키다 | 采光 cǎiguāng 동 채광하다 | 温度 wēndù 명 온도 | 湿度 shīdù 명 습도 | 调节系统 tiáojié xìtǒng 조절시스템 | 出色 chūsè 형 뛰어나다 | 信仰 xìnyǎng 명 신앙 | 极为 jíwéi 부 극히, 몹시 | 稀有 xīyǒu 형 드물다 | 誉为 yùwéi 동 ~라 칭송되다 | 鼎盛时期 dǐngshèng shíqī 전성기 | 营造 yíngzào 동 만들다, 짓다 | 设计 shèjì 동 설계하다 | 水利 shuǐlì 명 수리 | 几何学 jǐhéxué 명 기하학 | 宗教 zōngjiào 명 종교 | 融入 róngrù 동 융합되어 들어가다 | 统一 tǒngyī 동 통일하다 | 顶峰 dǐngfēng 명 최고봉

바로 확인

❶ 佛国寺大雄殿东西两侧各有一个石塔，东塔是＿＿＿＿＿，西塔是＿＿＿＿＿。

불국사 대웅전 동서 양쪽에 각각 하나의 석탑이 있는데, 동탑은 다보탑, 서탑은 석가탑이다.

❷ 石窟庵是＿＿＿＿＿＿＿＿＿＿＿＿空间后，再在外部漆上泥土建成的＿＿＿＿＿＿。

석굴암은 360여 개의 화강암으로 내부 공간을 지은 다음 외부에 흙을 발라 만든 인공석굴이다.

(정답) ❶ 多宝塔 / 释迦塔 ❷ 用360多块花岗岩搭建内部 / 人工石窟

Step4 도전! 모의면접

Q1 请介绍石窟庵。

Q2 多宝塔和释迦塔有什么不同? 请做个比较。

tip 〈한 걸음 더〉

无影塔的传说

据传在建造释迦塔时，金大成招来了当时最出众的石工阿斯达砌塔。开始砌塔的几年，他的妻子阿斯女，日夜思念丈夫，就到佛国寺来看望阿斯达。但是，佛国寺的住持怕打扰阿斯达雕琢释迦塔，所以拒绝了阿斯女。阿斯女听说如果雕刻完成，影池里会映有影子，所以她每天都在池子旁边，等待着和丈夫见面。可是过了很久也没见塔影，伤心的阿斯女跳池自尽。塔完工后，阿斯达才得知阿斯女的死讯。阿斯达抑制不住悲伤，纵身跳入影池中跟随他的妻子一起去了。因为这个传说，释迦塔也叫无影塔。

해석 무영탑의 전설

전설에 따르면, 석가탑을 지을 당시 김대성은 가장 뛰어난 석공 아사달을 불러 탑을 만들게 했다. 탑을 짓기 시작한 수년간, 그의 아내인 아사녀는 밤낮으로 남편을 그리워하다 남편을 보기 위해 불국사를 찾았다. 그러나 불국사의 주지승은 아사달이 석가탑을 만드는 데 방해가 될까 걱정하여 아사녀를 거절했다. 아사녀는 탑이 완성되면 영지에 그림자가 비칠 것이라는 말을 듣고, 날마다 연못가에서 남편과 만날 날을 기다렸다. 그러나 오랜 시간이 지나도록 탑 그림자가 보이지 않자, 슬픔에 찬 아사녀는 연못에 뛰어들어 자결하고 말았다. 탑이 완성된 후 아사달은 그제야 아내가 죽었다는 소식을 듣게 되었다. 아사달은 슬픔을 누르지 못하고 연못에 몸을 던져 아내를 따라갔다. 이 전설로 인해 석가탑은 무영탑이라고도 불린다.

03 수원 화성

Step1
사전 탐색하기

조선 제22대 임금 정조대왕은 양주 배봉산에 있던 아버지 사도세자의 무덤을 당시 수원 화산 아래로 옮기기로 결정한 뒤, 새로운 도시 건립을 계획했다. 그리고 도시를 지키는 성을 쌓았는데, 이것이 바로 화성이다. 한국의 역사상 가장 우수한 성곽건축물의 하나인 수원 화성은 면접 시험에서도 늘 등장하는 질문이기도 하니 주목하도록 한다.

Step2
기출 따라잡기

Track 6-5

水原华城的四个大门是什么?
수원 화성의 4개의 문은 무엇인가요?

답안 华城长5.7公里，东西南北有四个城门，东门是苍龙门，西门是华西门，南门是八达门，北门是长安门，同时还备有暗门、水门、敌台、空心墩、烽墩等防守设施。

해석 화성은 전체 길이 5.7km에 이르며, 동서남북에 4개의 성문이 있다. 동문은 창룡문, 서문은 화서문, 남문은 팔달문, 북문은 장안문이다. 또한 암문, 수문, 적대, 공심돈, 봉돈 등 방어시설을 갖추고 있다.

단어 水原华城 Shuǐyuán Huáchéng 고유 수원 화성 | 城门 chéngmén 명 성문 | 苍龙门 Cānglóngmén 고유 창룡문 | 华西门 Huáxīmén 고유 화서문 | 八达门 Bādámén 고유 팔달문 | 长安门 Cháng'ānmén 고유 장안문 | 备有 bèiyǒu 동 다 갖추다 | 暗门 ànmén 명 암문 | 水门 shuǐmén 명 수문 | 敌台 dítái 명 적대 | 空心墩 kōngxīndūn 공심돈 | 烽墩 fēngdūn 봉돈 | 防守设施 fángshǒu shèshī 방어시설

Step3
관통 솔루션 파악하기

학습목표 1 수원 화성의 건축 배경과 특징을 설명한다.

학습목표 2 수원 화성을 다른 성곽과 비교하여 알아둔다.

Track 6-6

水原华城

水原华城

华城位于京畿道水原，是朝鲜后期的代表性城廓。朝鲜王朝第22代王正祖把自己的父亲思悼世子的坟墓从杨州拜峰山移到水原华山下，建造新城，从此这里就成为当地的新中心。隆健陵包括正祖的“健陵”和思悼世子(庄祖)的“隆陵”，被列入联合国教科文组织世界文化遗产。隆陵离首尔有65公里，正祖前往隆陵祭奠的时候，暂时停留在华城行宫。水原华城1794年开工，1796年完工。华城长5.7公里，东西南北有四个城门，东门是苍龙门，西门是华西门，南门是八达门，北门是长安门，同时还备有暗门、水门、敌台、空心墩、烽墩等防守设施。

• 화성의 개황

华城在传统的筑城经验基础上，运用丁若镛等人的科学知识和科学机器，并且把东西方的军事设施建筑理论相结合而建造，因此非常坚固而美观。特别是修建城墙的时候，使用了丁若镛发明的举重器、辘轳等机器，能用很小的力气拉动沉重的石头，提高了工程的效率，因此大大缩短了工程时间。

• 화성 축성의 특징

华城是中国和日本所没有的平山城，西边顺着八达山，东边沿着平坦的丘陵而建造。华城最好地利用了自然地形，没有浪费任何资源，除其建筑学上的价值外，它还拥有多种功能。华城是以平时居住为主的邑城，但也兼备山城的军事功能。也就是说，华城兼有军事防御功能和商务功能，结构实用，设施科学、合理，可以说是18世纪东方城廓之最。1997年，联合国教科文组织把水原华城列入世界文化遗产。

• 화성의 기능

해석

수원 화성

화성은 경기도 수원에 위치해 있는 조선후기의 대표적인 성곽이다. 조선왕조 제22대 임금 정조는 아버지 사도세자의 묘를 양주 배봉산에서 수원 화산 아래로 이장하면서 새로운 도시를 건설하였고, 그때부터 이곳은 현지의 새로운 중심지가 되었다. 융건릉은 정조의 '건릉'과 사도세자(장조)의 '융릉'을 포함하여 말하며, 유네스코 세계문화유산에 등재되어 있다. 융릉은 서울에서 65km 떨어진 곳에 자리하고 있으며, 정조는 융릉에 제사를 올리러 올 때면 수원 화성에서 머물렀다. 수원 화성은 1794년 착공하여 1796년에 완공했다. 전체 길이는 5.7km에 이르며 동서남북에 4개의 성문이 있다. 동문은 창룡문, 서문은 화서문, 남문은 팔달문, 북문은 장안문이다. 또한 암문, 수문, 적대, 공심돈, 봉돈 등 방어시설도 갖추고 있다.

화성은 전통적인 축성 노하우를 기초로 하여, 정약용 등의 과학기술과 기계를 활용하고, 동서양의 군사시설 건축이론을 결합해 축성하였다. 때문에 매우 튼튼하면서도 아름답다. 특히 성벽을 축조할 때 정약용이 발명한 거중기, 녹로 등의 기기를 사용하여 작은 힘으로 무거운 돌을 들어올릴 수 있게 하여, 공사효율을 높였고 공사기간을 크게 단축시켰다.

화성은 중국이나 일본에는 없는 평산성으로, 서쪽으로는 팔달산을 따라, 동쪽으로는 평탄한 구릉을 따라 지었다. 이처럼 자연지형을 최대한 활용하여 자원의 낭비를 없앰으로써 건축학적 가치 외에도 다양한 기능을 갖추었다. 화성은 평시 거주를 주기능으로 하는 읍성이면서도 산성의 방어기능을 겸비했다. 즉, 화성은 군사방어 기능과 상거래 기능을 동시에 갖추어, 구조가 실용적이고 시설이 과학적으로, 합리적인 18세기 아시아 최고의 성곽이다. 1997년, 유네스코는 수원 화성을 세계문화유산에 등재했다.

단어 京畿道 Jīngjīdào 고유 경기도 | 城廓 chéngkuò 명 성곽 | 正祖 Zhèngzǔ 고유 정조 | 思悼世子 Sīdào shìzǐ 고유 사도세자 | 坟墓 fénmù 명 무덤 | 杨州 Yángzhōu 고유 양주 | 拜峰山 Bàifēngshān 고유 배봉산 | 移到 yídào 동 ~로 옮기다 | 华山 Huáshān 고유 화산 | 隆健陵 Lóngjiànlíng 고유 융건릉 | 庄祖 Zhuāngzǔ 고유 장조 | 前往 qiánwǎng 동 앞으로 가다 | 祭奠 jìdiàn 동 추모하다 | 暂时 zànshí 명 잠깐 | 停留 tíngliú 동 머물다 | 开工 kāigōng 동 생산에 들어가다 | 完工 wángōng 동 완공하다 | 苍龙门 Cānglóngmén 고유 창룡문 | 华西门 Huáxīmén 고유 화서문 | 八达门 Bādámén 고유 팔달문 | 长安门 Cháng'ānmén 고유 장안문 | 暗门 ànmén 명 암문 | 防守设施 fángshǒu shèshī 방어 시설 | 筑城 zhùchéng 동 축성하다 | 运用 yùnyòng 동 운용하다 | 丁若镛 Dīng Ruòyōng 고유 정약용 | 坚固 jiāngù 형 견고하다 | 美观 měiguān 형 보기 좋다 | 城墙 chéngqiáng 명 성벽 | 举重器 jǔzhòngqì 명 거중기 | 辘轳 lùlú 명 녹로 | 拉动 lādòng 동 촉진하다 | 沉重 chénzhòng 형 몹시 무겁다 | 效率 xiàolǜ 명 효율 | 缩短 suōduǎn 동 단축하다 | 工程 gōngchéng 명 공사 | 顺着 shùnzhe ~에 따라서 | 沿着 yánzhe ~에 따라서 | 平坦 píngtǎn 형 평평하다 | 丘陵 qiūlíng 명 구릉 | 浪费 làngfèi 형 낭비하다 | 资源 zīyuán 명 자원 | 邑城 yìchéng 읍성 | 兼备 jiānbèi 동 겸비하다 | 兼有 jiānyǒu 동 겸하다 | 防御 fángyù 동 방어하다 | 商务 shāngwù 명 상거래 | 列入 lièrù 동 집어넣다

바로 확인

❶ 水原华城有四个城门，东门是＿＿＿＿，西门是＿＿＿＿，南门是＿＿＿＿，北门是＿＿＿＿。

수원 화성에는 4개의 성문이 있다. 동문은 창룡문, 서문은 화서문, 남문은 팔달문, 북문은 장안문이다.

❷ 华城是平时有居民常住的邑城，但同时加强了防守设施，兼有＿＿＿＿功能和＿＿＿＿功能。

화성은 평소 주민이 상주하는 읍성이지만, 동시에 방어시설을 강화하며 거주기능과 군사기능을 겸비하고 있다.

정답 ❶ 苍龙门 / 华西门 / 八达门 / 长安门 ❷ 居住 / 军事

Step4
도전! 모의면접

Q1 请讲水原华城的特点。

Q2 正祖大王和思悼世子的陵墓在哪儿?

플러스+ 면접 노트

출제 포인트

01 조선 제22대 임금 정조는 조선후기를 대표하는 성군이다.
02 정조는 사도세자의 묘를 화성에 옮겨 융릉에 모시면서 수원화성을 짓고 용주사를 능사로 두어 명복을 빌게 하였다.

正祖和龙珠寺

朝鲜第22代王正祖是继世宗大王以来最知进取的君主，是朝鲜王朝最伟大的国王之一，受到广泛尊敬。在正祖年仅11岁时，父亲思悼世子因被爷爷英祖关在谷仓中毙命。这对正祖造成了巨大的打击。但正祖克服这一不幸的环境，推动了18世纪文艺复兴，从而成为朝鲜后期政绩最卓著的国王。他设立了王室图书馆奎章阁，把官僚职位向优秀人才开放。正祖是一位具有改革思想的军主，他曾经考虑迁都。虽然最后迁都的想法告吹，但是在水原大规模修筑的华城仍存留到今天，被联合国教科文组织收录为世界文化遗产，该城广泛利用18世纪实学运动取得的科学知识修建而成，是著名的近代要塞之一。

龙珠寺原来的名字是葛阳寺，是位于大韩民国京畿道华城市的一座佛教寺院，寺内的梵钟已经被指定为韩国第120号国宝。始建于854年，10世纪时予以扩建，18世纪朝鲜正祖时代为纪念他的父亲思悼世子(庄祖)而重建，同时改称现在的名字。据传说在寺院完工后，即将举行落成仪式的前夜，正祖做了一个梦，梦见一条龙，衔着如意珠从天而降，所以把寺庙命名为龙珠寺了。这里是正祖出自孝心而重建的寺院，现在还留有很多与孝道相关的遗物和遗址，“父母恩重经板”就是其中具有代表性的，常常吸引着很多游人到那里观看。

해석

정조와 용주사

조선 제22대 임금 정조는 세종대왕 이래 가장 진취적인 군주이자, 조선왕조의 가장 위대한 임금 중 한 사람으로 꼽히며, 폭넓게 존경을 받는 인물이다. 정조가 겨우 11살 되던 해, 아버지 사도세자가 할아버지인 영조에 의해 뒤주에 갇혀 죽음을 맞았다. 이는 정조에게 커다란 충격을 가져다주었다. 그러나 정조는 이러한 불행한 환경을 극복하고, 18세기 문예부흥을 이끌며 조선후기 정치적 업적이 가장 뛰어난 임금으로 남았다. 그는 왕실도서관인 규장각을 설립하여 우수한 인재에게 관료의 길을 열었다. 정조는 개혁적인 군주로, 천도를 고려하기도 했다. 천도하려던 구상은 결국 무위에 그쳤지만, 수원에 대규모로 축조한 화성은 오늘날까지 남아 유네스코 세계문화유산에 등재되었다. 이 성곽은 18세기 실학운동이 이룩한 과학적 지식을 널리 활용해 지은 것으로 가장 유명한 근대 요새 중 하나이다.

용주사의 원래 이름은 갈양사로, 경기도 화성시에 위치한 불교사찰이다. 사찰 내의 범종은 이미 국보 제120호로 지정된 바 있다. 854년에 창건되어 10세기경 확장되었으며, 18세기 정조 때에 이르러 정조의 아버지 사도세자를 기리기 위해 중건되면서 지금의 이름으로 개칭하였다. 전설에 의하면 사찰이 완공된 후 완공식 전날 밤, 정조가 여의주를 문 용이 하늘에서 내려오는 꿈을 꾸었다고 하여 이름을 용주사라 지었다고 한다. 이곳은 정조의 효심에서 중건된 사찰이며, 지금도 효도에 관한 많은 유물과 유적이 남아 있다. '부모은중경판'이 바로 그중 대표적인 것으로, 이것을 보기 위한 관광객의 발길이 끊이지 않고 있다.

단어 谷仓 gǔcāng 명 뒤주 | 毙命 bìmìng 동 목숨을 잃다 | 政绩 zhèngjì 명 정치적 업적 | 卓著 zhuōzhù 형 탁월하다 | 奎章阁 Kuízhānggé 고유 규장각 | 官僚 guānliáo 명 관료 | 葛阳寺 Géyángsì 고유 갈양사 | 梵钟 fànzhōng 명 범종 | 如意珠 rúyìzhū 명 여의주

04 한국의 역사마을

Step1
사전 탐색하기

안동 하회마을과 경주 양동마을은 한국의 대표적인 역사마을로서 그 가치를 인정받아 세계문화유산에 등재되었다. 두 마을은 모두 조선시대 전형적인 양반 씨족마을로서 한국 고유의 전통을 잘 간직하고 있다. 면접 시험에서는 각 마을의 특징을 비교하는 질문이 자주 출제되어 왔다.

Step2
기출 따라잡기

Track 6-7

请介绍韩国著名的历史村落。

한국의 유명한 역사마을을 소개하세요.

답안 河回村和良洞村是韩国最具代表性的两班氏族村落，而且韩国氏族村落中历史最悠久。这两处位于岭南地区，依山傍水，房屋构造也遵循着儒教礼法。这里保存了朝鲜时代的古文献、艺术品以及很有特色的传统仪式等文化遗产，因此备受瞩目。2010年，被列为世界文化遗产。

해석 하회마을과 양동마을은 한국의 가장 대표적인 양반 씨족마을이며, 한국 씨족마을 중 역사가 가장 오래되었습니다. 이 두 마을은 산과 물을 끼고 영남지역에 위치해 있으며, 가옥구조도 유교예법에 따랐습니다. 이곳에는 조선시대의 고문헌, 예술품 및 특색 있는 전통의식 등 문화유산이 잘 보존되어 있어 주목 받고 있습니다. 2010년 세계문화유산에 등재되었습니다.

단어 河回村 Héhuícūn 고유 하회마을 | 良洞村 Liángdòngcūn 고유 양동마을 | 两班 liǎngbān 명 양반 | 氏族 shìzú 명 씨족 | 悠久 yōujiǔ 형 유구하다 | 岭南 Lǐngnán 고유 영남 | 依山傍水 yī shān bàng shuǐ 성 산을 의지하고 물 가까이에 있다 | 房屋 fángwū 명 가옥 | 构造 gòuzào 명 구조 | 遵循 zūnxún 동 따르다 | 儒教 Rújiào 명 유교 | 文献 wénxiàn 명 문헌 | 备受 bèishòu 동 겪을 대로 다 겪다 | 瞩目 zhǔmù 동 주목하다 | 列为 lièwéi 동 속하여 ~가 되다

Step3
관통 솔루션 파악하기

학습목표 1 하회마을과 양동마을의 특징을 비교하여 설명한다.

학습목표 2 하회마을과 양동마을의 대표적인 문화재를 알아둔다.

>>> **유비무환! 미리 준비합시다!**
하회탈의 특징과 전설에 관해서도 함께 알아두세요!

Track 6-8

韩国的历史村落

河回村和良洞村是韩国历史最悠久的民俗村落之一，是韩国氏族村落的典型代表，很好地保存了朝鲜王朝时代两班文化的特点和传统建筑。河回村位于庆尚北道安东市丰川面，良洞村位于庆尚北道庆州市江东面。

하회마을과 양동마을의 개황

这两处在朝鲜时代两班文化大放异彩的历史村落位于韩半岛的东南部，房屋构造也遵循着儒教礼法，与韩国国内其他村落和国外类似的遗产相比，其建筑与村子的空间构造显然别具一格，被认为具有出色的正统性。主要建筑有宗家、住宅、亭子、书院、书堂等。而且许多礼仪、游戏、著作、艺术品等文化遗产也完好地流传至今。2010年，河回村和良洞村作为“韩国的历史村落”被载入世界文化遗产。

하회마을과 양동마을의 공통점

安东河回村(重要民俗资料第122号)是丰山柳氏600多年世代居住的氏族村落，村子里的瓦房和草房依然保存完好。这里还作为朝鲜时代大儒学家谦菴柳云龙(1539~1601年)和西厓柳成龙(1542~1607年)兄弟的诞生地而闻名。关于河回村名字的由来，是因为洛东江环绕村子流过，因此得来河回村一名的，从高处俯瞰整个河回村，就更能清楚了解到这个名字的由来了。自古以来河回村就是一个水土自然条件优越，适合居住的一个地方。洛东江北面的芙蓉台好像屏风一样围绕着河回村，形成一道亮丽的风景线。

하회마을의 특징

由于河回村为山水包围，地理条件十分优越，因此从未受到敌人的入侵，村内从上流阶层的瓦房到普通百姓的草房都原封不动地保持了过去的模样。也正因为如此，河回村也作为历史文化名胜有着重要的意义。村内有150多户人家。被指定为宝物的有“养真堂”和“忠孝堂”。此外还有河回北村宅、南村宅等被指定为重要民俗资料。河回村还以别神假面舞游戏、河回假面而闻名。河回别神假面舞游戏(重要无形文化财第69号)是在新年年初的时候，村民们为了祈愿村子的安宁和农事丰收而举行的神巫假面舞游戏。河回假面是现存韩国最古老的传统假面，用于别神假面舞游戏。庆尚北道安东河回地区于12世纪制成的河回假面不仅具有悠久的历史，而且根据主人公性格的不同，以非对称方式表现人物面貌，具有独特的造型美，被指定为第121号国宝。

河回假面

하회마을의 문화재

良洞村位于庆州市郊区，与雪苍山主峰相连的山脊与溪谷间，村内依山势而建成。这里是月城孙氏和骊江李氏两个家族生活了500多年的村落。村庄规模宏大，保存状态良好，文化遗产数量多，传统色彩浓重，自然环境优秀，是朝鲜时代传统文化与自然相结合的典范。朝鲜时代品德高尚的官吏愚斋孙仲暾(1463~1529年)和性理学者晦斋李彦迪(1491~1553年)就出身于这里。良洞村仍有149户人家生活，房屋的位置是随着峡谷从上而下建造，地位越高，住的越高越隐密，最上面的房屋是两班的瓦房，往下是其子孙的房屋。越往下的房屋规模越小，最下面的房屋是奴婢仆人结构简单的草房。这种布局把当时村内成员的地位和身份秩序以空间的形式体现了出来。良洞村内共保存有3件宝物、12件重要民俗资料等。例如，国宝有通鉴续编，宝物有无忝堂、香坛和观稼亭。

양동마을의 특징과 문화재

해석

한국의 역사마을

하회마을과 양동마을은 한국 역사상 가장 오래된 민속마을 중 하나이며, 한국 씨족마을의 전형으로, 조선시대 양반문화의 특징과 전통 건축물을 잘 보존하고 있다. 하회마을은 경상북도 안동시 풍천면에, 양동마을은 경상북도 경주시 강동면에 위치해 있다.

조선시대 양반문화가 꽃을 피운 이 두 역사마을은 한반도 동남부에 위치해 있으며, 가옥구조도 유교예법을 따르고 있다. 한국 국내의 다른 마을이나 해외의 유사한 문화유산에 비해, 건축과 마을의 공간구조가 독특하며 뛰어난 정통성을 지녔다는 평가를 받고 있다. 주요 건축물로는 종가, 주택, 정자, 서원, 서당 등이 있다. 또한 예절, 놀이, 저서, 예술품 등 문화유산도 지금까지 잘 보존되고 있다. 2010년 하회마을과 양동마을은 '한국의 역사마을'이라는 이름으로 세계문화유산에 등재되었다.

안동 하회마을(중요민속자료 제122호)은 풍산 유씨가 600여 년간 대대로 거주해온 씨족마을이며, 마을에는 기와집과 초가집이 여전히 제 모습을 간직하고 있다. 이곳은 조선시대 대유학자인 겸암 류운룡(1539~1601년)과 서애 류성룡(1542~1607년) 형제의 탄생지로 유명하다. 하회마을이라는 이름의 유래에 관해서는 낙동강이 마을을 돌아 흘러나간다고 하여 생긴 이름이라고 전해진다. 높은 곳에서 하회마을 전체를 굽어보면 이 이름의 유래를 더 명확히 이해할 수 있다. 예로부터 하회마을은 자연조건이 탁월하여 살기 좋은 고장으로 알려져 왔다. 낙동강 북쪽의 부용대는 마치 병풍처럼 하회마을을 에워싸며 수려한 풍광을 이룬다.

하회마을은 산수로 둘러싸여 있어 지리적 조건이 탁월하므로 적의 침입을 받은 적이 없었다. 그리하여 양반의 기와집에서 서민들의 초가집에 이르기까지 과거의 모습이 그대로 보존되어 있다. 바로 그러한 이유로 하회마을은 역사문화의 명소로 중요한 의미를 띤다. 마을에는 150여 호의 가구가 살고 있다. '양진당'과 '충효당'이 보물로 지정되어 있다. 그 외에 하회 북촌택, 남촌택 등이 중요민속자료로 지정되었다. 하회마을은 또한 별신굿탈놀이와 하회탈로 유명하다. 하회별신굿탈놀이(중요무형문화재 제69호)는 신년을 맞을 때 마을 사람들이 마을의 안녕과 풍년을 기원하며 지내는 탈놀이다. 하회탈은 현존하는 탈 가운데 가장 오래된 것으로, 별신굿탈놀이에 사용된다. 경상북도 안동지역에서 12세기에 제작된 하회탈은 유구한 역사를 자랑할 뿐 아니라, 주인공의 성격에 따라 비대칭 방식으로 인물의 모습을 표현하여 독특한 조형미를 지닌다.

국보 제121호로 지정되어 있다.

양동마을은 경주시 교외의 설창산 주봉과 이어진 산등성이와 계곡 사이에 위치해 있어, 산세를 따라 마을을 이루고 있다. 이곳은 월성 손씨와 여강 이씨의 두 집안이 500여 년간 살아온 마을이다. 마을의 규모가 크고 보존이 잘 되어 있으며, 문화재 수가 많을 뿐 아니라 전통적 색채가 짙고 자연환경 또한 탁월하여 조선시대 전통문화와 자연이 어우러진 전형적인 마을이다. 조선시대 청백리인 우재 손중돈(1463~1529년)과 성리학자 회재 이언적(1491~1553년)이 이곳 출신이다. 양동마을에는 지금도 149개 가구가 살고 있다. 가옥은 계곡을 따라 위에서 아래로 지어져 있는데, 신분이 높을수록 높고 은밀한 곳에 지었으므로, 가장 위쪽에는 양반의 기와집이 분포되어 있고 아래쪽으로 그 자손들의 가옥이 들어섰다. 아래로 갈수록 가옥의 규모가 작아지며, 가장 아래쪽에는 단순한 구조를 띤 노비나 하인들의 초가집이 분포되어 있다. 이러한 배치는 당시 마을 구성원의 지위와 신분질서를 공간의 형식으로 표출한 것이다. 양동마을 내에는 3개의 보물, 12개의 중요민속자료 등이 있다. 국보로는 통감속편, 보물로는 무첨당, 향단, 관가정이 있다.

단어 民俗村落 mínsú cūnluò 명 민속마을 | 氏族村落 shìzú cūnluò 씨족마을 | 典型 diǎnxíng 형 전형적인 | 大放异彩 dà fàng yì cǎi 성 크게 이채를 띠다, 뛰어나게 빛을 내다 | 遵循 zūnxún 동 따르다 | 别具一格 bié jù yì gé 성 남다른 풍격을 지니다 | 正统性 zhèngtǒngxìng 정통성 | 宗家 zōngjiā 종가 | 住宅 zhùzhái 명 주택 | 亭子 tíngzi 명 정자 | 书院 shūyuàn 명 서원 | 书堂 shūtáng 명 서당 | 礼仪 lǐyí 명 예의 | 著作 zhùzuò 명 저서 | 艺术品 yìshùpǐn 명 예술품 | 文化遗产 wénhuà yíchǎn 명 문화유산 | 流传 liúchuán 동 대대로 전해 내려오다 | 载入 zǎirù 동 기재하다, 기록하다 | 世代 shìdài 명 대대로 | 居住 jūzhù 동 거주하다 | 瓦房 wǎfáng 명 기와집 | 草房 cǎofáng 명 초가집 | 儒学家 rúxuéjiā 유학자 | 谦菴柳云龙 Qiān'ān Liǔ Yúnlóng 겸암 류운룡 | 西厓柳成龙 Xīyá Liǔ Chénglóng 서애 류성룡 | 洛东江 Luòdōngjiāng 고유 낙동강 | 环绕 huánrào 동 에워싸다 | 俯瞰 fǔkàn 동 굽어보다 | 由来 yóulái 명 유래 | 优越 yōuyuè 형 우월하다 | 芙蓉台 Fúróngtái 고유 부용대 | 屏风 píngfēng 명 병풍 | 亮丽 liànglì 형 밝고 아름답다 | 包围 bāowéi 동 둘러싸다 | 敌人 dírén 명 적 | 入侵 rùqīn 동 침입하다 | 原封不动 yuán fēng bú dòng 성 손대지 않다, 원래 그대로 두다 | 模样 múyàng 명 모양 | 名胜 míngshèng 명 명승지 | 养真堂 Yǎngzhēntáng 고유 양진당 | 忠孝堂 Zhōngxiàotáng 고유 충효당 | 北村宅 Běicūnzhái 고유 북촌택 | 南村宅 Náncūnzhái 고유 남촌택 | 重要民俗资料 zhòngyào mínsú zīliào 중요민속자료 | 别神假面舞游戏 biéshén jiǎmiàn wǔyóuxì 명 별신굿탈놀이 | 河回假面 héhuí jiǎmiàn 명 하회탈 | 祈愿 qíyuàn 동 기원하다 | 丰收 fēngshōu 동 풍년이 들다 | 雪苍山 Xuěcāngshān 고유 설창산 | 山脊 shānjǐ 명 산등성이 | 溪谷 xīgǔ 명 골짜기, 계곡 | 月城孙氏 Yuèchéng Sūnshì 월성 손씨 | 骊江李氏 Líjiāng Lǐshì 여강 이씨 | 浓重 nóngzhòng 형 농후하다 | 典范 diǎnfàn 명 본보기 | 品德 pǐndé 명 인품과 덕성 | 高尚 gāoshàng 형 고상하다 | 官吏 guānlì 명 관리 | 愚斋孙仲暾 Yúzhāi Sūn Zhòngtūn 우재 손중돈 | 性理学 xìnglǐxué 성리학 | 晦斋李彦迪 Huìzhāi Lǐ Yàndí 회재 이언적 | 出身于 chūshēn yú ~출신이다 | 峡谷 xiágǔ 명 협곡 | 隐密 yǐnmì 비밀스럽다, 은밀하다 | 奴婢 núbì 명 노비 | 仆人 púrén 명 하인 | 身份秩序 shēnfen zhìxù 신분 질서 | 通鉴续编 Tōngjiànxùbiān 고유 통감속편 | 宝物 bǎowù 명 보물 | 无忝堂 Wútiǎntáng 고유 무첨당 | 香坛 Xiāngtán 고유 향단 | 观稼亭 Guānjiàtíng 고유 관가정

바로 확인

❶ 河回村和良洞村是韩国最具代表性的 ______________。

하회마을과 양동마을은 한국의 가장 대표적인 양반 씨족마을이다.

❷ 河回村，因为 ______________，得来这个名字。

하회마을은 낙동강이 마을을 돌아 흘러나간다고 하여, 이렇게 이름 붙었다.

정답 ❶ 两班氏族村落 ❷ 洛东江环绕村子流过

Step4
도전!
모의면접

Q1 河回村和良洞村有什么不同的特色？

Q2 请介绍河回假面。

tip 〈한 걸음 더〉

河回假面的传说

有关河回假面的制作过程流传着这样一种传说：很久很久以前，河回村出现了灾难，居住在村里的姓许的青年在梦中遇见了神灵。神灵告诉他要先做好12个面具并戴上它来祭神，这样可消除村子的灾难。作为交换条件，神灵要求在所有的面具全部制作完成之前，任何人都不许偷看其制作过程。所以他就长时间闭门不出专心制作面具。有一天，他的情人难耐相思来找他，女子好奇地在门上戳了个洞往里瞧，就在她偷窥的瞬间许青年立时吐血身亡。他最后制作的"魑魅假面"没来得及制作下巴，据说这就是"魑魅假面"现在仍没有下巴的原因。许青年制作的假面共14个，流传下来的有11个。

해석 하회탈의 전설

하회탈의 제작과정에 관해 전해오는 이야기가 있다. 오래 전 하회마을에 재앙이 일어났는데, 마을에 사는 허도령의 꿈에 신령이 나타나, 12개의 탈을 만들어 쓰고 제사를 지내면 마을의 재앙을 물리칠 수 있다고 했다. 그 대신 모든 탈이 완성되기 전까지 어떠한 누구도 그 만드는 과정을 보아서는 안 된다고 신령이 일렀다. 그리하여 허도령은 오랫동안 두문불출하며 탈 만드는 일에 몰두했다. 어느 날, 그를 사모한 여인이 그가 보고 싶은 나머지 호기심에 문에 구멍을 뚫고 안을 보았는데, 그녀가 훔쳐보는 순간, 허도령은 피를 토하며 죽고 말았다. 그가 마지막으로 만들던 '이매탈'은 턱이 채 완성되지 못했는데, '이매탈'에 지금까지도 턱이 없는 이유가 이것이라고 전해진다. 허도령이 만든 탈 총 14개 중 현재 11개가 전해진다.

05 제주도

Step1
사전 탐색하기

한국을 찾은 중국인 관광객이 가장 많이 찾는 명소를 꼽으라면 제주도를 빼놓을 수 없다. 내륙과는 다른 자연환경과 풍습 등으로 인해 독특한 볼거리와 먹거리를 자랑하는 제주도는 세계에서 유일하게 유네스코 자연과학분야 3관왕을 획득하여 더욱 주목 받게 되었다. 명성에 걸맞게 다양한 관광명소가 출제되고 있어, 꼼꼼하게 정리해 둘 필요가 있다.

Step2
기출 따라잡기

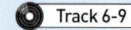

Track 6-9

请介绍济州岛。
제주도를 소개하세요.

답안 济州岛是韩国最大的岛屿，位于韩国最南端。济州岛是由火山喷发而形成，地貌十分奇特。济州中央的汉拿山是韩国第一高峰，顶部有火山湖白鹿潭。济州四面环海，沿海的奇岩和瀑布、白沙场以及小岛等，都显示着海滨的天然美景。济州远离内陆，保存着自己独特的自然环境和文化，成为韩国最热门的旅游胜地。济州岛世界上唯一获得了联合国教科文组织自然科学领域的三冠王，就是2002年的生物圈保护区域、2007年的世界自然遗产、2010年的世界地质公园。

해석 제주도는 한국의 가장 큰 섬이며, 한국 최남단에 위치해 있습니다. 제주도는 화산이 분출하면서 형성된 섬으로, 매우 독특한 지형을 이룹니다. 제주 한가운데 위치한 한라산은 한국의 가장 높은 산이며, 꼭대기에는 화산호인 백록담이 있습니다. 제주는 사면이 바다로 둘러싸여 있어 바닷가의 기암괴석과 폭포, 백사장 및 작은 섬들이 천연의 미경을 이룹니다. 제주는 내륙에서 멀리 떨어져 있어 특유의 자연환경과 문화를 보존하고 있으며, 한국의 가장 인기 있는 관광명소입니다. 제주도는 2002년 생물권 보전지역, 2007년 세계자연유산, 2010년 세계지질공원으로 지정되며, 세계에서 유일하게 유네스코 자연과학분야 3관왕을 차지하였습니다.

단어 济州岛 Jìzhōudǎo 고유 제주도 | 岛屿 dǎoyǔ 명 섬 | 南端 nánduān 명 남단 | 火山 huǒshān 명 화산 | 喷发 pēnfā 동 분출하다 | 地貌 dìmào 명 땅표면 | 奇特 qítè 형 독특하다 | 汉拿山 Hànnáshān 고유 한라산 | 高峰 gāofēng 명 고봉, 높은 산 | 顶部 dǐngbù 명 맨 꼭대기 | 火山湖 huǒshānhú 명 화산호 | 白鹿潭 Báilùtán 고유 백록담 | 四面环海 sìmiàn huánhǎi 사방이 바다로 둘러싸여 있다 | 沿海 yánhǎi 명 연해 | 奇岩 qíyán 명 기암 | 瀑布 pùbù 명 폭포 | 白沙场 báishāchǎng 백사장 | 远离 yuǎnlí 동 멀리 떨어지다 | 内陆 nèilù 명 내륙 | 热门 rèmén 명 인기 있는 것 | 旅游胜地 lǚyóu shèngdì 관광명소 | 联合国教科文组织 Liánhéguó Jiàokēwén Zǔzhī 명 유네스코 | 领域 lǐngyù 명 영역, 분야 | 三冠王 sānguànwáng 3관왕 | 生物圈保护区域 shēngwùquān bǎohù qūyù 생물권 보전지역 | 世界自然遗产 shìjiè zìrán yíchǎn 세계자연유산 | 世界地质公园 shìjiè dìzhì gōngyuán 세계지질공원

Step3
관통 솔루션 파악하기

학습목표 1 제주도의 자연환경과 풍습을 파악한다.

학습목표 2 제주도의 관광명소를 소개한다.

》》 **유비무환! 미리 준비합시다!**

제주도의 독특한 문화에 관해서도 함께 알아두세요!

Track 6-10

济州火山岛和熔岩洞窟系

济州岛是韩国最大的岛屿，位于韩国最南端。数以百计的丘陵、瀑布、悬崖和熔岩隧道吸引著世界各地的游人。海洋性气候利于亚热带植物的生长。济州总面积为1849平方公里。

济州岛是由火山喷发而形成，地貌十分奇特。加上四面环海，沿海的奇岩和瀑布、白沙场以及小岛等，都显示着海滨的天然美景。

제주의 개황

济州岛古代建有名为“耽罗国”的独立王国，因此保有本岛独有的风俗习惯、方言与文化等。自古以来，这个岛一直以“三多三无”而闻名，“三多”指的是石头多、风多、女人多，“三无”指的是无乞丐、无小偷、无大门。

제주의 독특한 문화

济州岛拥有360多座寄生火山和世界级规模的熔岩洞窟，也是多种稀有生物和濒临灭绝物种的栖息地。联合国教科文组织高度评价它的稀贵性和外在条件的优秀性，于2007年选定为世界自然遗产。从此，济州火山岛和熔岩洞窟系成为韩国第一处世界自然遗产。济州火山岛和熔岩洞窟可分为汉拿山自然保护区域、城山日出峰、拒文岳熔岩洞窟系3部分。

세계자연유산으로서의 가치

汉拿山是韩国第一高峰，海拔1950米，位于济州岛的中部。汉拿山是济州岛的名山，自古以来被推为三神山之一。汉拿山从温带到寒带的各种植被垂直分布的现象很明显，有着很高的学术价值。汉拿山周边分布着360多个寄生火山，形成神秘的景观。汉拿山作为著名的生态宝库，1970年被指定为韩国的国立公园，受到保护。

한라산

城山日出峰和汉拿山白鹿潭、山君不离一起被称为济州岛的三大火山口，位于济州岛东端，是世界最大的突出于海岸的火山口。城山日出峰海拔182米，是10万年前海底火山爆发在水中形成的特别的寄生火山。城山日出峰顶部观看日出，风景极为美丽，非常有名。

城山日出峰

성산일출봉

拒文岳熔岩洞窟系是约10~30万年前拒文岳中喷出的熔岩形成的多个熔岩洞窟。整个洞窟群形态多样，独特的地质环境深受世界各界的关注。万丈窟是拒文岳熔岩洞窟系中规模最大的，这个洞窟的规模和长度都是世界级的。

거문오름 용암동굴계

해석

제주 화산섬과 용암동굴계

제주도는 한국에서 가장 큰 섬으로, 한국 최남단에 위치해 있다. 수많은 구릉, 폭포, 절벽과 용암동굴을 보기 위해 세계 각지의 여행객들이 찾고 있다. 아열대 식물의 생장에 유리한 해양성기후의 특징을 나타내며, 총면적은 1849㎢에 이른다.

제주도는 화산 폭발로 형성되어 특이한 지질적 특징을 나타낸다. 게다가 사방이 바다로 둘러싸여 있어 바닷가의 기암괴석과 폭포, 백사장 및 작은 섬들이 천연의 미경을 이룬다.

제주도에는 고대에 독립왕국인 '탐라국'이 자리하고 있었으며, 이곳 특유의 풍습, 사투리, 문화를 간직하고 있다. 예로부터 제주도는 '3다 3무'로 유명했다. '3다'란 돌, 바람, 여자가 많음을 말하고, '3무'란 거지, 도둑, 대문이 없다는 의미이다.

제주도에는 360여 개의 기생화산과 세계적 규모의 용암동굴이 있으며, 이곳은 다양한 희귀생물과 멸종위기 생물의 서식지이기도 하다. 유네스코는 이곳의 희귀성과 외재적 조건의 우수성을 높이 평가하여 2007년 세계자연유산으로 지정하였다. 이로부터 제주 화산섬과 용암동굴계는 한국 최초의 세계자연유산이 되었다. 제주 화산섬과 용암동굴은 한라산 자연보호구역, 성산일출봉, 거문오름 용암동굴계의 3부분을 포함한다.

한라산은 한국의 최고봉으로 해발 1950m에 이르며, 제주 한가운데 위치해 있다. 한라산은 제주도의 명산이며, 예로부터 삼신산의 하나로 꼽혀왔다. 한라산은 온대에서 한대에 이르기까지 다양한 식피가 수직으로 분포하는 현상이 매우 뚜렷하여 학술적 가치가 높다. 한라산 주변에는 360여 개의 기생화산이 분포하며 신비로운 경관을 이룬다. 한라산은 유명한 생태보고로, 1970년 국립공원으로 지정되어 보호 받고 있다.

성산일출봉은 한라산 백록담, 산굼부리와 함께 제주도의 3대 분화구이며, 제주 동쪽 끝에 위치해 있다. 또한 해안으로 돌출된 형태의 세계 최대규모의 분화구이다. 성산일출봉은 해발 182m로, 10만년 전 해저화산이 폭발하면서 수중에서 형성된 특이한 기생화산이다. 성산일출봉 꼭대기에서 바라보는 일출풍경이 대단히 아름답기로 유명하다.

거문오름 용암동굴계는 10~30만년 전 거문오름에서 분출된 용암에 의해 형성된 여러 개의 용암동굴을 말한다. 동굴의 형태가 다양하고 독특한 지질환경을 이루고 있어 세계적인 주목을 받고 있다. 만장굴은 거문오름 용암동굴계에서 규모가 가장 큰 것으로, 규모나 길이 모두 세계적인 수준이다.

단어

熔岩洞窟 róngyán dòngkū 용암동굴 | 数以百计 shǔ yǐ bǎi jì 수백을 헤아리다, 수가 많다 | 悬崖 xuányá 명 낭떠러지 | 熔岩 róngyán 명 용암 | 隧道 suìdào 명 굴 | 吸引 xīyǐn 동 흡인하다, 끌어당기다 | 游人 yóurén 명 유람객 | 海洋性气候 hǎiyángxìng qìhòu 명 해양성기후 | 利于 lìyú 동 ~에 이롭다 | 亚热带 yàrèdài 명 아열대 | 植物 zhíwù 명 식물 | 生长 shēngzhǎng 동 생장하다 | 耽罗国 Dānluóguó 고유 탐라국[제주의 옛 이름] | 保有 bǎoyǒu 동 간직하고 있다 | 独有 dúyǒu 동 혼자만 갖고 있다 | 风俗习惯 fēngsú xíguàn 풍습과 관습 | 方言 fāngyán 명 사투리 | 自古以来 zìgǔ yǐlái 예로부터 | 乞丐 qǐgài 명 거지 | 拥有 yōngyǒu 동 보유하다 | 寄生火山 jìshēng huǒshān 기생화산 | 稀有 xīyǒu 형 희소하다 | 濒临 bīnlín 동 인접하다 | 灭绝 mièjué 동 멸종하다 | 物种 wùzhǒng 명 종 | 稀贵 xīguì 형 희귀하다 | 选定 xuǎndìng 동 선정하다 | 海拔 hǎibá 명 해발 | 神山 shénshān 신산 | 温带 wēndài 명 온대 | 寒带 hándài 명 한대 | 植被 zhíbèi 명 식생, 식피 | 垂直 chuízhí

형 수직의 | 神秘 shénmì 형 신비하다 | 宝库 bǎokù 명 보고 | 国立公园 guólì gōngyuán 명 국립공원 | 城山日出峰 Chéngshān Rìchūfēng 고유 성산일출봉 | 山君不离 Shānjūnbùlí 고유 산굼부리 | 东端 dōngduān 동쪽 끝 | 突出 tūchū 동 돌출되다 | 海岸 hǎi'àn 명 해안 | 火山口 huǒshānkǒu 명 분화구 | 爆发 bàofā 동 폭발하다 | 拒文岳 Jùwényuè 고유 거문오름 | 喷出 pēnchū 동 분출하다 | 关注 guānzhù 동 주시하다 | 万丈窟 Wànzhàngkū 고유 만장굴

바로 확인

❶ 济州岛获得了联合国教科文组织自然科学领域的三冠王，2002年被选定为 ________，2007年被评为 ________，2010年又被列入 ________。

제주도는 유네스코 자연과학분야 3관왕을 획득하여 2002년 생물권 보전지역, 2007년 세계자연유산, 2010년 세계지질공원으로 각각 선정되었다.

❷ 济州火山岛和熔岩洞窟系可分为 ________、________、________的三部分。

제주 화산섬과 용암동굴계는 한라산 자연보호구역, 성산일출봉, 거문오름 용암동굴계의 세 부분을 포함한다.

정답 ❶ 生物圈保护区域 / 世界自然遗产 / 世界地质公园
❷ 汉拿山自然保护区域 / 城山日出峰 / 拒文岳熔岩洞窟系

Step4
도전!
모의면접

Q1 济州三大火山口是什么?

Q2 济州岛的三多三无指的是什么?

tip **〈한 걸음 더〉**

西归浦地名的由来

济州的正房瀑布与天地渊瀑布、天帝渊瀑布一起被称为济州三大瀑布。这里是韩国唯一直接流入海中的海岸瀑布。据传说，在这里的悬崖上刻有徐福过此的几个字。徐福是秦始皇时代，为了寻找长生不老药到济州，被这里美丽的景色吸引住了，在瀑布的悬崖上刻有自己的名字。如今西归浦的地名也是徐福当时由此向西而归的意思。

해석 서귀포 지명의 유래

제주의 정방폭포는 천지연폭포, 천제연폭포와 함께 제주 3대 폭포로 불린다. 이곳은 바다로 직접 유입되는 한국 유일의 해안폭포이기도 하다. 전설에 따르면, 이곳 절벽에 '서복이 이곳을 지나다'라는 글자가 새겨져 있었다고 한다. 서복은 진시황시대에 장생불로초를 찾으러 제주에 왔다가, 이곳의 아름다운 경관에 반해 폭포 절벽에 자신의 이름을 새겼다고 한다. 오늘날 서귀포의 지명은 서복이 당시 이곳에서 서쪽을 향해 돌아갔다는 뜻에서 유래했다고 한다.

세계자연유산 '제주도'

제주도는 2002년 생물권 보전지역, 2007년 세계자연유산, 2010년 세계지질공원으로 지정된 유네스코 자연유산으로, 다양한 관광명소와 자연환경을 보존하고 있다.

■ 한라산국립공원 (1970년 국립공원으로 지정)

汉拿山
한라산

■ 제주도의 3대 분화구

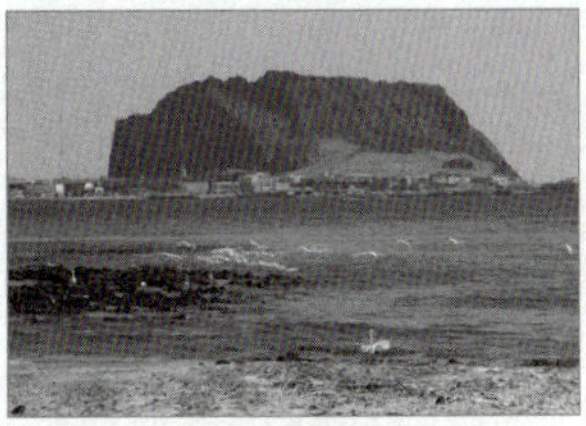

城山日出峰
성산일출봉

汉拿山白鹿潭
한라산 백록담

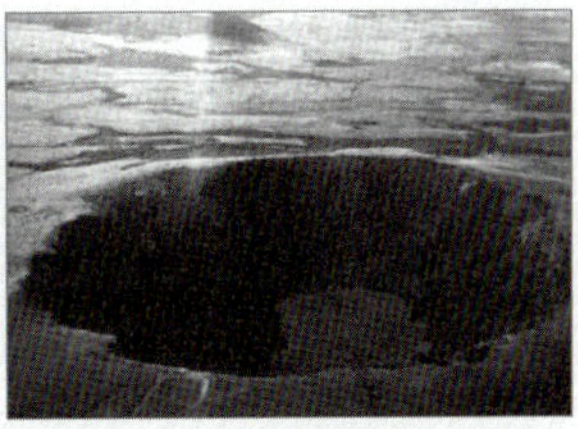

山君不离
산굼부리

■ 제주도의 용암동굴계

拒文岳岩
거문오름

万丈窟
만장굴

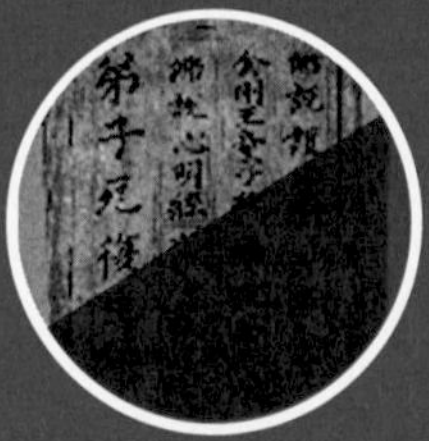

PART 7

기록유산

한 눈 에
정 리 하 는
핵심 내용

01 훈민정음

훈민정음은 1443년에 완성하고 1446년에 공포한 한국의 독자적인 문자체계이자, 한국의 언어체계를 기록한 책이다. 한글은 24개의 자모만으로 모든 소리를 정확하게 표기할 수 있어, 배우고 쓰기에 매우 편리하며 독창적이고 과학적이다.

02 조선왕조 의궤

조선왕조의궤는 조선시대 국가에서 거행한 주요 행사를 보고서 형식으로 기록한 것이다. 문자뿐 아니라 그림 형식으로 생동감 있게 묘사하여 시각적 가치가 매우 높다.

03 팔만대장경

팔만대장경은 13세기 16년에 걸쳐 제작한 현존하는 가장 오래되고 완전한 목판대장경으로, 경상남도 해인사 장경판전에 소장되어 있다.

01 훈민정음

Step1 사전 탐색하기

훈민정음은 한글의 체계를 기록해놓은 서적으로, 글자와 같은 이름인 '훈민정음'이라고도 하고 '훈민정음 해례본'이라고도 한다. 훈민정음은 면접에서 세종대왕과 관련해서도 자주 출제되고 있다. 특히 한글에 대한 이해를 묻는 질문의 빈도가 높다는 것에 유의하도록 한다.

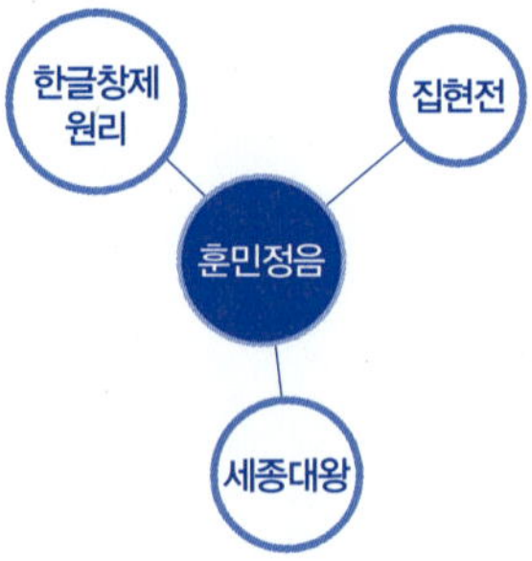

Step2 기출 따라잡기

Track 7-1

创制训民正音的宗旨在哪儿?

훈민정음 창제의 취지는 어디에 있나요?

답안 朝鲜王朝第4代王世宗认为当时使用的汉字是标记汉语的文字，不适合标记我国语言，大多数百姓很难学习和使用。所以，他认为迫切需要创制适合标记我国语言的文字体系。因此韩文的重点宗旨在于“简单易学”，让更多百姓用我们的文字来方便地表达自己的意思。

해석 조선의 제4대 임금 세종대왕은 당시 사용하는 한자가 중국어를 표기하는 문자라서 우리말을 표기하기에 적합하지 않으므로, 대부분의 백성이 배우고 사용하기가 어렵다고 생각했습니다. 그리하여 우리말 표기에 맞는 문자체계를 만들 필요가 있다고 여겼습니다. 그러므로 한글의 핵심 취지는 '단순하고 배우기 쉬운 문자체계'에 있으며, 더 많은 백성들이 우리의 문자로 자신의 뜻을 쉽게 표현하도록 하고자 합니다.

단어 创制 chuàngzhì 동 창제하다 | 训民正音 Xùnmínzhèngyīn 고유 훈민정음 | 宗旨 zōngzhǐ 명 취지 | 世宗 Shìzōng 고유 세종 | 标记 biāojì 동 표기하다 | 文字 wénzì 명 문자 | 大多数 dàduōshù 형 대다수의 | 迫切 pòqiè 형 절박하다 | 需要 xūyào 동 필요하다 | 文字体系 wénzì tǐxì 문자체계 | 因此 yīncǐ 접 이로 인하여 | 韩文 Hánwén 명 한글 | 重点 zhòngdiǎn 명 중점 | 在于 zàiyú 동 ~에 있다 | 简单易学 jiǎndān yìxué 간단하고 배우기 쉽다 | 表达 biǎodá 동 나타내다, 표현하다

Step3 관통 솔루션 파악하기

학습목표 1 훈민정음을 소개한다.

학습목표 2 한글의 창제원리와 특징을 소개한다.

≫ **유비무환! 미리 준비합시다!**

한글을 창제한 세종대왕에 대해서도 함께 알아두세요!

Track 7-2

训民正音

训民正音是1443年完成，1446年公布的韩国独有的文字体系，也是记录这一韩国文字体系的书籍，可以说是第一本韩文教科书。训民正音的字面意思是，教百姓正确的声音。朝鲜王朝第4代王世宗认为当时使用的汉字是标记汉语的文字，不适合标记我国语言，因此大多数百姓很难学习和使用。所以，他认为迫切需要创制适合于标记我国语言的文字体系。

훈민정음의 취지

世宗大王召集郑麟趾、申叔舟、成三问、朴彭年、姜希颜等8名集贤殿的学者，创制全新的文字体系，然后把内容整理下来，编撰成《训民正音》一书，并刊行于世。这书的内容分为两大部分。第一部分是本文，由世宗自己撰写。本文阐述了创制新文字的目的，还把28个新字母分成11个初声，依次进行讲解说明，最后还列举了一些例句，这样说明把这些字母拼成音节标记韩国语言的方法。第二部分是学者们按世宗的命令著述的对本文的注释，共由6章组成，包括说明新文字创制原理的制字解、说明标记音节头音17个辅音字的初声解、说明11个元音的中声解、说明音节末辅音的终声解、说明初声·中声·终声组合起来标记音节的合字解以及用新文字标记词语的用字实例等。最后附有郑麟趾的训民正音解例本序文。

훈민정음 해례본의 내용

训民正音文字体系原来有28个字母，现在只使用24个字母。只靠这24个字母，能准确地标记所有声音，韩文的一个字代表一个音，因此学习和使用很方便，具有独创性和科学性，意义重大。

韩文的创制原理，借鉴了太极学说和阴阳五行学说，28个字母的字形是根据“象形”原理创制的，并且以百姓易学易写为原则创制的。韩文中辅音的模样模仿了发音时的嘴形和其他发音器官的形状。基本元音利用宇宙中3个基本因素“天、地、人”的形象创造出来，各意味着圆天(天为阳)、平地(地为阴)和站立的人(人为中和)的形象，这三个字母是按世上万物生成的“三才论”和“阴阳说”创制的。

像韩文这样在短期内由特定的人创制，而不受其它文字的影响，并成为一个国家通用的文字，这在世界上是空前绝后的历史性事件。特别值得一提的是，世界语言学家高度的评价了本书在理论上的严密性与在叙述上的科学性。训民正音被指定为国宝第70号，并于1997年10月在联合国教科文组织登记为世界记忆遗产。

한글의 특징

해석

훈민정음

훈민정음은 1443년에 완성하고 1446년에 공포한 한국의 독자적인 문자체계이자, 한국의 언어체계를 기록한 책이기도 하다. 즉 최초의 한글 교과서라 할 수 있다. 훈민정음이라는 말은 백성에게 정확한 소리를 가르친다는 의미를 나타낸다. 조선 제4대 임금인 세종대왕은 당시 사용하던 한자가 중국어를 표기하는 문자라 우리나라 말을 표기하기에는 적합하지 않기 때문에, 대부분의 백성이 배우고 사용하기에 어렵다는 사실을 알게 되었다. 그리하여 우리말을 표기하기에 적합한 문자체계 창제가 시급하다는 생각에 도달했다.

세종대왕은 정인지, 신숙주, 성삼문, 박팽년, 강희안 등 8명의 집현전 학자를 불러모아 새로운 문자체계를 만들고, 그 내용을 정리하여 『훈민정음』을 편찬발행했다. 이 책의 내용은 크게 두 부분으로 나눌 수 있다. 제1부분은 본문으로 세종대왕이 직접 서술했다. 본문은 새로운 문자 창제의 목적을 기술하고, 28개 자모를 11개 초성으로 나누어 차례로 설명한 뒤, 마지막으로 예문을 들었다. 이렇게 하여 이들 자모가 결합해 음절을 만들고 한국어를 표기하는 방법을 설명했다. 제2부분은 학자들이 세종의 명령에 따라 기술한 본문에 대한 주석이며, 총 6장으로 이루어져 있다. 문자 창제의 원리를 설명한 제자해, 음절의 첫소리를 표기하는 17개 자음을 설명한 초성해, 11개 모음을 설명한 중성해, 음절의 마지막 자음을 설명한 종성해, 초성·중성·종성을 결합해 음절을 표기하는 방식을 설명한 합자해와 새로운 문자로 단어를 표기하는 방법을 설명한 용자례 등을 포함한다. 마지막으로 정인지의 훈민정음 해례본 서문이 부록으로 들어있다.

훈민정음의 문자체계는 원래 28개의 자모로 이루어져 있었는데 지금은 24개 자모만을 사용한다. 24개의 자모만으로 모든 소리를 정확하게 표기할 수 있으며, 한 글자가 하나의 소리를 대표하므로 배우고 사용하기에 편리하다. 이는 독창적이고 과학적인 문자로서 그 의의가 크다.

한글의 창제원리는 태극사상과 음양오행설에 기반을 두었다. 28개 자모의 형태를 '상형'원리에 근거하여 창제하고, 백성이 쉽게 배우고 쓸 수 있게 하는 데 중점을 두었다. 한글의 자음모양은 발음할 때 입모양과 기타 발음기관의 형태를 모방해서 만들었다. 기본모음은 우주의 3가지 기본요소인 '천, 지, 인'의 형상을 이용해 만들었으며, 각각 둥근 하늘(하늘은 양을 나타냄), 평평한 땅(땅은 음을 나타냄), 서 있는 사람(사람은 중화를 나타냄)의 형상을 의미한다. 이 세 개의 자모는 세상만물의 생성을 설명하는 '삼재론'과 '음양설'에 비추어 창제한 것이다.

한글과 같이 단기간 내에 특정한 인물에 의해 창제되었으면서도 기존 문자의 영향을 받지 않고 한 나라의 통용되는 문자로 자리잡는 일은 세계적으로도 유례가 없는 역사적 사건이다. 특히 세계 언어학자들이 이 책의 이론적인 치밀함과 서술면에서의 과학성을 높이 평가했다는 점은 주목할 만하다. 훈민정음은 국보 제70호로 지정된 바 있으며, 1997년 10월 유네스코의 세계기록유산에 등재되었다.

단어

公布 gōngbù 통 공포하다 | 独有 dúyǒu 통 독자적으로 갖고 있다 | 书籍 shūjí 명 서적 | 召集 zhàojí 통 소집하다 | 郑麟趾 Zhèng Línzhǐ 고유 정인지 | 申叔舟 Shēn Shūzhōu 고유 신숙주 | 成三问 Chéng Sānwèn 고유 성삼문 | 朴彭年 Piáo Péngnián 고유 박팽년 | 姜希颜 Jiāng Xīyán 고유 강희안 | 集贤殿 Jíxiándiàn 고유 집현전 | 编撰 biānzhuàn 통 편찬하다 | 刊行于世 kānxíng yú shì 간행하여 세상에 내어놓다 | 撰写 zhuànxiě 통 저술하다 | 阐述 chǎnshù 통 상세히 논술하다 | 初声 chūshēng 명 첫소리, 초성 | 依次 yīcì 부 순서에 따라 | 讲解 jiǎngjiě 통 해설하다, 설명하다 | 列举 lièjǔ 통 열거하다 | 例句 lìjù 명 예문 | 拼成 pīnchéng 이어서 만들다 | 著述 zhùshù 통 저술하다 | 注释 zhùshì 통 주석하다 | 制字解 zhìzìjiě 제자해 | 头音 tóuyīn 첫 음 | 辅音 fǔyīn 명 자음 | 元音 yuányīn 명 모음 | 中声解 zhōngshēngjiě 중성해 | 终声解 zhōngshēngjiě 종성해 | 合字解 hézìjiě 합자해 | 用字实例 yòngzì shílì 용자례 | 附有 fùyǒu 통 부가적으로 덧붙이다 | 独创性 dúchuàngxìng 명 독창성 | 科学性 kēxuéxìng 명 과학성 | 借鉴 jièjiàn 통 참고로 하다 | 太极学说 tàijí xuéshuō 태극학설 | 阴阳五行 yīnyáng wǔxíng 음양오행 | 象形 xiàngxíng 상형 | 易学易写 yìxué yìxiě 배우기 쉽고 쓰기 쉽다 | 模仿 mófǎng 통 모방하다 | 嘴形 zuǐxíng 입모양 | 器官 qìguān 명 기관 | 形状 xíngzhuàng 명 형상 | 通用 tōngyòng 통 통용되다 | 空前绝后 kōng qián jué hòu 성 전무후무하다 | 值得一提 zhídé yìtí 언급할 만한 가치가 있다 | 严密性 yánmìxìng 치밀성 | 叙述 xùshù 통 서술하다 | 登记 dēngjì 통 등재하다 | 世界纪录遗产 shìjiè jìlù yíchǎn 세계기록유산

바로 확인

❶ 训民正音是1443年完成，1446年公布的 ______，也是记录这一韩国文字体系的书籍，可以说是 ______。
훈민정음은 1443년에 완성하고 1446년에 공포한 한국의 독자적인 문자체계이자 한국의 언어체계를 기록한 책이며, 최초의 한글 교과서라 할 수 있다.

❷ 韩文只使用 ______ 个字母，能准确地标记所有声音，学习和使用很方便，具有 ______。
한글은 24개의 자모만을 사용하여 모든 소리를 정확하게 표기할 수 있어, 배우고 쓰기에 매우 편리하며 독창적이고 과학적이다.

정답 ❶ 韩国独有的文字体系 / 第一个韩文教科书 ❷ 24 / 独创性和科学性

Step4
도전! 모의면접

Q1 请介绍训民正音。

Q2 请介绍创制韩文的原理。

02 조선왕조의궤

Step1
사전 탐색하기

조선왕조의궤는 조선왕실에 중요한 행사가 있을 때 남긴 기록문서를 가리킨다. 그림과 문자로 상세하게 기록된 의궤는 오늘날 역사 고증에도 중요한 사료로서의 의미가 크다. 2011년, 프랑스에 있던 의궤의 반환이 이루어져 주목을 받게 되면서, 기록유산 가운데에서도 면접 시험에 자주 출제되고 있으므로 상세히 알아둘 필요가 있다.

Step2
기출 따라잡기

Track 7-3

朝鲜王朝仪轨是什么?
조선왕조의궤란 무엇인가요?

답안 朝鲜王朝仪轨是朝鲜时代的珍贵纪录遗产。它记录了当时举办的几乎所有的国家重要活动，是一种结果报告书。它不仅有文字记录，还用图片来活生生地描绘当时的情景，有很高的视觉价值。其内容包括朝鲜王室的结婚典礼、葬礼、宴会等主要活动以及各大建筑物、王陵等的建造过程，是非常重要的史料。

해석 조선왕조의궤는 조선시대의 진귀한 기록유산입니다. 이는 당시 거행된 거의 모든 중요 국가행사를 기록한 일종의 결과보고서입니다. 특히 문자뿐 아니라 그림으로 생생하게 당시 상황을 묘사했기 때문에 시각적 가치가 매우 높습니다. 조선왕실의 결혼의식, 장례, 연회 등 주요행사 및 건축물, 왕릉 등의 건조과정을 포함하여 매우 중요한 사료입니다.

단어 朝鲜王朝仪轨 Cháoxiǎn wángcháo yíguǐ 고유 조선왕조의궤 | 举办 jǔbàn 동 거행하다 | 所有 suǒyǒu 형 모든 | 活生生 huóshēngshēng 형 생동감이 넘치는 | 描绘 miáohuì 동 묘사하다 | 情景 qíngjǐng 명 광경 | 视觉 shìjué 명 시각 | 典礼 diǎnlǐ 명 의식 | 葬礼 zànglǐ 명 장례 | 宴会 yànhuì 명 연회 | 王陵 wánglíng 명 왕릉 | 建造 jiànzào 동 건조하다, 건축하다 | 史料 shǐliào 명 역사자료

Step3
관통 솔루션 파악하기

학습목표 1 조선왕조의궤의 특징을 소개한다.

학습목표 2 반차도에 대해 파악한다.

Track 7-4

朝鲜王朝仪轨

朝鲜王朝仪轨以报告形式记录了王室以及国家举办的所有主要活动。所谓仪轨是指仪式的规范。朝鲜王朝仪轨记录了朝鲜时代结婚仪式、葬礼、宴会、使臣迎接等国家大型活动，还记录了建筑物、王陵的建造过程。值得注目的是，它不仅有文字记录，还用图画形式生动描绘出来。而且按照不同时期、主题分类，有体系地进行整理记录。因此可以从视觉上一目了然地理解朝鲜王朝600多年的生活情况，是非常稀有的珍贵资料。因为有仪轨的存在，在朝鲜时代举办的活动可以完美再现，并且可以很快按原型复原当时的建筑物。

조선왕조의궤의 특징

仪轨中供国王看的是"御览用"仪轨。"御览用"仪轨是用绸缎表面和高级纸张特别制作而成的，从制作材料上就非同一般，具有很高的艺术收藏价值。曾经在江华岛外奎章阁保管的御览用仪轨297册由于1866年法军的入侵而被掠走，2011年重回韩国，现在收藏在国立中央博物馆。

어람용 의궤와 외규장각 도서의 반환

仪轨图片中的"班次图"描绘了主要活动中根据官阶不同而进行的行列队伍，将当时的场面形象地展现在人们面前，非常生动。依此可以考证当时活动的规模和构成等，成为重要的史料。在首尔著名的散步路清溪川的筑墙上可亲眼看到正祖大王陵行班次图。图中描绘了正祖大王陪着母亲惠庆宫洪氏前往水原华城思悼世子的陵墓"隆陵"的仪典过程。它出色地表现当时活动的内容，具有不可替代的作品价值和记录遗产价值。

반차도의 특징

《朝鲜王朝仪轨》完整地保存了大量被儒教社会所遗忘的历史遗产，意义非常重大，作为优秀的记录遗产于2007年6月被列入联合国教科文组织世界记忆遗产。

조선왕조의궤의 역사적 의미

해석

조선왕조의궤

조선왕조의궤는 보고서 형식으로 왕실과 국가가 개최한 모든 주요 행사를 기록했다. 이른바 의궤란 의식의 규범을 말한다. 조선왕조의궤는 조선시대 결혼의식, 장례, 연회, 사신 영접 등 국가의 대형 행사를 기록했을 뿐 아니라 건축물, 왕릉의 건조과정을 기록했다. 주목할 만한 것은 문자뿐 아니라 그림으로 생동감 있게 묘사했다는 점이다. 또한 시기별, 주제별로 체계적으로 정리 기록했기 때문에, 시각적으로도 일목요연하게 조선왕조 600여 년의 생활상을 이해할 수 있어, 대단히 희귀하고 소중한 자료이다. 조선시대 거행한 행사를 완벽하게 재현하고, 단시간 내에 당시 건축물을 원형 그대로 복원할 수 있는 것은 모두 의궤가 존재하는 덕분이다.

의궤 가운데 임금이 보도록 제작된 것을 '어람용' 의궤라고 한다. '어람용' 의궤는 비단표지와 고급종이로 특별 제작된 것으로, 그 소재에서도 남달라 예술적 소장가치 또한 크다. 일찍이 강화도에 보관 중이던 어람용 의궤 297책이 1866년 프랑스군의 침략으로 약탈되었다가, 2011년 한국으로 돌아와 현재는 국립중앙박물관에 소장되어 있다.

의궤의 그림 중 '반차도'는 주요행사에서 관직의 등급에 따라 진행하는 행렬을 묘사하여, 당시의 장면을 형상화하여 생동감 있게 보여준다. 이를 근거로 당시 행사의 규모와 구성을 고증할 수 있어 중요한 사료이다. 서울의 유명한 산책로인 청계천 벽에서 정조대왕 능행반차도를 직접 볼 수 있다. 이는 정조대왕이 어머니 혜경궁 홍씨를 모시고 수원 화성의 사도세자 능묘 '융릉'으로 향하는 의전과정을 묘사했다. 당시 행사의 내용을 뛰어나게 표현하여, 누구도 대신할 수 없는 작품 가치와 기록유산으로서의 가치를 지닌다.

『조선왕조의궤』는 유교사회가 남긴 역사적 유산을 온전하게 보존하여 중대한 의미를 지닌다. 우수한 기록유산으로 2007년 6월 유네스코 세계기록유산에 등재되었다.

단어

所谓 suǒwèi 형 소위, 이른바 | 仪式 yíshì 명 의식 | 规范 guīfàn 명 규범 | 注目 zhùmù 동 주목하다 | 图画 túhuà 명 그림 | 描绘 miáohuì 동 묘사하다 | 整理 zhěnglǐ 동 정리하다 | 视觉 shìjué 명 시각 | 一目了然 yí mù liǎo rán 성 일목요연하다, 한눈에 훤히 알다 | 稀有 xīyǒu 형 희소하다 | 珍贵 zhēnguì 형 진귀하다 | 资料 zīliào 명 자료 | 原型 yuánxíng 명 원형 | 复原 fùyuán 동 복원하다 | 建筑物 jiànzhùwù 명 건축물 | 御览 yùlǎn 동 어람하다, 임금이 보다 | 绸缎 chóuduàn 명 비단 | 纸张 zhǐzhāng 명 종이 | 非同一般 fēitóng yìbān 형 보통이 아니다, 범상치 않다 | 收藏 shōucáng 동 소장하다 | 外奎章阁 Wàikuízhānggé 고유 외규장각 | 法军 Fǎjūn 프랑스군 | 入侵 rùqīn 동 침입하다 | 掠夺 lüèduó 동 강탈하다 | 重回 chónghuí 동 되돌아가다 | 国立中央博物馆 Guólì Zhōngyāng Bówùguǎn 고유 국립중앙박물관 | 班次图 Bāncìtú 고유 반차도 | 官阶 guānjiē 명 관리의 등급 | 行列 hángliè 명 행렬 | 队伍 duìwu 명 대오, 대열 | 生动 shēngdòng 형 생동감 있다 | 考证 kǎozhèng 동 고증하다 | 规模 guīmó 명 규모 | 构成 gòuchéng 명 구성 | 散步路 sànbùlù 산책로 | 清溪川 Qīngxīchuān 고유 청계천 | 筑墙 zhùqiáng 담벼락 | 陪着 péizhe 모시다 | 惠庆宫洪氏 Huìqìnggōng Hóngshì 고유 혜경궁 홍씨 | 水原华城 Shuǐyuán Huáchéng 고유 수원 화성 | 思悼世子 Sīdào shìzǐ 고유 사도세자 | 隆陵 Lónglíng 고유 융릉 | 仪典 yídiǎn 의전 | 独一无二 dú yī wú èr 성 유일무이하다

Track 7-5

外奎章阁

外奎章阁是奎章阁的分阁。1782年，正祖为了保管朝鲜王室的相关书籍，在江华岛建立了国立图书馆外阁，并把原先的奎章阁改为内奎章阁，分开保管朝鲜王室书籍。1866年法国舰队侵占江华岛，发生了残杀良民的丙寅洋扰事件，外奎章阁和其中收藏的图书被烧毁，仪轨等360多件贵重物品被运回法国。这些外奎章阁图书在时隔145年后的2011年，以永久租借的形式，返回到韩国，现收藏在国立中央博物馆。

외규장각

해석

외규장각

외규장각은 규장각의 부설 장서각이다. 1782년, 정조는 조선왕실의 관련 서적을 보관하기 위해 강화도에 국립도서관 부설 장서각을 설치한 뒤, 기존의 규장각을 내규장각이라 칭하며 조선왕실 서적을 나누어 보관했다. 1866년 프랑스 함대가 강화도를 침략하여 양민을 학살한 병인양요 사건이 발생했다. 외규장각과 그 안에 소장되어 있던 서적들이 불에 타고, 의궤를 비롯한 360여 건의 진귀한 물품이 프랑스로 운반되어 갔다. 이들 외규장각 도서가 145년 만인 2011년 영구대여의 형식으로 한국에 돌아왔고, 현재는 국립중앙박물

관에 보관되어 있다.

단어 分阁 fēngé 분각 | 保管 bǎoguǎn 동 보관하다 | 江华岛 Jiānghuádǎo 고유 강화도 | 外阁 wàigé 외각 | 改为 gǎiwéi ~로 바꾸다 | 舰队 jiànduì 명 함대 | 侵占 qīnzhàn 동 침략하여 점령하다 | 残杀 cánshā 동 학살하다 | 良民 liángmín 명 평민, 양민 | 丙寅洋扰 Bǐngyínyángrǎo 고유 병인양요 | 收藏 shōucáng 동 소장하다 | 烧毁 shāohuǐ 동 불사르다 | 运回 yùnhuí 운반하여 돌아가다 | 时隔 shígé ~만에 | 永久 yǒngjiǔ 형 영구하다 | 租借 zūjiè 동 대여하다

바로 확인

❶ 朝鲜王朝仪轨以报告形式记录了 ______________。

조선왕조의궤는 보고서 형식으로 조선시대 국가에서 거행한 주요행사를 기록했다.

❷ 朝鲜王朝仪轨不仅有 ______ 记录，还用 ______________ 生动描绘出来，有很高的视觉效果。

조선왕조의궤는 문자로 기록할 뿐 아니라, 그림 형식으로 생동감 있게 묘사하여 시각적 효과가 매우 높다.

정답 ❶ 朝鲜时代国家举办的主要活动 ❷ 文字 / 图画形式

Step4 도전! 모의면접

Q1 班次图是什么?

Q2 外奎章阁是什么?

03 팔만대장경

Step1
사전 탐색하기

고려말기, 불력(佛力)으로 외적을 물리치고자 간행한 팔만대장경은 당시 불경을 집대성하여 제작한 목판인쇄물이다. 현재 합천 해인사에 보관 중인 고려 팔만대장경은 고려시대 인쇄기술의 수준을 잘 보여주는 위대한 유산으로 그 가치를 인정받고 있다. 면접에서는 팔만대장경과 관련된 역사적 배경과 가치에 관해서 출제된 적이 있다.

Step2
기출 따라잡기

Track 7-6

请介绍高丽大藏经。
고려대장경을 소개하세요.

답안 高丽大藏经是13世纪用16年时间雕刻成的现存最古老、最全面的汉字大藏经。现收藏在庆尚南道海印寺藏经板殿。高丽末，蒙古的入侵频繁，国土沦丧，百姓受苦。在此情况下，为了祈求国家平安、收复国土，而开始制作大藏经。八万大藏经，内容庞大齐全，没有错漏，做工精致，而且保存得比较完好，是韩民族有代表性的文化遗产。

해석 고려대장경은 13세기에 16년에 걸쳐 제작한 현존 최고의 가장 완벽한 한자 대장경입니다. 현재 경상남도 해인사 장경판전에 소장되어 있습니다. 고려말, 몽골의 침략이 빈번한 가운데 국토는 초토화되고 백성은 고통에 시달렸습니다. 이에 나라의 평안과 국토수복을 기원하며 대장경을 제작하기 시작했습니다. 팔만대장경은 내용이 방대하고 완벽하면서도 탈자나 오자가 없이, 솜씨가 정교할 뿐 아니라 보존도 비교적 잘 되어 있어 한민족의 대표적인 문화유산입니다.

단어 高丽大藏经 Gāolí dàzàngjīng [고유] 고려대장경 | 雕刻 diāokè [동] 조각하다 | 现存 xiàncún [동] 현존하다 | 收藏 shōucáng [동] 소장하다 | 海印寺 Hǎiyìnsì [고유] 해인사 | 藏经板殿 Zàngjīngbǎndiàn [고유] 장경판전 | 蒙古 Měnggǔ [고유] 몽골 | 入侵 rùqīn [동] 침입하다 | 频繁 pínfán [형] 잦다 | 沦丧 lúnsàng [동] 함락되다 | 受苦 shòukǔ [동] 고통을 받다 | 祈求 qíqiú [동] 바라다 | 收复 shōufù [동] 되찾다 | 庞大 pángdà [형] 매우 크다 | 齐全 qíquán [형] 완전히 갖추다 | 错漏 cuòlòu [명] 착오와 누락 | 做工 zuògōng [명] 솜씨 | 精致 jīngzhì [형] 정교하다

Step3
관통 솔루션 파악하기

학습목표 1 팔만대장경 조판의 역사적 배경을 설명한다.

학습목표 2 팔만대장경의 특징과 가치를 소개한다.

Track 7-7

高丽大藏经板和诸经板

高丽大藏经是13世纪用16年时间雕刻成的现存最古老、最全面的汉字大藏经。现收藏在庆尚南道海印寺藏经板殿。高丽大藏经板制作于1236至1251年，将高丽大藏经全部刻在木板上，可以让我们一窥高丽时代的木板印刷技术。高丽末蒙古的入侵频繁，国土沦丧，百姓受苦。为了祈愿国家的和平、收复国土，而高丽在江华岛开始制作大藏经板。高丽大藏经的内容包括了当时各国制作的各种大藏经，共有1496种6568卷5230多万字，经板共有81258块，所以也被称为八万大藏经。高丽大藏经的校对也做得非常细致，在5200万字中几乎没有错误，所有的字都被均匀、精致地刻在木板上。并且现在仍然保存得非常完好，十分令人惊讶。这是因为在木板制作过程中使用了各种技术，以防止木板受损。首先在制作前，将木板在海水中浸泡3年之后再在表面涂上漆，并用铜板将木板的四角固定。它被指定为韩国第32号国宝。其保存地韩国海印寺藏经板殿也是联合国教科文组织指定的世界文化遗产。

고려대장경의 특징

海印寺藏经板殿内除了高丽大藏经板之外，还收藏了寺庙在需要时制作的寺刊板。这是自1098年到1958年长期以来制作的各种经板(诸经板)共5987张。内容包括佛教经典、佛教历史、佛教研究论文及佛教版画等。

제경판의 내용

高丽大藏经板和诸经板，因其出色的印刷技术，被联合国教科文组织指定为世界记忆遗产。

세계기록유산으로서의 가치

해석

고려대장경판과 제경판

고려대장경은 13세기 16년의 시간을 들여 제작한 현존하는 가장 오래되고 완전한 한자 대장경이다. 현재 경상남도 해인사 장경판전에 소장되어 있다. 고려대장경판은 1236년부터 1251년까지 고려대장경 모두를 목판에 새긴 것으로, 이를 통해 고려시대 목판인쇄기술을 엿볼 수 있다. 고려말 몽골의 침략이 빈번하여 국토가 피폐해지고 백성들은 고통을 받았다. 나라의 평화를 기원하고 국토를 되찾기 위해, 고려는 강화도에서 대장경판을 제작하기 시작했다. 고려대장경의 내용은 당시 각국이 제작한 다양한 대장경을 포함하며, 총 1496종 6568권 5230만여 글자에 이르는 분량으로 경판이 총 81258장에 달하므로, 팔만대장경이라고도 불린다. 고려대장경은 교정도 매우 치밀하게 이루어져, 5200만 글자 중 거의 오류가 없이 모든 글자가 고르고 섬세하게 목판에 새겨져 있다. 또한 지금까지도 여전히 잘 보존되어 놀라움을 준다. 이는 목판 제작과정에서 목판의 훼손을 방지하기 위한 여러 가지 기술을 사용했기 때문이다. 우선 제작 전에 목판을 바닷물 속에 3년 동안 담갔다가 표면에 옻칠을 하고, 동판을 이용해 목판의 네 귀퉁이를 고정했다. 이것은 국보 제32호로 지정되어 있다. 또한 이를 보관하고 있는 해인사 장경판전은 유네스코가 지정한 세계문화유산이다.

해인사 장경판전 내에는 고려대장경판 외에도, 사찰에서 필요에 따라 제작한 사간판이 소장되어 있다.

이는 1098년부터 1958년까지 오랫동안 제작한 각종 경판 총 5987장이다. 내용은 불교경전, 불교역사, 불교연구논문 및 불교판화 등이 포함되어 있다.

고려대장경판과 제경판은 탁월한 인쇄기술을 인정받아 유네스코에 의해 세계기록유산으로 지정되었다.

단어 庆尚南道 Qìngshàng nándào 고유 경상남도 | 海印寺 Hǎiyìnsì 고유 해인사 | 藏经板殿 Zàngjīngbǎndiàn 고유 장경판전 | 一窥 yìkuī 엿보다 | 木板 mùbǎn 명 목판 | 印刷技术 yìnshuā jìshù 인쇄기술 | 频繁 pínfán 형 빈번하다 | 沦丧 lúnsàng 동 함락되다 | 祈愿 qíyuàn 동 기원하다 | 收复 shōufù 동 수복하다 | 校对 jiàoduì 동 교정하다 | 细致 xìzhì 형 정밀하다 | 均匀 jūnyún 형 고르다 | 精致 jīngzhì 형 섬세하다 | 惊讶 jīngyà 형 놀랍다 | 防止 fángzhǐ 동 방지하다 | 受损 shòusǔn 동 손해를 보다 | 浸泡 jìnpào 동 담그다 | 涂上 túshang 동 바르다 | 漆 qī 명 옻칠 | 铜板 tóngbǎn 명 동판 | 四角 sìjiǎo 명 네 귀퉁이 | 固定 gùdìng 동 고정하다 | 寺刊板 sìkānbǎn 사간판[사찰에서 직접 제작한 경판] | 版画 bǎnhuà 명 판화 | 诸经板 zhūjīngbǎn 제경판 | 印刷 yìnshuā 동 인쇄하다

Track 7-8

海印寺藏经板殿

海印寺位于庆尚南道伽倻山，与通度寺、松广寺一起被称为韩国三大寺庙。海印寺藏经板殿是存放高丽大藏经木板的地方，显示了古代高超的保存技术。它具有科学而有效的结构。建筑物，面向西南，日照充足，可以防止木板发霉，窗户上下大小不同，达到最好的通风效果。藏经板殿还健在排水性很好的土壤上，能保持相对稳定的湿度。由于其设计十分合理和科学，充分利用了自然环境，没有任何人工设施，数百年来完好地保存了高丽大藏经，体现了韩国人祖先惊人的智慧。1995年登记为世界文化遗产。

해인사 장경판전

해석

해인사 장경판전

해인사는 경상남도 가야산에 위치해 있으며 통도사, 송광사와 함께 우리나라 3대 사찰 중 하나이다. 해인사 장경판전은 고려대장경 목판을 보관하고 있는 곳이며, 고대사회의 뛰어난 보존기술을 보여준다. 장경판전은 과학적이고 효과적인 구조를 갖추고 있다. 건축물은 서남향을 하고 있어 일조량이 충분하므로 목판에 곰팡이가 피는 것을 막을 수 있다. 또한 위 아래 창문의 크기가 달라 최적의 통풍효과를 이룬다. 장경판전은 배수성이 좋은 토양에 세워져 있어 상대적으로 안정적인 습도를 유지하도록 했다. 합리적이고 과학적인 설계로 자연환경을 충분히 활용하였으며, 어떠한 인공시설도 없이 수백 년에 걸쳐 고려대장경을 잘 보존하여, 우리 조상들의 놀라운 지혜를 보여주고 있다. 1995년 세계문화유산으로 등재되었다.

단어 通度寺 Tōngdùsì 고유 통도사 | 松广寺 Sōngguǎngsì 고유 송광사 | 存放 cúnfàng 동 놓아 보관하다 | 高超 gāochāo 형 출중하다 | 日照 rìzhào 명 일조 동 햇볕이 내리쬐다 | 充足 chōngzú 형 충분하다 | 发霉 fāméi 동 곰팡이가 피다 | 通风效果 tōngfēng xiàoguǒ 통풍효과 | 排水性 páishuǐxìng 배수성, 물빠짐 | 土壤 tǔrǎng 명 토양 | 稳定 wěndìng 형 안정되다 | 湿度 shīdù 명 습도 | 人工 réngōng 형 인위적인 | 祖先 zǔxiān 명 선조, 조상 | 惊人 jīngrén 동 사람을 놀라게 하다

바로 확인

❶ 高丽大藏经是______世纪用16年时间雕刻成的______________的木板大藏经。

고려대장경은 13세기 16년의 시간을 들여 제작한 현존하는 가장 오래되고 완전한 목판대장경이다.

❷ 海印寺位于庆尚南道伽倻山，与______________一起被称为______________。

해인사는 경상남도 가야산에 위치하며 통도사, 송광사와 함께 삼보사찰이라고 불린다.

정답 ❶ 13 / 现存最古老、最全面 ❷ 通度寺、松广寺 / 三宝寺庙

Step4
도전!
모의면접

Q1 高丽末制作八万大藏经有什么意义和价值?

Q2 请介绍海印寺藏经板殿。

PART 8

무형유산

한 눈 에
정 리 하 는
핵심 내용

01 판소리

판소리는 한 사람은 창을 하고, 한 사람은 북을 치는 1인 창극이다. 원래 12곡이 있었는데, 지금은 춘향가, 심청가, 흥부가, 적벽가, 수궁가의 다섯 작품만 전해진다.

02 아리랑

아리랑은 한국인의 민족 가곡이며 한민족의 삶, 사상, 문화를 대표한다. 한국의 3대 전통 아리랑은 정선 아리랑, 밀양 아리랑, 진도 아리랑이다. (2012년 세계인류무형문화유산 등재)

03 처용무

처용무는 현존하는 가장 오래된 한국의 궁중 무용이며, 궁중 무용 가운데 유일하게 탈을 쓰고 춘다. 5명이 각각 다섯 색깔의 옷을 입은 채 다섯 방위에 서서 춤을 추기 시작하며, 귀신을 쫓는 의미를 지닌다. (2009년 세계인류무형문화유산 등재)

04 종묘제례와 종묘제례악

종묘제례 종묘에서 거행하는 제사 의식이며, 조선시대 최대 규모의 국가 제사이다.

종묘제례악 종묘제례악은 「보태평」 11곡과 「정대업」 11곡으로 구성되었다.

(2001년 세계인류무형문화유산 등재)

01 판소리

Step1
사전 탐색하기

판소리는 북장단에 맞추어 소리꾼이 노래와 몸짓을 섞어가며 이야기를 이끌어가는 1인 창극을 말한다. 2003년 세계무형문화유산으로 지정되면서 더욱 주목 받게 되었고, 민속음악 가운데 출제 빈도가 높은 부분이다. 특히 지금까지 전해지는 판소리 다섯 마당의 원작은 대표적인 고전소설로도 유명하다.

Step2
기출 따라잡기

Track 8-1

请介绍盘索里。
판소리를 소개하세요.

답안 盘索里是韩国传统音乐。这是一人清唱，一人击鼓的一种单人歌剧。演唱者用歌曲、言词和动作来表现出故事的内容。鼓手击鼓并发出一些感叹，以增添演唱者的兴致。听众也参与到表演之中。从这点上看，它更具有突出的价值。盘索里用口传的方式流传下来，因此正确的创作年代和创作者，已经无法考证。盘索里原来有12首，如今有5大经典作品流传下来。这5大作品是春香歌、沈清歌、兴夫歌、赤壁歌和水宫歌。

해석 판소리는 한국의 전통음악입니다. 한 사람은 소리를 하고, 한 사람은 북을 치는 일종의 1인 창극입니다. 소리꾼은 노래, 대사, 동작으로 이야기를 표현하고, 고수는 북을 두드리며 추임새를 넣어 소리꾼의 흥을 돋웁니다. 청중 또한 공연에 참여하는데, 이러한 점에서 그 가치가 더욱 두드러집니다. 판소리는 입에서 입으로 전해져 왔기 때문에, 정확한 창작시기와 창작자는 고증할 수 없습니다. 판소리는 원래 12곡이 있었는데, 지금은 5대 작품만이 전해지며, 춘향가, 심청가, 흥부가, 적벽가와 수궁가가 그것입니다.

단어 盘索里 pánsuǒlǐ 명 판소리 | 清唱 qīngchàng 동 간단한 반주에 맞추어 노래하다 | 击鼓 jīgǔ 동 북을 치다 | 单人歌剧 dānrén gējù 1인 가극 | 歌曲 gēqǔ 명 노래 | 言词 yáncí 명 말 | 增添 zēngtiān 동 보태다 | 兴致 xìngzhì 명 흥, 재미 | 突出 tūchū 형 두드러지다 | 口传 kǒuchuán 동 구전되다 | 流传 liúchuán 동 전해지다, 대대로 전해 내려오다 | 考证 kǎozhèng 동 고증하다 | 春香歌 Chūnxiānggē 고유 춘향가 | 沈清歌 Shěnqīnggē 고유 심청가 | 兴夫歌 Xīngfūgē 고유 흥부가 | 赤壁歌 Chìbìgē 고유 적벽가 | 水宫歌 Shuǐgōnggē 고유 수궁가

Step3
관통 솔루션 파악하기

학습목표 1 판소리의 특징을 설명한다.

학습목표 2 판소리 다섯 마당을 소개한다.

Track 8-2

盘索里

盘索里是一种传统民俗音乐，是一位演唱者根据鼓点边唱边表演的单人歌剧。盘索里的“盘”指众人汇集的地方，“索里”指音乐。所以盘索里就是指“在众人面前演唱”。演唱者站着用歌曲、言词和肢体动作来表现故事的内容。鼓手则坐着用鼓击出多样的节奏并发出感叹。这样为演唱者的表演增添兴致。盘索里拥有独特的节奏和唱法，体现出韩国传统情感，说、唱、动作、和音乐完美结合，把生活中的喜怒哀乐表现出来，听众也参与到表演之中。从这点上看，它更具有突出的价值。

판소리의 형식

盘索里用口传的方式代代相传，因此现在无法得知正确的创作年代和创作者。但盘索里在很多人的努力下一直延续至今。过去盘索里只是一种底层的市民文化形式。而到朝鲜末期，受到贵族阶层的欢迎，流传的范围也得到扩大。盘索里在韩国广泛流传，主要流传区域以全罗道为中心，北到忠清道和京畿道地区。由于流传地区不同，逐渐形成了多个流派。全罗道东北地区的流派被称为“东便制”，全罗道西南地区的被称为“西便制”，京畿道和忠清道的被称为“中古制”。

판소리의 전래

盘索里原来有12首，如今有5大经典作品流传下来。这5大作品是春香歌、沈清歌、兴夫歌、赤壁歌和水宫歌。盘索里作为韩国传统艺术文化的代表，于2003年被联合国教科文组织指定为世界非物质文化遗产。

판소리 다섯 마당

해석

판소리

판소리는 전통민속음악의 하나로, 소리꾼이 북 장단에 맞추어 노래하며 연기하는 1인 창극이다. 판소리의 '판'은 사람들이 모이는 장소를 가리키며, '소리'는 음악을 말한다. 그러므로 판소리란 '많은 사람들 앞에서 노래함'을 뜻한다. 소리꾼은 선 채로 노래, 대사, 동작을 통해 이야기의 내용을 표현한다. 고수는 앉은 채 북으로 다양한 리듬을 치고 추임새를 넣는다. 이것으로 소리꾼의 공연에 흥을 돋운다. 판소리는 독특한 박자와 창법을 가지고 한국 전통의 감정을 나타내며, 이야기, 노래, 동작과 음악이 완벽하게 결합하여 생활 속의 희로애락을 표현한다. 청중 또한 공연에 직접 참여하는데, 이러한 점에서 판소리는 더욱 특별한 가치를 지닌다.

판소리는 구전방식으로 대대로 전해 내려왔기 때문에 정확한 창작시기와 창작자를 알 수 없다. 그러나 여러 사람의 노력으로 지금까지 이어지고 있다. 과거 판소리는 그저 하류계층의 서민문화였다. 그러다가 조선말기 양반들의 사랑을 받으면서 더 널리 퍼졌다. 판소리는 우리나라에 널리 전해졌는데, 주로 전라도를 중심으로 북으로는 충청도와 경기도 지역까지 퍼지며, 지역에 따라 점차 여러 유파가 형성되었다. 전라도 동북지역의 유파를 '동편제', 전라도 서남지역의 유파를 '서편제', 경기도와 충청도 지역의 유파를 '중고제'라고 한다.

판소리는 원래 12곡이 있었는데, 지금은 5대 작품만이 전해진다. 춘향가, 심청가, 흥부가, 적벽가와 수궁가가 그것이다. 판소리는 한국 전통예술문화의 대표로서, 2003년 유네스코 세계무형문화유산으로 지정되었다.

단어

民俗音乐 mínsú yīnyuè 민속음악 | 鼓点 gǔdiǎn 명 북 장단 | 众人 zhòngrén 명 여러 사람 | 汇集 huìjí 동 모이다 | 演唱 yǎnchàng 동 공연하다, 노래를 부르다 | 肢体动作 zhītǐ dòngzuò 신체동작 | 鼓手 gǔshǒu 명 고수 | 节奏 jiézòu 명 리듬, 박자 | 感叹 gǎntàn 동 감탄하다 | 唱法 chàngfǎ 명 창법 | 喜怒哀乐 xǐ nù āi lè 성 희로애락 | 口传 kǒuchuán 동 구전하다, 입으로 전해 내려오다 | 代代相传 dài dài xiāng chuán 성 대대로 전해지다 | 延续 yánxù 동 계속하다 | 范围 fànwéi 명 범위 | 流派 liúpài 명 유파 | 东便制 dōngbiànzhì 동편제 | 西便制 xībiànzhì 서편제 | 中古制 zhōnggǔzhì 중고제 | 经典 jīngdiǎn 명 중요하고 권위 있는 저작 | 世界非物质文化遗产 Shìjiè fēiwùzhì wénhuà yíchǎn 세계무형문화유산

Track 8-3

盘索里与京剧

盘索里和京剧同样是各国的国粹，但各有不同的特色。韩国的盘索里的传播是从下到上的顺序，是民间老百姓创造的。主要以全罗道为中心传播到全国。这是一位清唱家根据鼓点边唱边表演的单人歌剧，只配以大鼓的演奏。与此相比，中国的京剧是从上到下传播的。以北京为中心传播到全国，发展成为中国的国剧。表演者装扮得非常华丽，在表演者的脸上涂上某种颜色来象征这个人的性格和角色，而且有二胡、月琴、鼓板等多种管弦乐器和打击乐器进行伴奏。

판소리와 경극의 특징

해석

판소리와 경극

판소리와 경극은 각기 자국의 대표 전통 음악극이지만, 서로 다른 특색을 지닌다. 한국의 판소리는 민간에서 먼저 만들어져 아래에서 위의 순서로 전파되었으며, 주로 전라도를 중심으로 전국에 전해졌다. 판소리는 북 장단에 맞추어 소리를 하며 공연하는 1인 창극이며, 북 장단만이 곁들여진다. 이에 비해 중국의 경극은 위에서 아래로 전파된 형태로, 베이징을 중심으로 전국으로 퍼지며 중국의 국극으로 발전했다. 연기자는 화려하게 분장하며, 그 얼굴에 칠하는 색으로 등장인물의 성격과 역할을 상징한다. 또한 얼후, 월금, 고판 등 여러 가지 관현악기와 타악기의 반주가 함께 이루어진다.

단어

京剧 jīngjù 명 경극 | 国粹 guócuì 명 국수, 한 나라나 민족이 지닌 고유한 문화의 정화 | 传播 chuánbō 동 전파하다 | 顺序 shùnxù 명 순서 | 鼓点 gǔdiǎn 명 가락, 곡조 | 配以 pèiyǐ 곁들이다 | 大鼓 dàgǔ 큰북 | 装扮 zhuāngbàn 동 꾸미다, 분장하다 | 华丽 huálì 형 화려하다 | 涂上 túshang 동 칠하다 | 二胡 èrhú 명 얼후 | 月琴 yuèqín 명 월금 | 鼓板 gǔbǎn 명 고판 | 管弦乐器 guǎnxián yuèqì 명 관현악기 | 打击乐器 dǎjī yuèqì 명 타악기 | 伴奏 bànzòu 명 반주

바로 확인

❶ 盘索里是一人清唱，一人击鼓的＿＿＿＿。
판소리는 한 사람이 창을 하고 한 사람이 북을 치는 1인 창극이다.

❷ 盘索里有5大经典作品＿＿＿＿，这5大作品是＿＿＿＿＿＿＿＿。
판소리는 다섯 마당이 전해 내려오는데, 이 5대 작품은 춘향가, 심청가, 흥부가, 적벽가와 수궁가이다.

정답 ❶ 单人歌剧 ❷ 流传下来 / 春香歌、沈清歌、兴夫歌、赤壁歌和水宫歌

Step4
도전! 모의면접

Q1 现在流传下来的盘索里5大经典作品是什么?

Q2 盘索里和中国京剧，请做个比较。

02 아리랑

Step1
사전 탐색하기

아리랑은 한국의 대표적인 민요이다. 최초의 아리랑인 정선아리랑을 시작으로, 지역별로 다양한 아리랑이 전해지고 있다. 2012년 12월 유네스코 세계인류무형유산으로 등재되었다. 면접 시험에서는 아리랑의 유래와 한민족의 연관성을 중심으로 출제되어 왔다.

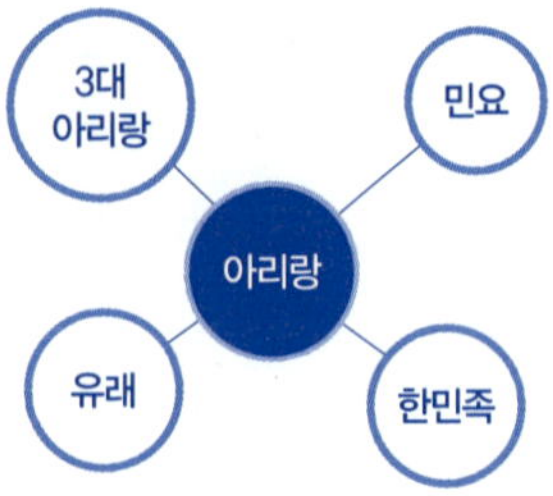

Step2
기출 따라잡기

Track 8-4

阿里郎对韩民族有什么意义?
아리랑은 한민족에게 어떤 의미가 있나요?

답안 阿里郎是韩国人的民族歌曲。韩国人无论是高兴的时候，还是悲伤的时候，都喜欢哼唱这首歌儿。韩国人聚集的时候，把阿里郎作为第二爱国歌一起唱。这也是确认民族认同感的机会。阿里郎超越意识形态，能代表韩民族的生活、思想和文化。阿里郎浓缩了韩民族的历史，蕴含着韩民族特有的情绪。

해석 아리랑은 한민족의 노래입니다. 한국 사람들은 기쁠 때나 슬플 때나 이 노래를 즐겨 부릅니다. 한국인이 모일 때면 아리랑을 제2의 애국가로 삼아 부르기도 하며, 이는 민족의 동질감을 확인하는 기회가 되기도 합니다. 아리랑은 이데올로기를 넘어 한민족의 삶, 생각과 문화를 대표할 수 있습니다. 아리랑은 한민족의 역사를 담고 있으며, 한민족만의 정서를 응축한 민요입니다.

단어 阿里郎 Ālǐláng 고유 아리랑 | 无论 wúlùn 접 ~을 막론하고 | 悲伤 bēishāng 형 슬프다 | 哼唱 hēngchàng 동 흥얼거리다 | 聚集 jùjí 동 모이다 | 爱国歌 àiguógē 명 애국가 | 确认 quèrèn 동 확인하다 | 认同感 rèntónggǎn 동질감 | 超越 chāoyuè 동 넘다 | 意识形态 yìshí xíngtài 명 이데올로기 | 浓缩 nóngsuō 동 농축하다 | 蕴含 yùnhán 동 포함하다 | 情绪 qíngxù 명 정서, 기분

Step3
관통 솔루션 파악하기

학습목표 1 아리랑의 유래를 소개한다.

학습목표 2 아리랑과 한민족의 관계를 설명한다.

>>> **유비무환! 미리 준비합시다!**
중국의 민요 '모리화'에 대해서도 함께 알아두세요!

Track 8-5

阿里郎

阿里郎是韩民族喜爱的代表性民谣，它更是韩国人的“民族歌曲”。韩民族无论是在悲伤的时候，还是在高兴的时候，总是喜欢哼起阿里郎曲调。在过去的农村，人们种田的时候为了相互合拍，并提高劳动效率，作为劳动谣唱起了阿里郎。年轻人想念情人的时候唱阿里郎，老百姓生活苦闷的时候也唱阿里郎，阿里郎代表了韩国人的生活、思想和文化。因此可以说，《阿里郎》浓缩了韩国的民族历史。在哪里听到《阿里郎》合唱，那里就是韩国人聚集的地方，那时就是展示韩国人认同感的机会，合唱就成为韩民族决心团结一致的契机。《阿里郎》所蕴含的情绪就是韩国人的性情本身。

아리랑의 의의

关于阿里郎的起源有很多说法，迄今没有统一和准确的解释。有人说阿里郎的发音起源于“我离郎”，表达的是与情人离别的意思。有人说是源自在庆尚道地区流传的民间故事“阿娘传说”中。又有人说是为了赞美新罗始祖朴赫居世的夫人阏英而作的歌谣。

아리랑의 유래

阿里郎在韩国全国各地流传了开来，各地有各地的阿里郎，带有浓厚的乡土色彩。江原道阿里郎、密阳阿里郎，还有京畿阿里郎等等，韩国各地的阿里郎就这样把每个地区、各个地方人们的生活点滴融入在了歌词之中。随着地区的不同其歌词内容也不尽相同，不过是最能够表现出韩民族特有情绪的代表歌谣。韩国的三大传统阿里郎可以分为江原道的“旌善阿里郎”、岭南地区的“密阳阿里郎”、湖南地区的“珍岛阿里郎”。

从曲调上，“旌善阿里郎”最具代表性，苦涩中带着平和，“珍岛阿里郎”充满委婉的幽默和积极的比喻，“密阳阿里郎”则融汇着平民生活的豪放和情趣。

3대 아리랑

韩国人在第一支过滤嘴香烟、第一颗人造卫星上都贴上了“阿里郎”的名字。上世纪70年代受欢迎的大众杂志也叫《阿里郎》。罗云奎导演曾在1926年发表了电影《阿里郎》。这说明，“阿里郎”引领着韩国人。这是我们众所周知的。“阿里郎”也是韩国人存在的证明。全世界的好民谣非常多，但如果让人们指出最喜欢的，能异口同声地说出某一首歌的国家或民族几乎没有。《阿里郎》是99%的韩国人都喜欢并且会唱的歌，作为将来统一国家的国歌也不逊色。韩民族的代表歌曲阿里郎于2012年12月5日被列入联合国教科文组织人类非物资遗产名录。

한민족의 아리랑

해석

아리랑

아리랑은 한민족이 사랑하는 대표적인 민요이며, 한국인의 '민족노래'라 할 수 있다. 한민족은 슬플 때나 기쁠 때나 늘 아리랑 곡조를 흥얼거렸다. 과거 농촌에서는 농사일을 할 때 보조를 맞추고 일의 효율을 높이기 위해 노동요로 아리랑을 불렀다. 젊은이들은 정인을 그리워하며 아리랑을 불렀고, 서민들은 삶이 곤궁할 때 아리랑을 불렀다. 아리랑은 이처럼 한국인의 삶, 생각과 문화를 대변한다. 그러므로「아리랑」은 한민족의 역사를 농축했다고 말할 수 있다. 한국인이 모인 곳에서는「아리랑」 합창을 들을 수 있는데, 그것은 한국인의 동질감을 보여주는 기회이며, 합창은 한민족의 단결을 다지는 계기가 된다.「아리랑」의 정서는 바로 한국인의 성정 자체를 응축하고 있다.

아리랑의 기원에 관해서는 많은 설이 있는데, 지금까지 통일된 정확한 해석은 없다. 아리랑의 발음이 '我离郎(아리랑)'에서 기원했다는 설은 이것이 사랑하는 이와의 이별을 의미한다고 주장한다. 경상도지역에 전해지는 민간고사 '아랑전설'에서 비롯되었다는 설도 있다. 또 신라의 시조 박혁거세의 부인 알영을 찬양하며 만든 노래라는 주장도 있다.

아리랑이 한국 전국 각지로 전해지면서 지역마다 향토색이 짙은 아리랑이 생겨났다. 강원도아리랑, 밀양아리랑, 경기아리랑 등 각 지역 아리랑은 이처럼 그 지역과 지방 사람들의 삶 하나하나를 가사에 녹여냈다. 지역에 따라 가사 내용에도 차이가 있지만, 모두 한민족 특유의 정서를 가장 잘 대변하고 있는 노래임은 틀림없다. 한국의 3대 아리랑은 강원도의 '정선아리랑', 영남지역의 '밀양아리랑', 호남지역의 '진도아리랑'이다.

곡조를 보자면 '정선아리랑'은 가장 대표적인 것으로, 고단함 속에 평온함이 묻어 있다. '진도아리랑'은 완곡한 유머와 적극적인 비유로 가득하고, '밀양아리랑'은 서민들의 삶에서 느껴지는 호방함과 정취를 표현하고 있다.

한국 최초의 필터담배, 최초의 인공위성에도 '아리랑'의 이름이 붙었다. 1970년대 사랑 받았던 대중잡지도『아리랑』이다. 나운규 감독은 1926년 영화『아리랑』을 발표한 바 있다. 이로부터 알 수 있듯 '아리랑'은 한국인을 이끌어 왔다. 우리 모두가 주지하다시피 말이다. '아리랑'은 또한 한국인의 존재를 증명한다. 세계적으로 좋은 민요가 수없이 많지만, 가장 좋아하는 민요가 무엇이냐는 질문에 이구동성으로 하나의 곡을 이야기하는 나라나 민족은 거의 없을 것이다.「아리랑」은 99%의 한국인이 좋아하고 부를 줄 아는 노래이며, 장차 통일국가의 국가로도 손색이 없다. 한민족의 대표곡인 아리랑은 2012년 12월 5일 유네스코 인류무형유산에 등재되었다.

단어

民谣 mínyáo 명 민요 | 种田 zhòngtián 동 농사를 짓다 | 想念 xiǎngniàn 동 그리워하다 | 郁闷 yùmèn 형 마음이 답답하고 괴롭다 | 合唱 héchàng 동 합창하다 | 契机 qìjī 명 계기 | 迄今 qìjīn 동 지금까지 | 解释 jiěshì 동 해석하다, 설명하다 | 起源于 qǐyuán yú ~에서 기원하다 | 源自 yuánzì ~에서 발원하다 | 阿娘 Āniáng 고유 아랑 | 传说 chuánshuō 명 전설 | 赞美 zànměi 동 찬미하다 | 朴赫居世 Piáo Hèjūshì 고유 박혁거세 | 阏英 Èyīng 고유 알영 | 浓厚 nónghòu 형 짙다 | 乡土 xiāngtǔ 명 향토, 지방 | 色彩 sècǎi 명 색채, 성향 | 点滴 diǎndī 형 아주 작다 | 融入 róngrù 동 융합되어 들어가다 | 旌善 Jīngshàn 고유 정선 | 岭南 Lǐngnán 고유 영남 | 密阳 Mìyáng 고유 밀양 | 湖南 Húnán 고유 호남 | 珍岛 Zhēndǎo 고유 진도 | 苦涩 kǔsè 형 괴롭다 | 平和 pínghé 형 평온하다 | 委婉 wěiwǎn 형 완곡하다 | 幽默 yōumò 형 익살맞다, 유머러스하다 | 比喻 bǐyù 명 비유 | 融汇 rónghuì 동 융합하다 | 豪放 háofàng 형 호방하다 | 情趣 qíngqù 명 정취 | 过滤嘴香烟 guòlǜzuǐ xiāngyān 필터담배 | 人造卫星 rénzào wèixīng 명 인공위성 | 罗云奎 Luó Yúnkuí 고유 나운규 | 导演 dǎoyǎn 명 감독 동 연출하다 | 引领 yǐnlǐng 동 인도하다 | 众所周知 zhòng suǒ zhōu zhī 성 모든 사람이 알고 있다 | 异口同声 yì kǒu tóng shēng 성 이구동성 | 不逊色 bú xùnsè 손색이 없다

바로 확인

❶ 阿里郎是韩国人的＿＿＿＿，能代表韩民族的＿＿＿＿。
아리랑은 한국인의 민족가곡이며 한민족의 삶, 사상과 문화를 대표한다.

❷ 韩国的三大传统阿里郎是＿＿＿＿。
한국의 3대 전통 아리랑은 정선아리랑, 밀양아리랑, 진도아리랑이다.

정답 ❶ 民族歌曲 / 生活、思想和文化 ❷ 旌善阿里郎、密阳阿里郎、珍岛阿里郎

Step4
도전! 모의면접

Q1 请讲阿里郎的由来。

Q2 韩国的三大传统阿里郎是什么？请做个比较。

tip 〈한 걸음 더〉

茉莉花

“茉莉花”是中国的代表民歌，赞美花的芬芳与美丽。“茉莉花”是由这首民歌第一句歌词“好一朵美丽的茉莉花”中的“茉莉花”而得名的，它自明、清时期以来在中国十分流行了。现在，江苏民歌“茉莉花”不仅在中国的舞台上经常出现，它还经常出现在一些特殊的场合。2004年张艺谋导演执导的雅典奥运会闭幕式上还进行过8分钟的“茉莉花”文艺表演。这也充分地说明了“茉莉花”是民族的代表，也是中国文化的体现。“茉莉花”为2/4拍，旋律轻盈活泼，体现了江南女子的美丽与羞涩。“茉莉花”在中国多个地区有多个版本流传，各个版本的曲调、歌词往往大同小异。

해석 모리화

‘모리화’는 중국의 대표적인 민요이며, 꽃의 향과 아름다움을 찬미한다. ‘모리화’는 첫 소절 가사 ‘한 송이 고운 모리화’의 ‘모리화’에서 제목을 따왔으며, 명, 청시대부터 중국에 널리 유행했다. 현재는 장쑤민가 ‘모리화’가 중국 무대뿐 아니라 특별장소에서 자주 등장한다. 2004년 장이머우 감독이 지휘한 아테네올림픽 폐막식에서 8분간 ‘모리화’ 문예공연이 진행된 바 있다. 이 또한 ‘모리화’가 중국민족의 대표이며 중국문화를 잘 표현하는 노래임을 보여준다. ‘모리화’는 2/4박자 곡으로, 경쾌하고 활발한 멜로디가 중국 강남지역 여성의 아름다움과 수줍은 모습을 표현한다. ‘모리화’는 중국 여러 지역에서 여러 버전으로 전해지는데, 그 곡조와 가사는 대체로 대동소이하다.

03 처용무

Step1
사전 탐색하기

처용의 탈을 쓰고 추는 처용무는 오랜 역사와 예술성을 지닌 전통 궁중무용이다. 주로 궁중에서 섣달그믐날 액운을 물리치는 의미로 공연했다. 그 가치를 인정받아 2009년 유네스코 세계무형유산에 등재되었다. 면접 시험에서는 주로 처용무의 유래와 특징에 대해 출제되고 있다.

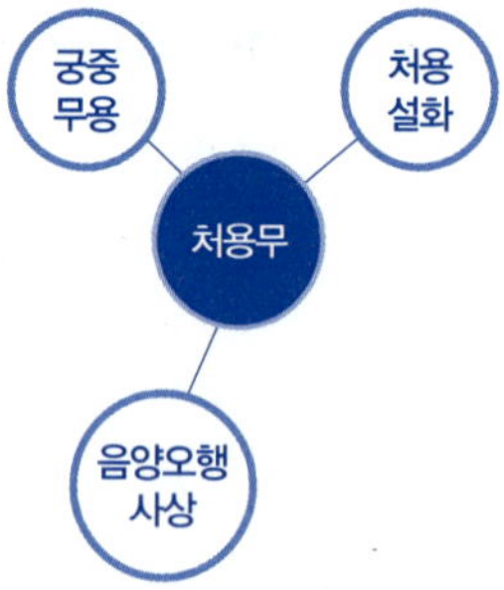

Step2
기출 따라잡기

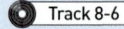

Track 8-6

请介绍处容舞。

처용무를 소개하세요.

답안 处容舞是韩国传统宫廷舞蹈。5个舞蹈者戴着处容假面，分别穿着5种颜色的衣服，站在5个方位跳舞。这舞蹈以阴阳五行思想为基本精神，含有驱逐恶鬼的意思。这把假面、服装、音乐等因素相结合，是一个高水平的传统舞蹈。2009年被列为联合国教科文组织世界非物质文化遗产。

해석 처용무는 한국의 전통 궁중무용이다. 5명이 처용탈을 쓰고 각각 다섯 색깔의 옷을 입은 채 다섯 방위에서 춤을 추기 시작한다. 이는 음양오행사상을 바탕으로 하며, 악귀를 물리치고자 하는 의미를 담고 있다. 처용무는 탈, 의상, 음악 등의 요소를 결합한 수준 높은 전통무용이다. 2009년 유네스코 세계무형유산에 등재되었다.

단어 处容舞 Chùróngwǔ 고유 처용무 | 传统 chuántǒng 명 전통 | 宫廷舞蹈 gōngtíng wǔdǎo 궁중무용 | 戴 dài 동 착용하다 | 假面 jiǎmiàn 명 탈 | 跳舞 tiàowǔ 동 춤을 추다 | 阴阳五行思想 yīnyáng wǔxíng sīxiǎng 음양오행사상 | 含有 hányǒu 동 함유하다 | 驱逐 qūzhú 동 몰아내다 | 恶鬼 èguǐ 명 악귀 | 因素 yīnsù 명 요소 | 结合 jiéhé 동 결합하다 | 联合国教科文组织 Liánhéguó Jiàokēwén Zǔzhī 유네스코

Step3
관통 솔루션 파악하기

학습목표 1 처용무의 유래를 설명한다.

학습목표 2 처용무의 특징을 소개한다.

Track 8-7

处容舞

处容舞是现存最古老的韩国宫廷舞蹈，而且在宫廷舞蹈中唯一戴着面具而跳的面具舞。因为5个舞蹈者戴着处容假面，站在五个方位起跳，因此也叫做“五方处容舞”。处容舞以前是在王室宴会上表演，或在新年除夕作为驱邪、祈福的仪式表演。

처용무의 개황

处容舞是在神话传说的基础上诞生的。据传说，处容是东海龙王的儿子。有一天深夜回家，看到了传染疾病的疫神与太太一起睡觉，可处容不仅没有大怒，也没有责怪疫神与太太，而是自己编制一首歌曲唱起来。这时，处容唱的歌儿是处容歌，跳的舞是处容舞。对此深感吃惊的疫神跪下来请求处容饶恕自己，并发誓今后绝不会出现在处容所在的地方。从此，人们把处容的画像贴在门上用来驱逐恶鬼。

처용의 전설

处容舞始于新罗时代，原来的1人舞逐渐演变成朝鲜时代的5人舞。舞蹈由五名男子表演，他们分别穿着白色、蓝色、黑色、红色和黄色的服装，象征东南西北的四个方位和一个中心。他们的面具代表着人神，长着白牙、戴着锡耳环和铅珠项链，一顶黑帽，上面饰有两朵牡丹花和七个桃子，用来驱邪避恶、祈福纳祥。舞蹈者的动作姿态威严、充满活力，音乐节奏丰富，间有一些抒情歌曲的唱诵。这舞蹈以阴阳五行思想为基本精神，含有避过厄运的含义。

처용무의 형식

处容舞作为高水平舞蹈艺术，于1971年首次被评为重要无形文化遗产，2009年又被载入联合国教科文组织世界非物质文化遗产名录。

중요무형문화재·
세계무형유산

해석

처용무

처용무는 현존하는 가장 오래된 한국의 궁중무용이며, 궁중무용 가운데 유일하게 탈을 쓰고 추는 무용이다. 5명이 처용탈을 쓰고 다섯 방향에서 추기 시작하므로 '오방처용무'라고도 부른다. 처용무는 과거 왕실 연회에서, 혹은 섣달그믐날 밤에 액을 쫓고 복을 비는 의식으로 추었다.

처용무는 전설을 기반으로 탄생했다. 전설에 따르면, 처용은 동해 용왕의 아들이다. 어느 날 깊은 밤 집에 돌아왔는데 병을 퍼뜨리는 역신과 아내가 함께 자고 있는 것을 보고, 처용은 화를 내기는커녕 그들을 질책하지도 않은 채 노래를 지어 불렀다. 이때 처용이 부른 노래가 처용가이고, 춘 춤이 처용무이다. 이에 놀란 역신이 무릎을 꿇고 처용에게 용서를 빌며, 다시는 처용이 있는 곳에 나타나지 않겠노라고 맹세했다. 이때부터 사람들은 귀신을 쫓기 위해 처용의 그림을 문에 붙이게 되었다.

처용무는 신라시대에 시작되었으며, 1인무에서 시작하여 조선시대의 5인무로 발전하게 되었다. 처용무는 다섯 명의 남성으로 이루어지며, 각각 흰색, 파란색, 검은색, 붉은색, 노란색의 옷을 입고 공연하는데, 이는 동서남북의 네 방위와 하나의 중심을 상징한다. 흰 이에 인간신의 얼굴을 한 탈을 쓰고, 주석 귀걸이와 납 구슬 목걸이를 걸고, 악귀를 물리치고 신성한 복을 받기 위해 모란꽃 2송이와 복숭아 7개로 장식한 검은 모자를 쓴다. 동작은 위엄 있고 활기 넘치며, 악곡은 리듬이 풍부하고 사이사이에 서정적인 곡조가 들어간다. 처용무는 음양오행 사상을 기본으로 하여 액운을 물리치고자 하는 의미가 담겨있다.

처용무는 수준 높은 무용예술로, 1971년 중요무형문화재로 지정되었으며, 2009년 유네스코 세계무형유산에 등재되었다.

단어 宫廷 gōngtíng 명 궁궐 | 舞蹈 wǔdǎo 명 춤, 무용 동 춤추다 | 起跳 qǐtiào 동 뛰어오르다 | 五方处容舞 wǔfāng chùróngwǔ 오방처용무 | 除夕 chúxī 명 섣달그믐날 | 驱邪 qūxié 동 악귀를 쫓다 | 祈福 qífú 동 복을 기원하다 | 诞生 dànshēng 동 탄생하다 | 龙王 Lóngwáng 고유 용왕 | 深夜 shēnyè 명 심야 | 传染 chuánrǎn 동 전염시키다 | 疾病 jíbìng 명 질병 | 疫神 yìshén 명 역신 | 责怪 zéguài 동 원망하다 | 编制 biānzhì 동 엮어 짜다 | 深感 shēngǎn 동 깊이 느끼다 | 吃惊 chījīng 동 놀라다 | 饶恕 ráoshù 동 용서하다 | 发誓 fāshì 동 맹세하다 | 画像 huàxiàng 명 화상, 그림 | 演变 yǎnbiàn 동 변화 발전하다 | 锡 xī 명 주석 | 耳环 ěrhuán 명 귀고리 | 铅 qiān 명 납 | 珠 zhū 명 진주 | 项链 xiàngliàn 명 목걸이 | 牡丹花 mǔdānhuā 명 모란꽃 | 桃子 táozi 명 복숭아 | 避恶 bì'è 액을 막다 | 纳祥 nàxiáng 복을 받다 | 姿态 zītài 명 자태 | 威严 wēiyán 형 위엄 있다 | 抒情 shūqíng 동 감정을 토로하다 | 诵 sòng 동 외우다 | 厄运 èyùn 명 액운 | 载入 zǎirù 동 기재하다

바로 확인

❶ 处容舞是现存＿＿＿＿，而且在宫廷舞蹈中唯一＿＿＿＿而跳的面具舞。

처용무는 현존하는 가장 오래된 한국의 궁중무용이며, 궁중무용 가운데 유일하게 탈을 쓰고 추는 춤이다.

❷ 5个舞蹈者分别穿着＿＿＿＿的衣服，站在＿＿＿＿跳舞，含有＿＿＿＿的意思。

5명의 무용가가 각각 다섯 색깔의 옷을 입은 채 다섯 방위에 서서 춤을 추기 시작하며, 귀신을 쫓는 의미를 지닌다.

정답 ❶ 最古老的韩国宫廷舞蹈 / 戴着面具 ❷ 5种颜色 / 5个方位 / 驱逐恶鬼

Step4
도전!
모의면접

Q1 请介绍韩国的宫廷舞蹈。

Q2 古代人们为什么把处容的画像贴在门上呢?

tip 〈한 걸음 더〉

阴阳五行思想

阴阳五行思想是一种自然哲学，主要强调自然与人的和谐。这思想认为世界是物质的，物质世界是在阴阳作用的推动下生成、发展、变化和消灭，并认为木、火、土、金、水是构成世界不可缺少的五种基本元素。这五种物质相互联系、相互作用，处在不断的运动变化之中。这种思想对后来古代的天文学、建筑和医学等众多领域产生了深远的影响。

해석 음향오행 사상

음양오행 사상은 일종의 자연철학으로, 주로 자연과 사람의 조화를 강조한다. 이 사상에 따르면 세상은 물질로 되어 있으며, 물질세계는 음양의 작용에 의해 생성되고 변화 발전하며 소멸된다. 또한 나무, 불, 흙, 쇠, 물의 가장 기본이 되는 다섯 물질은 세상을 구성하는 필수 요소이다. 이 다섯 물질이 서로 연계되어 작용하면서 끊임없는 운동과 변화를 이룬다. 음양오행사상은 고대 천문학, 건축과 의학 등 많은 부분에 깊은 영향을 미쳤다.

04 종묘제례와 종묘제례악

Step1 사전 탐색하기

종묘제례는 조선시대 왕실 사당인 종묘에서 거행하는 조선 최대의 국가 제사이고, 종묘제례를 지낼 때 수반되는 노래와 춤을 통틀어 종묘제례악이라 한다. 종묘제례와 종묘제례악은 지금까지 보존 계승되고 있는 전통종합예술로, 시대를 초월한 정신문화유산으로서의 가치를 인정받아 세계 무형유산에 등재되었다. 면접에서는 종묘제례와 종묘제례악의 특징과 가치에 대해 출제되고 있다.

Step2 기출 따라잡기

Track 8-8

请介绍宗庙祭礼。
종묘제례를 소개하세요.

답안 宗庙祭礼是指在宗庙举行的祭祀仪式，是朝鲜时代规模最大的国家祭祀。王室通过实践孝，成为百姓的模范，并且借此向民众展示自己的正统性，同时形成了民族共同体的纽带感。因为国王亲自参加，所以倍加小心，严格遵照儒教程序举行。

해석 종묘제례란 종묘에서 거행하는 제사의식을 말하며, 조선시대 최대 규모의 국가제사입니다. 왕실은 효를 실천함으로써 백성의 모범이 되었고, 이를 통해 백성들에게 왕실의 정통성을 알리고 민족공동체의 유대감을 형성했습니다. 임금이 직접 참가했으므로 더더욱 조심스럽고 엄격한 유교적 절차에 따라 거행되었습니다.

단어 宗庙 Zōngmiào 고유 종묘 | 祭礼 jìlǐ 명 제례 | 祭祀 jìsì 동 제사 지내다 | 仪式 yíshì 명 의식 | 实践 shíjiàn 동 실천하다 | 孝 xiào 명 효도 | 模范 mófàn 명 모범 | 正统性 zhèngtǒngxìng 정통성 | 纽带感 niǔdàigǎn 유대감 | 亲自 qīnzì 부 직접 | 倍加 bèijiā 부 더더욱 | 严格 yángé 형 엄격하다 | 遵照 zūnzhào 동 ~에 따르다 | 儒教 Rújiào 명 유교 | 程序 chéngxù 명 순서, 절차

Step3 관통 솔루션 파악하기

학습목표 1 종묘제례의 취지를 이해한다.

학습목표 2 종묘제례악의 내용을 설명한다.

››› **유비무환! 미리 준비합시다!**

한국인의 제사의식에 대해서도 알아두세요!

Track 8-9

宗庙祭礼和宗庙祭礼乐

宗庙祭礼指的是在宗庙举行的祭祀仪式，是朝鲜时代规模最大、品位最高的的国家祭祀，因此被称为“宗庙大祭”。王室通过实践孝，成为百姓的模范，并且借此向民众展示自己的正统性。因为国王亲自参加，所以倍加小心，严格遵照儒教程序举行。

종묘제례의 취지

朝鲜时代举行的宗庙祭礼有定时祭、临时祭和荐新祭。定时祭每年举行5次，一般在春、夏、秋、冬四季之首的1、4、7、10月和腊月举行。临时祭在国家有喜事或祸事的时候举行。根据季节，还举行荐新祭，向祖先供奉当年的谷物和水果。日本强占期时一度被中断，现在每年5月和11月举行。宗庙祭礼的程序以迎神、喜神和送神的内容构成。宗庙祭礼是祭祀礼节的典范，因此十分庄重、严格，是世界上屈指可数的综合仪礼文化。

종묘제례의 시기와 내용

宗庙祭礼乐是在宗庙举行祭祀的时候，为了增添庄严的气氛而演奏的音乐和表演的歌舞。这种祭礼乐源于世宗大王谱曲的《保太平》和《定大业》，这原来是宫中宴会时演奏的宫廷音乐。后来在世祖时代补充祭礼所需的乐曲，并正式被定为宗庙祭礼乐。

종묘제례악의 유래

宗庙祭礼乐

《保太平》和《定大业》歌曲简练雄壮，其内容是赞颂祖先的业绩、祈愿王室的繁荣。在演奏祭礼乐的过程中还有“文舞”和“武舞”的表演。“文舞”是颂扬文德的舞蹈，舞者伴着《保太平》的乐曲，左手持着笛、右手持着带羽毛的长笛；“武舞”是赞颂武德的舞蹈，舞者伴着《定大业》的乐曲，手持着木制剑和枪、弓、箭。宗庙祭礼乐作为一种宫中音乐，它的隆重和动听都远远胜过任何音乐。

종묘제례악의 내용과 특징

宗庙祭礼和宗庙祭礼乐是超越五百多年时间和空间的珍贵的精神文化遗产，分别被指定为重要无形文化遗产第56号和第1号。2001年，被联合国教科文组织选定为世界非物质文化遗产。

종묘제례와 종묘제례악의 가치

해석

종묘제례와 종묘제례악

종묘제례란 종묘에서 거행하는 제사의식을 말하며, 조선시대 가장 규모가 크고 품위 있는 국가제사이므로 '종묘대제'라고도 불린다. 왕실은 효의 실천을 통해 백성의 모범이 되었으며, 왕실의 정통성을 나타내고자 했다. 임금이 직접 참여했기 때문에 매우 조심스럽고 엄격한 유교적 절차에 따라 거행되었다.

조선시대에 거행한 종묘제례는 정시제, 임시제와 천신제가 있다. 정시제는 매년 다섯 차례 거행하며, 일반적으로 봄, 여름, 가을, 겨울의 첫 달인 1, 4, 7, 10월과 그믐달에 거행한다. 임시제는 나라에 경사나 흉사가 있을 때 거행한다. 계절에 따라 천신제를 지내 조상께 그 해의 곡물과 과일을 올렸다. 일제강점기에 잠정 중단되었다가, 현재는 해마다 5월과 11월에 거행하고 있다. 종묘제례는 신을 맞이하는 절차, 신을 기쁘게 하는 절차, 신을 보내는 절차로 이루어진다. 종묘제례는 제사예법의 모범이므로 매우 장엄하고 엄격하게 치르며, 세계적으로도 손꼽히는 종합 예의문화로 남아있다.

종묘제례악은 종묘에서 제사를 거행할 때 장엄한 분위기를 높이기 위해 연주하는 음악과 공연하는 가무를 가리킨다. 이 제례악은 세종대왕이 작곡한 「보태평」과 「정대업」에서 기원했으며, 원래 궁중연회 때 연주한 궁중음악이었다. 훗날 세조 때 제례에 필요한 악곡을 추가하여 종묘제례악으로 정식으로 채택되었다.

「보태평」과 「정대업」은 간결하면서도 장중한 악곡이며, 조상의 업적을 찬양하고 왕실의 번영을 기원하는 것을 내용으로 한다. 제례악을 연주하는 동안 '문무'와 '무무'의 공연이 곁들여진다. '문무'는 문덕을 찬양하는 춤으로 「보태평」의 악곡에 맞추어, 왼손에는 피리(약)를 들고 오른손에는 깃털을 단 적을 든다. '무무'는 무덕을 기리는 춤으로 「정대업」의 악곡에 맞추어 손에 나무로 만든 검과 창, 활, 화살을 든다. 종묘제례악은 궁중음악의 하나로, 웅장함과 감동스러움에 있어 어떤 음악보다 앞선다.

종묘제례와 종묘제례악은 500년의 시간과 공간을 초월한 진귀한 정신문화유산이며, 각각 중요무형문화재 제56호와 제1호로 지정되어 있다. 2001년에는 유네스코 세계무형유산으로 지정되었다.

단어 借此 jiècǐ 동 이 기회를 빌다 | 展示 zhǎnshì 동 나타내다, 전시하다 | 定时祭 dìngshíjì 정시제 | 临时祭 línshíjì 임시제 | 荐新祭 jiànxīnjì 천신제 | 腊月 làyuè 명 섣달 | 喜事 xǐshì 명 경사 | 祸事 huòshì 명 흉사, 재앙 | 供奉 gòngfèng 동 바치다 | 强占期 qiángzhànqī 강점기 | 一度 yídù 부 한때 | 中断 zhōngduàn 동 중단하다 | 迎神 yíngshén 신을 맞이하다 | 喜神 xǐshén 신을 기쁘게 하다 | 送神 sòngshén 신을 보내다 | 构成 gòuchéng 동 구성하다 | 典范 diǎnfàn 명 본보기 | 庄重 zhuāngzhòng 형 장중하다 | 严格 yángé 형 엄격하다 | 屈指可数 qū zhǐ kě shǔ 성 손꼽을 정도이다 | 增添 zēngtiān 동 보태다 | 庄严 zhuāngyán 형 장엄하다 | 气氛 qìfēn 명 분위기 | 歌舞 gēwǔ 명 가무 | 源于 yuányú 동 ~에서 근원하다 | 世宗大王 Shìzōng dàwáng 고유 세종대왕 | 谱曲 pǔqǔ 동 작곡하다 | 保太平 Bǎotàipíng 보태평 | 定大业 Dìngdàyè 정대업 | 世祖 Shìzǔ 고유 세조 | 乐曲 yuèqǔ 명 악곡 | 简练 jiǎnliàn 형 간결하고 세련되다 | 雄壮 xióngzhuàng 형 웅장하다 | 赞颂 zànsòng 동 찬양하다 | 祖先 zǔxiān 명 조상 | 业绩 yèjì 명 업적 | 祈愿 qíyuàn 동 기원하다 | 繁荣 fánróng 형 번영하다 | 文舞 wénwǔ 문무 | 武舞 wǔwǔ 무무 | 颂扬 sòngyáng 동 찬양하다 | 文德 wéndé 명 문덕 | 舞蹈 wǔdǎo 명 춤 | 舞者 wǔzhě 춤추는 사람 | 伴着 bànzhe 곁들여, 맞추어 | 笛 dí 명 피리 | 羽毛 yǔmáo 명 깃털 | 武德 wǔdé 명 무덕 | 剑 jiàn 명 칼 | 枪 qiāng 명 총, 창 | 弓 gōng 명 활 | 箭 jiàn 명 화살 | 隆重 lóngzhòng 형 성대하다 | 动听 dòngtīng 형 감동적이다 | 远远 yuǎnyuǎn 부 몹시, 훨씬 | 胜过 shèngguò 동 ~보다 앞서다 | 任何 rènhé 대 어떠한 | 超越 chāoyuè 동 넘어서다, 초월하다 | 珍贵 zhēnguì 형 진귀하다

바로 확인

❶ 宗庙祭礼是指 ________，是朝鲜时代规模最大的国家祭祀。

종묘제례란 종묘에서 거행하는 제사의식을 말하며, 조선시대에 가장 규모가 큰 국가제사였다.

❷ 宗庙祭礼乐由 ________ 组成。

종묘제례악은 「보태평」 11곡과 「정대업」 11곡으로 구성되었다.

정답 ❶ 在宗庙举行的祭祀仪式 ❷《保太平》11曲和《定大业》11曲

Step4
도전!
모의면접

Q1 宗庙大祭什么时候举行?

Q2 宗庙祭礼乐的内容是什么?

tip **〈한 걸음 더〉**

韩国人和祭祀

韩国是根深蒂固的儒教社会，严格举行祭祖仪式。一般在先人的忌日当天和重大节日时举行祭祖仪式。祭祀时，在写着祖先名字的灵位上贡上各种食物后，后孙们按照辈分顺序倒酒然后行礼。韩国人祭祖有严格的说法，仅供桌的摆法就有“鱼东肉西”、“头东尾西”、“红东白西”、“枣栗梨柿”、“生东熟西”、“左饭右羹”等规则，祭祀的程序也很严格。这样向祖先表达后孙们的感激之情，并祈求祖先保佑一年期间的平安和健康。

해석 한국인과 제사

한국은 뿌리깊은 유교사회이며 제사의식을 엄격히 치른다. 일반적으로 선인의 기일 당일과 중요한 명절 때에 제사를 지낸다. 제사를 지낼 때에는 조선의 이름을 쓴 위패를 모시고 여러 가지 음식을 차린 후, 후손들이 항렬 순서에 따라 술을 따르고 예를 행한다. 한국인의 제사에는 엄격한 규범이 있어, 음식을 차리는 방법에만도 '어동육서(생선은 동쪽, 고기는 서쪽)', '두동미서(생선 따위의 머리는 동쪽, 꼬리는 서쪽)', '홍동백서(붉은 과일은 동쪽, 흰 과일은 서쪽)', '조율이시(왼쪽에서부터 대추, 밤, 배, 감의 차례)', '생동숙서(생채(김치)는 동쪽, 숙채(나물)는 서쪽)', '좌반우갱(왼쪽은 밥, 오른쪽은 국)' 등의 규칙이 있고 절차 역시 매우 엄격하다. 이렇게 함으로써 조상께 후손들의 감사의 마음을 전하고, 일년 동안의 평안과 건강을 기원한다.

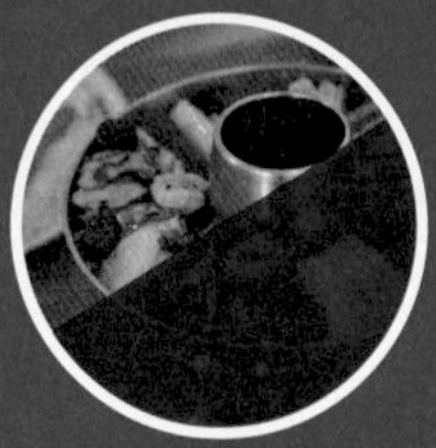

PART 9

한국음식

한 눈 에
정 리 하 는
핵심 내용

01 음식문화

한식은 곡물 중심이며, 약식동원의 식관념이 있어 다양한 약재를 요리에 널리 응용했다. 무더위와 한겨울을 지혜롭게 보내기 위해 일찍부터 발효 식품을 만들었다.

02 김치

김치는 세계 5대 건강식품 중 하나로, 비타민, 미네랄, 무기질, 식이섬유, 유산균 등의 영양성분이 함유되어 심장병 예방, 항암, 항노화 등에 효과가 있다.
(2013년 '김장문화' 세계인류무형문화유산 등재)

01 음식문화

Step1
사전 탐색하기

예로부터 전해오는 한민족 고유의 음식을 한식이라고 부른다. 한식은 자연친화적인 음식으로 세계 5대 건강식품의 하나로 불릴 만큼 세계적으로도 인정받고 있다. 최근에는 드라마 등 방송매체를 통해 널리 알려지면서, 한국의 음식문화를 체험하려는 외국 관광객이 더욱 늘어나고 있다. 면접 대비를 위해서는 한식의 특징을 숙지하고 중국의 음식문화와 비교하여 알아두는 것이 좋다.

Step2
기출 따라잡기

Track 9-1

请说一下韩餐的特点。

한식의 특징을 설명하세요.

답안 韩餐以米饭为主食，以各种小菜为副食。因为韩国早就开始谷物的种植，谷物自然就成为韩国饮食文化的中心。韩餐限制肉类的食用，多吃蔬菜，而且多种药材用在烹饪上，对健康很有好处。发酵食品的发达也是韩餐的一个特点。泡菜和各种酱类都是韩国有代表性的发酵食品，也是韩国人的餐桌上不可缺少的一部分。

해석 한식은 쌀밥을 주식으로 하며 여러 가지 반찬을 곁들입니다. 한국은 일찍부터 곡물의 재배를 시작했기 때문에, 곡물이 자연스럽게 한국 음식의 중심이 되었습니다. 한식은 육류의 섭취를 제한하고 채소를 많이 먹으며 다양한 약재를 요리에 응용하기 때문에 건강에도 좋습니다. 발효식품이 발달했다는 점도 한식의 특징 중 하나입니다. 김치와 각종 장류가 모두 한국의 대표적인 발효식품이며, 한국인의 밥상에 빠질 수 없는 부분입니다.

단어 韩餐 Háncān 명 한식 | 主食 zhǔshí 명 주식 | 小菜 xiǎocài 명 간단한 반찬 | 副食 fùshí 명 부식 | 谷物 gǔwù 명 곡물 | 种植 zhòngzhí 동 재배하다 | 限制 xiànzhì 동 제한하다 | 蔬菜 shūcài 명 채소 | 药材 yàocái 명 약재 | 烹饪 pēngrèn 동 요리하다 | 发酵 fājiào 동 발효하다 | 泡菜 pàocài 명 김치 | 酱类 jiànglèi 명 장류 | 餐桌 cānzhuō 명 식탁 | 不可缺少 bùkě quēshǎo 없어서는 안 된다

Step3
관통 솔루션 파악하기

학습목표 1 한식의 특징을 설명한다.

학습목표 2 대표적인 한식을 소개한다.

》 유비무환! 미리 준비합시다!

한국과 중국의 음식문화를 비교하여 정리하세요!

Track 9-2

韩餐的特点

韩国因为气候和风土适合发展农业，早就开始了谷物的种植。谷物自然就成为韩国饮食文化的中心。韩国人以米饭为主食，再配上各种小菜，通过这种吃法能够均匀地摄取各种丰富的营养成分。

• 곡물이 주식인 한식

历来，韩国有药食同源的观念，所以多种药材广泛应用在烹饪上，比如，沙参、人参、桔梗、生姜等。韩国人做菜的时候放的调料和香料也叫做“药念”。就是说人们一直认为葱、蒜、生姜、辣椒、香油和芝麻等都有着药性。

• 약식동원

韩国人为了智慧地度过酷暑和寒冬，很早就开发了发酵食品，这种加工技术十分发达。通过先进的储藏技术，利用各种谷物、豆类、蔬菜类、鱼贝类等做成储藏类发酵食物是韩餐最大的特点之一。韩国的5大发酵食品是泡菜、辣椒酱、大酱、酱油和海鲜酱。

• 발효식품의 발달

根据阴阳五行思想，韩餐选用五色食材。五色食材相辅相成，不但做出酸、甜、苦、辣、咸的五种味道，也可达到营养的均衡，促进健康。

• 한식의 오방색

除了每天重复的日常饮食之外，还有在特殊的日子里吃的节日美食。比如，春节的年糕汤、端午节的艾蒿糕、中秋节的松糕、正月十五的五谷饭和干菜等。此外，每个地方根据不同的地理和气候的环境，有不同的乡土饮食。比如，全州的拌饭、江原道的鱿鱼米肠、济州的烤方头鱼和炖带鱼等。这些菜不仅具有当地文化的特点，而且从营养来说也有很大的意义。

• 절기음식과 향토음식

해석

한식의 특징

한국은 기후와 풍토가 농업이 발달하기에 적합하여 일찍부터 곡물의 재배를 시작하였다. 그리하여 곡물은 자연스럽게 한국 음식문화의 중심이 되었다. 한국인은 쌀밥을 주식으로 하되, 다양한 반찬을 곁들여 먹음으로써 여러 가지 풍부한 영향성분을 섭취한다.

예로부터 한국에는 약식동원의 관념이 있어 더덕, 인삼, 도라지, 생강 등 여러 종류의 약재가 요리에 널리 사용되었다. 한국인이 요리할 때 사용하는 조미료와 향료를 '약념'이라고도 부르는데, 파, 마늘, 생강, 고추, 참기름과 깨 등이 모두 약성을 지닌다는 생각에서 나온 말이다.

한국 사람들은 무더위와 한겨울을 지혜롭게 보내고자 일찍부터 발효식품을 개발했고, 이러한 가공기술이 매우 발달했다. 선진적인 저장기술을 통해 곡물, 콩류, 채소류, 어패류 등을 저장 식품으로 가공하는 것은 한식의 가장 큰 특징 중 하나이다. 한국의 5대 발효식품이란 김치, 고추장, 된장, 간장과 젓갈을 말한다.

음양오행사상에 따라 한식은 오색의 식재료를 사용한다. 오색의 식재료가 서로 보완하며, 시고 달고 쓰고 맵고 짠 다섯 가지 맛을 만들어 냄으로써, 영양의 균형을 이루고 건강을 촉진한다.

날마다 반복되는 일상식 외에 특별한 날에 먹는 절기음식도 있다. 예컨대 설날의 떡국, 단오절의 쑥떡, 추석의 송편, 정월대보름의 오곡밥과 나물 등이 그것이다. 그 외에 지역마다 지리, 기후환경에 따라 다양한 향토음식이 있다. 예컨대 전주비빔밥, 강원도 오징어순대, 제주도의 옥돔구이와 갈치찜 등이 있다. 이들 요리는 그 지역문화의 특징을 나타낼 뿐 아니라 영양면에서도 의미가 크다.

단어 风土 fēngtǔ 명 풍토 | 配上 pèishàng 동 배합하다 | 均匀 jūnyún 형 균등하다 | 摄取 shèqǔ 동 섭취하다 | 营养 yíngyǎng 명 영양 | 历来 lìlái 부 줄곧 | 药食同源 yàoshí tóngyuán 약식동원 | 观念 guānniàn 명 관념 | 沙参 shāshēn 명 더덕 | 人参 rénshēn 명 인삼 | 桔梗 jiégěng 명 도라지 | 生姜 shēngjiāng 명 생강 | 调料 tiáoliào 명 조미료 | 香料 xiāngliào 명 향료 | 葱 cōng 명 파 | 蒜 suàn 명 마늘 | 辣椒 làjiāo 명 고추 | 香油 xiāngyóu 명 참기름 | 芝麻 zhīma 명 깨 | 药性 yàoxìng 명 약물의 성질 | 度过 dùguò 동 보내다 | 酷暑 kùshǔ 명 혹서, 한여름 더위 | 寒冬 hándōng 명 엄동, 한겨울 | 储藏 chǔcáng 동 저장하다 | 鱼 yú 명 물고기 | 贝 bèi 명 조개 | 辣椒酱 làjiāojiàng 명 고추장 | 大酱 dàjiàng 명 된장 | 酱油 jiàngyóu 명 간장 | 海鲜酱 hǎixiānjiàng 명 젓갈 | 阴阳五行思想 yīnyáng wǔxíngsī xiǎng 음양오행사상 | 选用 xuǎnyòng 동 골라 쓰다 | 食材 shícái 명 식재료 | 相辅相成 xiāng fǔ xiāng chéng 성 서로 보완하고 도와 일을 완성하다 | 酸 suān 형 시다 | 甜 tián 형 달다 | 苦 kǔ 형 쓰다 | 辣 là 형 맵다 | 咸 xián 형 짜다 | 味道 wèidao 명 맛 | 营养 yíngyǎng 명 영양 | 均衡 jūnhéng 형 고르다 | 促进 cùjìn 동 촉진시키다 | 特殊 tèshū 형 특수하다 | 节日 jiérì 명 기념일, 명절 | 美食 měishí 명 맛있는 음식 | 年糕汤 niángāotāng 떡국 | 艾蒿糕 àihāogāo 쑥떡 | 松糕 sōnggāo 명 송편 | 五谷饭 wǔgǔfàn 오곡밥 | 干菜 gāncài 명 말린 채소, 나물 | 乡土饮食 xiāngtǔ yǐnshí 향토음식 | 拌饭 bànfàn 비빔밥 | 鱿鱼米肠 yóuyú mǐcháng 오징어순대 | 烤方头鱼 kǎofāngtóuyú 옥돔구이 | 炖带鱼 dùndàiyú 갈치찜

Track 9-3

可供外国人享用的代表韩餐

拌饭是韩国最有代表性的米饭料理。在热乎乎的白米饭上摆好形形色色的蔬菜、蘑菇和炒肉等材料，然后按照口味加入辣椒酱或酱油，搅拌着吃。拌饭味道可口，制作简单，食用方便，营养丰富，深受人们的喜爱。 — 비빔밥

参鸡汤是将小鸡洗干净，把内脏掏干净后，再把人参、大枣、糯米塞进鸡腹中，用牙签封口。放在水里慢慢炖鸡，炖了两个多小时。加入适量的盐调味，撒点葱花。参鸡汤是韩国最受欢迎的夏季健康饮食。很多韩国人在7~8月份的炎夏时节，靠吃参鸡汤来补充体力。 — 삼계탕

烤肉是韩国最有代表性的肉类料理。先用酱油、糖、大葱、蒜、生姜、芝麻、胡椒粉等做成调味料，把牛肉或猪肉放进这个调味料里浸泡之后烤成。烤肉味美香甜，制作简单，也是很受欢迎的家庭饮食。 — 불고기

炒年糕是韩国最具代表性的街头小吃。原料主要是切成条状的年糕和鱼丸。先把年糕浸泡在水中，把辣椒酱、酱油、蒜茸、糖放在一起做成调料酱。在准备的调料酱里倒入水，再放年糕和鱼丸等一起煮。最后放切成的大葱就行。 — 떡볶이

해석

외국인에게 추천할 만한 대표적인 한국음식

비빔밥은 한국의 가장 대표적인 밥요리이다. 뜨거운 쌀밥 위에 형형색색의 채소와 버섯, 볶은 고기 등 재료를 올리고, 입맛에 따라 고추장이나 간장을 넣고 비벼 먹는다. 비빔밥은 맛이 좋을 뿐 아니라, 만들기가 간단하고 먹기 간편하며 영양이 풍부하여 많은 사랑을 받고 있다.

삼계탕은 어린 닭을 깨끗이 씻어 내장을 깨끗이 파내고 씻은 다음, 인삼, 대추, 찹쌀 등을 채워 넣고 봉한다. 물에 넣고 2시간 이상 서서히 곤다. 적당량의 소금으로 간하고 다진 파를 넣는다. 삼계탕은 한국에서 가장 인기 좋은 여름철 보양식이다. 7~8월의 더운 여름철이면 삼계탕으로 체력을 보충하는 사람이 많다.

불고기는 한국의 가장 대표적인 육류요리이다. 우선 간장, 설탕, 파, 마늘, 생강, 깨, 후춧가루 등으로 양념장을 만든 다음, 소고기나 돼지고기를 양념에 재워 두었다가 굽는다. 불고기는 맛이 좋고 만들기도 간단하여 일반가정에서도 인기가 좋다.

떡볶이는 한국의 가장 대표적인 길거리 음식이다. 원료는 주로 길게 썬 떡과 어묵이다. 우선 떡을 물에 담가 두고, 고추장, 간장, 다진 마늘, 설탕 등을 넣고 양념장을 만든다. 준비된 양념장에 물을 붓고, 여기에 떡과 어묵 등을 넣고 함께 끓인다. 마지막으로 썰어 놓은 파를 넣는다.

단어

料理 liàolǐ 명 요리 | 热乎乎 rèhūhū 형 뜨겁다 | 摆 bǎi 동 놓다 | 形形色色 xíngxíngsèsè 형 형형색색 | 蘑菇 mógu 명 버섯 | 材料 cáiliào 명 재료 | 搅拌 jiǎobàn 동 휘저어 섞다 | 参鸡汤 shēnjītāng 삼계탕 | 内脏 nèizàng 명 내장 | 掏 tāo 동 파다, 꺼내다 | 大枣 dàzǎo 명 대추 | 糯米 nuòmǐ 명 찹쌀 | 塞进 sāijìn 동 밀어 넣다 | 腹 fù 명 배 | 牙签 yáqiān 명 이쑤시개 | 封口 fēngkǒu 동 봉하다, 꿰매다 | 炖鸡 dùnjī 닭을 고다 | 适量 shìliàng 형 적당량이다 | 盐 yán 명 소금 | 调味 tiáowèi 동 맛을 내다 | 撒 sǎ 동 뿌리다 | 葱花 cōnghuā 명 다진 파 | 炎夏 yánxià 명 무더운 여름 | 时节 shíjié 명 계절 | 烤肉 kǎoròu 명 불고기 | 大葱 dàcōng 명 파 | 蒜 suàn 명 마늘 | 生姜 shēngjiāng 명 생강 | 芝麻 zhīma 명 참깨 | 胡椒粉 hújiāofěn 명 후춧가루 | 调味料 tiáowèiliào 명 조미료 | 浸泡 jìnpào 동 담그다 | 香甜 xiāngtián 형 향기롭고 달다, 맛있다 | 炒年糕 chǎoniángāo 명 떡볶이 | 街头 jiētóu 명 길거리 | 小吃 xiǎochī 명 간단한 음식 | 原料 yuánliào 명 원료 | 切成 qiēchéng 동 ~로 썰다 | 鱼丸 yúwán 명 어묵 | 蒜茸 suànróng 명 다진 마늘 | 调料酱 tiáoliàojiàng 명 양념장 | 倒入 dàorù 동 붓다, 따르다 | 煮 zhǔ 동 삶다, 익히다

바로 확인

❶ 韩国有 ________ 的食观念，认为饮食就是补药，所以多种药材广泛应用在烹饪上。

한국에는 약식동원의 식관념이 있어 음식이 곧 보약이라고 여겼기 때문에, 다양한 약재를 요리에 널리 응용했다.

❷ 韩国人为了智慧地度过酷暑和寒冬，很早就开发了 ________。

한국 사람들은 무더위와 한겨울을 지혜롭게 보내기 위해 일찍부터 발효식품을 만들었다.

정답 ❶ 药食同源 ❷ 发酵食品

Step4
도전!
모의면접

Q1 韩国有哪些著名的乡土饮食?

Q2 可供外国人享用的韩餐有哪些?

tip 〈한 걸음 더〉

韩中两国的饮食文化

韩餐多采用以烧、烤为主的烹饪法，少用油，因此味道比较清淡。日常饭菜以米饭为主食，再配上一碗汤和几碟小菜。桌子上所有的料理一次上齐。韩国人生吃的较多，除了各种生蔬菜以外，生鱼片、生肉片都能用生菜叶卷着吃，清爽可口，几乎没有油腻感 。与此相比，中餐的烹饪法以炸炒为主，油用得多，味道比较油腻。所以，吃饭时一定带茶或酒。这成为中国饮食的重要组成部分。而且，中国人不常吃生蔬菜，这也是和韩国不同的一点。

해석 한중 양국의 음식문화

한국음식은 끓이거나 굽는 요리법을 많이 사용하여 기름을 적게 쓰기 때문에 맛이 비교적 담백하다. 일상적인 식사에서는 쌀밥을 주식으로 하되, 국과 여러 가지 반찬을 곁들인다. 모든 요리는 한 번에 상에 올린다. 한국인은 생으로 먹는 것이 많은데, 각종 채소 외에 생선회, 육회 등도 상추에 싸서 먹기 때문에 맛이 상큼하고 느끼한 느낌이 없다. 이에 비해 중국의 요리법은 튀기거나 볶는 것이 많아 기름을 많이 쓰므로 맛이 느끼한 편이다. 그래서 식사 때에는 차나 술이 반드시 함께 나온다. 이는 중국음식의 중요한 일부이다. 또한 중국인은 생야채를 잘 먹지 않는데, 이 또한 한국과 다른 특징이다.

02 김치

Step1
사전 탐색하기

김치와 장류로 대표되는 발효식품의 발달은 한국음식의 가장 큰 특징이다. 특히 김치는 김장문화의 세계인류무형문화유산 등재로 인해 더욱 주목 받는 세계인의 건강식품이 되었다. 면접 시험에도 빠지지 않고 출제되는 김치 담그기와 장 담그기의 방법, 유래 및 특징을 꼼꼼하게 정리해 두도록 한다.

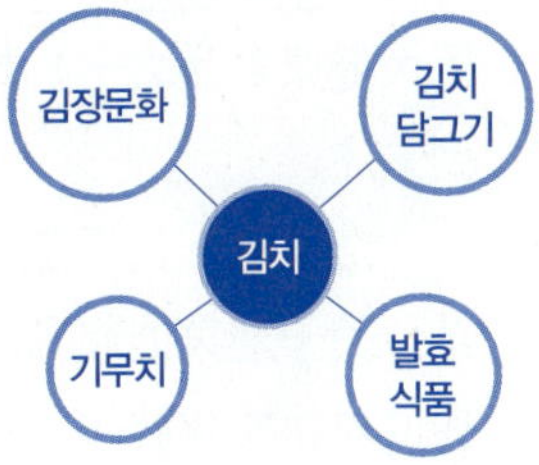

Step2
기출 따라잡기

Track 9-4

请介绍腌制泡菜的方法。

김치 담그는 방법을 소개하세요.

답안

先准备白菜和萝卜等主材料。用适量的盐腌起来，过一段时间清洗备用。然后把辣椒粉、葱丝、蒜蓉、姜末、海鲜酱、鱼露、米糊浆等辅料放在一起搅拌。在腌好的白菜叶上均匀涂抹准备的辅料。最后把完成的白菜放入缸中，进行发酵。

해석

우선 배추와 무 등의 주재료를 준비합니다. 적당량의 소금으로 절인 후, 일정 시간이 지나면 깨끗이 씻어 준비해둡니다. 그런 다음 고춧가루, 파, 다진 마늘, 다진 생강, 젓갈, 액젓, 쌀풀 등의 부재료를 한데 담아 버무립니다. 절여 놓은 배춧잎에 버무려 준비한 재료를 골고루 발라줍니다. 마지막으로 완성된 배추를 항아리에 담아 발효시킵니다.

단어

腌制 yānzhì 동 절이다 | 白菜 báicài 명 배추 | 萝卜 luóbo 명 무 | 主材料 zhǔcáiliào 주재료 | 适量 shìliàng 형 적당량이다 | 盐 yán 명 소금 | 腌 yān 동 절이다 | 辣椒粉 làjiāofěn 명 고춧가루 | 葱丝 cōngsī 명 가늘게 썬 파 | 蒜蓉 suànróng 다진 마늘 | 姜末 jiāngmò 다진 생강 | 海鲜酱 hǎixiānjiàng 명 젓갈 | 鱼露 yúlù 명 액젓 | 米糊浆 mǐhujiāng 쌀풀 | 辅料 fǔliào 명 보조 재료 | 均匀 jūnyún 형 균등하다 | 涂抹 túmǒ 동 칠하다 | 缸 gāng 명 항아리 | 发酵 fājiào 동 발효하다

Step3
관통 솔루션 파악하기

학습목표 1 김치의 영양성분과 효능을 설명한다.

학습목표 2 김치 담그는 방법을 소개한다.

››› 유비무환! 미리 준비합시다!

한국의 장문화도 함께 알아두세요!

Track 9-5

韩国泡菜

泡菜是韩国人餐桌上必不可少的发酵食品。韩国泡菜也被列为世界五大健康食品之一。如今，泡菜不仅在韩国，在其他许多国家也日益受到关注。

김치의 개황

泡菜这一词汇是由汉字词“沈菜”演变而来的，意思是用盐腌制的蔬菜。关于泡菜的起源，有些说法。一种说法是，从史前时代开始，韩半岛的农耕文化就很发达，以米饭等碳水化合物为主食，当时人们发现用盐腌制的蔬菜有助于消化，所以就有了后来的泡菜。另一种说法是，因为古代时冬天没什么蔬菜，人们为了摄取营养，开始把蔬菜腌制保管，这是泡菜的起源。

김치의 유래

中国和日本也存在各自特有的蔬菜腌制文化，但和韩国的泡菜有一定的区别。中国人不常吃生蔬菜，所以把蔬菜焯后做咸菜吃，而韩国的泡菜和中国不同，使用新鲜的生蔬菜。而且韩国的泡菜和日本不同，多使用辣椒粉、蒜、鱼露等调料，辣味较重。韩国泡菜最重要的阶段是自然发酵。与此相比，日本的Kimuchi调料用得不多，去掉辣味，强调甜味和酸味，不经过自然发酵，而直接放醋来做出酸味。

중국과 일본의
야채절임문화 비교

泡菜的主原料是白菜或萝卜。先用适量的盐腌起来，过一段时间清洗备用。然后把辣椒粉、葱丝、蒜蓉、姜末、海鲜酱、鱼露、米糊浆等辅料放在一起搅拌。在腌好的白菜叶上均匀涂抹准备的辅料。最后把完成的白菜放入缸中，进行发酵。

김치 담그는 방법

泡菜里含有丰富的无机物、维生素、矿物质、膳食纤维和乳酸菌，是最优秀的健康食品，在预防心脏病、抗癌和抗衰老等方面都有一定的效果，它的保健价值已经得到世界的认可。

김치의 영향과 효능

联合国教科文组织于2013年正式把韩国“腌制越冬泡菜文化”列入联合国教科文组织人类非物质文化遗产名录。腌制越冬泡菜文化是加强家庭合作的绝佳机会，也增强了韩国民众间的认同感和归属感。腌制越冬泡菜并不是被特定人群，而是被全体国民在日常生活中传承的文化，它入选人类非物质文化遗产有助于韩国文化的推广和宣传。过去，由于冬天难以获得新鲜的蔬菜，韩国人一般在入冬时大量腌制泡菜，供整个冬天食用。腌制泡菜流程复杂，择菜、切菜等都需要多个人手，因此韩国人腌制泡菜时邻里间会互相帮忙。

김장문화

해석

김치

김치는 한국인의 밥상에 없어서는 안 될 발효식품이다. 또한 한국 김치는 세계 5대 건강식품 중 하나이다. 오늘날 김치는 한국에서뿐 아니라 다른 여러 나라에서도 날로 주목을 받고 있다.

김치라는 단어는 한자어 '沈菜(침채)'에서 비롯된 것으로 소금으로 절인 채소라는 뜻이다. 김치의 기원에 관해서는 몇 가지 설이 있다. 하나는 선사시대부터 한반도에는 농경문화가 매우 발달하여 쌀밥 등 탄수화물을 주식으로 삼았다. 당시 사람들은 소금에 절인 채소가 소화에 도움이 된다는 사실을 알게 되었고, 이것이 훗날 김치로 발전했다는 설이 있다. 또 하나의 설에 따르면, 옛날에는 겨울에 채소가 귀해서 영양을 섭취하기 위해 채소를 절여 보관하기 시작했는데, 이것이 오늘날 김치의 기원이 되었다.

중국과 일본에도 각자 특유의 채소절임문화가 있지만, 한국의 김치와는 차이가 있다. 중국 사람들은 생채소를 잘 먹지 않으며 채소를 데친 후 절여 먹는다. 그러나 한국의 김치는 중국과는 달리 신선한 생채소를 사용한다. 한국의 김치는 일본과 달리 고춧가루, 마늘, 액젓 등 양념을 많이 사용하며 매운맛이 강하다. 한국 김치의 가장 중요한 단계는 자연발효이다. 이에 비해, 일본의 기무치는 양념을 적게 쓰고, 매운 맛 대신 단맛과 신맛을 강조한다. 또한 자연발효를 거치지 않고 직접 식초를 넣어 신맛을 낸다.

김치의 주재료는 배추와 무이다. 우선 적당량의 소금으로 절인 후, 일정 시간이 지나면 깨끗이 씻어 준비해 둔다. 그런 후에 고춧가루, 파, 다진 마늘, 생강, 젓갈, 액젓, 쌀풀 등 부재료를 한데 넣고 버무린다. 절여 놓은 배춧잎에 준비한 양념을 골고루 발라준다. 마지막으로 완성된 배추를 항아리에 넣어 발효시킨다.

김치는 풍부한 무기질, 비타민, 미네랄, 식이섬유와 유산균 등이 함유되어 있는 가장 우수한 건강식품이다. 심장병 예방, 항암, 항노화 등에도 일정 효과가 있다. 이러한 가치는 세계적으로도 인정받은 바 있다.

유네스코는 2013년 한국의 '김장문화'를 정식으로 세계무형유산에 등재했다. 김장문화는 가족의 협력을 강화하는 좋은 기회이며, 한국인의 동질감과 귀속감을 높여주는 문화이다. 김장은 특정 부류에 한정된 문화가 아니라 한국인의 일상생활 가운데 전해지는 보편적인 문화이다. 김장문화의 세계무형유산 등재는 한국문화를 널리 알리는 데에도 도움이 된다. 과거에는 겨울에 신선한 채소를 먹기 어려워, 보통 겨울이 시작될 때 대량으로 김치를 담가 겨울 내내 먹는 풍습이 생겨났다. 김치를 담그는 과정은 매우 복잡하여 채소를 다듬고 써는 등 일손이 여럿 필요하기 때문에 김치를 담글 때에는 이웃끼리 서로 도울 수 있다.

단어

必不可少 bì bù kě shǎo 성 절대 없어서는 안 된다 | 发酵食品 fājiào shípǐn 발효식품 | 日益 rìyì 부 날로 | 沈菜 chéncài 침채, 절인 채소 | 演变 yǎnbiàn 동 변화 발전하다 | 起源 qǐyuán 동 기원하다 | 史前时代 shǐqián shídài 명 선사시대 | 农耕 nónggēng 동 농경하다 | 碳水化合物 tànshuǐ huàhéwù 명 탄수화물 | 有助于 yǒuzhù yú 동 ~에 도움이 되다 | 消化 xiāohuà 동 소화하다 | 摄取 shèqǔ 동 섭취하다 | 区别 qūbié 명 구별, 구분되는 점 | 焯 chāo 동 데치다 | 咸菜 xiáncài 명 장아찌 | 调料 tiáoliào 명 조미료 | 阶段 jiēduàn 명 단계 | 去掉 qùdiào 동 없애 버리다 | 强调 qiángdiào 동 강조하다 | 备用 bèiyòng 동 사용을 위해 준비하다 | 搅拌 jiǎobàn 동 휘저어 섞다 | 无机物 wújīwù 명 무기질 | 维生素 wéishēngsù 명 비타민 | 矿物质 kuàngwùzhì 명 미네랄 | 膳食纤维 shànshí xiānwéi 명 식이섬유 | 乳酸菌 rǔsuānjūn 명 유산균 | 心脏病 xīnzàngbìng 명 심장병 | 抗癌 kàng'ái 명 항암 | 抗衰老 kàngshuāilǎo 항노화 | 越冬 yuèdōng 동 월동하다 | 绝佳 juéjiā 형 대단히 훌륭하다 | 认同感 rèntónggǎn 동질감 | 归属感 guīshǔgǎn 귀속감 | 人群 rénqún 명 군중 | 传承 chuánchéng 동 전수하고 계승하다 | 推广 tuīguǎng 동 널리 보급하다 | 宣传 xuānchuán 동 선전하다 | 入冬 rùdōng 동 겨울철에 들어서다 | 流程 liúchéng 명 공정 | 择菜 zháicài 동 채소를 다듬다 | 切菜 qiēcài 채소를 썰다

바로 확인

❶ 泡菜含有＿＿＿＿＿＿＿＿等营养成分，因此在＿＿＿＿＿＿＿＿等方面都有一定的效果。

김치에는 비타민, 미네랄, 무기질, 식이섬유와 유산균 등의 영양성분이 함유되어 있어, 심장병 예방, 항암과 항노화 등 방면에 일정 효과가 있다.

❷ 韩国泡菜一定经过＿＿＿＿＿过程。

한국의 김치는 반드시 발효과정을 거친다.

(정답) ❶ 维生素、矿物质、无机质、膳食纤维和乳酸菌 / 预防心脏病、抗癌和抗衰老 ❷ 发酵

Step4 도전! 모의면접

Q1 韩国人为什么吃泡菜?

Q2 韩国的泡菜和日本的Kimuchi有什么不同?

출제 포인트

01 발효식품의 발달은 한식의 대표적인 특징이다.

02 고추장, 간장, 된장은 한식 조리에 꼭 필요한 전통 조미료이다.

韩国的酱文化

几乎所有的韩国菜都需要用酱油、大酱、辣椒酱等酱类调味，所以酱的味道就是决定菜肴味道的最基本要素。从而也可以知道酱在韩国食品当中多么重要。

酱油和大酱是用大豆做成的传统发酵食品。按照传统的制作方式，从正月到农历三月之间做酱的话，味道最好。尤其是农历三月三日是做酱的最好季节。因为这时日照量和湿度最适合做酱。每到晚秋季节，先把大豆煮熟后捣碎，做成块状的豆酱饼，然后把它存放在温暖的地方，反复地晾晒、发酵，等豆酱饼表面发霉了以后，把它放进盐水里，酱的味道充分泡出来后，浸泡的水就作为酱油使用。剩下的黄酱加盐调味放入缸中，大酱就做成了。

辣椒酱的主材料是辣椒面和糯米粉。先把糯米粉用开水和面，放入麦芽酵母勾芡的水，接着加入豆酱饼粉搅拌均匀，等变稀了以后，再放入辣椒粉，用盐调味，然后进行发酵。

해석

한국의 장문화

거의 모든 한국요리가 간장, 된장, 고추장 등 장류로 간을 하기 때문에, 장맛은 요리의 맛을 결정짓는 가장 기본적인 요소이다. 장이 한국음식에서 얼마나 중요한 부분인지 알 수 있는 대목이다.

간장과 된장은 콩으로 만드는 전통 발효식품이다. 전통방식에 따르면, 정월에서 음력 3월 사이에 장을 담가야 그 맛이 가장 좋다. 특히 음력 3월 3일(삼짇날)은 장 담그기 가장 좋은 시기이다. 이때에 일조량과 습도가 가장 장 만들기에 적당하기 때문이다. 늦가을 무렵, 우선 콩을 삶아 으깨어 네모난 덩어리 모양의 메주를 만든다. 그런 후에 메주를 따뜻한 곳에 두고 반복적으로 말리고 발효시켜 겉에 곰팡이가 생기면 이것을 소금물에 띄운다. 장맛이 충분히 우러나오면 담근 물은 간장이 된다. 남은 장에 소금으로 간을 하여 항아리에 담아 발효시키면 된장이 완성된다.

고추장의 주재료는 고춧가루와 찹쌀가루이다. 우선 찹쌀가루에 뜨거운 물을 부어 반죽한 다음, 엿기름으로 걸쭉하게 만든 물을 붓는다. 여기에 메주가루를 넣고 골고루 저어주며, 묽어지면 고춧가루를 넣고 소금으로 간을 한다. 마지막으로 발효시킨다.

단어 调味 tiáowèi 동 맛을 내다 | 菜肴 càiyáo 명 요리, 반찬 | 捣碎 dǎosuì 동 빻아 부수다 | 豆酱饼 dòujiàngbǐng 명 메주 | 晾晒 liàngshài 동 햇볕에 널어 말리다 | 发霉 fāméi 동 곰팡이가 피다 | 麦芽 màiyá 명 맥아 | 酵母 jiàomǔ 명 효모 | 勾芡 gōuqiàn 동 전분을 풀어 걸쭉하게 하다

PART 10

특수관광

한 눈에 정리하는 핵심 내용

01 관광과 가이드

관광객은 가이드를 통해 한 나라와 도시의 이미지를 판단하므로, 가이드는 민간외교관이라고도 부른다. 가이드는 언어 능력 외에도 역사·문화 방면 등에 해박한 지식이 있어야 하며, 독립적인 업무 능력을 갖추어야 한다.

02 의료관광

의료관광은 외지나 외국으로 이동하여 더 나은 의료 효과를 추구하는 여행으로, 치료과 관광을 결합한 방식이다. 한국은 미용 성형, 피부 미용, 건강검진 등 분야의 의료기술 수준이 선두적 지위를 차지하고 있다.

03 생태관광

생태관광은 독특한 생태환경과 청정의 자연경관을 주요 대상으로 하는 관광이다. 순천만 람사르습지, 제주 올레길, PLZ 등은 한국의 유명한 생태관광 명소이다.

04 마이스관광

마이스관광은 회의 및 전시와 포상관광을 아우르는 말로, 비즈니스 회의, 포상관광, 대형 국제회의, 전시 등으로 이루어진다. 마이스관광은 규모가 크고 경제 부가가치가 높아 현대 관광 산업에서 가장 주목 받는 시장 중 하나이다.

05 안보관광

안보 관광은 안보 의식을 강화하며 관광객의 관광 욕구를 충족시키는 관광 형태로, 대표적인 안보 관광지는 판문점, 임진각, 땅굴 등이다.

06 한류관광

한류란 지난 90년대 중·후반부터 한국의 대중 문화가 중국과 일부 동아시아 지역을 중심으로 널리 유행한 문화 현상이다.

01 관광과 가이드

Step1
사전 탐색하기

관광통역안내사 시험을 준비하는 응시생에게 관광과 가이드에 관한 지식은 기본 중의 기본이라 할 수 있다. 면접 시험에서는 관광과 가이드의 정의와 중요성은 물론이며, 가이드의 자질에 관한 질문도 매번 출제된다.

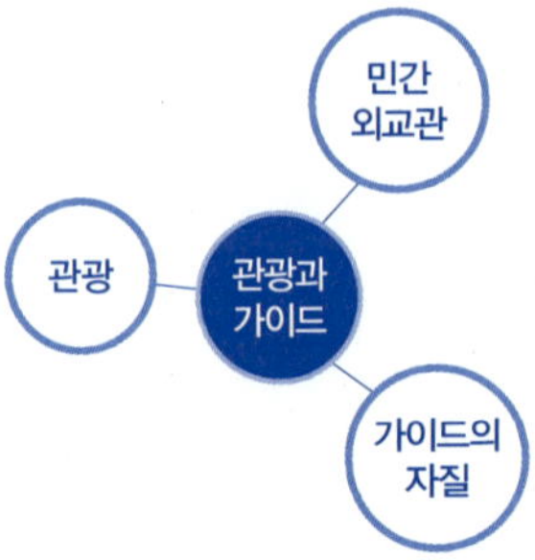

Step2
기출 따라잡기

Track 10-1

导游和翻译有什么不同?

가이드와 통역의 차이는 무엇인가요?

답안 翻译是在国际会议或有关活动中，提供口译的人。因此，要掌握流利的外语能力和有关活动的内容。导游为了游客提供讲解和在旅游中所需的一切服务，是整个旅游日程的指导者。因此，导游除了语言能力以外，还要有对历史和文化等方面的渊博的知识，而且也要具备独立工作能力。

해석 통역은 국제회의나 관련행사에서 통역서비스를 제공하는 사람이다. 그러므로 유창한 외국어 실력과 행사에 관한 내용을 숙지하고 있어야 합니다. 가이드는 관광객에게 해설을 비롯한 여행에 필요한 일체의 서비스를 제공하며 여행일정 전체를 이끄는 사람입니다. 그러므로 가이드는 언어능력 외에도 역사와 문화 등 분야에 대한 해박한 지식이 있어야 할 뿐 아니라, 독립적인 업무능력을 갖추어야 합니다.

단어 导游 dǎoyóu 명 가이드 | 翻译 fānyì 동 번역하다, 통역하다 | 口译 kǒuyì 동 통역하다 | 掌握 zhǎngwò 동 숙달하다 | 流利 liúlì 형 막힘이 없다, 유창하다 | 讲解 jiǎngjiě 동 해설하다 | 日程 rìchéng 명 일정 | 指导者 zhǐdǎozhě 명 지도자 | 渊博 yuānbó 형 박식하다 | 具备 jùbèi 동 갖추다

Step3
관통 솔루션 파악하기

학습목표 1 관광과 가이드의 정의를 설명한다.

학습목표 2 가이드가 갖추어야 할 자질을 소개한다.

»› **유비무환! 미리 준비합시다!**

가이드의 약어에 대해서도 정리하세요.

Track 10-2

观光和导游

观光是指为了满足物质和精神上的某种需要，以游览、娱乐为主要目的，离开自己定居地到异国、他乡至少逗留24小时以上的活动。 관광의 정의

导游是为旅游者提供生活服务和讲解服务的人。导游不是一般翻译工作者，而是旅行社的代表，对外国游客来说，也是国家的代表。 가이드의 정의

导游在旅游活动中居于主导地位，旅游业的发展离不开导游提供的服务。游客通过一个导游来判断一个国家和城市的形象。从外地来的游客从一个导游的身上，感受到当地人们的精神风貌，了解到当地的风土人情。因此，导游也被说成是民间外交官。游客对旅行社的印象，也取决于导游服务的质量。因此，导游的服务水平直接影响到一个旅行社的生存和发展。对外出旅游的人来说，导游起的作用很大。如果没有导游的生动讲解，景点游览就会索然无味。总之，导游是负责整个旅游日程的指导者。导游工作的质量决定一个游客对一个国家和城市的印象，影响着游客的旅游消费行为，进而关系到观光产业的发展。 가이드의 중요성

那么，导游的基本职责是什么呢? 首先，根据旅行社与游客签订的合同或约定，安排组织游客参观游览。同时，负责向游客提供讲解，介绍韩国文化和旅游资源。其次，配合和督促有关单位安排游客的交通，食宿等。第三，耐心解答游客的询问。帮助游客处理旅途中遇到的问题。 가이드의 직무

导游是这么一个重要的工种。因此，一定要具备优秀的素质。

首先，要有热爱国家和社会的思想观念。第二，要精通外语并应有良好的韩语表达能力。第三，要有渊博的知识。必须掌握韩国的历史地理等多方面的知识。第四，导游要合理安排旅游日程，并妥善处理旅途中可能出现的一切问题。因此，需要独立工作能力。第五，要身心健康。导游是个非常辛苦的工作，没有健康，根本承担不了。最后，仪表要端庄，谈吐要文雅。这样才能获得游客的信赖。 가이드의 자질

해석

관광과 가이드

관광이란 물질 혹은 정신적 필요에 의해 유람과 오락을 주요 목적으로 자신의 거주지를 떠나 이국이나 타향으로 가서 24시간 이상을 머무는 것을 말한다.

가이드는 여행객에게 생활서비스와 해설서비스를 제공하는 사람을 말한다. 가이드는 일반 통역사와 달리 여행사를 대표하는 인물이자 외국 관광객에게는 한 나라를 대표하는 존재이다.

가이드는 관광을 이끄는 역할을 하며, 관광산업의 발전은 가이드가 제공하는 서비스를 떠나서는 생각할 수 없다. 관광객은 가이드를 통해 한 나라와 도시의 이미지를 판단한다. 타지에서 온 관광객은 가이드로부

터 그 지역 사람들의 정신적인 면모를 느끼고 그 지역의 인심을 파악한다. 그러므로 가이드는 민간외교관이라고도 불린다. 여행사에 대한 관광객의 인상 역시 가이드 서비스의 품질에 달려 있다. 그러므로 가이드의 서비스 수준은 여행사의 생존과 발전에도 직접적인 영향을 미친다. 특히 해외 여행객에게 가이드는 더욱 중요하다. 가이드의 생동감 있는 해설이 없다면 관광은 따분하고 재미없을 수밖에 없다. 요컨대, 가이드는 여행의 일정을 책임지는 리더이다. 가이드 업무의 수준은 여행객이 한 나라와 도시에 대해 느끼는 인상을 결정하며, 관광객의 소비행위에 영향을 미치고, 나아가서는 관광산업 발전에까지 영향을 준다.

그렇다면, 가이드의 기본 직무 내용은 무엇인가? 우선, 여행사와 관광객이 체결한 계약이나 약정에 근거하여 관광객의 여행일정을 집행한다. 아울러 관광객에게 해설서비스를 제공하여 한국의 문화와 관광자원을 소개한다. 둘째, 관련기관과 협력하여 관광객의 교통, 숙식 등이 제대로 이루어지도록 체크한다. 셋째, 관광객의 질문에 인내심을 가지고 답변하며, 여행 중 발생한 문제를 해결할 수 있도록 협조한다.

가이드는 이처럼 중요한 업종이므로 반드시 우수한 자질을 갖추어야 한다. 첫째, 국가와 사회를 사랑하는 건전한 사상을 갖추어야 한다. 둘째, 외국어에 정통하고 한국어 표현능력을 갖추어야 한다. 셋째, 해박한 지식이 있어야 한다. 한국의 역사와 지리 등 다방면의 지식을 습득해야 한다. 넷째, 가이드는 일정을 합리적으로 분배하고 여행 중 발생할 수 있는 모든 문제에 적절히 대응할 수 있어야 하므로, 독립적인 업무능력을 갖추어야 한다. 다섯째, 몸과 마음의 건강이 중요하다. 가이드는 매우 고단한 일이므로 건강하지 않으면 감당할 수 없다. 마지막으로 용모는 단정하고 말투는 고상해야 한다. 그래야만 관광객의 신뢰를 얻을 수 있다.

단어 满足 mǎnzú 동 만족하다 | 物质 wùzhì 명 물질 | 精神 jīngshén 명 정신 | 需要 xūyào 명 욕구 동 필요하다 | 游览 yóulǎn 동 유람하다 | 娱乐 yúlè 동 오락하다, 놀다 | 定居 dìngjū 동 정착하다 | 逗留 dòuliú 동 머물다 | 居于 jūyú 동 ~에 있다 | 主导 zhǔdǎo 형 주도의 | 判断 pànduàn 동 판단하다 | 形象 xíngxiàng 명 인상, 이미지 | 风貌 fēngmào 명 풍모 | 风土人情 fēngtǔ rénqíng 명 지방의 특색과 풍습 | 民间外交官 mínjiān wàijiāoguān 민간외교관 | 取决于 qǔjué yú ~에 달려있다 | 生动 shēngdòng 형 생동감 있다 | 讲解 jiǎngjiě 동 해설하다 | 索然无味 suǒ rán wú wèi 성 단조롭고 재미없다 | 进而 jìn'ér 접 더 나아가 | 职责 zhízé 명 직책, 본분 | 签订 qiāndìng 동 조인하다 | 约定 yuēdìng 동 약정하다 | 参观 cānguān 동 참관하다 | 资源 zīyuán 명 자원 | 配合 pèihé 동 협동하다 | 督促 dūcù 동 감독·재촉하다 | 食宿 shísù 명 숙식 | 询问 xúnwèn 동 알아보다 | 旅途 lǚtú 명 여정 | 素质 sùzhì 명 소질, 소양 | 精通 jīngtōng 동 정통하다 | 表达 biǎodá 동 나타내다 | 渊博 yuānbó 형 박식하다 | 妥善 tuǒshàn 형 타당하다 | 承担 chéngdān 동 맡다 | 仪表 yíbiǎo 명 용모 | 端庄 duānzhuāng 형 단정하고 장중하다 | 谈吐 tántǔ 명 말씨, 말투 | 文雅 wényǎ 형 품위가 있다

바로 확인

❶ 导游除了语言能力以外，还要有对历史和文化等方面的 ______，而且也要具备 ______。

가이드는 언어능력 외에도, 역사와 문화 등 방면에 대한 해박한 지식이 있어야 한다. 뿐만 아니라 독립적인 업무능력을 갖추어야 한다.

❷ 游客通过一个导游来 ______ 一个国家和城市的 ______。因此，导游也被说成 ______。

관광객은 가이드를 통해 한 나라와 도시의 이미지를 판단한다. 때문에 가이드는 민간외교관이라고도 부른다.

정답 ❶ 渊博的知识 / 独立工作能力 ❷ 判断 / 形象 / 民间外交官

Step4
도전!
모의면접

Q1 为什么说导游是民间外交官?

Q2 导游要具备哪方面的素质?

출제 포인트

01 관광과 가이드에 관련한 약자를 정리해 알아둔다.

02 이외에도 WTO(세계 관광기구), EATA(동아시아 관광협회), PATA(아시아태평양 관광협회), WATA(세계 여행업자협회), KATA(한국 관광협회) 등은 반드시 알아야 할 관광기구들이다.

导游必知的缩写词

❶ CIQ：Customs(海关业务)、Immigration(出入境管理业务)、Quarantine(检疫业务)的简称。

❷ 全包价旅游(Package Tour)：是指旅行社为旅游者提供较为全面的旅游服务的一种收费标准。就是说旅游经营商综合各项价格(包括交通、食宿、参观、导游等)，组成的团体旅游。团体旅游是由10人以上旅游者而组成的。

❸ TC：领队(Tour conductor; Tour leader, TC)是指负责带团出国旅游的导游。

❹ TG：导游员(Tour guide, TG)是指为在国内旅游的海外游客提供有关服务的导游。

❺ FIT：散客旅游(Foreign Independent Tour)是指游客到海外进行的个别旅游。旅游日程、线路等由旅游者自己选定，然后再由旅行社作某些安排，如机票、旅馆等。因散客旅游灵活、自由，可选择性强，因此受到很多旅游者的喜爱。

❻ SIT：特种旅游(Special Interest Tour)，也被称为"专题旅游"和"特色旅游"等。这里所说的特种旅游，是指为满足旅游者某方面的特殊兴趣与需要，定向开发组织的一种特色专题旅游活动。

해석

가이드가 꼭 알아야 할 약어

❶ CIQ : Customs(세관), Immigration(출입국 관리), Quarantine(검역)의 약칭이다.

❷ 패키지투어(Package Tour) : 여행사가 관광객을 위해 전면적인 여행서비스를 제공하는 과금표준을 말한다. 즉 여행사가 교통, 숙식, 관람, 가이드 등 모든 가격을 종합하여 모객한 단체관광이다. 단체관광은 10인 이상의 관광객으로 이루어진다.

❸ TC : 티씨(Tour conductor; Tour leader, TC)란 해외여행 인솔을 책임지는 가이드를 가리킨다.

❹ TG : 티지(Tour guide, TG)란 국내에서 여행하는 해외관광객을 위해 서비스를 제공하는 가이드를 가리킨다.

❺ FIT : 외국인 개별관광객(Foreign Independent Tour)이란 여행객이 해외에서 행하는 개별관광을 가리킨다. 여행일정, 노선 등은 여행객이 직접 정하고, 여행사는 항공권, 숙박 등 일부 일정만을 안배한다. 융통성이 있고 자유로우며 선택의 폭이 다양하기 때문에 많은 관광객들에게 사랑 받는 관광형태이다.

❻ SIT : 특별 관심분야 관광(Special Interest Tour)이란 관광객의 특정한 흥미나 수요를 만족시키기 위해 정해진 방향으로 계획하고 개발하는 테마관광 형식이다.

단어 领队 lǐngduì 명 TC(티씨), 인솔자 | 带团 dàituán 여행단을 인솔하다 | 散客旅游 sǎnkè lǚyóu 외국인 개별 관광객 | 定向 dìngxiàng 형 정해진 방향이 있는

02 의료관광

Step1
사전 탐색하기

개인이 의료적 목적으로 거주지를 떠나 타지나 타국으로 이동하여 보다 나은 의료적 효과를 추구하는 여행 방식을 의료관광이라고 한다. 최근 한국을 찾는 의료관광객이 폭발적으로 증가하면서, 의료관광은 고부가가치를 창출하는 신성장 동력산업으로 주목 받고 있다. 면접 시험에서는 의료관광의 전반적인 이해나 특징 외에 문제점 및 발전방향에 관해서도 출제되고 있다.

Step2
기출 따라잡기

Track 10-3

医疗观光是什么?

의료관광이란 무엇인가?

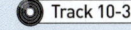

답안 医疗观光是指以医疗为目的到外地或外国寻求医疗效果更好的旅游，这是把治疗和观光结合的旅游方式。最近人们越来越重视健康和美容，因此医疗观光也开始步入人们的生活。韩国最近崛起成为医疗观光大国，来韩国接受医疗服务的外国人数逐年增加。

해석 의료관광이란 의료적 목적으로 외지나 외국으로 나가 더 나은 의료적 효과를 추구하는 여행으로, 치료와 관광을 결합한 여행방식이다. 최근 건강과 미용을 날로 중시하면서, 의료관광은 우리 생활에 보편적으로 자리잡기 시작했다. 한국은 최근 의료관광대국으로 성장하여, 한국을 찾는 외국인 의료관광객 수가 해마다 증가하고 있다.

단어 医疗观光 yīliáo guānguāng 의료관광 | 寻求 xúnqiú 동 찾다 | 治疗 zhìliáo 동 치료하다 | 美容 měiróng 동 미용하다 | 步入 bùrù 동 걸어 들어가다 | 崛起 juéqǐ 동 우뚝 솟다 | 逐年 zhúnián 부 해마다, 매년

Step3
관통 솔루션 파악하기

학습목표 1 의료관광의 정의를 설명한다.

학습목표 2 한국 의료관광의 특징을 설명한다.

》》 **유비무환! 미리 준비합시다!**

동서양의 의학을 비교하여 알아두세요.

Track 10-4

医疗观光

医疗观光(medical tourism)是指到外地或外国寻求医疗费用较为低廉或医疗效果更好的旅游。随着人们对健康和美容的日益关注，医疗观光也开始步入人们的生活。

资料显示，最近来韩国接受医疗服务的海外患者人数日益增加，其中中国人所占的比重最大。2014年来韩国的外国患者有22万。据推测，到2020年医疗游客人数将近100万人。

那么，韩国崛起成为医疗观光大国的原因是什么？

韩国医疗技术水平高，拥有最先进的医疗设施和优秀团队，并形成了系统、迅速的检查和治疗体系。而且，韩国医院提供高质量的医疗服务。为了满足日益增加的外国人患者的需求，各大医院正扩展服务内容，为外国客人提供翻译服务。

韩国作为世界医疗强国，在美容整形、皮肤美容、健康体检等领域的医疗技术水平占据世界领先地位，尤其是美容整形技术方面优势极为突出。首尔江南的狎鸥亭洞以韩国整容一条街而闻名。韩国的医院拥有尖端的健康检验设施，而其费用比其他发达国家相对低廉，因此许多美国人和俄罗斯人出于健康检查的目的纷纷来韩国。

今后为了提供更方便、更安全的医疗观光要付出不懈的努力。

首先，要简化发放签证等行政程序。第二，要提供客观、正确的医疗信息，以免患者被广告或中介人所迷惑，选错医疗机关。第三，建立综合性医疗中心，让患者在接受治疗后，方便地享受旅游和休闲的乐趣。如果有同时具备休养设施的医疗中心就更理想了。第四，多培养具备医学知识的翻译和医疗观光协调员，让患者听取有关手术的详细解释并予以同意，以妥善解决以后可能发生的投诉或医疗纠纷等问题。在这些方面韩国正在做出不断的努力，因此，韩国医疗观光的发展前景一片光明。

의료관광의 정의

의료관광객 추이

한국 의료관광 산업의 성장 원인

대표적인 의료관광 분야

의료관광의 향후 발전 방향

해석

의료관광

의료관광이란 외지나 외국으로 이동하여 저렴한 의료비용 혹은 더 나은 의료효과를 추구하는 여행을 가리킨다. 건강과 미용에 대한 관심이 날로 높아지면서, 의료관광도 보편적으로 우리 생활에 자리잡기 시작했다.

자료에 따르면, 최근 한국을 찾은 외국인 의료관광객 수가 날로 증가하고 있으며, 그 가운데 중국인이 차지하는 비중이 가장 크다. 2014년 한국을 찾은 외국인 환자수는 22만을 넘었다. 2020년에 이르면 의료관광객 수가 100만에 육박할 것으로 예측된다.

그렇다면 한국이 이처럼 의료관광대국으로 성장하는 이유는 무엇일까?

한국은 의료기술 수준이 높고 선진적인 의료시설과 우수한 의료진을 보유하고 있을 뿐 아니라, 체계적이고 신속한 검사 및 치료체계를 갖추었다. 게다가 한국의 병원은 높은 수준의 의료서비스를 제공한다. 날로 증가하는 외국인 환자의 수요를 충족하기 위해, 각 병원은 저마다 서비스 내용을 확충하고 외국인 환자를 위한 통역서비스를 제공하고 있다.

한국은 세계적인 의료강국으로서 미용성형, 피부미용, 건강검진 등 분야의 의료기술 수준이 선두적 지위를 차지하고 있으며, 특히 미용성형기술 분야의 강세는 더욱 두드러진다. 서울 강남의 압구정동은 한국의 성형 1번지로 잘 알려져 있다. 또한 한국의 병원은 첨단의 건강검진시설을 갖추고 있으면서도 비용은 기타 선진국보다 상대적으로 저렴하기 때문에, 상당수 미국인과 러시아인이 건강검진을 목적으로 한국을 찾고 있다.

향후 더욱 편리하고 안전한 의료관광을 위해 끊임없는 노력을 기울여야 할 것이다.

우선, 비자발급 등 행정절차를 간소화할 필요가 있다. 둘째, 객관적이고 정확한 의료정보를 제공함으로써, 환자가 광고나 에이전트에 의해 현혹되어 의료기관을 잘못 선택하는 일이 발생하지 않도록 해야 한다. 셋째, 종합의료센터를 건립하여 환자로 하여금 치료 후 여행과 휴식의 즐거움을 편리하게 누릴 수 있도록 해야 한다. 휴양시설까지 동시에 갖춘 의료센터라면 더욱 이상적일 것이다. 넷째, 의학지식을 갖춘 통역사와 의료관광 코디네이터 등을 육성하여 환자가 수술에 관한 상세한 설명을 듣고 동의할 수 있도록 해야 한다. 이렇게 함으로써 향후 발생할 가능성이 있는 의료소송이나 의료분쟁 등의 문제를 원만하게 해결할 수 있어야 한다. 이러한 면에서 한국은 부단히 노력을 기울이고 있다. 그러므로 한국 의료관광의 미래는 밝다.

단어 低廉 dīlián 형 저렴하다 | 显示 xiǎnshì 동 나타내다 | 推测 tuīcè 동 추측하다 | 崛起 juéqǐ 동 우뚝 솟다 | 拥有 yōngyǒu 동 보유하다 | 设施 shèshī 명 시설 | 团队 tuánduì 명 단체 | 系统 xìtǒng 명 계통, 체계 | 迅速 xùnsù 형 신속하다 | 检查 jiǎnchá 동 검사하다 | 治疗 zhìliáo 동 치료하다 | 体系 tǐxì 명 체계 | 美容整形 měiróng zhěngxíng 미용성형 | 皮肤 pífū 명 피부 | 健康体检 jiànkāng tǐjiǎn 건강검진 | 领域 lǐngyù 명 영역, 분야 | 优势 yōushì 명 우세 | 突出 tūchū 동 돌파하다 | 尖端 jiānduān 명 첨단 | 不懈 búxiè 형 게으르지 않다 | 简化 jiǎnhuà 동 간소화하다 | 发放 fāfàng 동 방출하다, 발급하다 | 程序 chéngxù 명 순서, 절차 | 信息 xìnxī 명 정보 | 以免 yǐmiǎn 접 ~하지 않도록 | 中介人 zhōngjièrén 중개인 | 迷惑 míhuò 동 미혹되다 | 选错 xuǎncuò 잘못 고르다 | 培养 péiyǎng 동 배양하다 | 具备 jùbèi 동 갖추다 | 医疗观光协调员 yīliáo guānguāng xiétiáoyuán 의료관광 코디네이터 | 听取 tīngqǔ 동 청취하다 | 解释 jiěshì 동 해석하다, 설명하다 | 予以 yǔyǐ 동 ~을 주다 | 妥善 tuǒshàn 형 적절하다 | 投诉 tóusù 동 소송하다 | 纠纷 jiūfēn 명 다툼, 분쟁 | 前景 qiánjǐng 명 전망, 장래

바로 확인

❶ 韩国医院 ______________________, ______________________,
作为医疗观光大国，越来越受到关注。

한국의 병원은 가장 선진적인 의료시설과 기술을 보유하고 수준 높은 의료서비스를 제공하여 의료관광대국으로서 갈수록 주목 받고 있다.

❷ 韩国在 ______________________ 等领域的医疗技术水平占据世界领先地位。

한국의 성형, 미용과 건강검진 등 분야의 의료기술 수준은 세계적으로 선두적 지위를 차지하고 있다.

정답 ❶ 拥有最先进的医疗设施和技术 / 提供高水平的医疗服务 ❷ 整容、美容和健康体检

Step4
도전!
모의면접

Q1 韩国发展成为医疗观光大国的理由是什么？

Q2 为了韩国医疗观光的进一步发展，需要哪方面的努力？

tip 〈한 걸음 더〉

东方医学和西方医学

西方医学以化学和先进仪器为根基，与之相比，韩医学更加注重了解人体，追求自然痊愈。因此，宏观地讲，韩医学可以说是对人类的一种探究。

韩医学的确受到中医学的影响。但是，进入朝鲜末期，医学思想家李济马提出了区别于中国医学的独具韩国特色的医学体系——四象体质论，韩国医学随之发生改变。李济马根据人体内脏大小、身体特征、精神特征把人的体质分为太阳人、太阴人、少阳人和少阴人，对各种体质容易出现的病症以及相应的治疗方法进行了系统化总结。

해석 동양의학과 서양의학

서양의학은 화학과 선진기기에 근간을 두는 데 비해, 한의학은 인체를 이해하고 자연치유를 추구하는 데 더욱 치중한다. 때문에 거시적으로 말하자면, 한의학은 인체에 대한 일종의 탐구라고 말할 수 있다.

한의학은 확실히 중의학의 영향을 받았다. 그러나 조선말 의학사상가인 이제마는 중국의학과는 구분되는 한국적인 의학체계인 사상체질론을 내놓았다. 한국의학은 이로써 변화를 맞이했다. 이제마는 인체 내장의 크기, 신체적 특성, 정신적 특성에 따라 사람의 체질을 태양인, 태음인, 소양인과 소음인으로 나누고, 체질별로 쉽게 나타날 수 있는 증상 및 상응하는 치료법을 정리했다.

03 생태관광

Step1
사전 탐색하기

우수한 자연경관과 주변 문화자원 체험을 통해 느끼고 관찰하는 여행을 생태관광 혹은 에코투어라고 한다. 청정의 자연경관을 지닌 한국에는 생태관광지로 각광받는 명소가 많다. 습지나 섬 등 다양한 동식물이 서식하는 대표적인 생태관광지에 관해 알아두도록 한다.

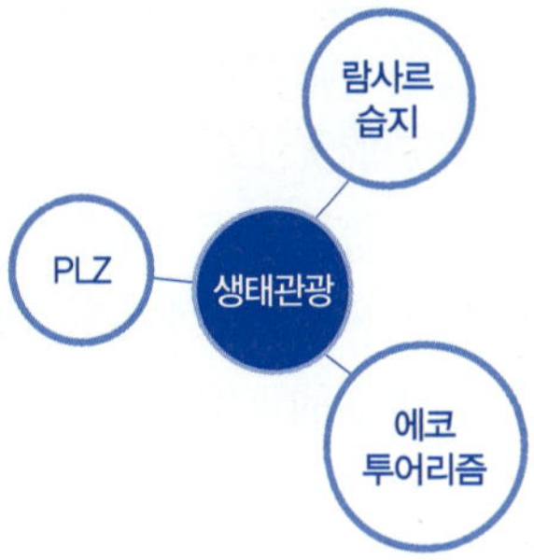

Step2
기출 따라잡기

Track 10-5

韩国著名的生态观光景点在哪儿?
한국의 유명한 생태관광지는 어디에 있나요?

답안 韩国有很多著名的生态旅游景区。顺天湾、牛浦沼等拉姆萨尔湿地是各种动植物的重要栖息地。PLZ是原始生态系统保存完好的生态宝库。济州偶来和拒文岳等也是自然景观雄伟壮观的生态旅游景区。此外，郁陵岛和独岛等著名的岛屿都拥有得天独厚的自然景观和生态环境。

해석 한국에는 잘 알려진 생태관광지가 많다. 순천만, 우포늪과 같은 람사르습지는 각종 동식물의 중요서식지이다. PLZ는 원시생태계가 잘 보존되어 있는 생태계의 보고다. 제주 올레와 거문오름 등도 웅장한 장관을 이루는 자연경관을 지닌 생태관광지다. 그 밖에 울릉도와 독도 등 유명한 섬은 모두 탁월한 자연경관과 생태환경을 갖추고 있다.

단어 著名 zhùmíng 형 저명하다 | 生态旅游 shēngtài lǚyóu 생태관광 | 景区 jǐngqū 명 관광지구 | 顺天湾 Shùntiānwān 고유 순천만 | 牛浦沼 Niúpǔzhǎo 고유 우포늪 | 拉姆萨尔湿地 Lāmǔsà'ěr shīdì 고유 람사르습지 | 栖息 qīxī 동 서식하다 | 原始 yuánshǐ 형 원시의 | 生态系统 shēngtài xìtǒng 명 생태계 | 保存 bǎocún 동 보존하다 | 宝库 bǎokù 명 보고 | 济州偶来 Jìzhōu ǒulái 고유 제주 올레 | 拒文岳 Jùwényuè 고유 거문오름 | 雄伟 xióngwěi 형 웅장하다 | 壮观 zhuàngguān 형 장관을 이루다 | 郁陵岛 Yùlíngdǎo 고유 울릉도 | 独岛 Dúdǎo 고유 독도 | 岛屿 dǎoyǔ 명 섬 | 得天独厚 dé tiān dú hòu 성 우월한 조건을 갖추다

Step3
관통 솔루션 파악하기

학습목표 1 생태관광이란 무엇인지 설명한다.

학습목표 2 한국의 대표적인 생태관광지를 소개한다.

Track 10-6

生态旅游

生态旅游是指以独特的生态环境和清净的自然景观为主要吸引物的旅游。这种旅游促进游客对自然、生态的理解与学习，提高对生态环境保护的责任感。

생태관광의 정의

韩国有很多著名的生态旅游景区。"济州偶来"是为徒步旅行者而开发出来的路，全部线路环绕了济州岛一圈。济州偶来小路是在济州岛这片美丽的土地上，济州市民连接断开的路、挖掘被遗忘的路，经过不懈的努力之后，专门为徒步旅行者存在的长长的路。2007年开放了第一条路线，如今已经成为炙手可热的徒步旅行路线。踏上济州偶来小路能发现济州的隐秘角落，这是在走马看花似的旅途中永远看不到的。拒文岳2007年被列入世界自然遗产名录，大约30万年前喷出的岩浆造成了众多洞窟和溪谷更为它增添了几分神秘色彩。

제주 올레길

有着丰富原始生态资源的郁陵岛圣人峰一带，保持火山形态及火山口原貌的罗里盆地以及具有丰富海洋生态资源的宝库独岛也是有代表性的生态观光地。

울릉도와 독도

另外，全罗南道的顺天湾和宝城的滩涂等拉姆萨尔湿地都是韩国著名的生态旅游景区。到2016年1月为止，韩国拥有的拉姆萨尔湿地总共有21处。韩国最早的拉姆萨尔湿地是位于江原道麟蹄郡的龙沼，它也是韩国海拔高度最高的拉姆萨尔湿地。此外，还有汉江栗岛、松岛滩涂等。这些湿地是多种动植物的重要栖息地，有很高的保护价值。

拉姆萨尔湿地

람사르습지

不但如此，和平生命地带PLZ(Peace Life Zone)，也是最近受到瞩目的生态旅游地。根据韩国战争停战协定，以休战线为中心，南北双方分别划出两公里的区域作为非武装地带DMZ(Demilitarized Zone)。60年来，这一地区一直没有人踏足，因此成为著名的生态宝库。据悉，现共有450种野生动植物在这里栖息。因此，文化体育观光部和韩国旅游发展局把这一地区命名为PLZ，积极推动这一地区成为旅游资源。

PLZ

해석

생태관광

생태관광이란 독특한 생태환경과 청정의 자연경관을 주요 대상으로 하는 여행을 가리킨다. 생태관광은 자연과 생태에 대한 여행객의 이해와 학습을 촉진하고 생태환경보호에 대한 책임감을 높인다.

한국에는 유명한 생태관광지가 많다. '제주 올레'는 도보여행객을 위해 개발한 길이며, 전체 코스가 제주도를 한 바퀴 둘러싸고 있다. 제주 올레는 제주도의 아름다운 땅에 자리하는데, 이는 제주 시민들이 끊어진 길을 잇고 잊혀진 길을 발굴하며 끊임없는 노력을 거친 끝에 도보여행객을 위해 만들어낸 기나긴 길이다. 2007년 제1코스를 개방한 이래, 오늘날 매우 인기 있는 도보관광코스가 되었다. 제주 올레길을 걷노라면 겉핥기식 여행에서는 절대 볼 수 없는 제주의 신비로운 구석구석을 발견할 수 있다. 2007년 세계자연유산에 등재된 거문오름은 대략 30만년 전 분출한 용암이 수많은 동굴과 계곡을 형성하며 더욱 신비로운 색채를 더하고 있다.

풍부한 원시생태자원을 지닌 울릉도 성인봉 일대, 화산의 형태와 분화구의 원형을 그대로 간직한 나리분지 일원 및 풍부한 해양생태자원을 보유한 보고 독도 역시 대표적인 생태관광지이다.

그 밖에, 전라남도의 순천만과 보성의 갯벌 등 람사르습지도 한국의 유명한 생태관광명소이다. 2016년 1월 현재, 한국이 보유한 람사르습지는 총 21곳이다. 한국 최초의 람사르습지는 강원도 인제군에 위치한 용늪인데, 이곳은 한국에서 해발고도가 가장 높은 람사르습지이기도 하다. 이 밖에 한강밤섬, 송도갯벌 등이 있다. 이들 습지는 다양한 동식물의 중요서식지로 보호가치가 매우 크다.

평화생명지대 PLZ 역시 크게 주목 받는 생태관광지이다. 한국전쟁 정전협정에 따라 휴전선을 중심으로 남북 양측은 각각 2km씩을 설정하여 비무장지대 DMZ로 삼았다. 60년 이래, 이 지역은 사람이 출입하지 않으면서 유명한 생태의 보고가 되었다. 알려진 바에 따르면, 현재 450종의 야생동식물이 이곳에 서식하고 있다. 이 때문에 문화체육관광부와 한국관광공사는 이 지역을 PLZ라 명명하고 관광자원 개발에 적극 노력을 기울이고 있다.

단어

清净 qīngjìng 형 청정하다 | 促进 cùjìn 동 촉진시키다 | 责任感 zérèngǎn 명 책임감 | 徒步 túbù 동 도보하다 | 线路 xiànlù 명 선로, 코스 | 环绕 huánrào 동 둘러싸다 | 一圈 yìquān 한 바퀴 | 连接 liánjiē 동 잇다 | 断开 duànkāi 동 끊어지다, 끊다 | 挖掘 wājué 동 파다, 발굴하다 | 遗忘 yíwàng 동 잊어버리다 | 不懈 búxiè 형 게을리하지 않다 | 炙手可热 zhì shǒu kě rè 성 권세가 대단하다, 아주 인기가 좋다 | 踏上 tàshàng ~에 발을 딛다 | 隐秘 yǐnmì 형 은밀하다, 비밀스럽다 | 角落 jiǎoluò 명 구석 | 走马看花 zǒu mǎ kàn huā 성 주마간화, 대충 보고 지나가다 | 似的 shìde 조 ~와 같다 | 旅途 lǚtú 명 여정 | 喷出 pēnchū 동 분출하다 | 岩浆 yánjiāng 명 마그마 | 造成 zàochéng 동 형성하다 | 洞窟 dòngkū 명 동굴 | 溪谷 xīgǔ 명 계곡 | 增添 zēngtiān 동 더하다 | 神秘 shénmì 형 신비롭다 | 圣人峰 Shèngrénfēng 고유 성인봉 | 一带 yídài 명 일대 | 保持 bǎochí 동 유지하다 | 火山口 huǒshānkǒu 명 분화구 | 原貌 yuánmào 명 원형, 원래의 면모 | 罗里盆地 Luólǐ péndì 고유 나리분지 | 宝城 Bǎochéng 고유 보성 | 滩涂 tāntú 명 갯벌 | 到……为止 dào……wéizhǐ ~까지 | 麟蹄郡 Líntíjùn 고유 인제군 | 龙沼 Lóngzhǎo 고유 용늪 | 栗岛 Lìdǎo 고유 밤섬 | 松岛 Sōngdǎo 고유 송도 | 和平生命地带 hépíng shēngmìng dìdài 평화생명지대 | 瞩目 zhǔmù 동 눈여겨보다 | 停战协定 tíngzhàn xiédìng 정전협정 | 休战线 xiūzhànxiàn 휴전선 | 划出 huàchū 동 그어서 떼어 내다 | 非武装地区 fēiwǔzhuāng dìqū 비무장지대 | 踏足 tàzú 동 발을 들여놓다 | 宝库 bǎokù 명 보고 | 野生 yěshēng 형 야생의 | 文化体育观光部 Wénhuà Tǐyù Guānguāngbù 문화체육관광부 | 韩国旅游发展局 Hánguó Lǚyóu Fāzhǎnjú 한국관광공사 | 命名 mìngmíng 동 명명하다 | 积极 jījí 형 적극적이다 | 推动 tuīdòng 동 추진하다, 나아가게 하다

바로 확인

❶ 生态观光是指以＿＿＿＿＿＿和＿＿＿＿＿＿为主要吸引物的旅游。旅游者在生态环境没有破坏的条件下进行旅游。

생태관광은 독특한 생태환경과 깨끗한 자연경관을 주요 대상으로 하는 관광이다. 관광객은 생태환경을 파괴하지 않는 조건하에서 여행을 진행한다.

❷ 韩国著名的生态观光景点有＿＿＿＿＿＿等。

한국의 유명한 생태관광지로는 제주도와 울릉도 등의 섬, 순천만 등의 습지, PLZ 등이 있다.

정답 ❶ 独特的生态环境 / 清净的自然景观 ❷ 济州岛和郁陵岛等岛屿、顺天湾等湿地、PLZ

Step4 도전! 모의면접

Q1 韩国拥有的拉姆萨尔湿地有哪些?

Q2 什么叫生态观光?

tip 〈한 걸음 더〉

神秘的海路

所谓的神秘的海路指的是涨潮的时候海路隐于水下，而退潮的时候，海水变浅，自然分开，海路就露出水面的自然现象。

原来，在《圣经》中有这样一段关于摩西的记载。摩西遭遇了凶险，前有波涛汹涌的红海，后有千军万马的埃及大军，这时摩西遵照上帝的指示，向红海伸出手杖，结果海水分开，摩西和以色列人度过了这个难关。所以，海水分开的自然现象，也被称为韩国版"摩西奇迹"。

韩国可看到神秘海路的地方除了珍岛、武昌浦、济扶岛以外，还有边山半岛虾岛、小每勿岛、腐岛、实尾岛等20多处。

해석 신비의 바닷길

이른바 신비의 바닷길이란 밀물 때에는 바닷길이 물에 잠겨 있다가, 썰물이 되면 바닷물이 얕아지면서 자연스럽게 열리며 바닷길이 수면 위로 드러나는 자연현상을 말한다.

『성경』에는 모세에 관한 이러한 기록이 있다. 모세가 위험을 당하여 수많은 이집트 대군에게 쫓기던 중 눈

앞에 파도가 맹렬한 홍해가 나타났다. 이때 모세가 하나님의 지시에 따라 홍해를 향해 지팡이를 뻗자, 바닷물이 갈라지며 모세와 이스라엘 사람들은 이 어려움을 모면할 수 있었다. 그리하여 바닷길이 갈라지는 자연현상을 한국판 '모세의 기적'이라고도 부른다.
한국에서 신비한 바닷길을 볼 수 있는 곳으로는 진도, 무창포, 제부도 이외에도 변산반도 하섬, 소매물도, 서건도, 실미도 등 20여 곳이 있다.

04 마이스관광

Step1
사전 탐색하기

마이스산업은 국제회의와 전시를 주축으로 하는 유망산업이다. 일자리를 창출하고 부가가치를 유발하여 지역경제 활성화에 긍정적인 영향을 미치는 마이스 산업은 신성장 동력으로 평가 받으며, 최근 더욱 주목 받고 있다. 면접에서도 매번 빠지지 않고 출제되고 있으므로, 그 의미를 중심으로 잘 기억해 두도록 한다.

Step2
기출 따라잡기

MICE旅游是什么?

마이스관광이란 무엇인가요?

Track 10-7

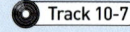

답안 MICE是会展奖励旅游，由企业会议(Meeting)、奖励旅游(Incentive)、大型国际会议(Convention)以及展览(Exhibition)组成。MICE旅游规模大，经济附加值高，已经成为现代旅游业中最受关注的市场之一。

해석 MICE(마이스)는 회의 및 전시와 포상관광을 아우르는 말로, 기업회의(Meeting), 포상관광(Incentive), 국제회의(Convention), 전시(Exhibition)로 이루어집니다. 마이스관광은 규모가 크고 경제 부가가치가 높아, 현대 관광산업에서 가장 주목 받는 시장 중 하나입니다.

단어 会展奖励旅游 huìzhǎn jiǎnglì lǚyóu 회의 및 전시와 포상관광 | 企业会议 qǐyè huìyì 기업회의, 비즈니스 회의 | 展览 zhǎnlǎn 동 전시하다 | 附加值 fùjiāzhí 명 부가가치 | 关注 guānzhù 동 주목하다

Step3
관통 솔루션 파악하기

학습목표 1 마이스관광이 무엇인지 설명한다.

학습목표 2 마이스관광의 특징과 한국의 유명한 컨벤션센터를 소개한다.

Track 10-8

MICE旅游

商务会奖旅游又被称为“会展及奖励旅游”或“会奖旅游”(简称为MICE)，由会议(Meeting)、奖励旅游(Incentive)、大型国际会议(Convention)以及展览(Exhibition)组成。

以商务为主要目的的MICE旅游，已经成为现代旅游业中最受关注的市场之一。

마이스관광의 정의

MICE也是一种企业管理方式。通过这种方式，促进业务发展、塑造企业文化。MICE的“I”指的是奖励旅游(Incentive tour)。奖励旅游是指公司以表现优异的员工或顾客为对象免费提供外出旅游的机会。资料显示，这种旅游对提高业务效率、增加企业销售额方面确实有明显的效果。MICE旅游有以下特点。

포상관광의 정의와 효과

首先，一些大型会议和博览会，往往是电视台、报纸等新闻媒体报道的焦点，能引起各方面的广泛重视，既能扩大举办国的政治影响，又能提高会议所在城市的知名度。

마이스관광의 홍보 효과

其次，参加会展人员的费用通常由公司或政府负担。因为奖励旅游者的食宿费用不需要自己支付，每个旅游者手中有更多的钱用于购物。所以与普通个人游客相比，奖励旅游游客在购物、食品、游玩方面消费更大。据统计，参加MICE活动的人比一般游客的人均消费要高出三到五倍。而且，会期一般有三到五天，停留时间较长。由于业务、人际关系交往等关系，随之而来的是大量的消费，如餐饮、购物、交通、娱乐、游览、电讯等。对目的地城市的经济拉动作用强劲。

높은 부가가치를 창출하는 마이스관광

第三，出行受季节影响小。一般来说，四、五、九、十月份是MICE产业旺季，十二月到翌年三月是淡季。有不少旅游地利用举办会议和奖励旅游有效地调节本地旺季与淡季客源的不平衡。

계절적 영향을 적게 받는 마이스관광

韩国的主要城市都建有设施齐全的会展中心。比如，首尔江南的韩国会展中心(Coex)、京畿道的韩国国际会展中心(KINTEX)、釜山国际会展中心(BEXCO)、济州岛国际会展中心(ICC)等。

한국의 대표적인 컨벤션센터

近年来，韩国也正在成为中国各个企业举办奖励旅游的首选目的地，为韩国的经济发展带来了新的机遇。特别是中国企业从2011年开始刮起奖励旅游风，济州岛得天独厚的自然环境对中国人前往济州观光的热潮起到了很大作用。

마이스산업의 발전

해석

마이스관광

마이스관광은 회의전시 및 포상관광 혹은 회의 및 포상관광이라 부를 수 있으며, 비즈니스 회의, 포상관광, 대형 국제회의 및 전시 등으로 이루어진다.

비즈니스를 주요 목적으로 하는 마이스관광은 현대 관광산업 중 가장 주목 받는 시장 가운데 하나이다.

마이스는 기업의 관리수단의 하나이다. 이러한 방식을 통해, 업무의 발전을 촉진하고 기업문화를 만든다. 마이스의 'I'는 포상관광(Incentive tour)을 가리킨다. 포상관광이란 기업이 우수한 직원이나 고객을 대상으로 무료로 여행의 기회를 제공하는 형태를 말한다. 자료에 따르면, 이러한 관광은 업무효율을 높이고 기업의 매출을 올리는 데 뚜렷한 효과가 있는 것으로 알려져 있다. 마이스관광은 아래와 같은 특징을 지닌다.

우선, 대형회의와 전시회 등은 TV와 신문 등 언론보도에 자주 노출됨으로써 폭넓은 관심을 불러 모은다. 이는 개최국의 정치적 영향을 확대하고 개최도시의 지명도를 높이는 데에도 긍정적 영향을 미친다.

둘째, 참가자들의 소요비용은 통상적으로 기업이나 정부가 부담한다. 숙식비용을 스스로 지불할 필요가 없으므로 여행객은 소비여력이 더 크다. 따라서 일반 관광객에 비해, 포상관광 관광객은 쇼핑, 식품, 오락 등 부분에 대한 소비가 더 많다. 통계에 따르면, 마이스관광에 참여한 여행객의 1인당 소비는 일반 관광객의 3~5배에 달한다. 또한 회의기간이 보통 3~5일에 이르는 등 체류기간이 비교적 길다. 업무, 인적교류를 목적으로 하는 요식, 쇼핑, 교통, 오락, 관광, 정보 등 관련 소비가 대량 발생한다. 그리하여 해당 도시의 경제에 강력한 성장 촉진 효과를 불러온다.

셋째, 계절적 영향을 적게 받는다. 일반적으로 4, 5, 9, 10월은 마이스산업의 성수기이며 12월부터 이듬해 3월까지는 비수기이다. 적지 않은 관광지가 회의와 포상관광을 통해 성수기와 비수기의 불균형 문제를 효과적으로 해소하고 있다.

한국의 주요도시에는 완벽한 시설을 갖춘 컨벤션센터가 있다. 서울 강남의 코엑스, 경기도의 킨텍스, 부산의 벡스코, 제주도의 ICC 등이 대표적이다.

최근 한국이 중국 각 기업이 가장 선호하는 포상관광 목적지로 떠오르면서 포상관광은 한국 경제발전에 새로운 기회를 마련해 주고 있다. 특히 중국기업들 사이에 2011년부터 포상관광 붐이 일면서 제주도의 아름다운 자연경관은 중국인의 제주도의 관광붐에 지대한 영향을 미쳤다.

단어

商务会奖旅游 shāngwù huìjiǎng lǚyóu 마이스관광 | 奖励 jiǎnglì 동 장려하다, 포상하다 | 促进 cùjìn 동 촉진하다 | 塑造 sùzào 동 빚어서 만들다 | 优异 yōuyì 형 특히 우수하다 | 非比寻常 fēibǐ xúncháng 평상시와 다르다 | 新闻媒体 xīnwén méitǐ 명 뉴스 언론 | 焦点 jiāodiǎn 명 초점 | 广泛 guǎngfàn 형 광범위하다, 폭넓다 | 扩大 kuòdà 동 확대하다 | 举办 jǔbàn 동 거행하다 | 所在 suǒzài 명 장소, 소재 | 知名度 zhīmíngdù 명 지명도 | 通常 tōngcháng 형 보통이다, 통상적으로 | 负担 fùdān 동 부담하다 | 食宿 shísù 명 숙식 | 支付 zhīfù 동 지불하다 | 统计 tǒngjì 동 합산하다, 통계하다 | 高出 gāochū 동 더 높다, 빼어나다 | 会期 huìqī 명 회기, 회의기간 | 停留 tíngliú 동 머물다 | 人际关系 rénjì guānxi 대인관계 | 交往 jiāowǎng 동 왕래하다 | 随之而来 suí zhī ér lái 뒤따르다 | 电讯 diànxùn 명 전화 · 전보 | 目的地 mùdìdì 명 목적지 | 拉动 lādòng 동 촉진하다 | 强劲 qiángjìng 형 세다 | 出行 chūxíng 동 외출하다 | 旺季 wàngjì 명 성수기 | 翌年 yìnián 명 익년, 다음해 | 淡季 dànjì 명 비수기 | 调节 tiáojié 동 조절하다 | 客源 kèyuán 명 소비하러 오는 관광객 수, 고객의 원천 | 平衡 pínghéng 형 균형이 맞다 | 齐全 qíquán 형 완전히 갖추다 | 首选 shǒuxuǎn 동 우선하여 선택하다 | 机遇 jīyù 명 기회 | 得天独厚 dé tiān dú hòu 성 탁월한 조건을 갖추다 | 热潮 rècháo 명 열기

바로 확인

❶ MICE旅游由＿＿＿＿＿＿＿＿组成。

마이스관광은 비즈니스회의, 포상관광, 대형 국제회의 및 전시로 이루어진다.

❷ MICE旅游对目的地城市的＿＿＿＿＿＿。

마이스관광은 해당 도시의 경제 활성화에 뚜렷한 효과가 있다.

(정답) ❶ 商务会议(Meeting)、奖励旅游(Incentive)、大型国际会议(Convention)以及展览(Exhibition) ❷ 经济拉动作用很明显

Step4

도전! 모의면접

Q1 奖励旅游有什么特点?

Q2 韩国有哪些有名的会展中心?

05 안보관광

Step1 사전 탐색하기

안보관광이란 안보의식을 강화하며 관광객의 관광욕구를 충족시키는 관광형태이다. 세계 유일의 분단국가인 한국에는 다양한 안보관광지가 있다. 한국의 분단과 관련하여 면접 시험에서도 다양한 문제가 출제되므로 명확히 정리해 두어야 한다.

Step2 기출 따라잡기

Track 10-9

请介绍板门店。
판문점을 소개하세요.

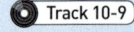

답안 板门店是1953年7月27日签署停战协议的历史场所。这里是非武装地带中南北韩军事分界线上的共同警备区域。如今，已成为国外游客的旅游景点。由于这里的特殊性质，这里的参观只能以团队为单位统一游览，不能自由行动，必须得遵守相关规定。

해석 판문점은 1953년 7월 27일 정전협정을 체결한 역사적 장소입니다. 이곳은 비무장지대 중 남북한 군사분계선 상의 공동경비구역입니다. 오늘날 이곳은 해외관광객들의 관광명소가 되었습니다. 이곳의 특수한 성격 때문에 단체 관광만이 허용되며, 개별행동은 할 수 없고 반드시 관련규정을 준수해야 합니다.

단어 板门店 Bǎnméndiàn 고유 판문점 | 签署 qiānshǔ 동 정식 서명하다 | 停战协议 tíngzhàn xiéyì 정전협정 | 非武装地带 fēiwǔzhuāng dìdài 비무장지대 | 军事分界线 jūnshì fēnjièxiàn 군사분계선 | 共同警备区域 gòngtóng jǐngbèi qūyù 공동경비구역 | 旅游景点 lǚyóu jǐngdiǎn 관광명소 | 参观 cānguān 동 참관하다 | 团队 tuánduì 명 단체, 집단 | 游览 yóulǎn 동 유람하다 | 遵守 zūnshǒu 동 준수하다, 지키다 | 规定 guīdìng 동 규정하다

Step3 관통 솔루션 파악하기

학습목표 1 안보관광이 무엇인지 설명한다.

학습목표 2 한국의 대표적인 안보관광지를 소개한다.

>>> **유비무환! 미리 준비합시다!**

한국의 분단에 관해서도 함께 정리하세요!

Track 10-10

安保观光

韩国是世界上唯一的分裂国家。1953年战争结束以来，南北韩一直以休战线为界分成两部分。因此，韩国的一些地区作为安保观光地，成为访问韩国的外国游客必到的热门旅游地。

分단역사와 안보관광

非武装地带DMZ(Demilitarized Zone)，指的是根据1953年的南北停战协定禁止武装的地域。韩国战争结束时，联合国军和北韩以休战线为前提设定军事分界线，同时以休战线为中心，南北各撤退2公里的区域，作为南北韩之间的缓冲地带。DMZ将南北一分为二，成为世界唯一的国家分离的象征。

DMZ와 남북분단

板门店是非武装地带中南北韩军事分界线上的共同警备区域。自1953年7月27日在板门店签署停战协定以后，板门店成为世界关注的焦点。如今板门店已经成为国外游客的旅游景点。由于这里的特殊性质，这里的参观只能以团队为单位统一游览，不能自由行动，必须得遵守相关规定。就是说必须携带护照，只有在到达指定的景点时才可以拍照，沿途也禁止从车内向外拍照。

판문점

临津阁是为祈愿韩半岛统一而于1972年修建的安保旅游景点，位于军事分界线往南7公里的地方。这里陈列着北韩方面的资料和韩国战争时曾投入使用的坦克、飞机等。参观临津阁的程序并不是像DMZ或板门店那么严格复杂。来到临津阁游览，不需要门票也不需要护照。这里风景优美，和平世界广场上大片的草坪、风车群以及人形雕像会让你忘却战争的恐怖，享受和平年代的美好。有很多韩国人会在周末来此度假，享受假期的美好时光。

临津阁

임진각

非武装地带附近从上世纪70年代到目前为止总共发现了四个隧道。这是北韩为了袭击南韩而开凿的地道。按照发现顺序，有第一到第四地道。最有名的第三地道是1978年10月17日在板门店南侧4公里的京畿道坡州发现的，现已成为对外开放的旅游点。第三地道的旁边就是第三地道展示馆，展示馆向人们生动地再现了当时开挖地道时的场景。

땅굴

해석

안보관광

한국은 세계에서 유일한 분단국가이다. 1953년 전쟁 종식 후, 남북은 휴전선을 경계로 두 부분으로 나뉘었다. 그리하여 한국의 안보관광지는 한국을 찾는 외국인 관광객의 필수관광지로 자리잡았다.

비무장지대 DMZ란 1953년 남북 정전협정을 근거로 무장역량의 진입을 금지한 지역을 가리킨다. 한국전쟁이 끝날 때, 유엔군과 북한은 휴전을 전제로 군사분계선을 설정하고, 휴전선을 중심으로 남북으로 각각 2km씩 물러난 지역을 남북한 간 완충지대로 삼게 되었다. DMZ는 남북을 둘로 가르며 세계에서 유일한 국가분단의 상징이 되었다.

판문점은 비무장지대 중 남북한 군사분계선 상에 위치한 공동경비구역이다. 1953년 7월 27일 판문점에서 정전협정을 체결한 후, 판문점은 세계가 주목하는 장소가 되었다. 오늘날 판문점은 해외관광객들의 관광명소가 되었다. 이곳의 특수한 성격 때문에 단체 관광객들에 한해 참관이 허용되며, 자유여행은 금지되어 있고 관련규정을 준수해야 한다. 반드시 여권을 소지하고 지정된 곳을 제외한 장소에서의 사진 촬영, 혹은 버스 내에서 바깥을 촬영하는 것까지도 금지되어 있다.

임진각은 한반도의 통일을 기원하는 뜻으로 1972년 세운 안보관광지로, 군사분계선에서 남쪽으로 7km 떨어진 곳에 위치하고 있다. 이곳에는 북한 관련 자료와 한국전쟁 때 사용한 탱크, 비행기 등이 전시되어 있다. 임진각은 DMZ나 판문점처럼 견학 절차가 복잡하지는 않다. 임진각을 방문할 때에는 입장권이나 여권을 소지할 필요는 없다. 이곳은 풍경이 아름다워, 평화누리광장의 너른 잔디와 풍차, 그리고 조각들이 전쟁의 공포를 잊고 평화시대의 아름다움을 만끽하게 한다. 주말이면 많은 한국사람들이 휴일의 편안한 시간을 보내기 위해 이곳을 찾는다.

비무장지대 근처에는 70년대부터 지금까지 발견된 총 4개의 땅굴이 있다. 이는 북한이 남한을 침공하기 위해 만든 것이다. 발견 순서에 따라 제1~제4땅굴이 있다. 가장 유명한 제3땅굴은 1978년 10월 17일 판문점 4km 지점 경기도 파주에서 발견되었으며, 지금은 대외에 개방되어 있는 관광지이기도 하다. 제3땅굴 옆에는 제3땅굴 전시실이 자리하여 땅굴을 팠던 당시 장면을 생생하게 재현하고 있다.

단어

分裂 fēnliè 동 분열하다 | 休战线 xiūzhànxiàn 휴전선 | 热门 rèmén 명 인기 있는 것 | 前提 qiántí 명 전제 | 设定 shèdìng 동 설정하다 | 撤退 chètuì 동 철수하다, 물러나다 | 缓冲 huǎnchōng 동 완충하다 | 焦点 jiāodiǎn 명 초점 | 特殊 tèshū 형 특수하다 | 性质 xìngzhì 명 성질 | 团队 tuánduì 명 단체 | 遵守 zūnshǒu 동 준수하다 | 规定 guīdìng 동 규정하다 | 携带 xiédài 동 휴대하다 | 护照 hùzhào 명 여권 | 拍照 pāizhào 동 사진을 찍다 | 沿途 yántú 부 길을 따라 | 禁止 jìnzhǐ 동 금지하다 | 临津阁 Línjīngé 고유 임진각 | 祈愿 qíyuàn 동 기원하다 | 陈列 chénliè 동 진열하다 | 投入 tóurù 동 투입하다 | 坦克 tǎnkè 명 탱크 | 程序 chéngxù 명 순서 | 游览 yóulǎn 동 유람하다 | 草坪 cǎopíng 명 잔디밭 | 风车 fēngchē 명 풍차 | 雕像 diāoxiàng 명 조각상 | 忘却 wàngquè 동 망각하다 | 恐怖 kǒngbù 명 공포 | 享受 xiǎngshòu 동 누리다 | 度假 dùjià 동 휴가를 보내다 | 隧道 suìdào 명 굴, 터널 | 袭击 xíjī 동 기습하다 | 开凿 kāizáo 동 뚫다 | 京畿道 Jīngjīdào 고유 경기도 | 坡州 Pōzhōu 고유 파주 | 开挖 kāiwā 동 파다

바로 확인

❶ 非武装地带DMZ指的是根据＿＿＿＿＿＿＿＿，以休战线为中心，南北各撤退2公里的区域，南北任何一方都不能进入其内。

비무장지대 DMZ는 1953년 체결된 정전협정에 근거하여, 휴전선을 중심으로 남북 각각 2km씩 물러난 지역을 말하며 남북 어느 측도 진입이 금지되어 있다.

❷ 韩国有代表性的安保观光地有＿＿＿＿＿＿＿＿等。

한국의 대표적인 안보관광지로는 판문점, 임진각, 땅굴 등이 있다.

(정답) ❶ 1953年签订的停战协定 ❷ 板门店、临津阁、地道

Step4
도전! 모의면접

Q1 请说一下韩国著名的安保观光地。

Q2 DMZ和PLZ的区别是什么?

06 한류관광

Step1
사전 탐색하기

1990년대 중후반부터 처음 등장한 '한류'는 이제 아시아를 넘어 전세계로 확산되며 다양한 방면에서 영향력을 나타내고 있다. 특히 한류는 해외관광객 유치에 일조하며, 한국 관광산업 성장에 크게 기여하고 있어 주목 받고 있다. 면접 시험에서도 한류의 원인과 결과, 영향력 등 다양한 관련 질문이 지속적으로 출제되고 있다.

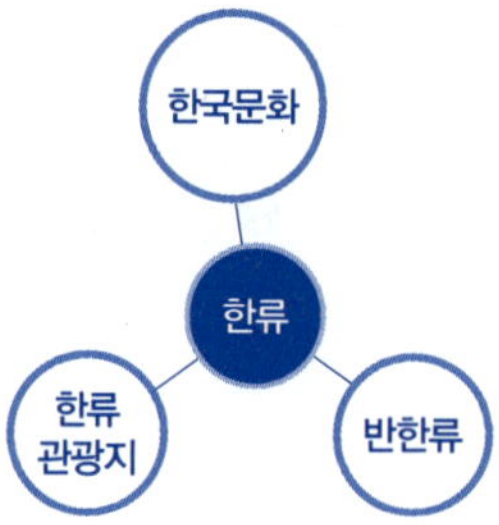

Step2
기출 따라잡기

韩流的原因是什么?

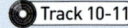

Track 10-11

한류의 원인은 무엇인가요?

답안 最早的韩流之所以在中国和一些亚洲国家盛行，是因为亚洲国家之间存在很多相似点，文化壁垒不高，容易引起共鸣。韩国的大众文化本身的优势也是韩流扩散的重要原因。最近在线媒体和数码技术广泛普及，在世界任何角落都能容易地接触到韩国大众文化，韩流已经跨越了国境，迅速扩散到亚洲以外的地区。

해석 최초의 한류가 중국과 일부 아시아 국가에서 인기를 끈 이유는 아시아 국가 간에 비슷한 점이 많아 문화장벽이 높지 않고 쉽게 공감대를 형성할 수 있는 데 있습니다. 한국 대중문화 자체가 지니는 장점 또한 한류 확산의 중요한 원인입니다. 최근 온라인매체와 디지털기술이 널리 보급되면서, 세계 어느 곳에서든 쉽게 한국 대중문화를 접할 수 있게 되면서, 한류는 국경을 넘어 아시아 이외의 지역까지 빠르게 확산되었습니다.

단어 韩流 Hánliú 명 한류 | 盛行 shèngxíng 동 성행하다 | 相似 xiāngsì 형 서로 비슷하다 | 壁垒 bìlěi 명 방어벽, 장벽 | 共鸣 gòngmíng 명 공명, 공감 | 本身 běnshēn 명 그 자신, 자체 | 优势 yōushì 명 우세, 장점 | 扩散 kuòsàn 동 확산하다 | 在线 zàixiàn 명 온라인 | 媒体 méitǐ 명 매체 | 数码 shùmǎ 명 디지털 | 广泛 guǎngfàn 형 광범위하다 | 普及 pǔjí 동 보급되다 | 角落 jiǎoluò 명 구석 | 接触 jiēchù 동 닿다, 접촉하다 | 跨越 kuàyuè 동 뛰어넘다 | 国境 guójìng 명 국경 | 迅速 xùnsù 형 신속하다

Step3
관통 솔루션 파악하기

학습목표 1 한류의 정의와 원인을 설명한다.

학습목표 2 한국의 대표적인 한류관광지를 소개한다.

>>> **유비무환! 미리 준비합시다!**

한류의 결과와 영향력에 대해서도 함께 알아두세요!

Track 10-12

韩流

韩流是指从20世纪90年代中后期开始，韩国的流行歌曲、影视作品等在中国和一些东亚地区广泛盛行的文化现象。韩流不仅仅是一种文化现象，其影响力已经扩大到经济、政治等方面。尤其是对韩国旅游业的发展也产生了巨大的影响。在上世纪90年代后期，中国媒体中首次开始使用这个词。当时，韩国的《嫉妒》、《爱情是什么》等电视剧，在中国受到很多人的喜爱，带动了韩国的大众文化涌入中国。此后，《冬季恋歌》、《大长今》等电视剧和一些大众歌手把韩流推向最高峰，韩流也正式站稳脚跟。

한류의 시작

那么，韩流这么广泛扩散的理由是什么? 最早的韩流主要在中国和一些亚洲国家盛行。因为亚洲国家之间存在很多相似点，文化壁垒不高，容易引起共鸣。尤其是，韩国和中国都在东亚文化圈内，有着儒家的文化传统。这是中国观众更容易接受韩国文化的一个原因。韩国的大众文化本身的优势也是韩国作为文化出口国获得成功的重要原因。比如，韩国歌手唱功和舞蹈很优秀，电视剧脚本的构成相当精致，演员富有魅力和演技等。最近在线媒体和数码技术广泛普及，在世界任何角落都能容易地接触到韩国大众文化，韩流已经跨越了国境，迅速扩散到亚洲以外的地区。

한류의 원인

韩流在世界上引起了对韩国的普遍关注。受此影响，韩国商品的销售额急速增长，韩国语教育也备受欢迎，来韩国旅游的外国游客也逐年增加。

한류의 영향

但是，一些国家出现了反对韩流的声音。发生反韩流现象的原因是什么呢? 首先，国家之间有文化交流的不均衡问题。由韩国传入中国的文化产品的数量和种类都很多，可是流入韩国的中国文化产品种类非常有限，数量也不多。这样单向的交流久而久之只能引起对韩流的反感。此外，历史和文化方面的纠纷影响韩流的发展。比如，一些文化遗产的登陆问题、东北工程以及渤海问题等，都有可能提供中国内出现反韩流现象的社会土壤。

반한류현상

为了解决上述的问题，实现韩流的可持续发展，要有如下的努力。首先，不断开发全新的文化内容。此外，进行国家之间双向的文化交流，加强相互之间的了解与合作。政府也要积极支持文化产业的发展，大力宣传韩国的文化商品。

한류의 발전방향

해석

한류

한류란 지난 90년대 중후반부터 한국의 대중가요, 영상작품 등이 중국과 일부 동아시아 지역을 중심으로 널리 유행한 문화현상을 말한다. 한류는 문화현상에만 그치지 않고, 그 영향력이 경제와 정치 등에까지 미쳤다. 특히 한국 관광산업의 발전에 커다란 영향을 끼쳤다. 지난 90년대 후반, 중국 언론이 처음으로 '한류' 라는 단어를 사용했다. 당시 한국의 「질투」, 「사랑이 뭐길래」 등 TV 드라마가 중국에서 폭넓은 사랑을 받으며 한국 대중문화의 중국 진출을 이끌었다. 그 후, 「겨울연가」, 「대장금」 등 드라마와 일부 대중가수는 한류를 클라이맥스로 끌어올렸고, 한류는 안정적으로 자리매김했다.

그렇다면 한류가 이처럼 널리 확산된 이유는 무엇일까? 최초의 한류는 주로 중국과 일부 아시아 국가에서 유행했다. 아시아 국가 간에는 유사점이 많고, 문화장벽이 높지 않아 공감대를 불러일으키기 쉽다. 특히 한국과 중국은 모두 동아시아 문화권 내에 있으며 유교의 문화전통을 지닌다. 이는 중국 대중들이 보다 쉽게 한국문화를 받아들이는 하나의 원인이다. 한국 대중문화 자체의 장점 또한 한국이 문화 수출국으로서 성공할 수 있었던 중요한 원인이다. 예컨대, 한국 가수의 가창력과 춤 실력, 드라마 각본의 탄탄한 구성, 배우의 풍부한 매력과 연기력 등이 그것이다. 최근 온라인매체와 디지털기술의 광범위한 보급으로 세계 어느 곳에서든 손쉽게 한국 대중문화를 접할 수 있기 때문에, 한류는 이미 국경을 넘어 아시아 이외의 지역까지 빠르게 확산되었다.

한류는 세계무대에서 한국에 대한 보편적인 관심을 불러일으켰다. 그 영향으로 한국제품의 매출액은 가파르게 증가했고 한국어 교육도 크게 사랑 받았으며, 한국으로 여행을 오는 외국인 관광객도 해마다 늘어나고 있다.

그러나 일부 국가에서는 한류에 반대하는 목소리도 등장했다. 반한류현상이 나타나는 이유는 무엇일까? 우선, 국가간 문화교류의 불균형 문제가 있다. 한국에서 중국으로 전해지는 문화상품의 수와 종류는 많지만, 한국으로 유입되는 중국 문화상품은 종류도 제한적이고 수도 많지 않다. 이처럼 일방적인 교류가 오래 지속되면 한류에 대한 반감을 불러올 수밖에 없다. 그 외에 역사와 문화방면의 분쟁이 한류발전에 영향을 미친다. 예컨대 일부 문화유산의 등재 문제, 동북동정 및 발해 문제 등이 중국 내 반한류 현상 등장에 사회적 토양을 제공할 수 있다.

상술한 문제를 해결하고 한류의 지속가능한 발전을 실현하려면 다음과 같은 노력이 필요하다. 우선 새로운 문화콘텐츠를 끊임없이 개발해야 한다. 또한 국가 간 쌍방향 문화교류를 진행함으로써 상호 간 이해와 협력을 강화해야 한다. 정부도 문화산업의 발전을 적극적으로 지지하고 한국 문화상품을 대대적으로 홍보해야 한다.

단어

流行歌曲 liúxíng gēqǔ 명 대중가요 | 影视 yǐngshì 명 영화와 텔레비전 영상물 | 影响力 yǐngxiǎnglì 명 영향력 | 扩大 kuòdà 동 확대하다 | 巨大 jùdà 형 아주 크다 | 嫉妒 Jídù 고유 「질투」 [90년대 방영 인기 드라마] | 爱情是什么 Àiqíng shì shénme 고유 「사랑이 뭐길래」 [90년대 방영 인기 드라마] | 电视剧 diànshìjù 명 TV 드라마 | 喜爱 xǐ'ài 동 좋아하다 | 带动 dàidòng 동 움직이게 하다 | 涌入 yǒngrù 동 쏟아져 들어오다 | 冬季恋歌 Dōngjìliàngē 고유 「겨울연가」 [2000년대 초 방영 인기 드라마] | 大长今 Dàchángjīn 고유 「대장금」 [2000년대 초 방영 인기 드라마] | 推向 tuīxiàng 동 일정한 방향으로 밀다 | 最高峰 zuìgāofēng 최고봉 | 站稳脚跟 zhànwěn jiǎogēn 입장을 확고히 하다 | 文化圈 wénhuàquān 명 문화권 | 传统 chuántǒng 명 전통 | 观众 guānzhòng 명 관중 | 唱功 chànggōng 명 가창력 | 舞蹈 wǔdǎo 명 무도 동 춤추다 | 优秀 yōuxiù 형 아주 뛰어나다 | 脚本 jiǎoběn 명 각본 | 构成 gòuchéng 동 구성하다 | 精致 jīngzhì 형 정교하고 치밀하다 | 富有 fùyǒu 동 풍부하게 지니다 | 魅力 mèilì 명 매력 | 演技 yǎnjì 명 연기 | 引起 yǐnqǐ 동 끌다, 불러일으키다 | 普遍 pǔbiàn 형 보편적이다 | 关注 guānzhù 동 주목하다 | 销售额 xiāoshòu'é 명 매출액 | 急速 jísù 부 신속하게 | 增长 zēngzhǎng 동 증가하다 | 备受 bèishòu 동 충분히 받다 | 逐年 zhúnián 부 해마다 | 均衡 jūnhéng 명 균형 | 流入 liúrù 동 유입하다 | 有限 yǒuxiàn 형 제한적이다 | 单向 dānxiàng 형 일방의 | 久而久之 jiǔ ér jiǔ zhī 성 오랜 시일이 지나다 | 反感 fǎngǎn 형 반감을 가지다 | 纠纷 jiūfēn 명 분쟁 | 登陆 dēnglù 동 상륙하다, 등재하다 | 东北工程 Dōngběi gōngchéng 동북공정 | 渤海 Bóhǎi 고유 발해 | 土壤 tǔrǎng 명 토양 | 上述 shàngshù 형 상술한 | 可持续发展

kěchíxù fāzhǎn 지속가능한 발전 | 全新 quánxīn 형 참신하다 | 文化内容 wénhuà nèiróng 문화콘텐츠 | 双向 shuāngxiàng 명 양방향 | 加强 jiāqiáng 동 강화하다 | 政府 zhèngfǔ 명 정부 | 积极 jījí 형 긍정적이다, 적극적이다 | 支持 zhīchí 동 지지하다 | 宣传 xuānchuán 동 선전하다

바로 확인

❶ 韩流是指从20世纪90年代中后期开始，＿＿＿＿＿＿＿＿的文化现象。

한류란 지난 90년대 중후반부터 한국의 대중문화가 세계적으로 널리 유행한 현상을 가리키는 말이다.

❷ 最近在线媒体和数码技术广泛普及，韩流已经＿＿＿＿＿＿＿＿，迅速＿＿＿＿＿＿＿＿。

최근 온라인매체와 디지털기술이 널리 보급되면서, 한류는 국경을 넘어 아시아 이외의 지역까지 빠르게 확산되었다.

정답 ❶ 韩国的大众文化在世界上广泛盛行 ❷ 跨越了国境 / 扩散到亚洲以外的地区

Step4 도전! 모의면접

Q1 韩流是什么?

Q2 反韩流是什么? 其原因是什么?

tip 〈한 걸음 더〉

韩流观光地

曾经拍摄《冬季恋歌》的南怡岛，位于江原道春川，拥有得天独厚的美丽景观，成为多部电视剧的拍摄地。南怡岛是在建造清平大坝的时候江水漫溢而形成的半月形小岛，因为有南怡将军的坟墓，所以得名为南怡岛。如今，南怡岛作为韩国最著名的韩流观光地，前来参观的国内外游客络绎不绝。

小法兰西是位于京畿道加平的法国文化村，近年来作为《来自星星的你》等各种韩剧的拍摄地，成为热门的旅游胜地。这里能看到异国风格的白色建筑参差不齐地聚在一起，感觉好像来到法国的一个小村庄一样。

해석 한류 관광지

「겨울연가」의 촬영지 남이섬은 강원도 춘천에 자리하고 있다. 이곳은 탁월한 미경을 갖추어 여러 편의 드라마 촬영지가 되었다. 남이섬은 청평댐을 지을 당시 강물이 넘치면서 형성된 반달모양 섬인데, 남이 장군의 묘가 있어 남이섬이라고 불린다. 오늘날 남이섬은 한국의 가장 유명한 한류관광지로, 이곳을 찾는 국내외 관광객의 발걸음이 끊이지 않고 있다.

쁘띠프랑스는 경기도 가평에 위치한 프랑스 문화마을로, 최근「별에서 온 그대」등 여러 드라마의 촬영지로 소개되면서 인기 관광지가 되었다. 이국적인 백색 건물들이 옹기종기 모여있는 이곳의 모습은 마치 프랑스의 작은 마을에 온 듯한 느낌을 준다.

부록

| 유네스코 세계유산 등재 리스트 |

★

세계문화유산

世界文化遗产

★

세계자연유산

世界自然遗产

★

세계기록유산

世界记忆遗产

★

세계무형문화유산

世界非物质文化遗产

世界文化遗产 세계문화유산

1 佛国寺和石窟庵 불국사와 석굴암(1995년에 등재)

佛国寺和石窟庵是新罗时代佛教文化的代表遗产，位于庆尚北道吐含山。

불국사와 석굴암은 신라시대 불교문화의 대표적인 유산으로, 경상북도 토함산에 자리하고 있다.

2 海印寺藏经板殿 해인사 장경판전(1995년에 등재)

藏经板殿保管着高丽八万大藏经的古建筑，具有科学而有效的结构，位于庆尚南道伽倻山。

장경판전은 고려 팔만대장경을 보관하고 있는 고대 건축물로, 과학적이고 효율적인 구조를 지녔으며, 경상남도 가야산에 자리하고 있다.

3 宗庙 종묘(1995년에 등재)

宗庙是供奉朝鲜时代国王和王妃灵位的的祠堂。

종묘는 조선시대 임금과 왕비의 위패를 모신 사당이다.

4 昌德宫 창덕궁(1997년에 등재)

昌德宫是最具有韩国特色的朝鲜宫殿建筑。尤其是昌德宫后院占据宫殿全体面积的三分之二，充分显示朝鲜时代重视自然的造景样式。

창덕궁은 가장 한국적인 조선 궁 건축물이다. 특히 창덕궁 후원은 궁궐 전체 면적의 2/3를 차지하며, 조선시대에 자연을 중시했던 조경양식을 잘 나타낸다.

5 水原华城 수원 화성(1997년에 등재)

水原华城是正祖大王在把父亲的坟墓移到这里的时候，建造的新城，非常坚固，也很美观，是18世纪东方城廓的最佳杰作。

수원 화성은 정조대왕이 아버지의 무덤을 이곳으로 옮기면서 세운 성곽으로, 매우 견고하면서도 아름다워 18세기 동양 성곽의 최고 걸작으로 꼽힌다.

6 庆州历史遗址区 경주 역사유적지구(2000년에 등재)

庆州作为新罗的千年古都，有丰富的历史遗址，整座城市好像是一个露天博物馆。按照性质可分为5个地区，就是南山区、月城区、大陵苑区、皇龙寺区和山城区。

경주는 신라 천년의 고도로 풍부한 역사유적지를 보유하고 있어, 도시 전체가 마치 하나의 노천 박물관과 같다. 특징에 따라 남산지구, 월성지구, 대릉원지구, 황룡사지구와 산성지구의 5개 지구로 나누어진다.

7 高敞、和顺、江华支石墓遗址 고창·화순·강화 고인돌 유적지(2000년에 등재)

支石墓是青铜器时代的石墓。因为高敞、和顺、江华支石墓遗址分布密集，形式也多样，是研究东北亚地区支石墓的发展过程的重要史料。

고인돌은 청동기시대의 돌무덤이다. 고창·화순·강화 고인돌 유적지는 분포가 밀집되어 있고 형식도 다양하여, 동북아 지역 고인돌의 발전과정 연구에 중요한 사료이다.

8 朝鲜王陵 조선왕릉(2009년에 등재)

朝鲜王陵主要位于以汉阳为中心的4公里之外、40公里之内，是现在的京畿道和首尔市。除了在北韩的齐陵和厚陵之外，有40座王陵被列为世界文化遗产。

조선왕릉은 주로 한양을 중심으로 4km 밖, 40km 안에 위치하며, 오늘날의 경기도와 서울에 해당한다. 북한에 위치한 제릉과 후릉을 제외한 왕릉 40기가 세계문화유산에 등재되어 있다.

9 韩国历史村落：河回村和良洞村 한국의 역사마을 : 하회마을과 양동마을(2010년에 등재)

河回村和良洞村是朝鲜时代最典型的两班氏族村落，传统文化和文化遗产保存得很完整。

하회마을과 양동마을은 조선시대 가장 전형적인 양반 씨족마을이며, 전통문화와 문화유산이 잘 보존되어 있다.

10 南汉山城 남한산성(2014년에 등재)

南汉山城位于京畿道广州，是负责守护汉阳的朝鲜时代山城。城内建有行宫设施，能承担起临时首都的作用。这里也是丙子胡乱时期国王和大臣们拼死抗战的地方，有重要的历史意义。

남한산성은 경기도 광주에 위치하고 있으며, 한양 수비를 책임졌던 조선시대 산성이다. 성내에 행궁시설을 갖추고 있어, 임시수도의 역할을 수행할 수 있도록 되어 있다. 이곳은 병자호란 때 임금과 대신들이 필사적으로 항전했던 장소이며 중요한 역사적 의미를 지닌다.

11 百济历史遗址区 백제 역사유적지구(2015년에 등재)

百济历史遗址区由位于忠清南道公州、扶余和全罗北道益山的8处遗址构成。其中包括公州的公山城、宋山里古坟群、扶余的官北里遗址与扶苏山城、陵山里古坟群、定林寺址、罗城、益山的王宫里遗址和弥勒寺址等。

백제 역사유적지구는 충청남도 공주, 부여와 전라북도 익산의 유적지 8곳으로 구성된다. 공주의 공산성, 송산리 고분군, 부여의 관북리 유적과 부소산성, 능산리 고분군, 정림사지, 나성, 익산의 왕궁리 유적, 미륵사지 등이 포함된다.

世界自然遗产 세계자연유산

1 济州火山岛和溶岩洞窟 제주 화산섬과 용암동굴(2007년에 등재)

济州岛是韩国最大的岛屿，保存着独特的自然景观和风俗文化。世界上唯一获得了联合国教科文组织的三冠王，引人注目。

제주도는 한국에서 가장 큰 섬이며 독특한 자연경관과 풍속문화를 보존하고 있다. 세계에서 유일하게 유네스코 3관왕에 올라 주목을 받고 있다.

世界记忆遗产 세계기록유산

1 训民正音 훈민정음(1997년에 등재)

训民正音记录了韩文的语文体系，可以说是第一个韩文教科书。

훈민정음은 한글의 어문체계를 기록한 최초의 한글 교과서라 할 수 있다.

2 朝鲜王朝实录 조선왕조실록(1997년에 등재)

《朝鲜王朝实录》记录了从太祖到哲宗的472年之间朝鲜历史，是非常庞大的史料。

『조선왕조실록』은 태조부터 철종에 이르는 472년간의 조선 역사를 기록한 매우 방대한 사료이다.

3 直指心体要节 직지심체요절(2001년에 등재)

直指心体要节是高丽末期用金属活字印书的，世界最早的金属活字本。

직지심체요절은 고려말에 금속활자로 인쇄한 서적이며, 세계 최초의 금속활자본이다.

4 承政院日记 승정원 일기(2001년에 등재)

承政院日记是朝鲜时代最庞大的机密记录。因为编撰《朝鲜王朝实录》的时候把承政院日记作为基本资料，而且只有一套原本，所以价值更重大。

승정원 일기는 조선시대 가장 방대한 기밀기록이다. 『조선왕조실록』을 편찬할 때 승정원 일기를 기초자료를 삼았고 원본한 부뿐이기 때문에 그 가치가 더욱 중대하다.

5 朝鲜王朝仪轨 조선왕조의궤(2007년에 등재)

朝鲜王朝仪轨记录了朝鲜时代重要活动内容。因为用文字和图片来生动地描绘当时的情景，有明显的视觉效果。

조선왕조의궤는 조선시대 중요행사 내용을 기록했다. 문자와 그림으로 당시 장면을 생생하게 묘사했기 때문에 시각적 효과가 매우 뚜렷하다.

6 高丽大藏经板和诸经板 고려대장경판과 제경판(2007년에 등재)

高丽大藏经板是高丽末为了祈求国家的和平而制作的木板印书物，保管在庆尚南道海印寺。

고려대장경판은 고려말에 국가의 평화를 기원하기 위해 제작한 목판인쇄물이며, 경상남도 해인사에 보관되어 있다.

7 东医宝鉴 동의보감(2009년에 등재)

东医宝鉴是17世纪初许俊编撰的医学书籍。这本医书内容非常详细，而且有体系地整理了治疗方法，查看起来十分方便。全书用语通俗易懂，还介绍了符合韩国人体质的药草。从这一点看，这本书的独创性是值得肯定的。

동의보감은 17세기 초 허준이 편찬한 의학서적이다. 이 책은 내용이 매우 상세하고 체계적으로 치료법을 정리하여 찾아보기가 매우 편리하다. 전체적으로 쉬운 용어를 사용하였을 뿐 아니라, 한국인의 체질에 맞는 약초를 소개하였다. 이러한 점에서 이 책의 독창성을 인정할 만하다.

8 日省录 일성록(2011년에 등재)

日省录记录了朝鲜后期国王的日常生活以及国政运作情况，有珍贵的价值。

일성록은 조선후기 임금의 일상생활과 국정운영 상황을 기록한 진귀한 가치를 지닌 기록물이다.

9 5·18运动资料 5·18운동 기록물(2011년에 등재)

5·18运动资料是有关1980年5月18日在光州发生的民主化运动的资料。

5·18운동 기록물은 1980년 5월 18일 광주에서 발생한 민주화운동에 관한 자료를 말한다.

10 乱中日记 난중일기(2013년에 등재)

乱中日记是李舜臣将军在壬辰倭乱时期记录的兵营日记，介绍了长达7年的战争状况。

난중일기는 이순신 장군이 임진왜란 시기에 기록한 병영일기이며, 7년에 이르는 전쟁상황을 기록했다.

11 新村运动资料 새마을운동 기록물(2013년에 등재)

新村运动资料包括上世纪70年代的文件、照片和视频等。新村运动是指当时韩国政府推动的农村建设运动。

새마을운동 기록물은 지난 1970년대의 문건, 사진, 동영상 등을 포함한다. 새마을운동이란 당시 한국 정부가 추진한 농촌건설운동을 말한다.

12 儒教册版 유교책판(2015년에 등재)

儒教册版是为印刷朝鲜时期儒学者的著作而制作的木刻板。这批木刻板由718部著作组成，总数为6万4226张，内容包括儒学家的文集、性理学相关书籍、家谱、礼学书、史书、训蒙书、地理志等不同时期的多种木刻板。

유교책판은 조선시대 유학자들의 저작물을 간행하기 위해 판각한 책판이다. 718종 저서의 64,226장으로 이루어져 있으며, 문집, 성리학 서적, 족보, 예학서, 사서, 훈몽서, 지리지 등 다양한 시기에 제작된 다양한 목판을 포함한다.

13 离散家属特别节目档案 KBS 특별생방송 '이산가족을 찾습니다' 기록물(2015년에 등재)

KBS电视台特别节目《寻找离散家属》具体包括当时的节目录影带463件、工作手册、离散家属报名表等20522份资料。通过因战争而分离的家属重逢的场面能够再次确认战争给人类带来的痛苦。

KBS 특별생방송 '이산가족을 찾습니다' 기록물은 당시 프로그램 녹화테이프 463개, 업무 수첩, 이산가족 신청서 등 20,522건의 자료를 포함한다. 전쟁으로 인해 헤어진 가족이 상봉하는 장면을 통해 전쟁이 인류에게 가져다 준 고통을 다시 확인할 수 있다.

世界非物质文化遗产 세계무형문화유산

1 宗庙祭礼和宗庙祭礼乐 종묘제례와 종묘제례악(2001년에 등재)

宗庙祭礼和宗庙祭礼乐在宗庙举行祭祀的时候，为了增强庄重的气氛而演奏的乐曲和表演的歌舞。

종묘제례와 종묘제례악은 종묘에서 제사를 지낼 때, 장중한 분위기를 북돋우기 위해 연주하는 악곡과 공연하는 가무를 말한다.

2 盘索里 판소리(2003년에 등재)

盘索里是一人清唱、一人击鼓的单人歌剧。盘索里通过歌曲、言词和动作来表达故事的内容，具有特有的旋律和唱法，是韩国传统民俗音乐的代表。

판소리는 한 사람이 창을 하고, 한 사람이 북을 치는 1인 창극이다. 판소리는 노래, 대사, 동작을 통해 이야기 내용을 표현하며, 특유의 선율과 창법을 지닌 대표적인 한국 전통 민속음악이다.

3 江陵端午祭 강릉단오제(2005년에 등재)

江陵端午祭是在端午节时举办的韩国传统庆典。这是韩国历史最悠久的，也是保存最完整的传统庆典。

강릉단오제는 단오절 때 거행하는 한국 전통축제이다. 한국에서 역사가 가장 오래되었으며, 가장 잘 보존된 전통축제이다.

4 羌羌水越来 강강수월래(2009년에 등재)

羌羌水越来是主要在韩国西南部，为了祈求丰收和健康，由妇女们表演的集体游戏。

강강수월래는 주로 한국 서남부에서 풍년과 건강을 기원하기 위해 부녀자들이 행하던 집단놀이이다.

5 男寺党表演 남사당놀이(2009년에 등재)

男寺党表演是朝鲜后期盛行的传统表演。男寺党一般由40人以上的男民间艺人组成的艺术团体。他们通过表演表现平民百姓的生活、感性，讽刺两班社会的矛盾。

남사당놀이는 조선후기에 성행한 전통공연이다. 남사당은 일반적으로 40명 이상의 남성 예술인으로 이루어진 예술단체이다. 이들은 공연을 통해 서민의 삶과 감정을 표현하고, 양반사회의 모순을 풍자했다.

6 灵山斋 영산재(2009년에 등재)

灵山斋是一种佛教仪式，表现佛祖的世界，也是参禅的过程。

영산재는 일종의 불교의식이다. 이는 부처의 세계를 표현하며, 동시에 참선의 과정이기도 하다.

7 济州七头堂灵登巫法 제주 칠머리당 영등굿(2009년에 등재)

济州七头堂灵登巫法是为了祈求和平和丰收在济州岛举行的萨满教仪式。

제주 칠머리당 영등굿은 평화와 풍작을 기원하기 위해 제주도에서 행하는 샤머니즘 의식이다.

8 处容舞 처용무(2009년에 등재)

处容舞是韩国最古老的宫廷舞蹈，起源于新罗时代。

처용무는 한국에서 가장 오래된 궁중무용이며, 신라시대에 시작되었다.

9 传统歌曲 전통가곡(2010년에 등재)

传统歌曲是用管弦乐伴奏演唱的传统音乐。

전통가곡은 관현악을 반주하고 노래하는 전통음악이다.

10 大木匠 대목장(2010년에 등재)

大木匠是具备传统木造技术的匠人。

대목장은 전통 목조기술을 갖춘 장인을 말한다.

11 鹰猎 매사냥(2010년에 등재)

鹰猎指的是训练威猛的鹰，进行打猎的传统风俗。

매사냥이란 사나운 매를 길들여 사냥하는 전통풍습을 말한다.

12 走绳 줄타기(2011년에 등재)

走绳是韩国传统技艺表演，把杂技、舞蹈、音乐和说书的因素结合在一起，讲述诙谐的故事。

줄타기는 한국 전통 기예공연이다. 묘기, 춤, 음악적 요소를 재담과 결합하여 해학적인 이야기를 이끈다.

13 跆跟 택견(2011년에 등재)

跆跟是韩国的传统武术，以柔软的动作为主，防守和攻击对方。

택견은 한국의 전통무술이며, 부드러운 동작을 중심으로 방어하거나 상대를 공격한다.

14 韩山夏布织造 한산 모시짜기(2011년에 등재)

韩山夏布织造是忠清南道韩山地区妇女们代代相传的传统纺织工艺。

한산 모시짜기는 충청남도 한산지역의 부녀자들이 대대로 전하는 전통방식 공예이다.

15 阿里郎 아리랑(2012년에 등재)

阿里郎是韩民族的代表民歌，深深地表现出韩民族的思想、生活和感情。

아리랑은 한민족의 대표 민가이며, 한민족의 사상, 삶과 감정을 충분히 표현해낸다.

16 腌制越冬泡菜文化 김장문화(2013년에 등재)

腌制越冬泡菜文化指的是韩国人在初冬季节大量腌制泡菜的风俗习惯，充分展现出韩国人邻里间分享和合作的精神。

김장문화란 한국인들이 초겨울에 대량으로 김치를 담그는 풍습을 말한다. 이는 이웃과의 나눔과 협력을 중시하는 한국인의 정신을 잘 보여준다.

17 农乐 농악(2014년에 등재)

农乐是以农耕文化为背景，舞蹈和歌曲相结合的一种综合性的民俗艺术。原来是在农活中或农村的节日中演奏的。它使用很多打击乐器，有着强烈的节奏感，单纯而有生气。

농악은 농경문화를 배경으로 춤과 노래를 결합한 일종의 종합 민속예술이다. 원래 농사일을 하는 시기 혹은 농촌의 명절 때 연주되었다. 여러 가지 타악기를 사용하여 강렬한 리듬감을 지니며, 단순하면서도 생동감 넘치는 것을 특징으로 한다.

18 拔河 줄다리기(2015년에 등재)

拔河在亚洲多个以种植稻米为主的国家中十分盛行，是农民传统节庆活动之一，目的在于祈求丰收、谋求社会成员之间的团结。韩国和柬埔寨、菲律宾、越南等4国共同申遗成功。

줄다리기는 벼농사를 주로 하는 아시아 국가들 사이에서 성행하는 농민들의 전통축제 중 하나이며, 풍년을 기원하고 사회 구성원들 사이의 단결을 도모하는 데 그 목적이 있다. 한국, 캄보디아, 필리핀, 베트남 등 4개국이 공동 등재하였다.

/사진 출처/

이 책에 수록된 사진은 국립중앙박물관, 박물관 포털 e뮤지엄, 문화재청, 농림수산식품교육문화정보원에서 자유 이용이 허락된 공공저작물입니다. (16, 92, 98, 126, 145, 146, 148, 151, 161, 164, 167, 181, 186, 195, 225쪽)

한국경제신문 · CST
민간자격등록번호 : 제2014-5935호
나의 중국어 말하기
CST로 완성한다!
Chinese Speaking Test
국내 유일의 수준별 중국어 말하기 응용능력시험 CST가
새로운 기준을 제시합니다.
실질적인 말하기 능력
실생활 중심의 문형을 통한 실질적인 커뮤니케이션 능력 평가
수준별 말하기 시험
응시자 수준에 맞춘 수준별 문제 출제 및 실력 진단
평가의 신뢰성
원어민 전문평가위원단의 공정하고 체계적인 3단계 평가 시스템
기업, 단체 맞춤형 특별 시험
기업, 단체의 Needs를 반영한 맞춤형 특별 시험 진행

중국어 관광통역안내사 한권으로 합격하기

모의면접 100제

jRC중국어연구소 기획, 이은미 저

JRC 북스

PART 1 개황

01 태극기

Track 1-1

Q1 太极旗各部分图案象征着什么含义?

태극기 각 부분 도안의 함축적 의미는 무엇인가요?

A 太极旗底色为白色，象征着韩民族的纯洁和热爱和平的民族性格。中央是圆形的太极两仪，蓝色代表阴、希望，红色代表阳、尊贵，阴阳合一代表宇宙的平衡与和谐。以太极为中心，四角有黑色的四卦。乾卦代表天空，坤卦代表大地，坎卦是水，离卦为火。整个国旗代表韩国人民永远与宇宙协调发展的理想。

태극기의 바탕색은 흰색이며, 한민족의 순결함과 평화를 사랑하는 민족성을 상징합니다. 중앙에는 원형의 태극양의가 있으며, 파란색은 음과 희망, 붉은색은 양과 존귀를 나타냅니다. 음양합일은 우주의 균형과 조화를 대표합니다. 태극을 중심으로 네 모서리에는 검은색 4괘가 있습니다. 건괘는 하늘, 곤괘는 땅, 감괘는 물, 리괘는 불을 각각 나타냅니다. 국기 전체는 영원히 우주와 조화롭게 발전하고자 하는 한민족의 이상을 상징합니다.

단어

- 底色 dǐsè 명 바탕색
- 纯洁 chúnjié 형 순결하다
- 热爱 rè'ài 동 뜨겁게 사랑하다
- 太极两仪 tàijí liǎngyí 태극양의
- 尊贵 zūnguì 형 존귀하다
- 宇宙 yǔzhòu 명 우주
- 平衡 pínghéng 형 균형이 맞다
- 和谐 héxié 형 잘 어울리다
- 协调 xiétiáo 동 어울리다

Track 1-2

Q2 韩国的国花是什么? 它什么时候开花?

한국의 국화는 무엇인가요? 개화 시기는 언제인가요?

A 韩国的国花是无穷花。无穷花花开花落连接不断地盛开，生命力极强，表现出韩民族不屈不挠的性格。开花期在7月到10月之间，长达100天。

한국의 국화는 무궁화입니다. 무궁화는 피고 지기를 반복하며 끊임없이 꽃을 피우는 강한 생명력을 지녔습니다. 이는 한민족의 불요불굴의 민족성을 표현합니다. 보통 7월에서 10월 사이에 100일에 걸쳐 개화합니다.

단어

- 连接不断 liánjiē búduàn 끊임없다
- 盛开 shèngkāi 동 활짝 피다
- 不屈不挠 bù qū bù náo 성 불요불굴하다
- 开花期 kāihuāqī 개화기

02 정치체계

Track 1-3

Q1 韩国的历代总统都有哪几位?

한국의 역대 대통령은 모두 어떤 분들이 있나요?

A 到目前(2015年)为止，韩国历代总统共有11位。韩国的首任总统是李承晚。然后是尹潽善、朴正熙、崔圭夏、全斗焕、卢泰愚、金泳三、金大中、卢武铉、李明博和现任的朴瑾惠。

현재(2015년)까지, 한국의 역대 대통령은 총 11분에 이릅니다. 한국의 초대 대통령은 이승만입니다. 그 후 윤보선, 박정희, 최규하, 전두환, 노태우, 김영삼, 김대중, 노무현, 이명박과 현임 박근혜 대통령에 이릅니다.

단어

历代 lìdài 명 역대
总统 zǒngtǒng 명 대통령
首任 shǒurèn 동 초임하다
现任 xiànrèn 명 현임

Track 1-4

Q2 韩国总统是如何选出的?

한국의 대통령은 어떻게 선출되나요?

A 韩国总统由国民以普通、平等、直接、秘密选举选出。总统还需符合下列条件。第一，总统候选人要有国会议员被选举权，并且选举时需满40岁。第二，总统候选人自选举日起需在韩国居住5年以上。总统任期为5年，不得连任。

한국의 대통령은 국민이 보통, 평등, 직접, 비밀선거 방식으로 선출합니다. 대통령은 다음 조건에 부합해야 합니다. 첫째, 대통령 후보자는 국회의원 피선거권을 가지며, 선거일을 기준으로 만 40세 이상이어야 합니다. 둘째, 대통령 후보자는 선거일로부터 5년 이상 한국에 거주한 사람이어야 합니다. 대통령 임기는 5년이며 연임할 수 없습니다.

단어

普通 pǔtōng 형 보통이다
平等 píngděng 형 평등하다
直接 zhíjiē 형 직접적인
秘密 mìmì 형 비밀의
选举 xuǎnjǔ 동 선거하다
选出 xuǎnchū 동 선출하다
符合 fúhé 동 부합하다
候选人 hòuxuǎnrén 명 입후보자
被选举权 bèixuǎnjǔquán 명 피선거권
任期 rènqī 명 임기
连任 liánrèn 동 연임하다

03 경제

Track 1-5

Q1 新村运动是什么?

새마을운동이란 무엇인가요?

A 新村运动是指上世纪70年代韩国政府为了促进农村经济的发展而推动的农村建设运动。因为当时韩国的工业经济进入高速发展期，而农村经济停滞不前，城乡之间的差距日益扩大。所以，政府通过在全国范围内推广勤勉工作、自力更生、团结合作的精神，进一步加快国家的发展。

새마을운동이란 70년대에 한국 정부가 농촌경제의 발전을 촉진하기 위해 추진한 농촌건설운동입니다. 당시 한국의 산업경제는 고속성장기에 접어들었으나, 농촌경제는 부진하여 도시와 농촌 간 격차가 날로 확대되고 있었습니다. 그래서 정부는 전국적으로 근면, 자력갱생, 단결의 정신을 널리 알리며, 국가의 발전을 한층 더 가속화시켰습니다.

단어

- 促进 cùjìn 동 촉진시키다
- 推动 tuīdòng 동 추진하다
- 停滞不前 tíng zhì bù qián 성 정체되어 앞으로 나아가지 못하다
- 差距 chājù 명 격차, 차이
- 扩大 kuòdà 동 확대하다
- 推广 tuīguǎng 동 널리 보급하다
- 勤勉 qínmiǎn 형 근면하다
- 自力更生 zì lì gēng shēng 성 자력갱생하다

Track 1-6

Q2 FTA是什么? 你对此怎么看?

FTA란 무엇인가요? 이에 대해 당신은 어떤 생각을 가지고 있나요?

A 自由贸易协定是指两个以上的国家或地区为了开展自由贸易活动，通过消除关税和非关税壁垒等措施，创造经济圈的协定。缔结自由贸易协定已经成为国际贸易谈判的主流趋势。作为世界经济的一个成员，韩国要加入这一潮流，这样才能真正与世界经济形成一体。

자유무역협정이란 2개 이상의 국가 혹은 지역이 자유무역활동을 전개하기 위해, 관세와 비관세 장벽을 철폐하는 등의 조치를 통해 경제권을 만들어내는 협정입니다. 자유무역협정 체결은 이미 국제무역협상의 주류를 이루고 있습니다. 세계경제의 성원으로서 한국도 이러한 흐름에 참여해야 하며, 그래야만 세계경제의 진정한 일원이 될 수 있습니다.

단어

- 自由贸易协定 zìyóu màoyì xiédìng 자유무역협정
- 开展 kāizhǎn 동 전개하다
- 消除 xiāochú 동 없애다
- 关税壁垒 guānshuì bìlěi 관세장벽
- 措施 cuòshī 명 조치
- 经济圈 jīngjìquān 경제권
- 协定 xiédìng 명 협정
- 缔结 dìjié 동 체결하다
- 谈判 tánpàn 동 담판하다
- 趋势 qūshì 명 추세
- 潮流 cháoliú 명 조류, 흐름

04 종교

Track 1-7

Q1 韩国的三宝寺院是什么?

한국의 삼보사찰은 무엇인가요?

A 佛家把佛、法、僧尊为至尊三宝。韩国建有代表这三宝的寺院，分别是佛宝寺院通度寺、法宝寺院海印寺和僧宝寺院松广寺。这三座寺院合称三宝寺院。

불가에서는 불, 법, 승을 삼보로 받들어 모십니다. 한국에는 이 삼보를 대표하는 사찰이 있는데, 불보사찰 통도사, 법보사찰 해인사와 승보사찰 송광사를 말합니다. 이 세 사찰을 삼보사찰이라 통칭합니다.

단어
- 三宝 sānbǎo 명 삼보
- 寺院 sìyuàn 명 절
- 尊为 zūnwéi ~로 떠받들다
- 佛宝 fóbǎo 명 불보
- 通度寺 Tōngdùsì 고유 통도사
- 法宝 fǎbǎo 명 법보
- 海印寺 Hǎiyìnsì 고유 해인사
- 僧宝 sēngbǎo 명 승보
- 松广寺 Sōngguǎngsì 고유 송광사

Track 1-8

Q2 韩国的大多数传统寺庙为什么都建在山上?

한국의 대부분의 전통사찰은 어째서 산에 위치하고 있을까요?

A 寺庙是供僧人悟道的修行场所，所以一般建在有利于修行的深山之中。而且，韩国的最后封建王朝朝鲜为了抵消高丽时代占统治地位的佛教的影响，把儒教作为国教，而遏制佛教。受到这种抑佛政策的影响，朝鲜时代在市内的大多寺庙都被拆除了。所以现存的大多传统寺庙都在山上。

사찰은 승려가 도를 깨우치는 수행장소이므로, 수행에 도움이 되는 깊은 산중에 자리하는 것이 일반적입니다. 또한 한국의 마지막 봉건왕조인 조선은 고려시대에 통치지위를 차지했던 불교의 영향력을 상쇄하고자, 유교를 국교로 삼고 불교를 억압했습니다. 이러한 억불정책의 영향을 받아, 조선시대 시내에 자리했던 대부분의 사찰이 모두 철폐되었습니다. 그래서 현재 남아있는 대부분의 전통사찰은 산에 위치하고 있습니다.

단어
- 寺庙 sìmiào 명 사원
- 僧人 sēngrén 명 승려
- 悟道 wùdào 동 도를 깨치다
- 修行 xiūxíng 동 수행하다
- 抵消 dǐxiāo 동 상쇄하다
- 占 zhàn 동 차지하다
- 统治 tǒngzhì 동 통치하다
- 遏制 èzhì 동 저지하다
- 抑佛政策 yìfó zhèngcè 억불정책
- 拆除 chāichú 동 철거하다

05 기후와 지리환경

Track 1-9

Q1 请介绍韩国地理环境。

한국의 지리환경을 소개하세요.

A 韩国位于东北亚韩半岛南端，是三面环海的半岛国家，海岸线长5259千米，周围分布着3400多个大小岛屿。韩国国土的70%为山地，是世界上山地最多的地区之一。地形具多样性，低山、丘陵和平原交错分布。东部地势比较陡峭，而南部和西部海岸山势则渐渐变得平缓，形成东高西低的地形。

한국은 동북아시아의 한반도 남단에 자리한 삼면이 바다로 둘러싸인 반도국가입니다. 해안선은 5259km에 이르며, 주변에 3400여 개의 크고 작은 섬이 분포합니다. 한국은 국토의 70%가 산지로, 세계에서 산지가 가장 많은 지역 중 하나입니다. 지형도 다양하여 낮은 산, 구릉, 평야가 두루 분포합니다. 동부는 지세가 비교적 가파르고, 남부와 서부해안은 산세가 점점 평탄해져 동고서저의 지형을 이룹니다.

단어

- 海岸线 hǎi'ànxiàn 명 해안선
- 分布 fēnbù 동 분포하다
- 岛屿 dǎoyǔ 명 섬
- 丘陵 qiūlíng 명 구릉
- 平原 píngyuán 명 평원
- 交错 jiāocuò 동 엇갈리다
- 陡峭 dǒuqiào 형 가파르다
- 平缓 pínghuǎn 형 평탄하다

Track 1-10

Q2 韩国东部和西南部海岸线有什么不同的特色?

한국 동부와 서남부 해안선은 어떤 차이가 있나요?

A 西、南部海岸为曲折多湾的里亚斯型海岸，水浅，潮差很大，地形相对平坦，滩涂面积广阔，分布着很多岛屿。与此相比，东部海岸线比较平直，水深，潮差小，很多著名的海水浴场都在这里。

서남부 해안은 구불구불하고 만이 많은 리아스식 해안입니다. 수심이 얕고 조수간만의 차가 크며 지형이 평탄하여 갯벌이 넓고 섬이 많습니다. 이에 비해, 동부는 해안선이 비교적 곧고 수심이 깊으며 조수간만의 차가 적어, 유명 해수욕장이 많이 분포합니다.

단어

- 曲折 qūzhé 형 굽다
- 湾 wān 명 만
- 里亚斯型海岸 lǐyàsīxíng hǎi'àn 리아스식 해안
- 潮差 cháochā 명 조수간만의 차
- 平坦 píngtǎn 형 평평하다
- 滩涂 tāntú 명 갯벌
- 广阔 guǎngkuò 형 넓다
- 平直 píngzhí 형 평평하고 곧다
- 海水浴场 hǎishuǐyùchǎng 해수욕장

06 세시풍속① 설

Track 1-11

Q1

韩国人怎么过春节?

한국 사람들은 설을 어떻게 보내나요?

A

春节是迎接新的一年的日子，是韩国最重大的节日之一。这一天，韩国人都返回家乡，与家人团聚，举行祭祀，吃团圆饭。韩国人过春节不能错过的是晚辈向长辈磕头拜年的。这样不仅增强年轻人的家族观念，更重要的是教育晚辈要懂得尊重父母长辈。春节的节日饮食是年糕汤。年糕汤味道清淡，制作方法简单方便，是韩国人在过年时必须喝的一种汤。

설은 새해를 맞는 날이며 한국에서 가장 중요한 명절의 하나입니다. 이날 한국 사람들은 고향으로 돌아가, 가족들과 모여 차례를 지내고 함께 식사를 합니다. 한국 사람들은 설을 쇨 때 아랫사람이 웃어른께 반드시 세배를 드립니다. 이렇게 하여 젊은 세대에게 가족관념을 심어주고, 부모와 어른을 공경하도록 가르치는 데 더욱 중요한 의미가 있습니다. 설의 절기음식은 떡국입니다. 떡국은 맛이 담백하고 만들기가 간단하며, 한국에서 설을 쇨 때 반드시 먹는 국입니다.

단어

迎接 yíngjiē 동 맞이하다
返回 fǎnhuí 동 되돌아가다
团聚 tuánjù 동 한데 모이다
祭祀 jìsì 명 제사
团圆饭 tuányuánfàn 명 명절에 가족이 함께 모여 먹는 밥
错过 cuòguò 동 놓치다
晚辈 wǎnbèi 명 후배
长辈 zhǎngbèi 명 웃어른
磕头 kētóu 동 절하다
拜年 bàinián 동 세배하다
清淡 qīngdàn 형 담백하다

Track 1-12

Q2

"饮福"是什么?

'음복'이란 무엇인가요?

A

每到重要节日，韩国人严格举行祭祀活动。所有的祭祀仪式结束后，全家人一起坐着享用祭祀中的食品和祭酒。这就是所谓的饮福，这样吃祭祀时的食物有辟邪、吃福的意思。

중요한 명절마다 한국 사람들은 제사를 엄격히 지냅니다. 모든 제사의식이 끝나면 모든 가족이 함께 앉아 제사음식과 술을 나눕니다. 이것이 바로 이른바 음복입니다. 이처럼 제사음식을 먹는 것은 액운을 막고 복을 먹는다는 의미를 지닙니다.

단어

饮福 yǐnfú 명 음복
每到 měidào ~될 때마다
严格 yángé 형 엄격하다
仪式 yíshì 명 의식
享用 xiǎngyòng 동 누리다
祭酒 jìjiǔ 명 제사주
辟邪 bìxié 동 액막이를 하다

07 세시풍속② 단오

Track 1-13

Q1

韩中两国的端午节有什么不同?

한국과 중국 두 나라의 단오절은 어떤 차이가 있나요?

A

韩国的端午节和中国的端午节虽然名字一样，日期也都是五月初五，但是内容却全然不同。韩国的端午节是各地方神仙的日子，每个地方都有自己的祭祀活动和娱乐活动。这一天，古代韩国人用菖蒲汤洗头，用菖蒲根做成簪子并刻上寿、福字插在头上，以求长寿多福，同时驱除各种邪气。而且，还会用艾蒿和面做成艾蒿糕吃，起去病健身作用。此外，人们聚在一起进行各种祭祀活动、娱乐活动。比如，男人们进行摔跤，女人们进行荡秋千比赛。与韩国的端午节不同，中国的端午节是纪念一个特定人物的日子，就是屈原。为了纪念屈原，中国人在端午节的时候进行龙舟竞赛，吃粽子。

한국의 단오절과 중국의 단오절은 이름이 같고, 날짜도 음력 5월 5일로 같습니다. 그러나 내용은 전혀 다릅니다. 한국의 단오절은 각 지역 신의 날이며, 지역마다 저마다의 제사와 놀이가 있습니다. 이날 옛날 사람들은 창포물에 머리를 감고, 창포뿌리로 비녀를 만들어 수(壽), 복(福)자를 새긴 다음, 머리에 꽂음으로써 장수와 다복을 빌고 액운을 몰아내고자 했습니다. 또한 쑥으로 반죽을 하여 쑥떡을 만들어 먹음으로써 병을 없애고 몸을 건강하게 만들고자 했습니다. 그 외에도 한데 모여 다양한 제사활동과 놀이를 행했습니다. 예컨대 남자들은 씨름을, 여자들은 그네뛰기 시합을 즐겼습니다. 한국의 단오절과 달리, 중국의 단오절은 굴원이라는 특정 인물을 기리는 날입니다. 굴원을 기념하기 위해 중국 사람들은 단오절에 용선시합을 하고 쫑즈를 먹습니다.

단어

全然不同 quánrán bùtóng 전혀 다르다
神仙 shénxiān 명 신선
簪子 zānzi 명 비녀
寿 shòu 동 장수하다
插 chā 동 끼우다
以求 yǐqiú 동 갈망하다
驱除 qūchú 동 내쫓다
邪气 xiéqì 명 옳지 않은 기풍
和面 huómiàn 동 밀가루를 반죽하다
去病健身 qùbìng jiànshēn 병을 없애고 몸을 건강하게 하다
摔跤 shuāijiāo 동 씨름하다
荡秋千 dàng qiūqiān 그네를 뛰다

Track 1-14

Q2

韩国端午节的节日饮食是什么?

한국의 단오절 절기음식은 무엇인가요?

A 韩国的端午节的节日饮食是艾蒿糕。端午节正值潮湿酷热的农历五月，各种害虫开始滋生，疫病容易流行。因此，人们用艾蒿和面做成艾蒿糕吃，以驱除邪气，起到去病健身的作用。

한국 단오절의 절기음식은 쑥떡입니다. 단오절은 습하고 무더운 음력 5월이라, 각종 해충이 번식하기 시작하고 전염병이 유행하기 쉽습니다. 그래서 사람들은 쑥으로 반죽하여 쑥떡을 만들어 먹음으로써 액운을 내쫓고 건강하기를 기원했습니다.

단어

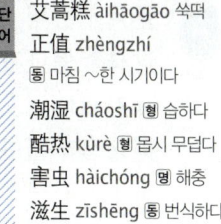

艾蒿糕 àihāogāo 쑥떡
正值 zhèngzhí 동 마침 ~한 시기이다
潮湿 cháoshī 형 습하다
酷热 kùrè 형 몹시 무덥다
害虫 hàichóng 명 해충
滋生 zīshēng 동 번식하다
疫病 yìbìng 명 역병

08 세시풍속③ 정월대보름

Track 1-15

Q1

韩国人过正月十五的时候，吃什么？

한국 사람들은 정월대보름에 무엇을 먹나요?

A 正月十五早上咬碎核桃、花生、松子、栗子等坚果。这样能保证在新的一年里不长脓包，牙齿也很坚硬，而且咬碎时发出的声音可以去除恶鬼。实际上这些坚果含有丰富的营养成分，有利于保养皮肤。韩国过正月十五时一定吃五谷饭和干菜。这是为了补充过冬季节容易缺少的营养成分，同时祈求当年的丰收。

정월대보름 아침에 호두, 땅콩, 잣, 밤 등 견과류를 깨물어 먹습니다. 이렇게 하면 새해에 부스럼이 생기지 않고 이가 튼튼해지며, 또한 깨물 때 나는 소리가 악귀를 물리쳐 준다고 믿었습니다. 실제로 이러한 견과류는 영양이 풍부하여 피부보양에 도움이 됩니다. 한국인들은 정월대보름에 오곡밥과 나물을 먹습니다. 이는 겨울철에 결핍되기 쉬운 영양을 보충하고, 그 해의 풍년을 기원하는 의미를 담고 있습니다.

단어

- 咬 yǎo 동 물다
- 碎 suì 동 부서지다
- 长脓包 zhǎng nóngbāo 종기가 생기다
- 坚硬 jiānyìng 형 단단하다
- 去除 qùchú 동 제거하다
- 恶鬼 èguǐ 명 악귀
- 过冬 guòdōng 동 월동하다
- 祈求 qíqiú 동 바라다
- 丰收 fēngshōu 동 풍작을 이루다

Track 1-16

Q2

韩国的正月十五有什么传统游戏？

한국의 정월대보름에 행하는 전통놀이에는 무엇이 있나요?

A 放风筝和鼠火游戏是正月十五的传统活动之一。在这一天，人们把风筝放飞天空，等到风筝飞的足够高时就会把线剪断。这样，不好的事会随风筝消逝，在新的一年里只剩下幸运和快乐。鼠火游戏指的是将炭火放入空罐，用细绳系上后甩圆圈的活动。这活动并不仅仅只是为了娱乐，人们可以通过它们制作肥料或者防治害虫。

연날리기와 쥐불놀이는 정월대보름의 전통놀이 중 하나입니다. 이날 사람들은 연을 하늘로 날려 높이 날아오르면 선을 잘라 끊습니다. 이렇게 함으로써 액운이 연을 따라 사라지고 새해에 행운과 기쁨만 남는다고 믿었습니다. 쥐불놀이란 탄불을 깡통에 넣고 가는 줄로 맨 다음 둥글게 돌리는 활동입니다. 이는 놀이일 뿐 아니라, 이를 통해 땅을 기름지게 하고 해충을 없애려는 의미가 있습니다.

단어

- 风筝 fēngzheng 명 연
- 鼠火游戏 shǔhuǒ yóuxì 쥐불놀이
- 剪断 jiǎnduàn 동 잘라 끊다
- 消逝 xiāoshì 동 흘러가다
- 剩下 shèngxià 동 남다
- 幸运 xìngyùn 형 운이 좋다
- 炭火 tànhuǒ 명 숯불
- 空罐 kōngguàn 명 깡통
- 细绳 xìshéng 명 (가는) 줄
- 系 jì 동 매다, 묶다
- 甩 shuǎi 동 휘두르다
- 防治 fángzhì 동 예방 치료하다

PART 2 역사

01 고조선

Track 2-1

Q1

檀君王俭的名字代表什么意思?

단군왕검의 이름은 어떤 뜻을 나타내나요?

A 檀君是指在宗教活动或祭祀活动中，为了祭拜或崇敬所信仰的神，主持祭典的祭祀长。王俭是指统治国家的政治领袖性质的人物。檀君王俭的名字说明当时社会是祭政一致，也就是宗教和政治一体化的社会。

단군이란 종교행사나 제사에서 믿는 신을 모시고 숭배하기 위해 제전을 주재하는 제사장을 뜻합니다. 왕검이란 나라를 통치하는 정치리더 성격의 인물을 가리킵니다. 그러므로 단군왕검은 당시 사회가 제정일치, 즉 종교와 정치가 일체화된 사회임을 보여주는 이름입니다.

단어
- 祭祀 jìsì 동 제사를 지내다
- 祭拜 jìbài 동 제사를 지내다
- 崇敬 chóngjìng 동 우러러 추앙하다
- 信仰 xìnyǎng 동 믿다
- 主持 zhǔchí 동 주관하다
- 祭典 jìdiǎn 명 제전
- 祭祀长 jìsìzhǎng 제사장
- 统治 tǒngzhì 동 통치하다
- 领袖 lǐngxiù 명 영수
- 祭政一致 jì zhèng yízhì 제정일치

Track 2-2

Q2

三国史记和三国遗事有什么区别? 请做一个比较。

삼국사기와 삼국유사의 차이는 무엇인가요? 비교해 보세요.

A 三国史记和三国遗事是韩国最古老的两大史书。三国史记是高丽学者金富轼编撰的国家史书。主要以正史为主，记述了高句丽、百济、新罗等三国的史实。与此相比，三国遗事是高丽僧侣一然编撰的史书，以野史为主，这里还记载了三国史记所遗漏的古代传说、神话故事，也包括了古朝鲜、三韩等古代历史。

삼국사기와 삼국유사는 한국의 가장 오래된 양대 사서입니다. 삼국사기는 고려학자 김부식이 편찬한 사서입니다. 정사를 중심으로 고구려, 백제, 신라 등 삼국의 역사적 사실을 기술했습니다. 이에 비해, 삼국유사는 고려의 승려 일연이 편찬한 사서로, 야사를 중심으로 했습니다. 여기에는 삼국사기에서 빠뜨린 고대전설, 신화 이야기를 기록했으며, 고조선, 삼한 등 고대역사도 포함되었습니다.

단어
- 金富轼 Jīn Fùshì 고유 김부식
- 编撰 biānzhuàn 동 편찬하다
- 正史 zhèngshǐ 명 정사
- 记述 jìshù 동 기술하다
- 史实 shǐshí 명 역사적 사실
- 一然 Yīrán 고유 일연
- 野史 yěshǐ 명 야사
- 记载 jìzǎi 동 기재하다
- 遗漏 yílòu 동 빠뜨리다
- 三韩 Sānhán 고유 삼한

02 삼국시대

Track 2-3

Q1 请介绍高句丽。

고구려를 소개하세요.

A 公元前37年，朱蒙在鸭绿江中游地区建立高句丽。它的鼎盛期是广开土大王和长寿王时代。这时高句丽占据了有史以来最广阔的领土，具备了健全的政治制度。高句丽以强有力的军事力量为基础，致力于扩张北方领土。高句丽于668年，被罗唐联军灭亡了。

기원전 37년 주몽이 압록강 중류지역에 고구려를 세웠습니다. 전성기는 광개토대왕과 장수왕 시대입니다. 이때 고구려는 역사상 가장 광활한 영토를 차지했으며, 완벽한 정치제도를 갖추었습니다. 고구려는 강력한 군사력을 토대로 북방으로의 영토확장에 힘을 기울였습니다. 고구려는 668년 나당연합군에 의해 멸망했습니다.

단어

朱蒙 Zhūméng 고유 주몽
高句丽 Gāogōulí 고유 고구려
鼎盛期 dǐngshèngqī 전성기
广开土大王 Guǎngkāitǔ dàwáng 고유 광개토대왕
长寿王 Chángshòuwáng 고유 장수왕
占据 zhànjù 동 점거하다
广阔 guǎngkuò 형 광활하다
领土 lǐngtǔ 명 영토
健全 jiànquán 형 건강하고 온전하다
扩张 kuòzhāng 동 확장하다
罗唐联军 Luó-Táng liánjūn 고유 나당연합군
灭亡 mièwáng 동 멸망하다

Track 2-4

Q2 百济的首都在哪儿?

백제의 수도는 어디인가요?

A 百济的第一个首都是慰礼城，据估计是现在的汉江南面。第二个首都是熊津，是现在的忠清南道公州，最后的首都是泗沘，是现在的扶余。

백제의 첫 도읍은 위례성이며, 오늘날의 한강 남쪽일 것으로 추정됩니다. 두 번째 도읍은 웅진으로 오늘날의 충청남도 공주이며, 마지막 도읍은 사비로 오늘날의 부여입니다.

단어

百济 Bǎijì 고유 백제
首都 shǒudū 명 수도
慰礼城 Wèilǐchéng 고유 위례성
估计 gūjì 동 추측하다
熊津 Xióngjīn 고유 웅진
忠清南道 Zhōngqīng nándào 고유 충청남도
公州 Gōngzhōu 고유 공주
泗沘 Sìbǐ 고유 사비
扶余 Fúyú 고유 부여

03 남북국시대

Track 2-5

Q1 新罗的三国统一有什么意义?

신라의 삼국통일이 지니는 의미는 무엇인가요?

A 统一以后的新罗在政治、经济、文化等方面奠定了韩国传统社会的基础，因此新罗时期具有十分重要的历史意义。新罗统一三国之后，迎来了韩国封建社会的大发展时期，政治稳定，经济空前繁荣，打下了民族文化发展的基础。

통일 이후 신라는 정치, 경제, 문화 등 다양한 방면에서 한국 전통사회의 기초를 다졌습니다. 때문에 신라시대는 대단히 중요한 역사적 의미를 지닙니다. 신라가 삼국을 통일한 후, 한국 봉건사회는 대대적인 발전을 맞이했습니다. 정치적으로 안정되고 경제적으로 유례없는 번영을 구가하며, 민족문화 발전의 기반을 다졌던 시기입니다.

단어

政治 zhèngzhì 명 정치
经济 jīngjì 명 경제
奠定基础 diàndìng jīchǔ 기초를 다지다
稳定 wěndìng 형 안정되다
空前 kōngqián 형 공전의, 전례 없는
繁荣 fánróng 형 번영하다

Track 2-6

Q2 渤海为什么说是韩民族的古代历史?

발해가 한민족의 고대역사인 이유는 무엇인가요?

A 建立渤海的大祚荣是前高句丽人，就是说渤海的统治阶层是高句丽后裔，因此渤海继承高句丽的先进文化，使用了温突、高句丽风格的砖瓦等。而且渤海王寄给日本的亲笔信中自称为高句丽王。这些事实足以证明渤海是韩民族古代历史的一部分。

발해를 건국한 대조영은 고구려 유민 출신입니다. 즉 발해의 통치계층은 고구려 후예이므로, 발해는 고구려의 선진적인 문화를 계승하여 온돌, 고구려풍의 기와 등을 사용했습니다. 또한 일본에 보낸 친필 서한에서 발해왕은 스스로를 고구려왕이라 칭하기도 했습니다. 이러한 사실은 발해가 한민족의 고대역사 중 일부임을 증명하기에 충분합니다.

단어

渤海 Bóhǎi 고유 발해
大祚荣 Dàzuòróng 고유 대조영
阶层 jiēcéng 명 계층
后裔 hòuyì 명 후예
继承 jìchéng 동 계승하다
温突 wēntū 명 온돌
砖瓦 zhuānwǎ 명 벽돌과 기와
自称 zìchēng 동 자칭하다
足以 zúyǐ ~하기에 충분하다
证明 zhèngmíng 동 증명하다

04 고려

Track 2-7

Q1 高丽时代的代表文化遗产有哪些?

고려시대의 대표적인 문화유산으로는 무엇이 있나요?

A 高丽取得了许多文化成就。比如，高丽青瓷、八万大藏经、直指心体要节等都作为高丽时代的文化遗产，具有不可磨灭的价值。

고려는 문화적인 면에서 많은 성과를 이루었습니다. 예컨대 고려청자, 팔만대장경, 직지심체요절 등이 모두 고려시대 문화유산으로 불멸의 가치를 지닙니다.

단어
- 成就 chéngjiù 명 성취
- 青瓷 qīngcí 명 청자
- 八万大藏经 Bāwàn dàzàngjīng 고유 팔만대장경
- 直指心体要节 Zhízhǐxīntǐyàojié 고유 직지심체요절
- 不可磨灭 bù kě mó miè 성 영원히 지워지지 않다

Track 2-8

Q2 请说明高丽时代的建筑。

고려시대의 건축물을 설명하세요.

A 高丽以佛教为国教，留下了很多寺庙建筑。有代表性的建筑有庆尚北道安东的凤停寺极乐殿、浮石寺无量寿殿、忠清南道礼山修德寺大雄殿等。其中，凤停寺极乐殿是韩国留存至今的最古老的木结构建筑。

고려는 불교를 국교로 삼은 나라로 사찰 건축물을 많이 남겼습니다. 대표적인 건축물로는 경상북도 안동의 봉정사 극락전, 부석사 무량수전, 충청남도 예산의 수덕사 대웅전 등이 있습니다. 그 가운데 봉정사 극락전은 현존하는 한국의 가장 오래된 목조건축물입니다.

단어
- 寺庙 sìmiào 명 사찰
- 庆尚北道 Qìngshàng běidào 고유 경상북도
- 凤停寺 Fèngtíngsì 고유 봉정사
- 极乐殿 Jílèdiàn 고유 극락전
- 浮石寺 Fúshísì 고유 부석사
- 无量寿殿 Wúliàngshòudiàn 고유 무량수전
- 忠清南道 Zhōngqīng nándào 고유 충청남도
- 修德寺 Xiūdésì 고유 수덕사
- 大雄殿 Dàxióngdiàn 고유 대웅전

05 조선

Track 2-9

Q1 高丽与朝鲜的文化有什么不同?

고려와 조선 문화의 차이는 무엇인가요?

A 高丽是贵族统治的国家，把佛教作为国教。因此高丽深受佛教和贵族文化的影响，留下了很多灿烂的遗产。比如，高丽青瓷的富丽堂皇代表高丽时代的贵族文化。

与此相比，朝鲜的统治阶层是两班，而且是以儒教为建国思想的国家。因此朝鲜文化受到儒教的影响，显得比较朴素，体现了朝鲜时代儒教追求的清高而节俭的生活面貌。白瓷则能代表朝鲜文化的风格。

고려는 귀족이 통치하는 나라이며 불교를 국교로 삼았습니다. 때문에 고려는 불교와 귀족문화의 영향을 받아 빛나는 유산을 많이 남겼습니다. 예를 들어, 고려청자의 화려한 아름다움은 고려시대 귀족문화를 대변합니다.

이에 비해, 조선은 통치계층이 양반이며 유교를 건국사상으로 삼은 나라입니다. 때문에 조선의 문화는 유교의 영향을 받아 소박해 보이며, 조선시대 유교가 추구하는 청렴함과 검소한 생활모습을 표현했습니다. 백자는 조선문화의 풍격을 대변한다고 할 수 있습니다.

단어
- 贵族 guìzú 명 귀족
- 统治 tǒngzhì 동 통치하다
- 深受 shēnshòu 동 깊이 받다
- 灿烂 cànlàn 형 찬란하다
- 遗产 yíchǎn 명 유산
- 追求 zhuīqiú 동 추구하다
- 面貌 miànmào 명 면모

Track 2-10

Q2 请介绍朝鲜最著名的一位人物。

조선의 가장 유명한 인물을 한 명 소개하세요.

A

朝鲜第四代王世宗大王可以称得上是韩国历史上最伟大的人物，是韩国历史上最著名的一代圣君。

世宗大王在位期间，韩国取得了前所未有的巨大发展和进步。韩文是世宗大王伟绩中最具价值的部分，受到广泛认可。世宗大王召集学者，鼓励他们创制新文字，他本人也积极参与其中。

世宗大王的创举还包括科技、农业的发展，发明了测雨器、水漏等，使百姓度过富足的生活。不仅如此，文学也取得了长足的发展，世宗大王亲自创作了《龙飞御天歌》等作品。

조선의 제4대왕 세종대왕은 한국 역사상 가장 위대한 인물이라 할 수 있으며, 한국 역사상 가장 유명한 성군입니다.

세종대왕의 재위 기간에 한국은 유례없는 발전과 진보를 이루었습니다. 한글은 세종대왕의 위대한 업적 가운데 가장 가치 있는 부분으로 널리 인정받습니다. 세종대왕은 집현전 학자들을 불러들여, 새로운 문자를 창제하도록 독려하는 한편 자신도 적극적으로 참여했습니다.

그 밖에도 과학기술과 농업의 발전에 업적을 남겼으며 측우기, 물시계 등을 발명함으로써 백성이 더욱 풍족한 삶을 살도록 힘썼습니다. 뿐만 아니라 문학도 크게 발전시켰으며 『용비어천가』 등의 작품을 직접 창작하기도 했습니다.

단어

- 世宗大王 Shìzōng dàwáng 고유 세종대왕
- 圣君 shèngjūn 명 성군
- 前所未有 qián suǒ wèi yǒu 성 역사상 유례가 없다
- 伟绩 wěijì 명 위대한 업적
- 召集 zhàojí 동 소집하다
- 鼓励 gǔlì 동 격려하다
- 创制 chuàngzhì 동 창제하다
- 创举 chuàngjǔ 명 최초의 거행사업
- 测雨器 cèyǔqì 명 측우기
- 水漏 shuǐlòu 명 물시계
- 长足 chángzú 형 장족의
- 龙飞御天歌 Lóngfēiyùtiāngē 고유 용비어천가

06 일제강점기

Track 2-11

Q1 请介绍三一运动。

3·1운동을 소개하세요.

A 三一运动是指1919年3月1日，韩国国民为了摆脱日本的殖民统治、获得国家独立，而展开的独立万岁运动。这个运动是非暴力性、和平游行，得到了韩国社会各阶层的全面支持和参与。由于日本的残酷镇压，以失败告终，但却加强了韩民族的团结，促使韩国人在上海成立临时政府，在满洲等海外地区开展有组织的抗日武装斗争。

3·1운동이란 1919년 3월 1일, 한국 국민이 일본의 식민통치에서 벗어나 국가독립을 쟁취하기 위해 전개한 독립만세운동을 말합니다. 이는 비폭력 평화시위이며, 당시 한국 사회 각 계층의 전폭적인 지지와 참여를 이끌어냈습니다. 일본의 참혹한 진압으로 인해 실패로 돌아갔으나, 한민족의 단결을 강화했습니다. 또한 한국인이 중국 상하이에 임시정부를 수립하고, 만주를 비롯한 세계 각지에서 조직적인 항일무장투쟁을 벌이는 계기가 되었습니다.

단어
- 摆脱 bǎituō 동 벗어나다
- 殖民统治 zhímín tǒngzhì 식민통치
- 游行 yóuxíng 동 시위하다
- 阶层 jiēcéng 명 계층
- 参与 cānyù 동 참여하다
- 残酷 cánkù 형 잔혹하다
- 镇压 zhènyā 동 진압하다
- 告终 gàozhōng 동 끝을 알리다
- 促使 cùshǐ 동 ~하도록 하다
- 临时政府 línshí zhèngfǔ 명 임시정부
- 满洲 Mǎnzhōu 고유 만주

Track 2-12

Q2 请介绍安重根。

안중근을 소개하세요.

A 安重根是韩国近代史上著名的独立运动家。1909年10月26日，安重根在中国哈尔滨成功击毙了侵略朝鲜的元凶伊藤博文，当场被捕。于1910年3月26日在中国旅顺被处以绞刑。安重根是在韩国最受尊敬的独立运动家，被称为“义士”。为了悼念安重根义士的爱国活动，在首尔南山公园里建有安重根义士纪念馆和他的铜像。2014年，在中国哈尔滨火车站也建立了安重根纪念馆。

안중근은 한국 근대 역사상 유명한 독립운동가입니다. 1909년 10월 26일, 안중근은 중국 하얼빈에서 조선 침략의 원흉인 이토 히로부미를 저격하여 그 자리에서 체포되었고, 1910년 3월 26일 중국 뤼순에서 사형에 처해졌습니다. 안중근은 한국에서 가장 존경 받는 독립운동가이며 '의사'라고 불립니다. 안중근 의사의 애국활동을 추모하기 위해, 서울 남산공원에는 안중근 의사 기념관과 그의 동상이 세워져 있습니다. 2014년에는 중국 하얼빈 기차역에도 안중근 기념관이 세워졌습니다.

단어
- 安重根 Ān Zhònggēn 고유 안중근
- 击毙 jībì 동 사살하다
- 侵略 qīnlüè 동 침략하다
- 元凶 yuánxiōng 명 원흉
- 伊藤博文 Yīténg Bówén 고유 이토 히로부미
- 被捕 bèibǔ 동 체포되다
- 旅顺 Lǚshùn 고유 뤼순
- 处以 chǔyǐ 처벌하다, ~에 처하다
- 绞刑 jiǎoxíng 명 교수형
- 悼念 dàoniàn 동 애도하다
- 铜像 tóngxiàng 명 동상
- 纪念馆 jìniànguǎn 명 기념관

07 대한민국 성립

Track 2-13

Q1

38线和休战线有什么区别?

38선과 휴전선의 차이는 무엇인가요?

A

从1945年韩国解放到1950年韩国战争爆发之前，美国和苏联控制南北方的时候，为了方便划定的分界线是38线。1953年韩国战争结束时，根据停战协定划定的南北之间的军事分界线就是休战线。这也是现在南北韩之间的分界线。

1945년 해방으로부터 1950년 한국전쟁이 일어나기 전까지, 미국과 소련이 남북을 통제하면서 편의상 그어놓은 분계선이 38선입니다. 1953년 한국전쟁이 끝날 때 정전협정에 근거하여 설정한 남북 간의 군사분계선이 바로 휴전선입니다. 이는 오늘날 남북한 사이의 분계선이기도 합니다.

단어

解放 jiěfàng 동 해방하다
爆发 bàofā 동 발발하다, 폭발하다
苏联 Sūlián 고유 소련
控制 kòngzhì 동 통제하다
划定 huàdìng 동 확정하다
分界线 fēnjièxiàn 명 분계선
停战协定 tíngzhàn xiédìng 정전협정
休战线 xiūzhànxiàn 명 휴전선

Track 2-14

Q2

韩国战争的参战国都有哪些?

한국전쟁에 참전한 나라는 어떤 나라인가요?

A

韩国战争时，以美国为首的联合国军不同程度地卷入这场战争。美国、英国、加拿大、澳大利亚、土耳其等16个国家直接参战，有5个国家提供医疗方面的支援，一共有21个国家支援韩国。

한국전쟁 당시 미국을 비롯한 유엔군은 다양한 정도로 전쟁에 참여했습니다. 미국, 영국, 캐나다, 오스트레일리아, 터키 등 16개국이 직접 참전하고 5개국이 의료지원을 진행하는 등 총 21개국이 한국을 지원했습니다.

단어

韩国战争 Hánguó zhànzhēng 고유 한국전쟁
联合国 Liánhéguó 고유 유엔
卷入 juǎnrù 동 말려들다
澳大利亚 Àodàlìyà 고유 오스트레일리아
土耳其 Tǔ'ěrqí 고유 터키
参战 cānzhàn 동 참전하다
医疗 yīliáo 명 의료
支援 zhīyuán 동 지원하다

PART 3 전통문화

01 한복

Track 3-1

Q1

传统韩服与生活韩服，请做比较。

전통한복과 생활한복을 비교하세요.

A

传统韩服确实很美，可是因为穿戴比较繁琐，所以如今只有在节日和有特殊意义的日子里才穿。最近，强调实用性的生活韩服很受欢迎。生活韩服在保持传统美的同时，根据材料和设计的不同生产各种各样的款式。因为它穿戴容易、洗涤方便、价格较低廉，受到国外游客的欢迎。

전통한복은 아름답지만 입기가 번거롭기 때문에 오늘날에는 명절이나 특별한 날에만 입습니다. 최근에는 실용성을 강조한 생활한복이 사랑 받고 있습니다. 생활한복은 전통미를 지니면서도, 소재와 디자인에 따라 다양한 스타일을 생산합니다. 입기에 편하고 세탁이 편리하며 가격도 비교적 저렴하여 해외 관광객에게도 사랑 받고 있습니다.

단어

传统 chuántǒng 명 전통
穿戴 chuāndài 통 입고 쓰다, 몸치장하다
繁琐 fánsuǒ 형 잡다하다
设计 shèjì 통 설계하다, 디자인하다
款式 kuǎnshì 명 스타일
洗涤 xǐdí 통 세척하다
低廉 dīlián 형 저렴하다

Track 3-2

Q2

请比较说明韩中两国的传统服装。

한국과 중국의 전통의상을 비교하세요.

A

韩国的传统服装是韩服。因为韩国人习惯于在地上生活，所以传统服装也为了适应这种住房环境，采用宽松的款式。此外韩服兼具曲线和直线之美，看起来非常优雅，很有品位。与此相比，中国的旗袍线条比较贴身，突出身材，强调女性的曲线美。而且，紧扣的高领，有雅致而庄重的感觉。

한국의 전통의상은 한복입니다. 한국인은 좌식생활의 풍습이 있기 때문에 전통의상도 이러한 거주환경에 적응하기 위해 느슨한 스타일을 취했습니다. 또한 곡선과 직선의 아름다움을 겸비하여 매우 우아하고 품위 있어 보입니다. 중국의 치파오는 몸에 붙는 실루엣이 몸매를 도드라지게 하여 여성의 곡선미를 강조합니다. 또한 단단히 채운 높은 옷깃은 우아하면서도 장중한 느낌을 줍니다.

단어

宽松 kuānsōng 형 넓고 넉넉하다
兼 jiān 통 겸하다
曲线 qūxiàn 명 곡선
直线 zhíxiàn 명 직선
优雅 yōuyǎ 형 우아하다
线条 xiàntiáo 명 선
贴身 tiēshēn 형 몸에 꼭 붙는다
紧扣 jǐnkòu 단단히 채우다
高领 gāolǐng 명 높은 옷깃
雅致 yǎzhì 형 품위가 있다
庄重 zhuāngzhòng 형 장중하다

02 한옥

Track 3-3

Q1 "温突"有什么特点?

'온돌'의 특징은 무엇인가요?

A 温突最初是利用厨房或屋外设置的炉灶烧柴产生的热气通过房屋下面的烟道而暖和整个房间。温突有效地控制火，从炉灶到烟囱不让热气散出，使热量长时间地储存在地炕里，在不烧火时也让地炕一直保持温暖。冬天能长时间地保持温暖，而夏天不烧火的话又能保持凉快。这样冬暖夏凉的取暖方式非常适合于韩国的气候环境。而且，温突文化需要在室内脱掉鞋子，把室内与室外的生活区分开来，创造了清洁卫生的生活环境，有利于健康。

최초의 온돌은 부엌이나 옥외에 설치된 아궁이에서 땔감을 태워 생긴 열기를 방바닥 아래의 연기길을 통해 방 전체를 따뜻하게 하는 형태였습니다. 온돌은 화기를 효율적으로 통제하여, 아궁이에서 굴뚝까지 열기가 흩어지지 않고 오랫동안 바닥에 저장될 수 있게 하므로, 불을 때지 않을 때에도 온기를 유지할 수 있습니다. 겨울에는 오랫동안 따스함을 유지하고 여름에 불을 때지 않으면 서늘함을 유지할 수 있습니다. 이처럼 겨울에는 따뜻하고 여름에는 시원한 난방방식은 한국의 기후환경에 매우 적합합니다. 또한 온돌문화로 인해 실내에서 신발을 벗기 때문에, 실내와 실외를 구분하여 청결하고 위생적이며 건강에도 유익한 생활환경을 만들 수 있습니다.

단어

温突 wēntū 명 온돌
炉灶 lúzào 명 아궁이, 부뚜막
烧柴 shāochái 명 땔감 동 나무를 때다
烟道 yāndào 명 연기길
烟囱 yāncōng 명 굴뚝
储存 chǔcún 동 모아 두다
地炕 dìkàng 명 방구들
保持 bǎochí 동 유지하다
取暖 qǔnuǎn 동 난방하다
清洁 qīngjié 형 청결하다
卫生 wèishēng 형 위생적이다

Track 3-4

Q2

韩中两国的传统房屋有什么不同的风格？

한국과 중국의 전통가옥은 어떤 차이가 있나요?

A

如果说韩国传统建筑的典型是韩屋，那么四合院可以说是中国传统房屋的代表。与韩屋相比，四合院具有一些不同的特征。首先，四合院整体结构呈方形，房屋配置呈现出非常严格的左右对称结构，由四面房屋围合起一个庭院。但韩屋的房屋配置与四合院相比，并不那么严格。韩国传统建筑大多顺应周边地势而成，尽量不破坏自然地形，非对称性格局自然不可避免。此外，四合院有较高的围墙，显得非常内向。与此相比，韩屋围墙低矮，不遮挡房屋，保持与外界的联系。

한국 전통건축의 전형이 한옥이라면, 사합원은 중국 전통가옥의 대표라 할 수 있습니다. 한옥에 비해, 사합원은 몇 가지 다른 특징이 있습니다. 우선, 사합원은 전체적으로 사각형의 구조를 띠며 매우 엄격한 좌우대칭 배치를 보이며, 사방에 위치한 건물이 하나의 정원을 에워싼 모습입니다. 반면 한옥의 배치는 사합원에 비해 그처럼 엄격하지 않습니다. 한국 전통 건축물은 대부분 주변지세에 순응하여 짓고 가급적 자연지형을 훼손하지 않기 때문에, 자연히 비대칭의 구조를 피할 수 없습니다. 또한 사합원은 담이 높아 내향적으로 보이는 특징이 있습니다. 이에 비해 한옥은 담이 낮고 안쪽 가옥을 가리지 않아 외부와의 연계를 유지하고 있습니다.

단어

- 典型 diǎnxíng 형 전형적인
- 韩屋 Hánwū 명 한옥
- 四合院 sìhéyuàn 명 사합원
- 配置 pèizhì 동 배치하다
- 对称 duìchèn 형 대칭이다
- 围合 wéihé 둘러싸다
- 顺应 shùnyìng 동 순응하다
- 地势 dìshì 명 지세
- 破坏 pòhuài 동 파괴하다
- 格局 géjú 명 짜임새
- 围墙 wéiqiáng 명 담
- 低矮 dī'ǎi 형 낮다
- 遮挡 zhēdǎng 동 막다

03 도자기

Track 3-5

Q1 请比较说明青瓷和白瓷的区别。

청자와 백자의 차이를 설명하세요.

A 青瓷是高丽瓷器艺术的最佳杰作。它具有典雅的艺术气质。青瓷表面呈翡翠色，花纹细腻，外观华丽，代表高丽时代贵族文化的富丽堂皇。
到了朝鲜时代器形端正、釉色纯白的优质白瓷被大量生产，壬辰倭乱结束以后，白瓷成为朝鲜瓷器的主流。白瓷花纹简洁，外观粗糙，表现出朝鲜两班们追求的清廉洁白的生活面貌。

청자는 고려자기 예술의 최고의 걸작입니다. 이것은 단아한 예술기질을 지녔습니다. 청자는 표면이 비취색을 띠며 문양이 섬세하고 겉모습이 화려하여, 귀족문화의 웅장한 아름다움을 대표합니다.
조선시대에 이르러 모양이 단정하고 순백의 유색을 띠는 질 좋은 백자가 대량 생산되었고, 임진왜란이 끝난 후 백자는 조선자기의 주류를 이루었습니다. 백자는 문양이 간결하고 겉모습이 투박하여, 조선 양반들이 추구한 청렴결백한 생활모습을 표현합니다.

단어
- 青瓷 qīngcí 명 청자
- 典雅 diǎnyǎ 형 우아하다
- 翡翠 fěicuì 명 비취
- 细腻 xìnì 형 부드럽고 매끄럽다, 섬세하다
- 富丽堂皇 fùlì tánghuáng 웅장하고 화려하다
- 镶嵌 xiāngqiàn 동 끼워 넣다, 상감하다
- 釉色 yòusè 유약의 색
- 纯白 chúnbái 형 순백이다
- 简洁 jiǎnjié 형 간결하다
- 粗糙 cūcāo 형 거칠다, 투박하다
- 清廉 qīnglián 형 청렴하다

Track 3-6

Q2 韩中两国的陶瓷器有什么不同?

한국과 중국의 도자기에는 어떤 차이가 있나요?

A 两国的陶瓷虽然相近，但细看还是存在很大的差异。韩国陶瓷注重内容和形式的和谐美，追求简洁、朴素之美，有清秀的感觉。而中国的陶瓷偏向于装饰和工艺，讲究造型和技法，给人凝重感。从外表来看，韩国的瓷器色彩比较淡雅，而中国的瓷器色彩比较鲜艳。

두 나라의 도자기는 비슷하지만, 자세히 보면 큰 차이가 있습니다. 한국의 도자기는 내용과 형식의 조화미를 중시하며 간결하고 소박한 아름다움을 추구하여 수수한 느낌을 줍니다. 중국의 도자기는 장식과 공예에 집중하며 조형과 기법을 중시하여 장중한 느낌을 줍니다. 겉모습으로 말하자면, 한국의 자기는 담백하고 고아한 색채를 띠며, 중국의 자기는 산뜻하고 아름다운 색채를 띱니다.

단어
- 细看 xìkàn 동 자세히 보다
- 注重 zhùzhòng 동 중시하다
- 和谐美 héxiéměi 조화미
- 清秀 qīngxiù 형 청순하고 아름답다
- 偏向于 piānxiàng yú ~에 치우치다
- 装饰 zhuāngshì 동 장식하다
- 淡雅 dànyǎ 형 수수하고 고상하다
- 鲜艳 xiānyàn 형 산뜻하고 화려하다

04 전통음악

Track 3-7

Q1 "四物游戏"是什么?

'사물놀이'란 무엇인가요?

A

四物游戏是一种农乐。它使用大罗、小罗、圆鼓和长鼓等四种打击乐器演奏，以强烈的节奏感和单纯的节奏为特点。这四种乐器中用金属制作的大罗和小罗所发出的声音代表上天之声，用牛皮制作的圆鼓和长鼓所发出的声音代表大地之声，因此四物农乐的演奏表现出天地合一、阴阳和谐的声音。

사물놀이는 농악의 한 종류입니다. 이것은 징, 꽹과리, 북과 장구 등 네 가지 타악기를 이용하여 연주하며, 강렬한 리듬감과 단순한 박자를 특징으로 합니다. 이 네 가지 악기 중 쇠로 만든 징과 꽹과리가 내는 소리는 하늘의 소리를 대표하고, 가죽으로 만든 북과 장구가 내는 소리는 땅의 소리를 대표합니다. 즉 사물놀이의 연주는 천지합일, 음양조화의 소리를 표현해냅니다.

단어

农乐 nóngyuè 명 농악
大罗 dàluó 명 징
小罗 xiǎoluó 명 꽹과리
圆鼓 yuángǔ 명 북
长鼓 chánggǔ 명 장구
打击乐器 dǎjī yuèqì 명 타악기
单纯 dānchún 형 단순하다
金属 jīnshǔ 명 금속
上天 shàngtiān 명 하늘, 하느님
天地合一 tiāndì héyī 천지합일
阴阳和谐 yīnyáng héxié 음양합일

Track 3-8

Q2 韩国传统乐器中玄琴和伽倻琴，请做比较。

한국의 전통악기 중 거문고와 가야금을 비교하세요.

A

伽倻琴的名字意味着伽倻的弦乐器。由12根弦组成的弦乐器，用手弹拨使弦颤动以演奏的乐器。玄琴的名字意味着高句丽的乐器，由6根弦组成的乐器。作为韩国的固有乐器，是在传统乐器中唯一一种用棍子弹弦的乐器。

가야금의 이름은 가야의 현악기임을 의미합니다. 이것은 12개 현으로 이루어진 현악기이며, 손가락으로 튕겨 현이 떨리게 함으로써 연주하는 악기입니다. 거문고의 이름은 고구려의 악기임을 뜻하며, 이것은 6개의 현으로 이루어진 악기입니다. 한국 고유의 악기로서, 전통악기 가운데 유일하게 술대로 현을 타는 악기입니다.

단어

玄琴 xuánqín 명 거문고
伽倻琴 jiāyēqín 명 가야금
弦乐器 xiányuèqì 명 현악기
弹拨 tánbō 동 치다, 튕기다
颤动 chàndòng 동 진동하다
固有 gùyǒu 형 고유의
棍子 gùnzi 명 막대기

05 전통무용

Track 3-9

Q1 具代表性的传统宫廷舞蹈和民俗舞蹈有哪些?

대표적인 전통 궁중무용과 민속무용에는 어떤 것이 있나요?

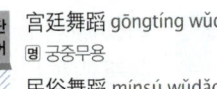

A 在宫中宴会上表演的宫廷舞蹈，有剑舞、鹤舞和处容舞等。在民间盛行的民俗舞蹈有假面舞、僧舞、太平舞等。

궁중연회에서 공연하는 궁중무용에는 검무, 학무, 처용무 등이 있습니다. 민간에서 성행한 민속무용에는 탈춤, 승무, 태평무 등이 있습니다.

단어

- 宫廷舞蹈 gōngtíng wǔdǎo 명 궁중무용
- 民俗舞蹈 mínsú wǔdǎo 명 민속무용
- 剑舞 jiànwǔ 명 검무
- 鹤舞 hèwǔ 명 학무
- 处容舞 chùróngwǔ 명 처용무
- 盛行 shèngxíng 동 성행하다
- 假面舞 jiǎmiànwǔ 명 탈춤
- 僧舞 sēngwǔ 명 승무
- 太平舞 tàipíngwǔ 명 태평무

Track 3-10

Q2 假面舞有什么功能?

탈춤의 기능은 무엇인가요?

A 假面舞是最具代表性的民俗舞蹈之一。尤其是，到了朝鲜后期百姓们通过这种表演直接表现自己的生活和感情，同时讽刺两班贵族的无耻，批判社会现实。也就是说，通过假面舞，百姓们消除压力，把心中的郁闷释放出来，有排忧解困的效果。

탈춤은 가장 대표적인 민속무용의 하나입니다. 특히, 조선후기에 이르러서 백성들은 이를 통해 자신의 삶과 감정을 직접 표현하는 동시에, 양반 귀족의 무지함을 풍자하고 사회현실을 비판했습니다. 즉 탈춤을 통해 백성들은 스트레스를 해소하고 마음속의 울분을 쏟아내어 답답함을 해소하는 효과가 있었습니다.

단어

- 假面舞 jiǎmiànwǔ 명 탈춤
- 讽刺 fěngcì 동 풍자하다
- 无耻 wúchǐ 형 염치없다
- 批判 pīpàn 동 비판하다
- 消除 xiāochú 동 없애다
- 郁闷 yùmèn 형 우울하다
- 释放 shìfàng 동 방출하다
- 排忧解困 páiyōu jiěkùn 근심을 없애고 어려움을 해결해 주다

06 유교

Track 3-11

Q1 请介绍成均馆。

성균관을 소개하세요.

A 成均馆原来是朝鲜王朝的最高学府，是韩国著名的儒学研究教育中心，内有一座规模宏大的文庙，庙内建有神圣的大成殿，这里供奉着39个牌位。大成殿后侧是明伦堂，这里是成均馆的教室。据记载，韩国大约在1600年前(公元372年)的三国时代就开始了纪念孔子的释奠，并一直延续到今天。

성균관은 원래 조선시대 최고 학부이며, 한국의 유명한 유학 연구교육의 중심입니다. 성균관 내에는 웅장한 규모의 문묘가 자리하고 있으며, 문묘 내에 신성한 대성전이 지어져 있습니다. 이곳에는 39개의 위패가 모셔져 있습니다. 대성전 뒤편에는 성균관의 교실이라 할 수 있는 명륜당이 있습니다. 기록에 따르면, 한국은 대략 1600년 전(서기 372년)인 삼국시대부터 공자를 기리는 석전을 시작했고, 이것이 지금까지 이어지고 있습니다.

단어

成均馆 Chéngjūnguǎn 고유 성균관
学府 xuéfǔ 명 학부
儒学 rúxué 명 유학
宏大 hóngdà 형 웅대하다
文庙 wénmiào 명 문묘
神圣 shénshèng 형 신성하다
供奉 gòngfèng 동 모시다
牌位 páiwèi 명 위패
明伦堂 Mínglúntáng 고유 명륜당
记载 jìzǎi 동 기재하다
孔子 Kǒngzǐ 고유 공자
释奠 shìdiàn 명 석전
延续 yánxù 동 계속하다

Track 3-12

Q2 儒学和性理学有什么区别?

유학과 성리학의 차이는 무엇인가요?

A 儒学从个人道德的反省，到家庭、社会和国家伦理，始终保持着从规范伦理的观点对待一切的道德思想。
性理学是儒学的一种思想流派。性理学与道教、佛教结合在一起，是通过从宇宙论及存在论的观点上，探究人的性情和宇宙原理的学问。性理学成为朝鲜王朝维持家庭、社会、国家秩序的基本概念。

유학은 개인의 도덕적 반성으로부터 가정, 사회와 국가윤리에 이르기까지, 규범 윤리적 관점으로 모든 것을 바라보는 도덕사상입니다.
성리학은 유학의 사상적 유파 중 하나입니다. 성리학은 도교, 불교와 결합하여 우주론 및 존재론의 관점에서 사람의 성정과 우주원리를 탐구하는 학문입니다. 성리학은 조선왕조가 가정, 사회, 국가질서를 유지하는 기본 관념이 되었습니다.

단어

性理学 xìnglǐxué 명 성리학
反省 fǎnxǐng 동 반성하다
伦理 lúnlǐ 명 윤리
始终 shǐzhōng 명 처음과 끝
流派 liúpài 명 유파
道教 Dàojiào 명 도교
佛教 Fójiào 명 불교
宇宙论 yǔzhòulùn 명 우주론
探究 tànjiū 동 탐구하다
秩序 zhìxù 명 질서

07 전통무술

Track 3-13

Q1 请介绍跆拳道。

태권도를 소개하세요.

A 跆拳道是从三国时代开始的韩国传统武术。目前不仅是备受韩国人喜爱的国技，而且成为全球许多爱好者所热爱的体育项目。跆拳道的第一个字“跆”代表着用脚踢打，第二个字“拳”表示拳头，最后一个字“道”则代表纪律。顾名思义，跆拳道是使用脚踢的动作和拳头来进行格斗的以道为主的武术。跆拳道主要遵循天、地、人以及阴阳五行等基本原理。跆拳道道服是白色，代表宇宙万物的源泉。道服的上衣和下装分别象征着天和地，腰带象征着人。腰带分为五种颜色，通过修炼，按照白、黄、蓝、红和黑的次序逐级递增。跆拳道从2000年开始成为奥运会的正式比赛项目。

태권도는 삼국시대부터 시작된 한국의 전통무술입니다. 현재 한국인에게 사랑받는 국기일 뿐 아니라, 전세계 수많은 애호가들이 열광하는 스포츠 종목이 되었습니다. 태권도의 첫째 글자인 '태'는 발로 차는 동작, 둘째 글자인 '권'은 주먹, 마지막 글자 '도'는 기율을 나타냅니다. 이름에서 보듯, 태권도는 발로 차는 동작과 주먹을 사용하여 격투하며 도를 중심으로 하는 무술입니다. 태권도는 주로 천, 지, 인 및 음양오행 등의 기본 원리를 따릅니다. 태권도 도복의 흰색은 우주 만물의 원천을 상징합니다. 도복의 상의와 하의는 각각 하늘과 땅을 상징하며, 허리띠는 사람을 상징합니다. 허리띠는 다섯 가지 색깔로 나뉘며, 수련을 통해 백, 황, 청, 홍, 흑의 순서로 점차 급수가 올라갑니다. 태권도는 2000년부터 올림픽 정식 종목이 되었습니다.

단어

- 跆拳道 Táiquándào 고유 태권도
- 武术 wǔshù 명 무술
- 备受 bèishòu 동 다 받다
- 国技 guójì 명 국기
- 纪律 jìlǜ 명 기율
- 顾名思义 gù míng sī yì 성 이름을 보고 뜻을 안다
- 格斗 gédòu 동 격투하다
- 遵循 zūnxún 동 따르다
- 源泉 yuánquán 명 원천
- 修炼 xiūliàn 동 수련하다
- 逐级 zhújí 부 한 단계 한 단계
- 递增 dìzēng 동 점점 늘다

Track 3-14

Q2 跆跟被评为世界非物质遗产的理由是什么?

택견이 세계무형유산에 등재된 이유는 무엇인가요?

A 跆跟是历史悠久的传统武术。修练者手掌平摊，同时轻柔地挥动臂部，以干扰对方的攻击，而且以腿脚动作为主，利用对方的力量反击，或使对方摔倒。跆跟动作充满韵律感，却含有很强的力道。这不仅仅是锻炼身体的方式，更是充分地显现出韩国人的传统思想，具有很高的保存价值。作为珍贵的无形文化遗产，它的价值得到了世界认可，于2011年被列为世界非物质文化遗产。

택견은 오랜 역사를 지닌 전통무술입니다. 수련하는 사람은 손바닥을 편 채로 팔을 부드럽게 흔들어 상대의 공격을 교란시킵니다. 또한 발 동작을 위주로 상대의 힘을 이용해 반격하거나 상대를 쓰러뜨립니다. 택견 동작은 리듬감이 넘치면서도 강력한 힘을 내포합니다. 이것은 몸을 단련하는 방식일 뿐 아니라 한국인의 전통사상을 잘 드러내고 있어 보존가치가 매우 높습니다. 소중한 무형문화유산으로서, 그 가치를 세계적으로 인정 받아 2011년 세계무형유산으로 등재되었습니다.

단어

手掌 shǒuzhǎng 명 손바닥
轻柔 qīngróu 형 가볍고 부드럽다
挥动 huīdòng 동 흔들다
臂部 bìbù 팔 부분
干扰 gānrǎo 동 방해하다
攻击 gōngjī 동 공격하다
反击 fǎnjī 동 반격하다
摔倒 shuāidǎo 동 쓰러지다
韵律感 yùnlǜgǎn 운율감

PART 4 관광명소

01 서울

Track 4-1

Q1 请说明首尔名称的变迁历史。

서울 이름의 변천 역사를 설명하세요.

A 历史上在百济建国初期，首尔首次被定为首都，叫慰礼城。在高丽时期，由于首尔处于韩半岛的心脏地带，邻近汉江，掌握了国家的命脉，所以11世纪时首尔被封为开京之外的“小三京”之一。1392年朝鲜建国，到1394年，李成桂将都城从开京迁移到了现在的首尔，称汉阳。日据时期，将汉阳的名字改为京城。韩半岛光复后不久建立大韩民国，并把首都改名为首尔。

역사적으로 백제 건국 초기에 서울은 처음으로 수도가 되었고 위례성이라 불렸습니다. 고려시대에 한강을 끼고 한반도의 심장 부위에 자리한 서울은 국가의 운명에 직접 영향을 미치는 도시로서, 11세기에 서울은 개경을 제외한 '소삼경'의 하나로 정해졌습니다. 1392년 조선이 건국된 후, 1394년에 이르러 이성계는 도읍을 개경에서 오늘날의 서울로 옮기고 한양이라 칭했습니다. 일제시대에는 한양의 이름을 경성이라 고쳐 부르기도 했습니다. 한반도가 광복을 찾은 후 곧 대한민국이 건국되었고, 수도를 서울이라 부르게 되었습니다.

단어
- 慰礼城 Wèilǐchéng 고유 위례성
- 心脏 xīnzàng 명 심장
- 邻近 línjìn 동 이웃하다
- 掌握 zhǎngwò 동 숙달하다
- 命脉 mìngmài 명 명맥
- 被封为 bèi fēngwéi ~에 봉해지다
- 李成桂 Lǐ Chéngguì 고유 이성계
- 都城 dūchéng 명 수도
- 迁移 qiānyí 동 이전하다

Track 4-2

Q2 首尔的地理环境怎么样?

서울의 지리적 환경은 어떠한가요?

A 首尔以汉江为界分为南北的两部分。江北是传统历史的气息浓郁的古城，江南是现代化的新城。首尔也是四面环山的城市，周围有内4山和外4山。内4山有骆山、南山、仁王山和北岳山，外4山有龙马山、冠岳山、德阳山和北汉山。

서울은 한강을 경계로 남북의 두 부분으로 나뉩니다. 강북은 전통과 역사의 숨결이 농후한 고대도시이며, 강남은 현대화된 신도시입니다. 서울은 또한 사방이 산으로 둘러싸인 도시로, 주변에 내4산과 외4산이 있습니다. 내4산은 낙산, 남산, 인왕산과 북악산이고, 외4산은 용마산, 관악산, 덕양산과 북한산입니다.

단어
- 浓郁 nóngyù 형 농후하다
- 骆山 Luòshān 고유 낙산
- 北岳山 Běiyuèshān 고유 북악산
- 冠岳山 Guànyuèshān 고유 관악산
- 德阳山 Déyángshān 고유 덕양산

02 경주

Track 4-3

Q1 请介绍庆州南山。

경주 남산을 소개하세요.

A 庆州南山位于庆州市的南部，是新罗人的信仰圣地，山上有好多佛像和佛塔等。这里可以说是新罗佛教美术的宝库。其中七佛庵摩崖佛像群被列为国宝第312号。此外，还有拜洞石佛立像、茸长寺址三层石塔等。这些都具有宝贵的艺术价值和历史意义。

경주 남산은 경주시 남부에 자리한 신라인의 신앙의 성지입니다. 이곳에는 다수의 불상과 불탑이 있어 신라 불교미술의 보고라 할 수 있습니다. 그 가운데 칠불암마애불상군은 국보 제312호로 지정되어 있습니다. 그 밖에 배동 석불입상, 용장사지 삼층석탑 등이 유명합니다. 이들은 모두 진귀한 예술적 가치와 역사적 가치를 지녔습니다.

단어
- 信仰 xìnyǎng 명 신앙
- 圣地 shèngdì 명 성지
- 佛像 fóxiàng 명 불상
- 佛塔 fótǎ 명 불탑
- 宝库 bǎokù 명 보고
- 七佛庵摩崖佛像群 Qīfó'ān Móyáfóxiàngqún 고유 칠불암마애불상군
- 拜洞石佛立像 Bàidòng Shífó Lìxiàng 고유 배동석불입상
- 茸长寺址三层石塔 Róngchángsìzhǐ sān céng shítǎ 고유 용장사지 삼층석탑

Track 4-4

Q2 请介绍新罗的建国神话。

신라의 건국신화를 소개하세요.

A 建立新罗之前那里有六个村庄，可还没有一个王。公元前69年，一天高墟村村长苏伐公看到井旁跪着一匹白马，觉得很奇怪，待到靠近的时候，那匹白马不见了，只有一个蛋留在地上，然后一个小男孩从这个蛋里出生了。待到男孩长到13岁时(公元前57年)，6部村长选他为国王，国号定为“徐罗伐”。徐罗伐是新罗的旧名称。

신라가 건국되기 전 그곳에는 6개의 마을이 있었고 아직 왕은 없었습니다. 기원전 69년 어느 날, 고허촌 촌장 소벌공은 우물 옆에 백마 한 마리가 꿇어 앉아 있는 것을 보았습니다. 그가 이상히 여겨 가까이 다가가자, 백마는 사라지고 그 자리에 알 하나가 남아 있었는데, 후에 남자아이 하나가 이 알에서 태어났습니다. 남자아이가 13세가 되었을 때(기원전 57년), 여섯 마을 촌장은 그를 왕으로 추대하고 국호를 '서라벌'이라 정했습니다. 서라벌은 신라의 옛 이름입니다.

단어
- 高墟村 Gāoxūcūn 고유 고허촌
- 苏伐公 Sūfágōng 고유 소벌공
- 跪着 guìzhe 무릎을 꿇다
- 徐罗伐 Xúluófá 고유 서라벌
- 旧名称 jiù míngchēng 옛 명칭

03 부산

Track 4-5

Q1 釜山为什么是韩国战争的重要背景地?

부산은 왜 한국전쟁의 중요한 배경지인가요?

A 釜山是韩国战争时期的韩国临时首都。当时首尔失去了首都功能，把釜山作为临时首都，通过釜山港引进了战争物资。如今，釜山建有世界唯一的联合国墓地。韩国战争时期，联合国军直接参战，为了守护韩国民众自由与和平献身。为了纪念这一历史事件，2014年还建立了联合国和平纪念馆。

부산은 한국전쟁 때 한국의 임시수도였습니다. 당시 서울이 수도 기능을 상실하자, 부산을 임시수도로 삼아 부산항을 통해 전쟁물자를 들여왔습니다. 오늘 날 부산에는 세계 유일의 유엔 묘지도 자리하고 있습니다. 한국전쟁 때 유엔군은 직접 참전하여 한국 국민의 자유과 평화를 위해 희생했습니다. 이러한 역사를 기념하기 위해, 2014년 유엔평화기념관도 건립되었습니다.

단어
- 临时首都 línshí shǒudū 임시수도
- 战争物资 zhànzhēng wùzī 전쟁물자
- 建有 jiànyǒu 지어져 있다
- 联合国墓地 Liánhéguó mùdì 유엔 묘지
- 参战 cānzhàn 동 참전하다
- 守护 shǒuhù 동 수호하다
- 献身 xiànshēn 동 헌신하다
- 联合国和平纪念馆 Liánhéguó Hépíng Jìniànguǎn 고유 유엔평화기념관

Track 4-6

Q2 请介绍釜山国际电影节。

부산국제영화제를 소개하세요.

A 釜山国际电影节是韩国最大的电影盛会。釜山国际电影节创办于1996年，当时属韩国举办的第一届国际电影节，如今已成为亚洲最重要的、深受世界瞩目的国际性电影庆典。每年9月到10月之间隆重举行的釜山国际电影节为韩国电影产业和亚洲文化产业的发展做出了一定的贡献。

부산국제영화제는 한국 최대 규모의 영화축제입니다. 부산국제영화제는 1996년에 창설되었으며, 당시로서는 한국 최초의 국제영화제였습니다. 오늘날 아시아에서 가장 중요하고 세계적으로도 주목 받는 국제적인 영화축제로 자리잡았습니다. 해마다 9월~10월 사이 성대하게 열리는 부산국제영화제는 한국 영화산업과 아시아 문화산업 발전에 기여했습니다.

단어
- 盛会 shènghuì 명 성대한 모임
- 创办 chuàngbàn 동 창설하다
- 瞩目 zhǔmù 동 주목하다
- 庆典 qìngdiǎn 명 축제
- 隆重 lóngzhòng 형 성대하다
- 贡献 gòngxiàn 명 공헌

04 국립공원

Track 4-7

Q1 韩国首个国立公园是什么?

한국 최초의 국립공원은 무엇인가요?

A 韩国的第一个国立公园是1967年指定的智异山国立公园。智异山跨着庆尚南道河东、咸阳、山清，全罗南道求礼和全罗北道南原等地，共计三个道五个市(郡)，在韩国的山岳型国立公园中面积最大。“智异山”的名字含有“智慧异人之山”的意思。自古以来，智异山和金刚山、汉拿山一起被推为三神山之一。智异山海拔1915米，是韩国第二高峰。

한국 최초의 국립공원은 1967년에 지정된 지리산국립공원입니다. 지리산은 경상남도 하동, 함양, 산청, 전라남도 구리와 전라북도 남원 등 총 3개 도와 5개 시(군)에 걸쳐 있으며, 한국의 산악형 국립공원 중 면적이 가장 큽니다. '지리산'의 이름은 '지혜가 남다른 산'이라는 의미를 지녔습니다. 예로부터 지리산은 금강산, 한라산과 함께 삼신산의 하나로 불렸습니다. 해발 1915m의 지리산은 한국에서 두 번째로 높은 산입니다.

단어
- 智异山 Zhìyìshān 고유 지리산
- 河东 Hédōng 고유 하동
- 咸阳 Xiányáng 고유 함양
- 山清 Shānqīng 고유 산청
- 求礼 Qiúlǐ 고유 구례
- 南原 Nányuán 고유 남원
- 异人 yìrén 명 뛰어난 사람
- 自古以来 zìgǔ yǐlái 예로부터
- 金刚山 Jīngāngshān 고유 금강산
- 汉拿山 Hànnáshān 고유 한라산
- 被推为 bèi tuīwéi ~로 추앙받다
- 海拔 hǎibá 명 해발

Track 4-8

Q2 请介绍雪岳山。

설악산을 소개하세요.

A 雪岳山是位于江原道的韩国名山。海拔1708米，是继汉拿山、智异山之后的第三高峰。雪岳山的主峰是大青峰。山上栖息着多种稀有的动植物，是名副其实的生态宝库。雪岳山于1970年被指定为国立公园，1982年又被联合国教科文组织指定为生物圈保护区域。

설악산은 강원도에 위치한 한국의 명산입니다. 해발 1708m에 이르며 한라산, 지리산에 이어 한국에서 세 번째로 높은 산입니다. 설악산의 주봉은 대청봉입니다. 산에는 다양한 희귀동식물이 서식하고 있어 명실상부한 생태계의 보고입니다. 설악산은 1970년에 국립공원으로 지정되었으며, 1982년에 유네스코 생물권 보전지역으로 지정되었습니다.

단어
- 雪岳山 Xuěyuèshān 고유 설악산
- 栖息 qīxī 동 서식하다
- 名副其实 míng fù qí shí 성 명실상부하다
- 宝库 bǎokù 명 보고
- 生物圈保护区域 shēngwùquān bǎohùqūyù 생물권 보전지역

PART 5 조선의 궁과 성문

01 경복궁

Track 5-1

Q1 景福宫的正门是什么?

경복궁의 정문은 무엇인가요?

A 景福宫的正门是光化门。光化门的名字意味着光照四方、教化四方。光化门在景福宫的4门中最壮丽的门楼建筑。日本殖民时期光化门被拆除，日本殖民主义者在光化门原址上修建了日本总督府。

韩国摆脱日本殖民统治后，重新修建了一座钢筋水泥结构的光化门。2006年，经过数年的调查论证，韩国政府正式启动了光化门的重建工程，恢复了历史的原貌。

경복궁의 정문은 광화문입니다. 광화문의 이름은 빛이 사방을 비추어 사방을 교화시킨다는 의미입니다. 광화문은 경복궁의 네 문 중 가장 웅장하고 아름다운 문루 건축물입니다. 일제강점기 때 광화문은 철거되었고, 식민주의자들은 광화문 자리에 일본총독부 건물을 세웠습니다.

한국은 일제 식민통치에서 벗어난 후, 콘크리트 구조의 광화문을 다시 세웠습니다. 2006년, 수년 간의 조사를 거쳐 한국 정부는 광화문의 재건사업을 정식으로 가동하여 본래 모습을 되찾게 되었습니다.

단어

光照 guāngzhào 동 두루 비추다
教化 jiàohuà 동 교화하다
壮丽 zhuànglì 형 웅장하고 아름답다
门楼 ménlóu 명 문루
殖民时期 zhímín shíqī 식민지 시기
拆除 chāichú 동 철거하다
原址 yuánzhǐ 명 원래의 터
总督府 zǒngdūfǔ 명 총독부
摆脱 bǎituō 동 벗어나다
钢筋 gāngjīn 명 철근
水泥 shuǐní 명 시멘트
论证 lùnzhèng 동 입증하다
启动 qǐdòng 동 작동을 시작하다
原貌 yuánmào 명 원래의 면모

Track 5-2

Q2 景福宫和北京故宫，请做比较。

경복궁과 베이징 고궁을 비교하세요.

A 景福宫是1395年完工的朝鲜的第一座宫殿。北京故宫是1420年完工的明清两代的皇宫，修建得比景福宫晚25年。北京故宫周围有护城河，但景福宫没有。因为景福宫后面有北岳山和仁王山像屏风般地围着宫殿，就是建在天然要塞里，不需要设置护城河。北京故宫北侧也有山峰，就是景山，但这不是天然的，是人造山。

경복궁은 1395년 완공된 조선의 첫 번째 궁궐입니다. 베이징 고궁은 1420년에 완공된 명청시대 황궁으로, 경복궁보다 25년 뒤에 지어졌습니다. 베이징 고궁은 주변에 해자가 있지만, 경복궁에는 없습니다. 왜냐하면 경복궁은 뒤편에 자리한 북악산과 인왕산이 병풍처럼 궁을 에워싸고 있어 천연요새에 세워져 있는 셈이기 때문에 해자를 설치할 필요가 없습니다. 베이징 고궁의 북쪽에도 '징산'이 있지만, 이것은 자연지형이 아니라 인공산입니다.

단어

护城河 hùchénghé 명 해자
屏风 píngfēng 명 병풍
要塞 yàosài 명 요새
设置 shèzhì 동 설치하다
景山 Jǐngshān 고유 징산(경산)
人造 rénzào 형 인조의

02 창덕궁

Track 5-3

Q1 **昌德宫里面没有丹青的建筑有哪些?**

창덕궁 안에 단청을 사용하지 않은 건축물은 무엇인가요?

A 昌德宫里没有丹青的建筑有乐善斋、演庆堂和寄傲轩。
乐善斋是朝鲜的第24代王宪宗为了自己的后宫建造的，这一带共有乐善斋、锡福轩、寿康斋的三座建筑。它采用士大夫的民宅形式，没有丹青，露出朴素的面貌。这里也是英亲王、李方子女士和德惠翁主等朝鲜的最后皇族度过余生的地方。
演庆堂是纯祖的儿子孝明世子为了能体验士大夫生活而建造的住宅，没有丹青，给人一种素雅古朴之美。
寄傲轩是孝明世子的私人书房，坐落于爱莲亭南侧的山上，面向北，是没有丹青的、外观非常朴素的建筑。寄傲轩原来被称为依斗合。在依斗合的旁边有为保存书和乐器而建的附属建筑韵磬居。

창덕궁 내 단청을 칠하지 않은 건축물은 낙선재, 연경당과 기오헌입니다.
낙선재는 조선의 제24대 왕 헌종이 자신의 후궁을 위해 지은 건물이며, 이 일대에는 낙선재, 석복헌과 수강재의 세 채의 건물이 있습니다. 이곳은 사대부의 민가형식을 사용하여 단청이 없고 소박한 모습을 보입니다. 이곳은 영친왕, 이방자 여사와 덕혜옹주 등 조선의 마지막 황족이 여생을 보낸 장소이기도 합니다.
연경당은 순조의 아들 효명세자가 사대부의 삶을 체험하기 위해 지은 주택이며, 단청이 없어 소박하고 고풍스러운 아름다움을 나타냅니다.
기오헌은 효명세자의 개인 서재로, 애련정 남쪽 언덕에 자리하고 있습니다. 북향의 이 건물은 단청이 없고 외관이 매우 소박합니다. 기오헌은 원래 의두합이라 불렸습니다. 의두합 옆에는 책과 악기를 보관하기 위해 지은 부속건물 운경거가 자리하고 있습니다.

단어

- 丹青 dānqīng 명 단청
- 乐善斋 Lèshànzhāi 고유 낙선재
- 演庆堂 Yǎnqìngtáng 고유 연경당
- 寄傲轩 Jì'àoxuān 고유 기오헌
- 锡福轩 Xīfúxuān 고유 석복헌
- 寿康斋 Shòukāngzhāi 고유 수강재
- 士大夫 shìdàfū 명 사대부
- 民宅 mínzhái 명 민가
- 露出 lùchū 동 드러내다
- 皇族 huángzú 명 황족
- 余生 yúshēng 명 여생
- 素雅 sùyǎ 형 소박하고 우아하다
- 古朴 gǔpǔ 형 소박하고 예스럽다
- 坐落于 zuòluò yú 자리 잡다
- 爱莲亭 Àiliántíng 고유 애련정
- 依斗合 Yīdǒuhé 고유 의두합
- 韵磬居 Yùnqìngjū 고유 운경거

Track 5-4

Q2 昌德宫的正殿是什么？它和勤政殿有什么不同的特色？

창덕궁의 정전은 무엇인가요? 이곳은 근정전과 어떤 차이가 있나요?

A 昌德宫的正殿是仁政殿。仁政殿是双层月台上修建的双层殿阁。月台高度低，而且没有栏杆，因此和景福宫相比，显得朴素。地板原来铺设了用泥土烧制的砖石，但现在是木地板。这是1908年改造成西洋式的部分。此外，殿内还有玻璃窗、窗帘和吊灯等。仁政殿和其他宫殿的正殿不同的另一个特点是它屋脊上有李花纹。这是代表朝鲜皇室的纹样。

창덕궁의 정전은 인정전입니다. 인정전은 복층의 월대 위에 지은 복층 문루의 전각입니다. 월대가 낮고 난간이 없기 때문에 경복궁에 비해 소박해 보입니다. 바닥에는 원래 흙으로 구운 전돌이 깔려 있었으나, 지금은 나무 바닥으로 되어 있습니다. 이는 1908년 서양식으로 개조된 부분입니다. 그 밖에 전각 안에 유리창, 커튼, 전등 등이 설치되어 있는 것을 볼 수 있습니다. 인정전이 다른 궁궐의 정전과 다른 또 하나의 특징은 용마루에 이화문양이 있다는 점입니다. 이는 조선황실을 대표하는 문양입니다.

단어

- 仁政殿 Rénzhèngdiàn 고유 인정전
- 殿阁 diàngé 명 전각
- 栏杆 lángān 명 난간
- 铺设 pūshè 동 깔다, 놓다
- 泥土 nítǔ 명 흙
- 烧制 shāozhì 동 구워 만들다
- 砖石 zhuānshí 명 전돌
- 窗帘 chuānglián 명 커튼
- 吊灯 diàodēng 명 샹들리에
- 屋脊 wūjǐ 명 용마루
- 李花纹 lǐhuāwén 오얏꽃 문양
- 纹样 wényàng 명 문양

03 창경궁

Track 5-5

Q1 昌庆宫的国宝是什么?

창경궁의 국보는 무엇인가요?

A 昌庆宫的正殿明政殿是国宝第226号。明政殿是朝鲜王朝正殿中最古老的。这是1616年重建之后，其原貌保存到今天。明政殿和勤政殿、仁政殿相比，规模较小，是单层建筑。而且，和其他宫殿的正殿不同，是朝东建筑。

창경궁의 정전 명정전은 국보 제226호입니다. 명정전은 조선왕조의 정전 가운데 가장 오래된 건축물입니다. 1616년 중건된 원형이 지금까지 보존되고 있습니다. 명정전은 근정전이나 인정전에 비해 규모가 작고 단층건물입니다. 또한 다른 궁궐의 정전과 달리 동향 건물입니다.

단어
- 明政殿 Míngzhèngdiàn 고유 명정전
- 原貌 yuánmào 명 원래의 면모
- 勤政殿 Qínzhèngdiàn 고유 근정전
- 仁政殿 Rénzhèngdiàn 고유 인정전
- 朝东 cháodōng 동향의

Track 5-6

Q2 昌庆宫的建筑中没有屋脊的是什么?

창경궁의 건축물 가운데 용마루가 없는 것은 무엇인가요?

A 昌庆宫的通明殿与昌德宫的大造殿一样没有屋脊。因为这里是国王睡觉的地方。国王和王后的寝宫没有屋脊的原因是屋脊代表龙，龙象征国王，所以国王住的地方就不用屋脊。

창경궁의 통명전은 창덕궁의 대조전과 마찬가지로 용마루가 없습니다. 이곳이 임금이 주무시는 곳이기 때문입니다. 왕과 왕후의 침궁에 용마루가 없는 것은 용마루가 용을 나타내며 용이 임금을 상징하므로, 임금이 거처하는 곳에는 용마루가 필요 없다고 여겼기 때문입니다.

단어
- 通明殿 Tōngmíngdiàn 고유 통명전
- 大造殿 Dàzàodiàn 고유 대조전
- 寝宫 qǐngōng 명 침궁
- 象征 xiàngzhēng 동 상징하다

04 덕수궁

Track 5-7

Q1 德寿宫内没有上丹青的传统建筑是什么?

덕수궁 내에 단청이 없는 전통건축물은 무엇인가요?

A 昔御堂是德寿宫内唯一没有上丹青的双层传统建筑，有着朴素的民居特色，这里是仁穆大妃曾被幽闭的地方，也是仁祖反正后光海君退位的殿阁。

석어당은 덕수궁 내 유일하게 단청을 칠하지 않은 복층 전통건물이며, 소박한 민가적 특성을 나타냅니다. 이곳은 인목대비가 유폐되었던 곳이며, 인조반정 이후 광해군이 퇴위한 전각이기도 합니다.

단어

- 昔御堂 Xīyùtáng 고유 석어당
- 仁穆大妃 Rénmù Dàfēi 고유 인목대비
- 幽闭 yōubì 동 유폐하다, 집안에 가두다
- 仁祖反正 Rénzǔ fǎnzhèng 인조반정
- 光海君 Guānghǎijūn 고유 광해군
- 退位 tuìwèi 동 퇴위하다, 자리에서 물러나다
- 殿阁 diàngé 명 전각

Track 5-8

Q2 德寿宫内有哪些西式建筑?

덕수궁 내의 서양식 건물은 무엇인가요?

A 石造殿与静观轩都是德寿宫内现存的西式建筑。静观轩是一座供休息的建筑，位于宫殿后苑的坡地。这是于1900年左右由俄罗斯建筑师结合东西方建筑样式设计而成的。高宗曾经在静观轩品尝咖啡、接见外交使节、举行宴会。

石造殿是高宗的寝殿兼便殿。自1900年开工历经十年建成，是一座石造建筑，在建筑的前面和东西两边建有阳台。石造殿前面建有韩国最早的西式庭院。

석조전과 정관헌은 덕수궁 내에 현존하는 서양식 건물입니다. 정관헌은 휴식을 위한 건축물로, 궁궐 후원의 언덕에 자리하고 있습니다. 이곳은 1900년경 러시아 건축가가 동서양의 건축양식을 결합하여 설계했습니다. 고종은 정관헌에서 커피를 마시고 외교사절을 접견하여 연회를 베풀었습니다.

석조전은 고종의 침전 겸 편전으로 사용되었습니다. 1900년 착공 후 10년에 걸쳐 완공된 석조 건축물로, 앞쪽과 동서 양쪽에 테라스를 설치했습니다. 석조전 앞에는 한국 최초의 서양식 정원이 조성되어 있습니다.

단어

- 石造殿 Shízàodiàn 고유 석조전
- 静观轩 Jìngguānxuān 고유 정관헌
- 后苑 hòuyuàn 명 후원
- 坡地 pōdì 명 산비탈의 경사
- 俄罗斯 Éluósī 고유 러시아
- 建筑师 jiànzhùshī 명 건축가
- 接见 jiējiàn 동 접견하다
- 外交使节 wàijiāo shǐjié 외교사절
- 寝殿 qǐndiàn 명 침전
- 兼 jiān 동 겸하다
- 开工 kāigōng 동 착공하다
- 历经 lìjīng 동 여러 번 거치다

05 사대문과 사소문

Track 5-9

Q1

崇礼门和兴仁之门有什么不同?

숭례문과 흥인지문의 차이는 무엇인가요?

A 崇礼门位于首尔都城的南侧。这里的匾额和兴仁之门的横写方式不同，采用了竖写方式。这是因为首尔正南方的冠岳山火气过盛，有可能引起火灾，所以为了克制冠岳山的火气，竖着写了“崇礼门”三个字。当时人们认为这样能以火克火。

兴仁之门位于首尔都城的东侧。这里门楼外还建有其他城门所没有的半月形瓮城。而且这里的匾额和其他城门不同，由四个字组成。这是因为兴仁之门所在的东城地势较低弱，不能有效抵御外敌入侵，所以为了增加地力，平衡四方的气势，中间加了一个“之”字。

숭례문은 서울 도성의 남쪽에 위치하고 있습니다. 이곳의 편액은 흥인지문의 가로쓰기 방식과 달리 세로쓰기 방식을 취하고 있습니다. 이는 서울 정남쪽의 관악산에 불기운이 지나치게 강하여 화재를 일으킬 수 있으므로, 관악산의 화기를 누르기 위해 '숭례문' 세 글자를 세로로 쓴 것입니다. 당시에는 이렇게 함으로써 불로 불을 누르는 효과가 있다고 믿었습니다.

흥인지문은 서울 도성의 동쪽에 위치하고 있습니다. 이곳에는 문루 밖에 다른 성문에는 없는 반달형 옹성이 설치되어 있습니다. 또한 이곳의 편액은 다른 성문과 달리 네 글자로 이루어져 있습니다. 이는 흥인지문이 자리한 동성의 지세가 낮고 약하여 외적의 침략을 방어하는 데 어려움이 있으므로, 지력을 보충하고 사방의 기에 균형을 맞춘다는 의미로 가운데에 '之(지)'자를 보탠 것입니다.

단어

- 兴仁之门 Xīngrénzhīmén 고유 흥인지문
- 匾额 biǎn'é 명 편액
- 横写 héngxiě 동 가로로 쓰다
- 竖写 shùxiě 동 세로로 쓰다
- 冠岳山 Guànyuèshān 고유 관악산
- 过盛 guòshèng 지나치게 성하다
- 克制 kèzhì 동 억제하다
- 以火克火 yǐ huǒ kè huǒ 불로 불을 억제하다
- 门楼 ménlóu 명 문루
- 半月形 bànyuèxíng 명 반달형
- 瓮城 wèngchéng 명 옹성
- 抵御 dǐyù 동 막아내다
- 外敌 wàidí 명 외적
- 入侵 rùqīn 동 침입하다

Track 5-10

Q2

从首尔四大门的名字中反映的儒教思想是什么?

서울의 사대문 이름에 반영된 유교사상은 무엇인가요?

A 首尔的这四大城门和城内普信阁的名字反映了儒教“五常”的“仁义礼智信”思想。兴仁之门、敦义门、崇礼门分别代表仁、义、礼，肃靖门的“靖”字代替了“智”字。

서울의 사대문과 성내의 보신각 이름에는 유교의 '오상'이라 말하는 '인의예지신' 사상이 반영되어 있습니다. 흥인지문, 돈의문, 숭례문은 각각 인, 의, 예를 대표하며, 숙정문의 '숙'자는 '지'를 대신하는 글자입니다.

단어

- 普信阁 Pǔxìngé 고유 보신각
- 敦义门 Dūnyìmén 고유 돈의문
- 崇礼门 Chónglǐmén 고유 숭례문
- 肃靖门 Sùjìngmén 고유 숙정문

PART 6 세계유산

01 종묘

Track 6-1

Q1

请介绍宗庙建筑的特点。

종묘 건축물의 특징을 소개하세요.

A

宗庙是供奉朝鲜历代国王和王妃神位的儒教祠堂。因为是举行祭祀的地方，所以其建筑不能奢华，高度节制、简练，装饰、色彩、花纹也尽量单纯而简洁，以突出必要的空间。这里的主要建筑正殿和永宁殿建筑风格独特，正面极长，强调水平性。建筑设计也反映出等级观念，正殿和永宁殿的祭坛、屋檐、屋顶的高度、圆柱的粗细等，随等级差异而不同。

종묘는 조선의 역대 임금과 왕비의 선위를 모시는 유교사당입니다. 제사를 지내는 곳이기 때문에 사치스럽지 않으며 고도로 절제되고 간결한 모습을 보입니다. 장식, 색채, 문양도 최대한 단순하고 간결하여 필요한 공간을 도드라지게 표현했습니다. 이곳의 주요 건축물인 정전과 영녕전은 독특한 양식을 띠고 있어, 정면이 매우 길고 수평성을 강조했습니다. 건축설계에도 신분질서의 관념을 반영하여 정전과 영녕전의 제단, 처마, 지붕의 높이, 기둥의 굵기 등에 차등을 두었습니다.

단어

- 供奉 gòngfèng 동 모시다
- 神位 shénwèi 명 신주
- 祠堂 cítáng 명 사당
- 奢华 shēhuá 형 사치스럽고 화려하다
- 节制 jiézhì 동 절제하다
- 正殿 zhèngdiàn 명 정전
- 祭坛 jìtán 명 제단
- 屋檐 wūyán 명 처마
- 屋顶 wūdǐng 명 옥상
- 圆柱 yuánzhù 명 원기둥
- 粗细 cūxì 명 굵기

Track 6-2

Q2

请介绍宗庙的代表建筑。

종묘의 주요 건축물을 소개하세요.

A

主要建筑由正殿和永宁殿组成。宗庙正殿有19间龛室，供奉着朝鲜时代正式登基王位的49位神位，永宁殿有16间龛室，供奉着短寿的或死后被推崇的朝鲜国王的34位神位。这些建筑风格独特，正面极长，强调水平性，既不同于中国的同类建筑，更是西方建筑中所没有的，是世界上极为罕见的建筑类型。

주요 건축물은 정전과 영녕전으로 이루어집니다. 종묘 정전에는 19칸의 감실이 있으며, 조선시대에 정식으로 왕위에 오른 49분의 신위가 모셔져 있습니다. 영녕전에는 16칸의 감실이 있으며, 단명했거나 사후에 추앙된 34분의 신위가 모셔져 있습니다. 이들 건축물은 독특한 풍격을 지니며 정면이 매우 길어 수평성을 띱니다. 이는 서양건축은 물론이고 중국의 같은 종류 건축물과도 다른 특징으로, 세계에서 보기 드문 건축유형입니다.

단어

- 龛室 kānshì 명 감실
- 供奉 gòngfèng 동 모시다
- 登基 dēngjī 동 왕의 자리에 오르다
- 短寿 duǎnshòu 형 단명하다
- 推崇 tuīchóng 동 추앙하다
- 同类 tónglèi 동 같은 종류이다
- 罕见 hǎnjiàn 형 보기 드물다
- 类型 lèixíng 명 유형

02 불국사와 석굴암

Track 6-3

Q1

请介绍石窟庵。

석굴암을 소개하세요.

A 石窟庵在庆州吐含山，是新罗景德王十年(公元751年)由国相金大成为他的前生父母修建的。石窟庵是使用360多块花岗岩搭建内部，再在外部漆上泥土建造的人工石窟。这是将建筑、水利、几何学、物理学等各方面的因素融入统一的整体，也拥有自然采光、温度、湿度调节系统，具有出色的自我保护功能。石窟庵是新罗佛教文化的最佳杰作。除了表达佛教信仰，在科学上也拥有惊人的价值，被列为世界文化遗产。

석굴암은 경주 토함산에 있으며, 신라 경덕왕 10년(서기 751년) 재상 김대성이 전생의 부모를 위해 지은 것입니다. 석굴암은 360여 개의 화강암으로 내부를 지은 다음, 외부에 흙을 발라 만든 인공석굴입니다. 이는 건축, 수리, 기하학, 물리학 등 각 방면의 요소를 한데 융합한 정체이며, 자연채광, 온도, 습도 조절이 가능한 탁월한 자기보호기능을 지녔습니다. 석굴암은 신라 불교문화 최고의 걸작입니다. 불교신앙을 표현한 것 외에도, 과학적으로 놀라운 가치를 지녔다는 점에서 세계문화유산에 등재되었습니다.

단어

- 吐含山 Tǔhánshān 고유 토함산
- 前生 qiánshēng 명 전생
- 花岗岩 huāgāngyán 명 화강암
- 搭建 dājiàn 동 짓다
- 漆上 qīshang 동 칠하다
- 泥土 nítǔ 명 흙
- 人工石窟 réngōng shíkū 명 인공석굴
- 水利 shuǐlì 명 수리
- 几何学 jǐhéxué 명 기하학
- 物理学 wùlǐxué 명 물리학
- 融入 róngrù 동 융합되어 들어가다
- 采光 cǎiguāng 동 채광하다
- 调节 tiáojié 동 조절하다
- 出色 chūsè 형 특별히 좋다

Track 6-4

Q2

多宝塔和释迦塔有什么不同？请做个比较。

다보탑과 석가탑의 차이는 무엇인가요? 비교해 보세요.

A 多宝塔和释迦塔在佛国寺大雄殿前院东西两侧。东塔是多宝塔，西塔是释迦塔。释迦塔外形质朴，有庄重的风格，是新罗时代典型的石塔。多宝塔装饰精练，有华丽的造型美。多宝塔是国宝第20号，释迦塔是国宝第21号。这两座石塔被评为新罗石造艺术的巅峰。

다보탑과 석가탑은 불국사 대웅전 앞뜰의 동서 양쪽에 자리하고 있습니다. 동탑은 다보탑이고 서탑은 석가탑입니다. 석가탑은 외형이 소박하고 장중한 풍격을 띠는 신라시대 전형적인 석탑입니다. 다보탑은 장식이 세련되고 화려한 조형미를 띱니다. 다보탑은 국보 제20호, 석가탑은 국보 제21호입니다. 이 두 석탑은 신라 석조예술의 최고봉이라고 평가를 받습니다.

단어

- 大雄殿 Dàxióngdiàn 고유 대웅전
- 前院 qiányuàn 명 앞뜰
- 两侧 liǎngcè 명 양쪽
- 质朴 zhìpǔ 형 질박하다
- 庄重 zhuāngzhòng 형 장중하다
- 精练 jīngliàn 형 정련하다
- 华丽 huálì 형 화려하다
- 造型美 zàoxíngměi 조형미
- 被评为 bèi píngwéi ~로 선정되다
- 巅峰 diānfēng 명 최고봉

03 수원 화성

Track 6-5

Q1

请讲水原华城的特点。

수원 화성의 특징을 이야기하세요.

A

华城以传统的筑城经验为基础，运用当时最先进的科学知识和科学机器而建造，因此非常坚固而且很美观。华城是主要以居住和商务功能为主的邑城，但同时加强了防守设施，所以可以说兼备居住功能和军事防御功能。结构实用，设施科学合理，是18世纪东方城廓的最佳杰作。

화성은 전통적인 축성 노하우를 기반으로, 당시 가장 선진적인 과학지식과 과학기기를 운용하여 지었으므로 매우 튼튼하면서도 아름답습니다. 화성은 주로 거주와 상업기능을 중심으로 하는 읍성이지만, 방어시설을 강화하여 거주기능과 군사방어기능을 겸비하고 있습니다. 구조가 실용적이고 시설이 과학적이고 합리적이며, 18세기 동양 성곽의 최고 걸작이라 할 수 있습니다.

단어

筑城 zhùchéng 동 축성하다, 성을 축조하다
坚固 jiāngù 형 견고하다
美观 měiguān 형 보기 좋다
邑城 yìchéng 명 읍성
防守 fángshǒu 동 수비하다
兼备 jiānbèi 동 겸비하다
防御 fángyù 동 방어하다
城廓 chéngkuò 명 성곽

Track 6-6

Q2

正祖大王和思悼世子的陵墓在哪儿?

정조대왕과 사도세자의 능묘는 어디에 있나요?

A

正祖大王的"健陵"和思悼世子(庄祖)的"隆陵"一起合称为隆健陵，位于京畿道华城市。隆健陵被列入联合国教科文组织世界文化遗产，是位于最南端的朝鲜王陵。

정조대왕의 '건릉'과 사도세자(장조)의 '융릉'은 융건릉이라고 통칭하며, 경기도 화성시에 자리하고 있습니다. 융건릉은 유네스코 세계문화유산에 등재되어 있으며, 가장 남쪽에 위치한 조선왕릉입니다.

단어

思悼世子 Sīdào shìzǐ 고유 사도세자
健陵 Jiànlíng 고유 건릉
隆陵 Lónglíng 고유 융릉
合称为 héchēng wéi 아울러 칭하다
朝鲜王陵 Cháoxiǎn wánglíng 조선왕릉

04 한국의 역사마을

Track 6-7

Q1

河回村和良洞村有什么不同的特色?

하회마을과 양동마을은 어떤 다른 특징이 있나요?

A 河回、良洞两村落分别是朝鲜前期氏族村落形成的两个典型。河回村属于“开拓入乡”，就是说离开故土，找到新的居住地后扎根下来，形成了氏族村落。而良洞村属于“妻家入乡”，就是通过联姻，进入女方家族所在的村落，世世代代生活下来。

河回、良洞两村落还严格遵守传统的风水原则，分别是韩国氏族村落选址的两个典型，就是河边选址与山脚选址的典型代表。

하회, 양동 두 마을은 각각 조선전기 씨족마을 형성의 두 전형을 보입니다. 하회마을은 '개척입향'에 속하는데, 다시 말해 고향을 떠나 새로운 거주지를 찾아 뿌리를 내리면서 형성된 씨족마을입니다. 반면 양동마을은 '처가입향'에 속하며, 이는 혼인을 통해 신부쪽 집안의 마을에 들어와 대대로 생활해 온 형식을 말합니다.

하회, 양동 두 마을은 전통의 풍수원칙에 엄격히 따라, 각각 한국 씨족마을의 두 가지 지리적 전형을 나타냅니다. 바로 강변 입지와 산기슭 입지의 전형적인 모습입니다.

단어

氏族村落 shìzú cūnluò 씨족부락
属于 shǔyú 동 ~에 속하다
开拓 kāituò 동 개척하다
故土 gùtǔ 명 고향
扎根 zhāgēn 동 뿌리를 내리다
入乡 rùxiāng 동 입향하다
联姻 liányīn 동 혼인 관계를 맺다
遵守 zūnshǒu 동 준수하다
选址 xuǎnzhǐ 동 부지를 고르다
山脚 shānjiǎo 명 산기슭

Track 6-8

Q2 请介绍河回假面。

하회탈을 소개하세요.

A 河回假面是现存韩国最古老的传统假面，是罕见的木造假面，被指定为第121号国宝。庆尚北道安东河回地区于12世纪制成的河回假面不仅具有悠久的历史，而且根据主人公性格的不同，以非对称方式表现人物面貌，具有独特的造型美。河回村民们在新年年初的时候，为了祈愿村子的安宁和农事丰收而戴着河回假面举行神巫假面舞游戏。

하회탈은 현존하는 가장 오래된 한국의 전통탈이며 보기 드문 목조탈로, 국보 제121호로 지정되어 있습니다. 경상북도 안동 하회지역에서 12세기에 제작된 하회탈은 유구한 역사를 지녔을 뿐 아니라, 주인공의 성격에 따라 비대칭의 방식으로 인물의 모습을 표현해 독특한 조형미를 지녔습니다. 하회마을 사람들은 새해를 맞이할 때, 마을의 안녕과 농사의 풍작을 지원하면서 하회탈을 쓰고 굿탈놀이를 벌이는 풍습이 있습니다.

단어

- 罕见 hǎnjiàn 형 보기 드물다
- 非对称 fēiduìchèn 비대칭
- 造型美 zàoxíngměi 조형미
- 祈愿 qíyuàn 동 기원하다
- 丰收 fēngshōu 동 풍작을 이루다
- 神巫假面舞游戏 shénwū jiǎmiàn wǔyóuxì 굿탈놀이

05 제주도

Track 6-9

Q1 济州三大火山口是什么?

제주도의 3대 분화구는 무엇인가요?

A 济州三大火山口是汉拿山白鹿潭、城山日出峰和山君不离。
白鹿潭是汉拿山顶部的火山湖。传说在很久以前，神仙们下凡来到汉拿山，骑着白鹿游玩，所以人们就把这里叫做白鹿潭。
城山日出峰是突出于海岸的火山口，位于济州岛东端。外观像是个巨大的城墙一样，在它的顶部观看日出，风景很美。
山君不离是位于济州东南面的低平火山口。其他的火山都被爆发后的岩浆所覆盖堆积而形成，但山君不离的火山口，在火山爆发时，熔岩和火山灰没有喷出，受到岩石保护作用，形成了现在的洞口。这种火山口在韩国只有这一处，世界上也是非常罕见。因为火山口内部的每一部分高度不同，太阳的日照量和日照时间也有所不同，所以这里生长着多种稀有的植物。而且多种野生动物也在这里栖息着，具有很高的学术价值。被韩国指定为天然纪念物第263号。

제주도의 3대 분화구는 한라산 백록담, 성산일출봉과 산굼부리입니다.
백록담은 한라산 꼭대기의 화산호입니다. 오래 전 신선들이 한라산에 내려와 흰 노루를 타고 놀았다는 전설이 있어 백록담이라 부릅니다.
성산일출봉은 해안으로 돌출된 분화구이며, 제주 동쪽 끝에 자리하고 있습니다. 외관이 거대한 성과 같으며, 정상에서 일출을 바라보는 풍경이 아름답기로 유명합니다.
산굼부리는 제주 동남부에 위치한 평지분화구입니다. 다른 화산은 폭발 후 마그마가 덮여 쌓이면서 형성된 것이지만, 산굼부리의 분화구는 화산이 폭발할 때 용암과 화산재가 분출하지 않고 바위가 보호 역할을 하면서, 오늘날과 같은 구멍을 형성했습니다. 이러한 분화구는 한국에서는 유일하며 세계적으로도 보기 드뭅니다. 분화구 내부 각 부분의 고도가 달라 일조량과 일조시간에도 차이가 있기 때문에, 이곳에는 다양한 희귀식물이 생장하고 있습니다. 또한 여러 가지 야생동물이 서식하고 있어 학술적 가치가 매우 높습니다. 천연기념물 제263호로 지정되어 있습니다.

단어

- 白鹿潭 Báilùtán 고유 백록담
- 山君不离 Shānjūnbùlí 고유 산굼부리
- 火山湖 huǒshānhú 명 화산호
- 神仙 shénxiān 명 신선
- 下凡 xiàfán 동 인간세상에 내려오다
- 城墙 chéngqiáng 명 성벽
- 顶部 dǐngbù 명 맨 꼭대기
- 爆发 bàofā 동 폭발하다
- 岩浆 yánjiāng 명 마그마
- 覆盖 fùgài 동 덮다
- 堆积 duījī 동 쌓여 있다
- 熔岩 róngyán 명 용암
- 火山灰 huǒshānhuī 명 화산재
- 喷出 pēnchū 동 분출하다
- 稀有 xīyǒu 형 희소하다
- 野生 yěshēng 명 야생
- 天然纪念物 tiānrán jìniànwù 천연기념물

Track 6-10

Q2 济州岛的三多三无指的是什么?

제주도의 삼다삼무란 무엇인가요?

A 济州岛因为远离内陆，保留着独特的文化，一直以三多三无而有名。三多指的是石头多、风多、女人多。三无指的是没有乞丐、没有小偷、没有大门。

제주도는 내륙에서 멀리 떨어져 있기 때문에 독특한 문화를 간직하고 있으며 '삼다삼무'로 유명합니다. '삼다'란 돌, 바람, 여자가 많음을 뜻하며, '삼무'란 거지, 도둑, 대문이 없음을 의미합니다.

단어
- 内陆 nèilù 명 내륙
- 保留 bǎoliú 동 보존하다
- 乞丐 qǐgài 명 거지

PART 7 기록유산

01 훈민정음

Track 7-1

Q1

请介绍训民正音。

훈민정음을 소개하세요.

A 训民正音是1443年完成，1446年公布的韩国独有的文字体系，也是记录这一韩国语言体系的书籍，可以说是第一本韩文教科书。朝鲜第4代国王世宗大王召集集贤殿的学者们，创制新文字，是因为当时使用的汉字不适合标记我国语言，一般老百姓很难学习和使用，所以创制适合于标记我国语言的新文字，让百姓用我们的文字来简便地表达自己的意思。当时的韩文字母共有28个，现在只使用24个。我们只靠这24个字母，能够标记所有声音。韩文具有科学性、独创性，是世界上最优秀的文字体系。而且在特定时期由特定的人创制新文字，却不受既有文字的影响，成为一个国家通用的文字，这是在全世界绝无仅有的历史性事件。记录韩文体系的训民正音被指定为韩国国宝第70号，1997年也被列为世界记忆遗产。

훈민정음은 1443년에 완성되어 1446년에 공포한 한국의 독자적인 문자체계입니다. 또한 한국어의 체계를 기록한 서적이며, 최초의 한글 교과서라고 말할 수 있습니다. 조선의 제4대왕 세종대왕은 집현전의 학자들을 불러 새로운 문자를 창제했습니다. 당시 사용한 한자는 우리나라 언어를 표기하기에 적합하지 않아 일반 서민들은 배우고 사용하기가 어려웠습니다. 그래서 우리나라 언어를 표기하기에 적합한 새로운 문자를 창제함으로써, 백성들이 우리의 문자로 간편하게 자신의 뜻을 표현할 수 있도록 했습니다. 당시에는 28개의 한글 자모가 있었으나, 지금은 24개만을 사용합니다. 이 24개의 자모만으로 모든 소리를 표기할 수 있습니다. 한글은 과학적이고 독창적인 세계에서 가장 우수한 문자체계입니다. 또한 특정시기 특정인에 의해 새로운 문자가 창제되어, 기존 문자의 영향을 받지 않고 한 나라의 통용문자로 자리잡은 것은 전세계적으로 유례가 없는 역사적 사건입니다. 한글체계를 기록한 훈민정음은 국보 제70호로 지정되었으며, 1997년 세계기록유산에 등재되었습니다.

단어

- 公布 gōngbù 동 공포하다
- 书籍 shūjí 명 서적
- 教科书 jiàokēshū 명 교과서
- 召集 zhàojí 동 소집하다
- 集贤殿 Jíxiándiàn 고유 집현전
- 标记 biāojì 동 표기하다
- 简便 jiǎnbiàn 형 간편하다
- 科学性 kēxuéxìng 과학성
- 独创性 dúchuàngxìng 독창성
- 通用 tōngyòng 동 통용되다
- 绝无仅有 jué wú jǐn yǒu 성 유일무이하다

Q2

Track 7-2

请介绍创制韩文的原理。

한글 창제의 원리를 소개하세요.

A

韩文中辅音的模样模仿了发音时的嘴形和其他发音器官的形状。基本元音利用宇宙中3个基本因素“天、地、人”的形象创造出来。这些辅音和元音拼成一个字，代表一个音。

한글 중 자음의 모양은 발음할 때의 입모양과 다른 발음기관의 형상을 본떠 만들었습니다. 기본 모음은 우주의 세 개 기본 요소인 ‘천, 지, 인’의 이미지를 이용하여 만들어냈습니다. 이들 자음과 모음을 연결해 한 글자를 만들며, 이는 하나의 소리를 대표합니다.

단어

辅音 fǔyīn 명 자음
模仿 mófǎng 동 모방하다
嘴形 zuǐxíng 입모양
器官 qìguān 명 기관
形状 xíngzhuàng 명 형상
形象 xíngxiàng 명 형상
拼成 pīnchéng 붙여 만들다

02 조선왕조의궤

Track 7-3

Q1

班次图是什么?

반차도란 무엇인가요?

A 班次图是仪轨中的一种图画。它描绘了朝鲜时代国家重要活动中，参加的人员按照官阶不同而进行的场面，是一种人员次序排列图。这也是考证当时活动的规模和内容的重要资料。现在的清溪川散步路墙壁上，以壁画的形式重现了正祖大王陵行班次图。它出色地表现当时活动的内容，具有不可替代的作品价值和记录遗产价值。

반차도는 의궤 속 그림의 한 종류입니다. 이것은 조선시대 국가 중요행사 중 참석한 사람들이 관직에 따라 진행하는 장면을 묘사했습니다. 즉 일종의 인원 순서배열도입니다. 이것은 당시 행사의 규모와 내용을 고증하는 중요한 자료이기도 합니다. 현재 청계천 산책로 벽에 벽화형식으로 정조대왕 능행반차도를 재현해 놓았습니다. 이것은 당시 행사의 내용을 탁월하게 표현하였으며, 대신할 수 없는 작품 가치와 기록유산으로서의 가치를 지녔습니다.

단어

- 班次图 Bāncìtú 고유 반차도
- 仪轨 yíguǐ 명 의궤
- 描绘 miáohuì 동 묘사하다
- 官阶 guānjiē 명 관직
- 次序 cìxù 명 순서, 차례
- 考证 kǎozhèng 동 고증하다
- 清溪川 Qīngxīchuān 고유 청계천
- 墙壁 qiángbì 명 벽
- 壁画 bìhuà 명 벽화
- 陵行班次图 Língxíng Bāncìtú 고유 능행반차도
- 不可替代 bùkě tìdài 대체할 수 없다

Track 7-4

Q2

外奎章阁是什么?

외규장각은 무엇인가요?

A 外奎章阁是朝鲜时代国家图书馆奎章阁的分阁。朝鲜第22代国王正祖在江华岛建造国立藏书阁，把宫内的图书馆改称内奎章阁，并在这两处图书馆分开保管王室的重要文件和图书。1866年发生了丙寅洋扰，法军烧毁了外奎章阁和那里收藏的图书，并掠走了其中一部分图书，包括仪轨。这些外奎章阁图书在时隔145年后的2011年，以永久租借的形式，返回到韩国，现收藏在国立中央博物馆。

외규장각은 조선시대 국가도서관 규장각의 분각입니다. 조선 제22대 왕 정조는 강화도에 국립도서관를 설치하고 궁내의 도서관은 내규장각이라 부르며, 이 두 도서관에 왕실의 중요문건과 서적을 나누어 보관했습니다. 1866년 병인양요가 발생하였고, 프랑스군은 외규장각과 그곳에 소장되어 있던 서적을 모두 불태웠습니다. 또한 그중 일부 도서를 약탈해갔는데, 의궤가 포함되어 있었습니다. 이들 외규장각 도서는 145년만인 2011년에 영구 대여의 형식으로 한국으로 돌아왔습니다. 현재 국립중앙도서관에 보관되어 있습니다.

단어

- 外奎章阁 Wàikuízhānggé 외규장각
- 分阁 fēngé 분각
- 藏书阁 cángshūgé 명 장서각
- 改称 gǎichēng 동 명칭을 바꾸다
- 丙寅洋扰 Bǐngyínyángrǎo 고유 병인양요
- 烧毁 shāohuǐ 동 불사르다
- 收藏 shōucáng 동 소장하다
- 掠走 lüèzǒu 약탈해 가다
- 时隔 shígé ~만에
- 租借 zūjiè 동 대여하다

03 팔만대장경

Track 7-5

Q1 高丽末制作八万大藏经有什么意义和价值?

고려 말에 팔만대장경을 제작한 의미와 가치는 무엇인가요?

A 高丽大藏经是13世纪用16年时间雕刻成的现存最全面的汉字大藏经。在受到蒙古的入侵、国土疲惫的情况下，完成的大藏经，足以证明高丽人高贵的信仰和民族精神。尤其是韩国佛教的护国特点很好地体现在此。此外，八万大藏经内容非常庞大，而且无一错漏，具有非常珍贵的价值。

고려대장경은 13세기에 16년에 걸쳐 제작한 현존하는 가장 완벽한 한자대장경입니다. 몽골의 침입을 받아 국토가 피폐해진 상황에서 완성된 대장경은 고려사람들의 고귀한 신앙과 민족정신을 잘 보여줍니다. 특히 한국불교의 호국적 특징이 여기에 잘 나타나 있습니다. 그 밖에 팔만대장경은 내용이 대단히 방대하고 오자나 탈자가 없는 대단히 진귀한 가치를 지녔습니다.

단어
- 雕刻 diāokè 동 조각하다
- 入侵 rùqīn 동 침입하다
- 疲惫 píbèi 형 대단히 피곤하다
- 证明 zhèngmíng 동 증명하다
- 高贵 gāoguì 형 고귀하다
- 民族精神 mínzú jīngshén 민족정신
- 庞大 pángdà 형 방대하다
- 无一错漏 wú yī cuòlòu 착오나 누락이 없다
- 珍贵 zhēnguì 형 진귀하다

Track 7-6

Q2 请介绍海印寺藏经板殿。

해인사 장경판전을 소개하세요.

A 海印寺藏经板殿是存放高丽大藏经木板的地方。作为海印寺内年代最久远的建筑物，显示了古代高超的保存技术。它具有科学而有效的结构。由于其设计十分合理和科学，数百年来完好地保存了高丽大藏经，体现了韩国人祖先惊人的智慧。1995年登记为世界文化遗产。

해인사 장경판전은 고려대장경 목판을 보관하고 있는 장소입니다. 해인사 내에서 가장 오래된 건축물로, 고대의 수준 높은 보존기술을 보여줍니다. 이는 과학적이고 효과적인 구조를 지녔습니다. 매우 합리적이고 과학적인 설계로 수백 년 동안 고려대장경을 잘 보존해왔으며, 그런 점에서 조상의 놀라운 지혜를 잘 보여줍니다. 1995년에는 세계문화유산에 등재되었습니다.

단어
- 存放 cúnfàng 동 놓아 보관하다
- 久远 jiǔyuǎn 형 멀고 오래다
- 高超 gāochāo 형 출중하다
- 体现 tǐxiàn 동 구현하다
- 祖先 zǔxiān 명 선조, 조상
- 登记为 dēngjì wéi ~로 등재하다

PART 8 무형유산

01 판소리

Track 8-1

Q1 现在流传下来的盘索里5大经典作品是什么?

현재 전해지는 판소리 다섯 마당은 무엇인가요?

A 现在流传下来的盘索里5大经典作品有春香歌、沈清歌、兴夫歌、赤壁歌、水宫歌等。春香歌讲述了妓女的女儿成春香和官僚子弟李梦龙之间的爱情故事，被评为盘索里五大经典作品中文学艺术价值最高的作品。沈清歌的主要内容为贫穷的沈清为了祈求恢复父亲眼睛光明，不得不拿自己的生命作为贡献给龙王的祭品来交换供养米。龙王被沈清的孝心所感动，不仅救了沈清，还让他们父女俩再度重逢。这个故事强调要孝敬父母。兴夫歌讲述了有钱却黑心的哥哥和贫穷但善良的弟弟兄弟之间的故事。故事强调“善有善报，恶有恶报”的道理。赤壁歌是改编自中国著名小说《三国演义》的作品。水宫歌讲述了为取兔子肝治龙王的疾病而来到陆地的海鳖的故事。

현재 전해지는 판소리 다섯 마당은 춘향가, 심청가, 흥부가, 적벽가, 수궁가입니다. 춘향가는 기생의 딸인 성춘향과 관료의 자제인 이몽룡 사이의 사랑 이야기를 다루었으며, 판소리 다섯 마당 중에서도 문학예술 가치가 가장 높은 작품으로 평가 받습니다. 심청가에서 가난한 심청은 아버지의 눈을 뜨게 하려고 자신의 목숨을 용왕의 제물로 바쳐 공양미와 바꿉니다. 용왕은 심청의 효심에 감동하여, 심청을 구하고 부녀를 다시 상봉하게 해줍니다. 이 이야기는 부모에 대한 효를 강조합니다. 흥부가는 부자이지만 심보가 고약한 형과 가난하지만 마음씨 고운 아우의 형제 간의 이야기를 다루었습니다. 이 이야기는 '권선징악'의 이치를 강조했습니다. 적벽가는 중국의 유명한 소설『삼국연의』를 각색한 작품입니다. 수궁가는 용왕의 병을 고치기 위해 토끼의 간을 얻으려고 육지에 온 자라의 이야기입니다.

단어

- 春香歌 Chūnxiānggē 고유 춘향가
- 沈清歌 Shěnqīnggē 고유 심청가
- 兴夫歌 Xīngfūgē 고유 흥부가
- 赤壁歌 Chìbìgē 고유 적벽가
- 水宫歌 Shuǐgōnggē 고유 수궁가
- 妓女 jìnǚ 명 기생
- 官僚 guānliáo 명 관료
- 李梦龙 Lǐ Mènglóng 고유 이몽룡
- 贫穷 pínqióng 형 가난하다
- 恢复 huīfù 동 회복하다
- 贡献 gòngxiàn 동 바치다
- 祭品 jìpǐn 명 제물
- 供养米 gōngyǎngmǐ 명 공양미
- 重逢 chóngféng 동 다시 만나다
- 孝敬 xiàojìng 동 웃어른을 잘 섬기고 공경하다
- 改编自 gǎibiānzì ~에서 각색되다
- 三国演义 Sānguó Yǎnyì 고유 삼국연의
- 肝 gān 명 간
- 海鳖 hǎibiē 명 자라

Track 8-2

Q2 盘索里和中国京剧，请做个比较。

판소리와 중국의 경극을 비교하세요.

A 盘索里和京剧是韩中两国的传统音乐剧，各有自己的特色。韩国的盘索里的传播是从下到上的顺序，是民间老百姓创造的。主要以全罗道为中心传播到全国。这是一位清唱家根据鼓点边唱边表演的单人歌剧，只配以大鼓的演奏。与此相比，中国的京剧是从上到下传播的。以北京为中心传播到全国，发展成为中国的国剧。表演者装扮得非常华丽，在表演者的脸上涂上某种颜色来象征这个人的性格和角色，而且有二胡、月琴、鼓板等多种管弦乐器和打击乐器进行伴奏。

판소리와 경극은 한중 두 나라의 전통 음악극이며, 저마다의 특징이 있습니다. 한국의 판소리는 아래에서 위로 전파되었으며, 서민이 만들어낸 문화입니다. 주로 전라도를 중심으로 전국으로 퍼졌습니다. 판소리는 소리꾼이 북장단에 맞추어 노래를 하며 공연하는 1인 창극이며, 큰북만이 연주에 사용됩니다. 이에 비해, 중국의 경극은 위에서 아래로 전파되었습니다. 베이징을 중심으로 전국에 전해지며, 중국의 국극으로 발전했습니다. 배우의 분장이 매우 화려하며 배우 얼굴의 다양한 색깔은 인물의 성격과 역할을 상징합니다. 또한 얼후, 월금, 고판 등 다양한 관현악기와 타악기로 반주를 진행합니다.

단어

- 传播 chuánbō 동 전파하다
- 鼓点 gǔdiǎn 명 가락
- 配以 pèiyǐ 곁들이다
- 大鼓 dàgǔ 명 큰북
- 演奏 yǎnzòu 동 연주하다
- 国剧 guójù 명 국극
- 装扮 zhuāngbàn 동 꾸미다
- 涂上 túshang 동 칠하다
- 二胡 èrhú 명 얼후
- 月琴 yuèqín 명 월금
- 鼓板 gǔbǎn 명 고판
- 管弦乐器 guǎnxián yuèqì 명 관현악기
- 打击乐器 dǎjī yuèqì 명 타악기
- 伴奏 bànzòu 명 반주

02 아리랑

Track 8-3

Q1

请讲阿里郎的由来。

아리랑의 유래를 설명하세요.

A 关于阿里郎的由来有几种说法。有人说阿里郎的发音起源于"我离郎"，表达的是与情人离别的意思。有人说是源自在庆尚道地区流传的民间故事"阿娘传说"中。又有人说是为了赞美新罗始祖朴赫居世的夫人阏英而作的歌谣。

아리랑의 유래에 관해 몇 가지 설이 있습니다. 혹자는 아리랑의 발음이 '아리랑(我离郎)'에서 유래했으며, 연인과의 이별을 뜻한다고 말합니다. 또 어떤 이는 경상도 지역에서 전해지는 '아랑의 전설'에서 비롯되었다고도 합니다. 신라 시조 박혁거세의 부인 알영을 찬미하기 위해 지어 부른 노래라는 주장도 있습니다.

단어

- 源自 yuánzì ~에서 발원하다
- 阿娘 Āniáng 고유 아랑
- 赞美 zànměi 동 찬미하다
- 朴赫居世 Piáo Hèjūshì 고유 박혁거세
- 阏英 Èyīng 고유 알영
- 歌谣 gēyáo 명 노래

Track 8-4

Q2

韩国的三大传统阿里郎是什么？请做个比较。

한국의 3대 전통 아리랑은 무엇인가요? 비교해 보세요.

A 韩国三大传统阿里郎指的是江原道的"旌善阿里郎"、庆尚道地区的"密阳阿里郎"、全罗道地区的"珍岛阿里郎"。从曲调上，旌善《阿里郎》最具代表性，苦涩中带着平和，珍岛《阿里郎》充满委婉的幽默和积极的比喻，密阳《阿里郎》则融汇着平民生活的豪放和情趣。

한국의 3대 전통 아리랑은 강원도의 '정선아리랑', 경상도의 '밀양아리랑', 전라도의 '진도아리랑'입니다. 곡조를 보자면 정선아리랑은 가장 대표적인 것으로, 고단함 속에 평온함이 묻어 있습니다. 진도아리랑은 완곡한 유머와 적극적인 비유로 가득합니다. 밀양아리랑은 서민들의 삶에서 느껴지는 호방함과 정취를 표현하고 있습니다.

단어

- 旌善 Jīngshàn 고유 정선
- 密阳 Mìyáng 고유 밀양
- 珍岛 Zhēndǎo 고유 진도
- 曲调 qǔdiào 명 곡조
- 苦涩 kǔsè 형 괴롭다
- 平和 pínghé 형 평온하다
- 委婉 wěiwǎn 형 완곡하다
- 幽默 yōumò 형 유머러스한
- 融汇 rónghuì 동 융합하다
- 豪放 háofàng 형 호방하다
- 情趣 qíngqù 명 정취

03 처용무

Track 8-5

Q1 请介绍韩国的宫廷舞蹈。

한국의 궁중무용을 소개하세요.

A 宫廷舞蹈指的是在宫中宴会或招待贵宾的盛宴时表演的舞蹈。主要是赞扬王室的尊严、威严的内容。舞者的服饰非常华丽，很有艺术性。舞姿很典雅，有神秘感。最著名的宫廷舞蹈有处容舞、剑舞、鹤舞等。

궁중무용이란 궁중에서 연회를 베풀거나 귀한 손님을 대접할 때 공연하는 무용입니다. 주로 왕실의 존엄, 위엄을 찬양하는 내용입니다. 의상이 매우 화려하여 예술성이 높습니다. 무용의 자세 또한 우아하여 신비감을 줍니다. 가장 유명한 궁중무용으로는 처용무, 검무, 학무 등이 있습니다.

단어

- 招待 zhāodài 동 접대하다
- 贵宾 guìbīn 명 귀빈
- 盛宴 shèngyàn 명 성대한 연회
- 赞扬 zànyáng 동 찬양하다
- 尊严 zūnyán 명 존엄
- 威严 wēiyán 명 위엄
- 服饰 fúshì 명 복식
- 舞姿 wǔzī 명 무용의 자태
- 典雅 diǎnyǎ 형 우아하다

Track 8-6

Q2 古代人们为什么把处容的画像贴在门上呢?

고대 사람이 처용의 그림을 문에 붙인 이유는 무엇인가요?

A 这是用来驱逐恶鬼的意思。这种风俗来自处容的传说。据传说，处容是东海龙王的儿子。有一天深夜回家，看到了传染疾病的疫神与太太一起睡觉，可处容不仅没有大怒，也没有责怪疫神与太太，而是自己编制一首歌曲唱起来。这时，处容唱的歌是处容歌，跳的舞是处容舞。对此深感吃惊的疫神跪下来请求处容饶恕自己，并发誓今后绝不会出现在处容所在的地方。从此以后，人们就开始把处容的画像贴在门上用来驱邪。

이는 귀신을 쫓는 의미입니다. 이 풍습은 처용의 전설에서 비롯되었습니다. 전설에 따르면, 처용은 동해 용왕의 아들입니다. 어느 날 깊은 밤 집에 돌아왔을 때 병을 옮기는 역신과 아내가 함께 자고 있는 것을 본 처용은 화를 내거나 역신과 아내를 질책하기는커녕 도리어 노래를 지어 불렀습니다. 이때 처용이 부른 노래가 처용가이고, 춘 춤이 처용무입니다. 이에 놀란 역신은 무릎을 꿇고 처용에게 용서를 구하며 앞으로는 처용이 있는 곳에는 절대 나타나지 않겠노라고 맹세했습니다. 이때 이후로 사람들은 액운을 막기 위해 처용의 그림을 문에 붙이기 시작했습니다.

단어

- 龙王 Lóngwáng 명 용왕
- 深夜 shēnyè 명 심야
- 传染 chuánrǎn 동 전염시키다
- 疫神 yìshén 명 역신
- 责怪 zéguài 동 원망하다
- 编制 biānzhì 동 엮어 짜다
- 深感 shēngǎn 동 깊이 느끼다
- 饶恕 ráoshù 동 용서하다
- 发誓 fāshì 동 맹세하다
- 画像 huàxiàng 명 화상, 그림
- 驱邪 qūxié 동 악귀를 쫓다

04 종묘제례와 종묘제례악

Track 8-7

Q1 宗庙大祭什么时候举行?

종묘대제는 언제 거행하나요?

A 朝鲜时代举行的宗庙祭礼有定时祭、临时祭和荐新祭。定时祭每年举行5次，一般在春、夏、秋、冬四季之首的1、4、7、10月和腊月举行。临时祭在国家有喜事或祸事的时候举行。根据季节，还举行荐新祭，向祖先供奉当年的谷物和水果。宗庙大祭在日本强占期一度被中断，现在每年5月和11月由继承朝鲜王朝血统的全州李氏后孙们举行。

조선시대에 거행한 종묘제례는 정시제, 임시제와 천신제가 있습니다. 정시제는 매년 다섯 차례 거행하며, 일반적으로 봄, 여름, 가을, 겨울의 첫 달인 1, 4, 7, 10월과 그믐달에 거행합니다. 임시제는 나라에 경사나 흉사가 있을 때 행합니다. 계절에 따라 천신제를 지내 조상께 그 해의 곡물과 과일을 올렸습니다. 종묘대제는 일제강점기에 일시적으로 중단되었다가, 현재는 해마다 5월과 11월에 조선왕조 혈통을 계승한 전주 이씨 자손들이 거행합니다.

단어

定时祭 dìngshíjì 정시제
临时祭 línshíjì 임시제
荐新祭 jiànxīnjì 천신제
腊月 làyuè 명 섣달
喜事 xǐshì 명 경사
祸事 huòshì 명 흉사
供奉 gòngfèng 동 바치다
继承 jìchéng 동 계승하다
血统 xuètǒng 명 혈통

Track 8-8

Q2 宗庙祭礼乐的内容是什么?

종묘제례악의 내용은 무엇인가요?

A 宗庙祭礼乐来源于世宗大王谱曲的《保太平》和《定大业》，这原来是宫中宴会时演奏的宫廷音乐。后来在世祖时代补充祭礼所需的乐曲，并正式被定为宗庙祭礼乐。

《保太平》和《定大业》歌曲简练雄壮，其内容是赞颂祖先的业绩、祈愿王室的繁荣。在演奏祭礼乐的过程中还有“文舞”和“武舞”的表演。“文舞”是颂扬文德的舞蹈，舞者伴着《保太平》的乐曲，手持着笛。“武舞”是赞颂武功的舞蹈，舞者伴着《定大业》的乐曲，手持着木制剑和枪、弓、箭。

종묘제례악은 세종대왕이 작곡한 '보태평'과 '정대업'에서 비롯되었습니다. 원래 궁중 연회 때 연주한 궁중음악이었는데, 훗날 세조 때 제례악에 필요한 악곡이 보충되어 정식으로 종묘제례악으로 정해졌습니다.

'보태평'과 '정대업'은 간결하면서도 웅장하며 조상의 업적을 찬양하고 황실의 번영을 기원하는 내용입니다. 제례악을 연주하면서 '문무'와 '무무'의 공연도 함께 이루어집니다. '문무'는 문덕을 찬양하는 무용이며 '보태평'에 맞추어 손에 피리를 들고 공연합니다. '무무'는 무공을 찬양하는 무용이며 '정대업'에 맞추어 손에 검, 창, 활, 화살을 들고 공연합니다.

단어

谱曲 pǔqǔ 동 작곡하다
简练 jiǎnliàn 형 간결하고 세련되다
雄壮 xióngzhuàng 형 웅장하다
赞颂 zànsòng 동 찬양하다
颂扬 sòngyáng 동 찬양하다
文德 wéndé 명 문덕
舞蹈 wǔdǎo 명 춤
伴着 bànzhe 곁들여, 곁들여 맞추어
笛 dí 명 피리
羽毛 yǔmáo 명 깃털
武德 wǔdé 명 무덕
剑 jiàn 명 칼
枪 qiāng 명 총, 창
弓 gōng 명 활
箭 jiàn 명 화살

PART 9 한국음식

01 음식문화

Track 9-1

Q1

韩国有哪些著名的乡土饮食?

한국의 유명한 향토음식에는 어떤 것들이 있나요?

A 全州的拌饭、江原道的鱿鱼米肠、济州的烤带鱼和炖带鱼等。这些菜不仅具有当地文化的特点，而且从营养来说也有很大的意义。

전주의 비빔밥, 강원도의 오징어순대, 제주도의 갈치구이와 갈치찜 등이 있습니다. 이들 음식은 현지문화의 특징을 지녔을 뿐 아니라 영양적으로도 의미가 큽니다.

단어

- 拌饭 bànfàn 비빔밥
- 鱿鱼米肠 yóuyú mǐcháng 오징어순대
- 烤方头鱼 kǎofāngtóuyú 옥돔구이
- 炖带鱼 dùndàiyú 갈치찜

Track 9-2

Q2

可供外国人享用的韩餐有哪些?

외국인에게 추천할 만한 한국음식에는 어떤 것이 있나요?

A 烤肉、拌饭、参鸡汤等韩国美食，味道清淡，营养丰富，都是外国游客喜爱的韩餐。

以牛肉为主要材料的烤肉是韩餐中最受欢迎的料理。将牛肉放进调味料里浸泡之后，再加上洋葱和蘑菇一起烤制。参鸡汤是将整只鸡放在肉汤内煮熟食用的。因为在里面放糯米、蒜、枣、银杏、栗子等有益于身体健康的材料，可以说是健康食品。此外，将各种蔬菜和米饭混合在一起食用的拌饭也是深受外国游客喜爱的韩餐之一。

불고기, 비빔밥, 삼계탕 등 한국 음식은 맛이 담백하고 영양이 풍부하여 외국인 관광객에게 사랑 받는 한식입니다.

소고기를 주재료로 하는 불고기는 한식 가운데 가장 인기가 좋은 요리입니다. 소고기를 양념에 재워 두었다가 양파와 버섯을 넣어 함께 구워 먹습니다. 삼계탕은 닭 한 마리를 육수에 넣고 삶아 먹는 요리입니다. 안에 찹쌀, 마늘, 대추, 은행, 밤 등 몸에 좋은 재료를 넣기 때문에 건강식이라고 말할 수 있습니다. 그 외에 각종 채소와 밥을 한데 넣어 먹는 비빔밥 역시 외국 관광객에게 환영 받는 한식 중 하나입니다.

단어

- 烤肉 kǎoròu 불고기
- 参鸡汤 shēnjītāng 삼계탕
- 清淡 qīngdàn 형 담백하다
- 调味料 tiáowèiliào 명 조미료
- 浸泡 jìnpào 동 담그다
- 洋葱 yángcōng 명 양파
- 蘑菇 mógu 명 버섯
- 煮熟 zhǔshú 동 익히다
- 糯米 nuòmǐ 명 찹쌀
- 蒜 suàn 명 마늘
- 枣 zǎo 명 대추
- 银杏 yínxìng 명 은행
- 栗子 lìzi 명 밤
- 混合 hùnhé 동 혼합하다

02 김치

Track 9-3

Q1 韩国人为什么吃泡菜?

한국인은 왜 김치를 먹을까요?

A 从史前时代开始，韩半岛的农耕文化就很发达，以米饭等碳水化合物为主食，当时人们发现用盐腌制的蔬菜有助于消化，所以就有了后来的泡菜。还有一种说法是，因为古代时冬天没什么蔬菜，人们为了摄取营养，开始把蔬菜腌制保管，这是泡菜的起源。

선사시대부터 한반도에는 농경문화가 발달하여 쌀밥 등 탄수화물을 주식으로 삼았습니다. 당시 사람들은 소금에 절인 채소가 소화에 도움이 되는 것을 발견하였고, 훗날 김치로 발전했습니다. 또한 고대에는 겨울에 채소를 구하기가 어려워 영양을 섭취하기 위해 채소를 절여서 보관하기 시작했는데, 이것이 김치의 기원이 되었다는 설도 있습니다.

단어

史前时代 shǐqián shídài 명 선사시대
农耕 nónggēng 동 농경하다
碳水化合物 tànshuǐhuàhéwù 명 탄수화물
有助于 yǒuzhù yú ~에 도움이 되다
消化 xiāohuà 동 소화하다
摄取 shèqǔ 동 섭취하다

Track 9-4

Q2 韩国的泡菜和日本的Kimuchi有什么不同?

한국의 김치와 일본의 기무치는 어떤 차이가 있나요?

A 韩国的泡菜和日本的Kimuchi不同，多使用辣椒粉、蒜、鱼露等调料，辣味较重。韩国泡菜最重要的阶段是自然发酵。与此相比，日本的Kimuchi调料用得不多，去掉辣味，强调甜味和酸味，不经过自然发酵，而直接放醋来做出酸味。

한국의 김치는 일본의 기무치와 달리 고춧가루, 마늘, 액젓 등 양념을 많이 쓰고 매운 맛이 강합니다. 한국 김치의 가장 중요한 단계는 자연발효입니다. 이에 비해, 일본의 기무치는 양념을 많이 쓰지 않고 매운 맛을 없애 단맛과 신맛을 강조했습니다. 또한 자연발효를 거치지 않고 직접 식초를 넣어 신맛을 냅니다.

단어

辣椒粉 làjiāofěn 명 고춧가루
蒜 suàn 명 마늘
鱼露 yúlù 명 액젓
调料 tiáoliào 명 조미료
阶段 jiēduàn 명 단계
发酵 fājiào 명 발효
去掉 qùdiào 동 없애 버리다
强调 qiángdiào 동 강조하다

PART 10 특수관광

01 관광과 가이드

Track 10-1

Q1 为什么说导游是民间外交官?

가이드를 민간외교관이라고 부르는 이유는 무엇인가요?

A 游客通过一个导游来判断一个国家和城市的形象。从外地来的游客从一个导游的身上，感受到当地人们的精神风貌，了解到当地的风土人情。 因此，导游可以说是国家的代表，也被说成是民间外交官。

관광객은 가이드를 통해 한 나라와 도시의 이미지를 판단합니다. 외지에서 온 관광객은 한 가이드로부터 그 지역 사람들의 정신적 면모를 느끼고, 현지의 풍토와 인정을 파악합니다. 이 때문에 가이드는 한 나라의 대표라 할 수 있으며, 민간외교관이라 부릅니다.

단어
- 形象 xíngxiàng 명 인상, 이미지
- 风土人情 fēngtǔ rénqíng 명 지방의 특색과 풍습
- 民间外交官 mínjiān wàijiāoguān 민간외교관

Track 10-2

Q2 导游要具备哪方面的素质?

가이드는 어떤 자질을 갖추어야 하나요?

A 首先，要有热爱国家和社会的思想观念。第二，要精通外语并应有良好的韩语表达能力。第三，要有渊博的知识。必须掌握韩国的历史地理等多方面的知识。第四，导游要合理安排旅游日程，并妥善处理旅途中可能出现的一切问题。因此，需要独立工作能力。第五，要身心健康。导游是个非常辛苦的工作，没有健康，就根本承担不了。最后，仪表要端庄，谈吐要文雅。这样才能获得游客的信赖。

우선, 나라와 사회를 사랑하는 사상관념을 지녀야 합니다. 둘째, 외국어에 능통하고 한국어 표현능력이 양호해야 합니다. 셋째, 해박한 지식을 갖추어야 합니다. 한국의 역사, 지리 등 다방면의 지식을 갖추어야 합니다. 넷째, 가이드는 여행일정을 합리적으로 안배하고 일정 중 발생할 수 있는 모든 문제를 적절히 처리할 수 있어야 합니다. 때문에 독립적인 업무능력이 필수적입니다. 다섯째, 심신이 건강해야 합니다. 가이드는 매우 고단한 직업이므로 건강하지 않으면 수행할 수 없습니다. 마지막으로, 용모가 단정하고 말투도 교양 있어야 합니다. 그래야만 관광객의 신뢰를 얻을 수 있습니다.

단어
- 精通 jīngtōng 동 정통하다
- 渊博 yuānbó 형 박식하다
- 掌握 zhǎngwò 동 숙달하다
- 妥善 tuǒshàn 형 타당하다
- 承担 chéngdān 동 맡다
- 仪表 yíbiǎo 명 용모
- 端庄 duānzhuāng 동 단정하고 장중하다
- 谈吐 tántǔ 명 말씨, 말투
- 文雅 wényǎ 형 품위가 있다

02 의료관광

Track 10-3

Q1

韩国发展成为医疗观光大国的理由是什么?

한국이 의료관광대국으로 성장한 이유는 무엇인가요?

A

韩国医疗技术水平高，拥有最先进的医疗设施和优秀团队，并形成了系统、迅速的检查和治疗体系。而且，韩国医院提供高质量的医疗服务。为了满足日益增加的外国人患者的需求，各大医院正扩展服务内容，为外国客人提供翻译服务。

한국은 의료기술 수준이 높고 선진적인 의료시설과 우수한 의료진을 보유하고 있을 뿐 아니라, 체계적이고 신속한 검사 및 치료시스템을 갖추고 있습니다. 또한 한국 병원은 높은 수준의 의료서비스를 제공합니다. 날로 증가하는 외국인 환자의 수요에 부응하기 위해, 각 병원은 서비스 내용을 확대하고 있으며 외국인 환자를 위한 통역 서비스를 제공합니다.

단어

系统 xìtǒng 명 계통, 체계
迅速 xùnsù 형 신속하다
检查 jiǎnchá 동 검사하다
治疗 zhìliáo 동 치료하다
体系 tǐxì 명 체계
日益 rìyì 부 날로
扩展 kuòzhǎn 동 확장하다
翻译 fānyì 동 통역하다, 번역하다

Track 10-4

Q2

为了韩国医疗观光的进一步发展，需要哪方面的努力?

한국 의료관광이 더욱 발전하기 위해 어떤 노력이 필요한가요?

A

首先，要提供客观、正确的医疗信息，以免患者被广告或中介人所迷惑，选错医疗机关。第二，建立综合性医疗中心，让患者在接受治疗后，方便地享受旅游和休闲的乐趣。第三，多培养具备医学知识的翻译和医疗观光协调员，让患者听取有关手术的详细解释并予以同意，以妥善解决以后可能发生的投诉或医疗纠纷等问题。

우선 객관적이고 정확한 의료정보를 제공하여 환자가 광고나 에이전트에 의해 현혹되어 의료기관을 잘못 선택하는 일이 없도록 해야 합니다. 둘째, 종합 의료센터를 건립하여 환자들이 진료를 받고 나서 더욱 편리하게 여행과 휴식을 누리도록 해야 합니다. 셋째, 의학지식을 갖춘 통역사와 의료관광 코디네이터를 육성하여 환자들이 수술에 관한 상세한 설명을 듣고 동의함으로써 추후 발생 가능한 소송이나 분쟁 등 문제를 적절히 해결할 수 있도록 합니다.

단어

中介人 zhōngjièrén 명 중개인
迷惑 míhuò 동 미혹되다
选错 xuǎncuò 동 잘못 고르다
医疗观光协调员 yīliáo guānguāng xiétiáoyuán 의료관광 코디네이터
听取 tīngqǔ 동 청취하다
解释 jiěshì 동 해석하다
予以 yǔyǐ ~을 주다
妥善 tuǒshàn 동 나무랄 데 없다
投诉 tóusù 동 고소하다
纠纷 jiūfēn 명 다툼, 분쟁

03 생태관광

Track 10-5

Q1

韩国拥有的拉姆萨尔湿地有哪些?

한국이 보유한 람사르습지는 어느 곳이 있나요?

A 到2016年1月为止，韩国拥有的拉姆萨尔湿地总共有21处。韩国最早的拉姆萨尔湿地是位于江原道麟蹄郡的龙沼，它也是韩国海拔高度最高的拉姆萨尔湿地。全罗南道顺天湾是世界5大沿岸湿地之一。栗岛是唯一在首都地区的拉姆萨尔湿地。此外，还有牛浦沼、松岛滩涂等。

2016년 1월 현재, 한국이 보유한 람사르습지는 총 21곳입니다. 한국 최초의 람사르습지는 강원도 인제군에 위치한 용늪입니다. 이곳은 한국에서 해발고도가 가장 높은 람사르습지이기도 합니다. 전라남도 순천만은 세계 5대 연안습지 중 하나입니다. 밤섬은 유일하게 수도권 지역에 위치한 람사르습지입니다. 그 밖에 우포늪, 송도갯벌 등이 있습니다.

단어
- 拉姆萨尔湿地 Lāmǔsà'ěr shīdì 람사르습지
- 麟蹄郡 Líntíjùn 고유 인제군
- 龙沼 Lóngzhǎo 고유 용늪
- 顺天湾 Shùntiānwān 고유 순천만
- 栗岛 Lìdǎo 고유 밤섬
- 松岛 Sōngdǎo 고유 송도

Track 10-6

Q2

什么叫生态观光?

무엇을 생태관광이라고 부르나요?

A 生态观光是指以独特的生态环境和清净的自然景观为主要吸引物，在生态环境没有破坏的条件下进行的旅游。这种旅游具有保护自然环境和维护当地人生活的双重责任，促进游客对自然、生态的理解和学习，提高对生态环境的责任感。

생태관광이란 독특한 생태환경과 깨끗한 자연경관을 주요 대상으로 하여 생태환경이 파괴되지 않는 조건에서 행하는 여행을 말합니다. 이러한 여행은 자연환경을 보호하고 현지인의 생활을 보호하는 두 가지 책임이 있으며, 자연과 생태를 이해하고 학습할 수 있는 기회이자, 생태환경에 대한 책임감을 높이는 계기가 됩니다.

단어
- 清净 qīngjìng 형 청정하다
- 破坏 pòhuài 동 파괴하다
- 维护 wéihù 동 지키다
- 双重 shuāngchóng 형 이중의
- 促进 cùjìn 동 촉진하다

04 마이스관광

Track 10-7

Q1 奖励旅游有什么特点?

포상관광의 특징은 무엇인가요?

A 首先，一些大型会议和博览会能提高会议所在城市的知名度。其次，参加会展人员的费用由公司负担。所以与普通个人游客相比，奖励旅游游客消费更大。而且，会期一般有三至五天，停留时间较长，对目的地城市的经济拉动作用很强劲。第三，出行受季节影响小。有不少旅游地利用举办会议和奖励旅游有效地调节本地旺季与淡季客源的不平衡。

우선, 대형회의와 전시회는 개최도시의 지명도를 높입니다. 둘째, 회의나 전시 참가자의 비용을 회사에서 부담하기 때문에, 일반적인 개인 관광객에 비해 포상관광 관광객은 소비력이 큽니다. 또한 보통 3~5일에 이르는 비교적 긴 체류 시간으로 말미암아 목적지에 대한 경제적 부양효과도 큽니다. 셋째, 계절적 영향이 크지 않습니다. 회의나 포상관광을 통해 관광 성수기와 비수기 관광객 수의 불균형을 효과적으로 조절하는 관광지가 많습니다.

단어

- 知名度 zhīmíngdù 명 지명도
- 统计 tǒngjì 동 합산하다
- 会期 huìqī 명 회기, 회의 기간
- 停留 tíngliú 동 머물다
- 拉动 lādòng 동 촉진하다
- 强劲 qiángjìng 동 세다
- 出行 chūxíng 동 외출하다
- 旺季 wàngjì 명 성수기
- 淡季 dànjì 명 비수기
- 客源 kèyuán 명 소비하러 오는 관광객 수, 고객의 원천
- 平衡 pínghéng 형 균형이 맞다

Track 10-8

Q2 韩国有哪些有名的会展中心?

한국의 대표적인 컨벤션센터는 어떤 곳이 있나요?

A 韩国会展中心(Coex)位于韩国首都首尔的江南地区，是名副其实的韩国首屈一指的尖端会展中心。京畿道规模最大的展览馆是韩国国际会展中心(KINTEX)，位于京畿道高阳市。此外，还有釜山国际会展中心(BEXCO)，济州岛国际会展中心(ICC)等。

코엑스는 한국의 수도 서울 강남 지역에 위치하는 한국의 손꼽히는 첨단 컨벤션센터입니다. 경기도 최대 규모를 자랑하는 전시관은 킨텍스로, 경기도 고양시에 위치합니다. 그 밖에 부산 벡스코, 제주 국제 컨벤션센터 등이 있습니다.

단어

- 名副其实 míng fù qí shí 명실상부하다
- 首屈一指 shǒu qū yì zhǐ 성 손꼽히다, 으뜸가다
- 尖端 jiānduān 명 첨단

05 안보관광

Track 10-9

Q1

请说一下韩国著名的安保观光地。

한국의 유명한 안보관광지를 소개하세요.

A

著名的安保观光地有板门店、临津阁、地道、统一展望台等。

板门店是1953年签署停战协定的历史场所。临津阁是为了祈愿南北和平统一而于1972年修建的。休战线附近还有4个地道被发现。这是北韩为了袭击南韩而开凿的隧道，如今成为著名的安保观光地。著名的统一展望台有高城展望台、乌头山展望台、都罗山展望台、江华展望台等。

유명한 안보관광지에는 판문점, 임진각, 땅굴, 통일전망대 등이 있습니다. 판문점은 1953년 정전협정을 체결한 역사적 장소입니다. 임진각은 남북 평화통일을 기원하는 뜻으로 1972년에 건립했습니다. 휴전선 부근에서는 4개의 땅굴이 발견되었습니다. 이는 북한이 남한을 침략하기 위해 판 땅굴이며, 오늘날 유명한 안보관광지가 되었습니다. 유명한 통일전망대로는 고성 전망대, 오두산 전망대, 도라산 전망대, 강화 전망대 등이 있습니다.

단어

- 板门店 Bǎnméndiàn 고유 판문점
- 地道 dìdào 명 땅굴
- 统一展望台 Tǒngyī Zhǎnwàngtái 고유 통일전망대
- 签署 qiānshǔ 동 정식 서명하다
- 停战协定 tíngzhàn xiédìng 정전협정
- 祈愿 qíyuàn 동 희망하다
- 袭击 xíjī 동 기습하다
- 开凿 kāizáo 동 뚫다
- 隧道 suìdào 명 굴
- 高城 Gāochéng 고유 고성
- 乌头山 Wūtóushān 고유 오두산
- 都罗山 Dūluóshān 고유 도라산

Track 10-10

Q2

DMZ和PLZ的区别是什么?

DMZ와 PLZ의 차이는 무엇인가요?

A DMZ是非武装地带，PLZ是和平生命地带。非武装地带DMZ指的是根据1953年的南北停战协定， 南北任何一方都不能进入其内的地域。韩国战争结束时，以休战线为中心，南北各撤退2公里的区域，作为南北韩之间的缓冲地带。DMZ将南北一分为二，成为世界唯一的国家分离的象征。长期受到封锁的DMZ，生态环境保存得很好，变成了一个象征着和平与生命的"和平生命地带"，简称为PLZ。目前，多种稀贵动植物栖息在这里。PLZ包括京畿道、仁川市、江原道的部分地区。

DMZ는 비무장지대, PLZ는 평화생명지대를 말합니다. 비무장지대 DMZ란 1953년의 남북 정전협정에 근거하여 남북 모두 진입이 금지된 구역을 말합니다. 한국전쟁이 종식되면서 휴전선을 중심으로 남북은 각각 2km씩 물러난 구역을 남북한 간의 완충지대로 삼았습니다. DMZ는 남북을 둘로 갈라 세계에서 유일한 국가 분단의 상징이 되었습니다. 오랫동안 봉쇄된 DMZ는 생태환경이 잘 보존되어 평화와 생명을 상징하는 '평화생명지대'가 되었으며, 이를 PLZ라고 약칭합니다. 현재 다양한 희귀 동식물이 이곳에서 서식합니다. PLZ는 경기도, 인천, 강원도의 일부 지역을 포함합니다.

단어

非武装地带 fēiwǔzhuāng dìdài 비무장지대
禁止 jìnzhǐ 동 금지하다
分裂 fēnliè 동 분열하다
象征 xiàngzhēng 동 상징하다
踏足 tàzú 동 발을 들여놓다
野生 yěshēng 형 야생의
栖息 qīxī 동 서식하다
瞩目 zhǔmù 동 눈여겨보다

06 한류관광

Track 10-11

Q1 韩流是什么?

한류란 무엇인가요?

A 韩流是指韩国文化在世界范围内广泛盛行的潮流。这种文化现象从上世纪90年代中后期在中国等东亚地区开始出现。韩流不仅包括电视剧、电影、歌曲等流行文化，还包括对韩国文化的整体关注。

한류란 한국 문화가 세계적으로 널리 유행하는 흐름을 가리킵니다. 이러한 문화 현상은 지난 90년대 중후반부터 중국 등 동아시아 지역에서 등장하기 시작했습니다. 한류현상은 TV드라마, 영화, 노래 등 대중 문화뿐 아니라 한국 문화에 대한 전반적인 관심을 포함합니다.

단어

广泛 guǎngfàn 형 광범하다
盛行 shèngxíng 동 성행하다
潮流 cháoliú 명 추세
关注 guānzhù 동 주시하다

Track 10-12

Q2 反韩流是什么? 其原因是什么?

반한류란 무엇인가요? 그 원인은 무엇인가요?

A 最近一些国家出现了反对韩流的声音，这就是所谓的反韩流。发生反韩流现象的一个原因是国家之间文化交流的不均衡。单向的交流久而久之只能引起对韩流的反感。还有，历史和文化方面的纠纷也影响韩流的发展。比如，一些文化遗产的登陆问题、东北工程问题等，都有可能提供中国内出现反韩流现象的社会土壤。

최근 일부 국가에서 한류에 반대하는 목소리가 나오고 있습니다. 이것이 이른바 반한류입니다. 반한류 현상의 원인 중 하나는 국가 간 문화 교류의 불균형에 있습니다. 일방적인 교류는 장기화될 경우 한류에 대한 반감을 불러일으킬 수밖에 없습니다. 또한 역사와 문화 방면의 분쟁도 한류의 발전에 영향을 미칩니다. 예컨대 일부 문화유산의 등재문제, 동북공정문제 등은 중국 내에서 반한류 현상이 나타나는 사회적 토양을 제공할 수 있습니다.

단어

均衡 jūnhéng 명 균형
单向 dānxiàng 형 한 방향의
久而久之 jiǔ ér jiǔ zhī 성 오랜 시일이 지나다
反感 fǎngǎn 동 반감을 가지다
纠纷 jiūfēn 명 분쟁
登陆 dēnglù 동 상륙하다, 등재하다
东北工程 Dōngběi gōngchéng 동북공정
土壤 tǔrǎng 명 토양